计量经济学

主　编:王春枝　米国芳　郭亚帆
副主编:海小辉　聂　霞　陈志芳

天津大学出版社
TIANJIN UNIVERSITY PRESS

图书在版编目（CIP）数据

计量经济学 / 王春枝, 米国芳, 郭亚帆主编. -- 天津 : 天津大学出版社, 2022.6（2023.7 重印）
ISBN 978-7-5618-7217-8

Ⅰ. ①计… Ⅱ. ①王… ②米… ③郭… Ⅲ. ①计量经济学 Ⅳ. ①F224.0

中国版本图书馆CIP数据核字(2022)第105507号

计量经济学
JILIANG JINGJIXUE

主　编：王春枝　米国芳　郭亚帆
副主编：海小辉　聂　霞　陈志芳

出版发行　天津大学出版社
地　　址　天津市卫津路92号天津大学内：邮编（300072）
电　　话　发行部：022-27403647
网　　址　www.tjupress.com.cn
印　　刷　北京盛通商印快线网络科技有限公司
经　　销　全国各地新华书店
开　　本　185mm×260mm
印　　张　19.25
字　　数　481千
版　　次　2022年6月第1版
印　　次　2023年7月第2次
定　　价　58.00元

前言

1998年7月，教育部高等学校经济学学科教学指导委员会讨论决定，将“计量经济学”列为经济学类各专业必修的8门核心课程之一。此后，计量经济学受到国内高校经济管理类教学领域的高度重视，全国高校经济学类各专业和管理类专业相继开设“计量经济学”课程。经过20多年的发展，作为经济管理领域重要的方法类课程，“计量经济学”在我国的高等教育中规模已经非常庞大。就教材而言，我国不仅引进和翻译了众多国外优秀教材，也自主编写了大量“计量经济学”教材。

“计量经济学”是经济管理各专业的学科基础课。如何合理地组织教学内容，使学生在有限的课时内既能够掌握计量经济学的基本理论和方法，又能培养学生运用计量经济学工具分析解决实际经济问题的能力，是我们一直思考的问题。尽管国内已有众多相关优秀教材，但各校、各专业的基础与特点存在不同，我们在教学实践中使用了若干优秀教材之后，仍然决定编写本教材。

本教材充分汲取国内外教材的优点，将我们多年来从事计量经济学教学的经验和体会融入其中。在本教材的编写过程中，我们试图站在学生的立场和角度进行编排和诠释，目的是让学生尽可能顺畅和相对容易地理解和接受相关理论。与现有的大多数教材相比，本教材有如下特点。

1）从经济管理类各专业的教学实际出发，精选了教学内容。在本科阶段，“计量经济学”课程的学习目标是使学生掌握计量经济学研究的基本方法，并能够运用这些方法解决实际经济问题。本科阶段的“计量经济学”课程的教学一般不超过60学时，因此课程内容只能以经典计量经济学内容为主，并适当安排一些扩展性内容，如非线性模型、虚拟解释变量模型、滞后变量模型及时间序列计量经济学模型等，更多非经典计量经济学的内容应该放到更高层次的教材中。本教材突出的经典计量经济学研究方法应用最为普遍，其也是中级和高级“计量经济学”课程的基础，符合财经类院校本科专业教学的实际要求。

2）增加微观计量经济学初步相关内容，主要包括二元选择模型和排序选择模型的概念、参数估计、检验及应用。在经济学领域中，被解释变量大多是连续变量，而在管理学领域中，大多数被解释变量则为离散变量，如人们对旅游目的地的选择、家庭资产的配置选择等。研究这类变量就需要借助于离散选择模型。鉴于大多数财经类院校的管理学专业（如会计学、财务管理、工商管理、公共管理、旅游管理等）也开设“计量经济学”课程，而离散选择模型对这类专业非常重要，因此本教材增设离散选择模型初步相关内容。

3）坚持“重思想、重方法、重应用、轻推导”的“三重一轻”原则，即特别注重基本思想、基本方法和实际应用，而对于数学推导则只要求学生理解。本教材尽可能地避免烦琐的数学推导，使内容更加适应经济管理各专业教学的现实要求。

4）突出计量经济学的课程本质，即应用性。为了创造良好的教学条件和环境，本教材在每一章均从实际的经济背景出发，用“引例”开篇，从实际应用的角度提出该章将要讨论的主要问题；在每一章的最后一节安排“案例分析”内容，通过实际经济问题的案例说明该章要讨论的主要分析方法以及如何利用 Stata 软件实现相关分析过程。

5）与目前最为流行的 Stata 软件紧密结合，本教材中的所有方法都基于 Stata 软件。本教材将 Stata 软件的学习与各章案例的分析有机结合，使学生在实际运用中掌握 Stata 软件的操作及应用。

本教材的编写分工如下：第一章和第七章由王春枝编写；第二章和第六章由聂霞编写；第三章和第十章由郭亚帆编写；第四章由海小辉编写；第五章由陈志芳编写；第八章和第九章由米国芳编写；董世杰、赵晓阳、王娟、雷鸣、傅楷涵和付长贺等参加了编写工作；王春枝、米国芳和郭亚帆对全书进行了统稿和校对。

本教材适合作为财经类院校的经济管理类本科各专业“计量经济学”课程教材，也可作为非数量经济、非统计专业研究生的辅助教材。

由于编者水平有限，书中疏漏之处在所难免，恳请相关专家、同行及广大读者批评指正。

编者

2022 年 3 月于呼和浩特

目　录

第一章　计量经济学概述

一门科学只有在成功地运用了数学时，才算达到了真正完善的地步。

——K. H. Marx（马克思）

第二次世界大战后的经济学是计量经济学的时代。

——P. A. Samuelson（萨缪尔森）

在大多数大学和学院中，"计量经济学"已成为经济学课程表中最有权威的一部分。

——L. R. Klein（克莱因）

统计学、经济学和数学结合起来就有力量，这种结合便构成了计量经济学。

——R. A. Frisch（弗瑞希）

计量经济学是数学方法、统计技术和经济分析的综合，就其字义来说，计量经济学不仅是指对经济现象加以测量，而且有根据一定的经济学理论进行计算的意思。

——L. R. Klein（克莱因）

第一节　什么是计量经济学

在对实际问题的分析中，通常需要对经济活动及其数量变动规律进行量化研究。例如，在研究中国居民的消费问题时，我们需要做以下工作：

第一，分析中国居民消费的特征；

第二，寻找影响居民消费的主要因素，如收入、物价等；

第三，根据经济学理论分析各种影响因素与居民消费之间的关系，确定能表明其相互关系的数学关系式；

第四，搜集相关数据，运用科学的数量分析方法确定居民消费与各主要影响因素之间的具体数量关系和规律；

第五，分析所得结论是否可靠；

第六，预测中国居民消费的未来趋势，并分析促进居民消费增长的政策选择。

计量经济学就是专门研究以上类似问题的经济学科。

一、计量经济学的产生与发展

（一）计量经济学产生的基础

计量经济学的产生源于对经济问题的定量研究，这是经济社会发展到一定阶段的客观需要。19 世纪，欧洲主要国家先后进入资本主义社会，工业化大生产的出现、经济活动规模的不断扩大，需要人们对经济问题做出更精确、深入的分析、解释与判断。这是计量经济学产生的社会基础。

17 世纪，数学家牛顿（I. Newton）和莱布尼茨（G. W. Leibniz）提出了微积分；19 世纪初，数学家高斯（J. C. F. Gauss）提出了最小二乘法和正态分布理论；19 世纪末，统计学家高尔顿（F. Galton）提出了“回归”的概念；20 世纪 20 年代，统计学家费舍尔（R. A. Fisher）和纽曼（J. Neyman）分别提出抽样分布和假设检验理论。这样，数学、统计学的发展为计量经济学的产生奠定了理论基础。

（二）计量经济学的产生与发展

计量经济学（econometrics）是由挪威计量经济学家、第一届诺贝尔经济学奖获得者 Frisch 在其 1926 年发表的《论纯经济问题》一文中，仿照“生物计量学”（biometrics）一词提出的。从字面意义上，“econometrics”可以译为“经济计量学”，但这种译法强调了其是一门研究经济现象和经济关系的方法论学科；而将其译为“计量经济学”，则是为了强调这是一门经济学科，不仅要研究经济现象的计量方法，而且要研究经济现象发展变化的数量规律。

1930 年 12 月，由 Frisch 和同为第一届诺贝尔经济学奖获得者的荷兰经济学家 Tinbergen 在美国克里夫兰发起成立了国际计量经济学会。1933 年，该学会的会刊 *Econometrics* 创刊，标志着计量经济学作为一个独立的学科登上了历史舞台。

第二次世界大战以后，计量经济学在西方各国的影响迅速扩大。特别是在 20 世纪 40—60 年代，经典计量经济学逐步完善并得到广泛应用。经典计量经济学的特征如下：主要采用随机模型；所研究的数据为时间序列数据或截面数据；以最小二乘或极大似然法估计模型的参数；应用于结构分析、政策评价和经济预测。美国经济学家、诺贝尔经济学奖获得者 Samuelson 认为：“第二次世界大战后的经济学是计量经济学的时代。”该表述体现了计量经济学在现代经济学中的地位和影响力。

自 20 世纪 70 年代以来，计量经济学的理论和应用进入了一个新阶段。随着计算机的广泛应用和新计算方法的层出不穷，非经典计量经济学的理论和方法有了新的突破。非经典计量经济学在模型类型、模型导向、模型结构、数据类型和估计方法等方面形成了新的体系。随着非线性方法、协整理论、面板数据、非均衡理论、随机过程方法和非参数方法等现代数学和统计理论的应用，非经典计量经济学中形成了新的学科，主要包括微观计量经济学、非参数计量经济学、时间序列计量经济学和动态计量经济学等。经典计量经济学是计量经济学的理论和方法论基础，非经典计量经济学则是经典计量经济学的完善和发展。了解非经典计量经济学的发展方向，是把握现代计量经济学发展方向以及正确理解和运用经典计量经济学方法的重要前提。

计量经济学在中国的发展始于20世纪80年代初期。1980年，以美国经济学家Klein为团长的美国经济学家代表团与中国社会科学院合作，在北京的颐和园举办了为期七周的“经济计量学讲习班”。在这个后来被称为“颐和园讲习班”的班上，有100多名中国经济学工作者得到了经济计量学理论和应用方面的培训。该讲习班的举办对计量经济学在中国的快速发展起到了实质性的推动作用。

此后，中国的计量经济学得到了迅速的发展，大批中国经济学研究者对计量经济学的理论和方法进行了深入研究和推广。

1998年，教育部规定“计量经济学”为我国高等院校经济学类各专业必修的8门核心课程之一。目前，“计量经济学”已经成为绝大多数院校的经济管理类本科生、硕士生和博士生的必修课程。

二、计量经济学的含义

1933年，计量经济学的奠基人Frisch在*Econometrics*（《计量经济学》）杂志的创刊号上，给出了计量经济学的含义：“对经济的数量研究有好几个方面，其中任何一个就其本身来说都不应该和计量经济学混为一谈。因此，计量经济学与经济统计学绝不是一样的。它也不等于我们所说的一般经济学理论，即使这种理论中有很大部分具有确定的数量特征，也不应该把计量经济学的意义与在经济学中的应用数学看成是一样的。经验表明，经济学理论、统计学和数学三种观点都是实际理解现代化经济生活中数量关系的必要条件，但任何一种观点本身都不是充分条件。这三者的统一才是强有力的工具，正是由于这三者的统一才构成了计量经济学。”

1951年，Tinbergen指出：“计量经济学的范围，也包括用数学表示那些从统计检验观点所做的经济假设和对这些假设进行统计检验的实际过程。”

Samuelson、库普曼斯（T. C. Koopmans）、斯通（J. R. N. Stone）在1954年的《计量

经济学家评审委员会报告》中指出："计量经济学可定义为根据理论和观测的事实，运用合适的推理方法使之联系起来推导，对实际经济现象进行的数量分析。"

Klein 将计量经济学定义为"计量经济学是数学方法、统计技术和经济分析的综合。就其字义来说，计量经济学不仅是指对经济现象加以测量，而且包含根据一定的经济学理论进行计算的意思。"

格林（W. H. Greene）给出的计量经济学定义为"计量经济学是经济学的一个领域，它运用数理统计和统计推断工具对经济学理论所假定的关系进行实证研究。"

尽管这些经济学家对计量经济学的表述不完全相同，但这些表述的本质是一致的，即计量经济学是数学、统计学和经济学的结合。

综上所述，可以将计量经济学定义为"计量经济学是以经济学理论为前提，以实际观测数据或实验数据为基础，利用数学与数理统计方法，采用现代计算机技术，研究带有随机影响因素的社会经济现象的数量关系和发展变化规律的一门经济学学科。"

需要强调的是，计量经济学是一门经济学学科，其研究主体是经济现象的数量关系及其发展变化规律。计量经济学要运用大量的数学和统计学方法，但数学和统计学只是工具，不是计量经济学研究的主体。在计量经济学研究中，方法和工具要服从于研究对象的本质特征。离开了数学和统计学的计量经济学只是一个空壳，而离开了经济学理论和背景、经济对象的计量经济学则只是一堆无用的数字和符号。因此，在计量经济学中，经济学、数学和统计学三者缺一不可。

三、计量经济学与其他学科的关系

如上所述，计量经济学是经济学、数学和统计学三者的结合，然而这三者的结合是一个自然融合的过程，并非简单的组合。

经济学的研究对象是资源的稀缺性。而稀缺是相对而言的，即资源相对于人的无限欲望是稀缺的，因此"有限的资源和无限的人类欲望之间的矛盾"是经济学研究的永恒主题。

如何描述和处理这一矛盾？显然，随着所研究现象越来越复杂，纯文字性的表述已经不能满足需要，进行量化描述和量化研究是必然选择，而数学是进行量化（或精确化）的最完美工具。

然而，社会科学不同于自然科学。由于人参与其中，社会科学领域异常复杂，而存在大量不可控的、不可预见的随机因素，是这个领域异常复杂的根本原因。数学是"精确化"的代表，但面对大量随机因素，数学显得无能为力。这就需要专门处理随机因素的工具，即统计学。这样，计量经济学这门处理含有随机因素的经济现象的数量关系和发展变化规律的经济学科就诞生了。在经济学、数学、统计学三者的融合过程中，也产生了相关交叉学科，如图 1-1 所示。计量经济学与这些交叉学科之间既有联系也有区别。

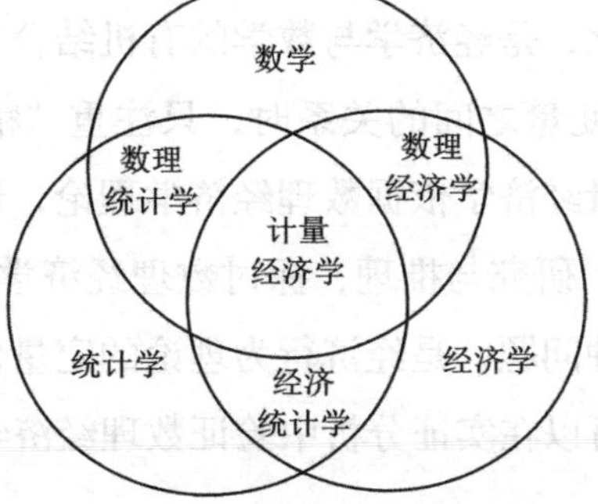

图 1-1　计量经济学与相关学科的关系

（一）计量经济学与经济学的关系

经济学理论研究指以一般的、系统的方法研究经济规律，主要用文字或符号说明经济现象和过程的本质和规律，大多具有定性的性质。计量经济学研究指根据数据资料研究经济现象的发展变化规律，其对经济学理论所确定的经济关系做出定量估计，为经济学理论提供经验内容。

计量经济学模型的选择和确定都离不开经济学理论分析，许多计量经济学模型都曾经是经济学家在不同领域中的研究成果，而计量经济学最初就是在经济学自身发展的要求下诞生的，它是经济学中的一个分支，以经济学为理论基础。经济学本身的发展也离不开计量经济学和相应的数学、统计学工具的帮助，它们不仅能使经济学的概念和理论表达得更加精确，同时也为经济学的逻辑推理、论证和检验提供了更好的工具。经济学对经济关系“质”的研究是计量经济学对经济关系“量”的研究的前提，没有理论支持的模型是没有任何价值的。计量经济学是对经济学的补充和完善，是经济学的重要分支，没有计量经济学的经济学学科体系是不完备的。正如 1973 年诺贝尔经济学奖获得者华西里·里昂惕夫（Wassily Leontief）所说：“过去的经济学家不得不满足文字叙述和演绎推理，而我们则能够测度、计算。”

（二）计量经济学与经济统计学的关系

经济统计学也对经济现象进行数量研究，但是侧重于对社会经济现象进行描述性计

经济统计学提供的数据是计量经济学开展参数估计、理论验证的基本依据。离开了经

济统计学，任何对实际经济问题的计量分析都寸步难行。

（三）计量经济学与数理经济学的关系

数理经济学是用数学语言和数学工具描述、研究与推理变量间关系的理论经济学，是将经济学理论数学化、公式化，是经济学与数学的有机结合，是建立计量经济学模型的基础。数理经济学在研究经济变量之间的关系时，只注重“精确变量”，建立一些代数式，提出一些假设的常数值。计量经济学依据数理经济学理论，运用数理统计学工具，对所搜集的统计观察数据进行分析、研究与推理，探讨数理经济学所建立模型的参数估计方法，解决估计过程中所出现的各种问题，是经济行为理论的定量化。数理经济学是计量经济学的理论基础，而计量经济学可以在实证分析中验证数理经济学理论，促进其发展。

（四）计量经济学与数理统计学的关系

数理统计学只是抽象地研究一般随机变量的统计规律，主要讨论在一定假设条件下一般随机变量的概率分布以及进行特征值的估计和推断。计量经济学从具体的经济模型出发，其参数都具有特定的经济含义。对模型参数进行估计与推断时，不仅要看其是否符合数学原理，还要看其是否与实际经济内容相符。在实际经济问题研究中，数理统计学中的一些标准假定通常不能满足，还需要建立专门的计量经济学方法。

数理统计学是研究随机变量统计规律性的学科。数理统计学中的参数估计、假设检验、方差分析和回归分析等方法在计量经济学中得到了全面的应用，因此数理统计学是计量经济学的方法论基础。

四、计量经济学的学科分类

计量经济学分析的目的是把实际经验的内容纳入经济学理论，确定表现各种经济关系的经济参数，从而实现验证经济学理论、预测经济发展趋势、为经济政策制定提供依据。为此，计量经济学不仅要寻求计量分析的方法，而且要对实际经济问题加以研究，要解决达成上述目的过程中的理论和方法论问题。这样，计量经济学可分为两种类型：理论计量经济学和应用计量经济学。

理论计量经济学研究的一个重点是建立合适的方法来验证由计量经济学模型所确定的经济关系。现实的经济活动和经济关系非常复杂，一般来说，各种经济变量之间并不是精确的函数关系，模型中往往包含一些随机的无法直接观测的因素。所以，理论计量经济学要较多地依赖数理统计学方法。计量经济学模型除了普遍采用参数估计方法和检验方法外，由于经济现象的复杂性，各种实际的经济关系不一定都服从一般统计规律，理论计量经济学还需研究当一般的统计假定条件不满足时的问题，并寻求解决这些问题的专门方法。

应用计量经济学运用理论计量经济学提供的工具，研究经济学中某些特定领域的问题，如生产函数、消费函数、投资函数、供给函数、劳动就业问题等。应用计量经济学以建立计量经济学模型为主要内容，强调应用模型的经济学和经济统计学基础。除计量经济学方法以外，应用计量经济学更多地依据经济学理论所确定的经济规律，以及依据经济统计学提供的能反映现实经济现象和经济关系的观测数据，并运用计量经济学模型分析经济结构、预测经济的发展趋势，从而对经济政策做出定量的评价。

第二节　计量经济学中的基本概念

学习计量经济学时，理解和掌握其中的一些基本概念是必要的。这些概念包括模型、变量、数据和参数估计方法等，本节将对以上概念进行详细介绍。

一、计量经济学中的模型

（一）模型的含义

“模型”是为了方便研究某些问题而通过某种方式对该问题的抽象和模拟。例如，火箭模型、轮船模型等是通过外观和结构对实体进行模拟，以达到学习和研究的目的。在计量经济学研究中，模型则是对实际经济现象或过程的一种高度数学化的模拟。同理，构造模型的目的也是对该经济过程或者现象进行研究。

计量经济学模型是在一定的假设前提下，忽略众多次要因素，将被研究的经济现象与若干所关注的主要解释因素之间的相互依存关系以方程式的形式表示出来的一种形式。

然而，计量经济学模型只是对可计量的复杂经济现象的一种简化与抽象。再完美的模型也不可能将所有的因素都纳入其中。计量经济学模型的建立依据来源于对实际经济问题的深入研究，需要遵循科学的理论原则，也要运用恰当的方法。

（二）用来构建计量经济学模型的经济关系

计量经济学模型的建立基于一定经济学理论或经验事实，可以用来建立计量经济学模型的经济关系有如下几类。

1. 行为关系

行为关系是描述决策者经济行为的某些变量与其他变量的关系。例如，用来描述消费者消费行为的居民消费与收入、物价之间的关系，用来表示投资者投资行为的固定资产投资与利率等因素之间的关系等。利用行为关系建立的模型称为行为方程式。例如，居民的消费行为可以用以下行为方程式（模型）进行描述，即

$$Y = \beta_0 + \beta_1 X + \mu \tag{1-1}$$

式中：Y 为居民消费；X 为影响居民消费的主要因素，如居民可支配收入；μ 为除收入以外，影响居民消费 Y 的其他因素；β_0、β_1 为未知的待估计参数。

2. 技术（工艺）关系

技术（工艺）关系用来反映由科学技术水平决定的经济变量间的数量关系。根据生产技术关系建立的模型称为技术方程式，如反映投入要素与产出成果之间关系的柯布 - 道格拉斯（Cobb-Douglas，C-D）生产函数，其表达式为

$$Q = AK^{\alpha} L^{\beta} e^{\mu} \tag{1-2}$$

式中：Q 为产量；K 为资本投入量；L 为劳动投入产出量；A、α、β 为未知参数；μ 为随机扰动项。

3. 制度关系

制度关系指经济现象与国家法律、制度或政策相关的关系。根据制度关系建立的模型称为制度方程式。例如，销售税的多少取决于销售额和税率，其中的税率即是由政府规定的。

4. 定义关系

定义关系是由经济学理论或客观存在的经济关系所决定的恒等关系。根据定义关系建立的模型称为定义方程式，如国内生产总值（Gross Domestic Product，GDP）的表达式为

$$GDP = \text{消费额} + \text{投资额} + \text{政府支出} + \text{净出口额} \tag{1-3}$$

国民经济中的许多平衡关系都可以用定义方程式描述。由于定义方程式所表示的恒等关系中没有随机误差项和需要估计的参数，所以在相关研究中一般不建立只有单一方程的定义关系模型。联立方程组模型中常常包含定义方程式。

在描述以上 4 种关系的方程式中，最重要、最常用的是行为方程式和技术方程式。因为求解这两种方程式时，需要对未知参数进行估计，而且这两种方程式分别描述了经济结构的某一方面，所以二者合称为结构方程式。

（三）模型分类

根据不同的分类标准，计量经济学模型可分为以下几类。

1. 一元回归模型和多元回归模型

按照所包含解释变量的个数，计量经济学模型可以分为一元回归模型和多元回归模型。这里的“元”指模型中解释变量的个数，如果模型中只有一个解释变量，其称为一元回归模型，或简单回归模型，本教材第二章将对其进行详细介绍；如果模型中解释变量多于一个，则称该模型为多元回归模型，本教材第三章将对其进行详细介绍。

2. 线性回归模型和非线性回归模型

按照模型是否为线性，计量经济学模型可以分为线性回归模型和非线性回归模型。

（1）线性回归模型

在线性回归模型中，被解释变量与解释变量呈线性关系，如式（1-1）。

（2）非线性回归模型

非线性回归模型包括 2 种类型：可线性化的非线性回归模型和不可线性化的非线性回归模型。

1）可线性化的非线性回归模型是可通过简单数学推导或者变量代换，转化为线性回归模型的非线性回归模型。常见的可线性化的非线性回归模型有 3 种类型：

$$Y = \beta_0 + \beta_1 X^2 + \mu \quad ①$$

$$Y = \beta_0 + \beta_1 \frac{1}{X} + \mu \quad ②$$

$$\ln Y = \beta_0 + \beta_1 \ln X + \mu \quad ③$$

以上 3 种类型的模型经过简单的变量代换即可转化为线性回归模型。特别地，式③称为双对数线性回归模型，也称为完全弹性回归模型，因为其参数可表示为

$$\beta_1 = \frac{\mathrm{d}\ln Y}{\mathrm{d}\ln X} = \frac{\mathrm{d}Y}{Y} \Big/ \frac{\mathrm{d}X}{X} \approx \frac{\Delta Y}{Y} \Big/ \frac{\Delta X}{X} \tag{1-4}$$

式中：β_1 的经济学意义为 Y 对 X 的弹性，即解释变量 X 每变化 1%，被解释变量 Y 平均变化 β_1%。如果式③中的被解释变量和解释变量不同时取对数，则相应的模型称为半对数模型，对应的 β_1 为 Y 对 X 的半弹性。

对式（1-2）中等号两边取自然对数，其即可转化为形如式③的模型，即

$$\ln Q = \ln A + \alpha \ln K + \beta \ln L + \mu$$

2）不可线性化的非线性模型也有多种，其参数的估计及检验比较复杂，本教材中不做介绍。

3. 单方程回归模型和多方程回归模型

按照模型中方程个数的多少，计量经济学模型可以分为单方程回归模型和多方程回归模型。

顾名思义，单方程回归模型中只有一个方程，表示经济决策者的单个相对独立的经济行为；而多方程回归模型则包含多个方程，如联立方程模型、向量自回归（Vector Autoregression，VAR）模型以及向量误差修正（Vector Error Correction，VEC）模型等。

二、计量经济学模型中的变量

（一）变量的含义

在计量经济学模型中，被研究的经济现象以及若干所关注的主要解释因素被称为变量。之所以称其为变量，是因为这些现象和因素在不同的时间或空间内有不同的状态，取不同的数值，并且是可以被观测的。

（二）变量的分类

计量经济学模型中的变量可按不同标准进行分类。

1）从所描述的经济活动形态来看，变量可分为流量和存量。流量是一定时期内累计发生的数量，如 GDP、投资量、消费量等。不同时间内的流量可以相加，如 1 年中 4 个季度的 GDP 加总为该年的 GDP 总量。存量是在一定时点上测度的总量，表明某一时点所存在状态的总量，如金融资产、金融负债、人口数量等。不同时点上的存量数据相加没有意义，如将我国 2015 年末的总人口数与 2016 年末的总人口数相加，结果没有实际意义。

2）从变量的因果关系来看，变量可分为解释变量（explanatory variables）和被解释变量（explained variables）。被解释变量又称为因变量、应变量或回归子，是计量经济学的研究对象；解释变量也称为自变量、回归元，是影响被解释变量变动的主要因素。如式（1-1）中，Y 为被解释变量，X 为解释变量。

3）根据变量性质的不同，可把变量分为内生变量和外生变量。内生变量是指变量的数值大小由模型或系统的内部因素所决定，是模型求解的结果，如式（1-1）中的居民消费 Y 即为内生变量，因为其数值大小由模型内部因素 X 所决定。外生变量是数值大小由模型或系统以外因素决定的变量，如式（1-1）中的居民可支配收入 X，其数值大小由居民的工作性质、受教育水平、年龄等因素决定，而不由系统内部因素 Y 所决定。在计量经济学模型中，外生变量的变化能够影响内生变量的变化，而内生变量的变化却不能影响外生变量的变化。内生变量包括过去时期的内生变量，或称滞后的内生变量，如在研究消费问题时，过去的消费水平或收入水平可能会影响本期的消费支出，因此模型中可能会包括上一期消费支出或上一期的收入；又如在研究某地区居民可支配收入对消费的影响时，可能涉及全国居民可支配收入。上述这些过去时期的、滞后的或更大范围的内生变量，不受模型中内生变量的影响，但能够影响模型中本期内生变量，这些内生变量称为前定内生变量，其在模型中的作用等同于外生变量，并与外生变量一起称为前定变量。在单一方程模型中，前定变量一般作为解释变量，内生变量一般作为被解释变量；而在联立方程模型中，内生变量既可以作为被解释变量，又可以作为解释变量。

确定模型中的变量是建立计量经济学模型的重要环节，选择被解释变量时，要选择最能反映所研究对象变动情况的变量，如最能反映居民消费行为的变量是居民消费支出，最能反映经济发展水平的变量是 GDP 或人均 GDP，等等。解释变量反映被解释变量发生变动的主要原因，同时能够独立影响被解释变量的变动；而对被解释变量不产生重要影响的原因应归入随机扰动项中。选择变量时，还要考虑变量的可观测性，不可观测的因素由于无法取得数据而无法估计其参数，也就无法定量分析解释变量对被解释变量的影响。

三、计量经济学模型中的参数及其估计方法

（一）参数的含义

如前所述，在式（1-1）中，β_0 和 β_1 测度了解释变量 X 与被解释变量 Y 的影响关系，一般来说，未知且需要研究者估计的关系，称为参数。由经济学理论可知，式（1-1）中的 β_1 为“边际消费倾向”，即当解释变量居民可支配收入（X）每变化 1 单位时，被解释变量居民消费（Y）的平均变动量；β_0 则表示当居民可支配收入为 0 时的居民消费，即基本消费需求。同理，在式（1-2）中，A、α 及 β 为未知的待估计参数，其中 α 可为资本的产出弹性，表示劳动力投入不变的情况下，资本投入每增加 1%，产出增加的百分比；β 可为劳动的产出弹性，表示资本投入不变的情况下，劳动投入每增加 1%，产出增加的百分比；A 表示该生产技术下的全要素生产率。

可见，参数和变量有着本质的区别。

首先，参数一般来说是未知的；而变量可通过观测确定其数值。其次，参数一经估计，其数值一般比较稳定，即在既定的时间和空间范围内不会发生很大变化；而变量在不同时间、不同空间内，其取值完全不同。举例来说，在研究家庭或者地区居民的消费问题时，在时间维度上，如果没有发生结构性突变，边际消费倾向这个参数在短期内一般是不

变的；而在同一时段，不同家庭的收入和支出等变量则完全不同，同一家庭在不同时段的收入和支出等变量也完全不同。再比如，在生产函数中，由于生产技术的调整和改变是一个渐进过程，且生产技术和条件的变化速度也很小，一旦资本、劳动的产出弹性及全要素生产率被估计出，那么在较小的时间和空间范围内，这些参数不会轻易发生变化。

（二）计量经济学中估计参数的方法

计量经济学模型中的参数一般是未知的，由于回归模型中随机误差项的存在，参数不能像数学中通过求解方程的方式得出，而是需要根据样本信息（样本数据）以及相应的准则（方法）加以估计。

用来估计模型中参数的准则或方法有很多种。例如，对于单一方程模型，最常用的是普通最小二乘法和极大似然估计法等；对于联立方程模型，最常用的是二段最小二乘法和三段最小二乘法等。每一种方法都有其使用前提，都是建立在一定的前提和假设基础之上，当假设条件不完全满足时，还需要一些特殊的估计方法。

由于抽样波动的存在，再加上假设条件、估计方法及所确定的估计量不一定那么完备，所得到的参数估计值与总体参数真实值并不一致，这就要求参数估计时尽可能地符合“尽可能地接近总体参数真实值”原则。因此，在各种条件下寻求模型参数的合理估计方法是计量经济学研究的最核心内容。参数估计量应满足无偏性、有效性等统计性质，大样本时应满足一致性。

在实际的计量经济学研究中，运用样本数据对参数进行估计、检验以及预测时，计算工作量非常大，必须借助于相关计算机应用软件，因此学习使用计算机应用软件已成为学习计量经济学必不可少的组成部分。本教材的每一章均结合案例，详细讲解 Stata 软件的使用方法。

四、计量经济学中应用的数据

（一）数据的来源

如前所述，要估计计量经济学模型中的参数，必须具备 2 个条件：估计方法和样本数据。在计量经济学分析中，数据就是实际观测所研究的经济变量（包括被解释变量和解释变量）而取得的观测值，这些观测值是对客观事物信息的一种数量化反映。根据来源，计量经济学研究中使用的数据可分为经济统计数据、专门调查取得的数据和人为构造的数据。其中前两种数据应用最为广泛。

（二）数据的种类

计量经济学数据的分类依据包括结构、特征等。

1. 根据数据结构进行分类

根据数据的结构，可将计量经济学数据分为时间序列数据、截面数据和面板数据。

（1）时间序列数据（time series data）

把反映某一总体特征的同一指标的数据，按照时间顺序或者时间间隔（如月度、季度、年度）排列起来，这样的统计数据称为时间序列数据，如逐年记录的 GDP 和消费支出数据、逐月记录的物价指数等。时间序列数据可以是时期数据，也可以是时点数据。

（2）截面数据（cross-section data）

在同一时间（时期或时点），某个指标在不同空间内的观测数据，称为截面数据。“不同空间”可以指不同的地理区域，也可以指不同的行业、部门或个人。例如，同一时间不同家庭的收入和消费支出数据、某一年各省区市的 GDP、居民消费数据等都属于截面数据。

（3）面板数据（panel data）

时间序列数据和截面数据相结合，便形成了面板数据，如在居民收支调查中收集的各固定调查户在不同时期的调查数据，又如所收集的全国各省区市在不同年份的经济发展状况统计数据。

2. 根据数据特征进行分类

根据数据的特征，可将计量经济学数据分为定量数据和定性数据。

（1）定量数据

定量数据是用来说明现象的数值特征的，并能用数值来表示的数据，如 GDP、居民人均纯收入、固定资产投资等。

（2）定性数据

定性数据是用来说明事物的品质特征的，不能用数值表示的数据。定性数据通常表现为现象的类别，其具体表现形式是文字，如性别分为“男”和“女”，季度分为“第一季度”“第二季度”“第三季度”和“第四季度”；再如政府政策的变动、自然灾害、政治因素、战争与和平状态；等等。

在计量经济学分析中，定量数据是最常见的数据形式。但是有时某些客观存在的定性现象（作为解释变量）对所研究的经济变量具有显著影响，或者定性数据本身就是被研究对象（作为被解释变量）。因此，需要把它们引入计量经济学模型中，而定性数据是无法参与运算的，也无法进行参数估计和检验。这时需要将这些定性因素进行量化，即构造虚拟变量来表示这类客观存在的定性现象的“非此即彼”的状态，通常用“1”表示某种状态的发生，用“0”表示该状态的不发生。这样的虚拟变量虽然是人为构造的，但其反映了客观存在的定性现象，也可以视为一种数据，并用于模型参数的估计和检验。

（三）对数据的要求

以上各种数据虽然都可用于估计和检验，但应注意，由于这些数据的性质各不相同，在具体运用时可能不满足某些假定条件而给计量经济学分析带来一些影响。例如，时间序列数据如果非平稳，可能造成伪回归，而截面数据往往存在异方差性。利用面板数据的计量经济学模型已成为计量经济学研究的专门问题。

除了模型的正确设定以外，能否取得用于实际计量的、适合的样本数据，是计量经济学研究成败的关键。计量经济学分析中使用的数据主要来自经济统计，常用的数据可从各种统计年鉴中取得，特殊的数据则需要进行专门的调查才能获得。计量经济学研究中使用的数据，要力求真实、可靠和完整，因为数据的质量直接关系到所估计参数的可靠性；应剔除明显失真的数据，例如在经济结构发生重大变革的时期，相关统计数据往往不能反映经济变动的真实趋势和规律，这种经济突变时期的数据也不宜直接用于估计模型的参数。此外，我们有时很难直接找到模型所需要的数据，这时可能还需要对能够得到的数据进行重新加工，或者试着寻求与所研究变量高度相关的替代变量，或者对模型的变量与结构加以调整。

计量经济学研究中利用的数据是可能获得的统计数据，但实际获得的统计数据可能存在某些问题，如数据有观测误差、数据数量无法满足参数估计的要求、数据不满足参数估计的基本假定，等等。这些问题可能引发诸如自由度问题、多重共线性问题、自相关性问题、异方差性问题等。因此，如何设法解决由数据引发的各种问题，也是理论计量经济学和应用计量经济学专门研究的内容。

第三节　计量经济学的研究步骤

利用计量经济学研究经济问题时，一般可分为 4 个步骤：①根据经济学理论确定变量和数学关系式，即模型设定；②分析变量间的具体数量关系，即参数估计；③检验所得结论是否可靠，即模型检验；④做经济分析和经济预测，即模型应用。本节以凯恩斯（J. M. Keynes）的消费理论为例，说明计量经济学的建模步骤。

一、模型设定

Keynes 在 *The General Theory of Employment*，*Interest and Money*（《就业、利息与货币通论》）一书中指出：通常而言，基本的心理定律是人们倾向于随着他们收入的增加而增加消费，但消费的增加幅度小于收入的增加幅度。该理论可总结为边际消费倾向（Marginal Propensity to Consume，MPC），即收入每变化 1 个单位时所导致的消费的变化量大于 0 而小于 1。虽然 Keynes 根据这一理论确定了消费与收入是正相关的关系，但其并没有明确指出二者之间准确的函数关系。为简单起见，数理经济学家采用线性消费函数（Keynes 消费函数）表述该理论，表达式为

$$Y=\beta_0+\beta_1 X \quad 0<\beta_1<1 \tag{1-5}$$

式中：Y 为消费支出；X 为可支配收入；β_0、β_1 为模型参数，分别表示截距和斜率。

式（1-5）中的 β_1 即为 MPC 的度量，为说明其几何意义，将式（1-5）用图示表示，如图 1-2 所示。

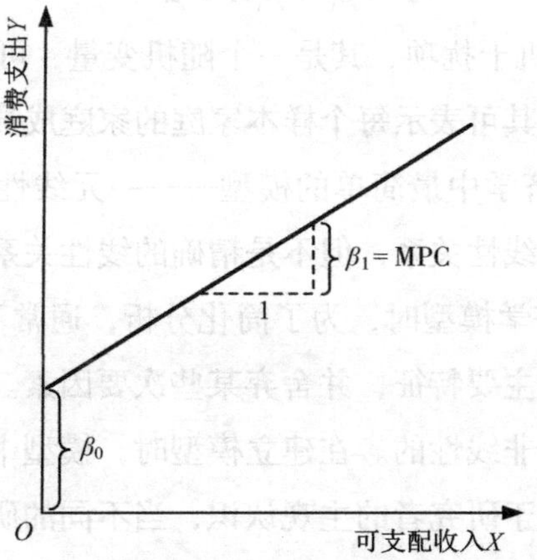

图 1-2　Keynes 消费函数

式（1-5）表明，消费支出与收入呈线性关系。这种关系只是消费支出与收入的关系，表达这种关系的 Keynes 消费函数是数学模型中的一种。式（1-5）给出的是消费函数的纯数学模型，即消费支出与收入之间有精确的函数关系。然而，一般而言，经济变量之间的关系不是精确的函数关系。例如，先搜集 500 个家庭的消费支出和可支配收入的样本数据；然后以消费支出为纵轴，可支配收入为横轴，将这些数据绘制成散点图；最后的结果必然是数据点分布在一条直线的周围，但绝不可能完全落在直线上，如图 1-3 所示。

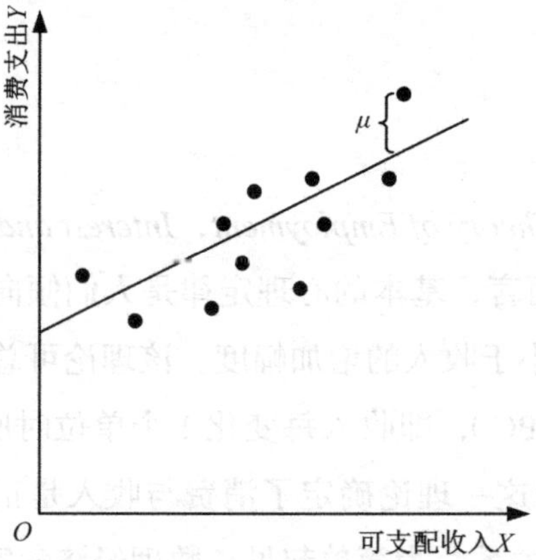

图 1-3　Keynes 消费函数的计量经济学模型

图 1-3 的例子说明，除了可支配收入以外，还有其他一些因素如家庭成员数、家庭成员的年龄等也会影响家庭的消费支出。也就是说，用式（1-5）并不能够完全描述消费支出与可支配收入之间的关系，而应该考虑引入其他因素。为此，计量经济学研究者对消费函数进行了改进，表达式为

$$Y = \beta_0 + \beta_1 X + \mu \tag{1-6}$$

式中：μ 为随机误差项或随机干扰项，其是一个随机变量，可用来表示除 X 以外所有对消费支出有影响的因素，在此其可表示每个样本家庭的家庭成员数、家庭成员的年龄等。

式（1-6）即为计量经济学中最简单的模型——一元线性回归模型。该模型假定被解释变量与解释变量之间存在线性关系，但不是精确的线性关系。

显然，在建立计量经济学模型时，为了简化分析，通常不会把所有因素都列入模型，而是只抓住主要影响因素和主要特征，并舍弃某些次要因素。同时，模型中变量之间的关系可能是线性的，也可能是非线性的。在建立模型时，模型中变量的取舍及相互关系形式的设定，在一定程度上取决于研究者的主观认识，当不同的研究者对所研究经济问题的认识有差异时，所建立的模型可能会不完全相同。因此，计量经济学模型的设定既是一门科学，也是一门艺术。建立一个好的计量经济学模型，既需要丰富的专业知识，又需要不断总结以往的建模实践。一般来说，建立一个合理的计量经济学模型，应注意以下 3 点。

第一，经济学理论是计量经济学的基础，是指导并建立计量经济学模型的依据。因此，在考虑建立计量经济学模型之前，必须首先对所研究的经济现象进行理论分析，以前人总结和提炼出的经济学理论为指导。这样才能使研究具有较好的理论基础，实现理论与实践的有机结合。

第二，选择恰当的函数形式。所建立的计量经济学模型可以是单一方程形式，也可以是联立方程形式，每个方程可以是线性形式，也可以是非线性形式。这就要求研究者根据

研究的目的、所研究经济问题的复杂程度和所掌握数据资料的情况来确定，并可利用经济学和数理经济学的成果，或参考基于样本数据的变量图形。在实际建立模型时，应根据所研究现象相互关系的性质，通过对实际统计资料的实验和分析，经过反复比较，选择尽可能合理的函数形式。同时应注意，在满足研究目的的前提下，函数形式应尽可能简单。

第三，模型中的解释变量和被解释变量要具有可观测性。计量经济学模型中的变量可以分为观测变量和非观测变量。顾名思义，观测变量的数据是可以被观测到的；而非观测变量的数据则不可以被观测到。在建立模型时，所选择的解释变量和被解释变量必须具有可观测性，因为只有可观测的变量才可以获取数据，而数据是进行参数估计的必备条件，随机误差项是非观测变量。

二、参数估计

参数与变量不同，参数是在计量经济学模型中表明经济变量之间相互依存程度的要素。参数在模型中具有相对稳定性，一旦参数确定了，整个经济系统的基本结构就随之确定了，而且在一般情况下，这种结构在短时间内不会改变。

一般来说，参数是不能被观测的，是未知量。因此，需要我们获取所研究变量的若干样本观测数据，并选择适当的方法进行估计。之所以是估计而非计算，是因为由于随机误差的存在，变量之间的数量关系并不呈现为确定的函数关系，因此不能像解方程一样求解，只能利用数理统计学的方法进行估计。如何利用变量的样本观测数据，并选择适当的方法正确估计总体模型的参数，是计量经济学研究的核心内容。

在分析式（1-6）的模型时，先搜集 1980—2013 年我国城镇居民的人均可支配收入及人均消费性支出的时间序列数据，见表 1-1；接着利用 Stata 软件，便可根据普通最小二乘法，估计出 $\hat{\beta}_0$=406.94 和 $\hat{\beta}_1$=0.68。

表 1-1　1980—2013 年我国城镇居民的人均可支配收入及人均消费性支出的数据

年份	人均可支配收入 X（元）	人均消费性支出 Y（元）	年份	人均可支配收入 X（元）	人均消费性支出 Y（元）
1980	477.60	412.44	1997	5 160.30	4 185.64
1981	500.40	456.84	1998	5 425.10	4 331.61
1982	535.30	471.00	1999	5 854.00	4 615.91
1983	564.60	505.92	2000	6 280.00	4 998.00
1984	652.10	559.44	2001	6 859.60	5 309.01
1985	739.10	673.20	2002	7 702.80	6 029.88

续表

年份	人均可支配收入 X（元）	人均消费性支出 Y（元）	年份	人均可支配收入 X（元）	人均消费性支出 Y（元）
1986	900.90	798.96	2003	8 472.20	6 510.94
1987	1 002.10	884.40	2004	9 421.60	7 182.10
1988	1 180.20	1 103.98	2005	10 493.00	7 942.88
1989	1 373.90	1 210.95	2006	11 759.50	8 696.55
1990	1 510.20	1 278.89	2007	13 785.80	9 997.47
1991	1 700.60	1 453.81	2008	15 780.80	11 242.85
1992	2 026.60	1 671.73	2009	17 174.70	12 264.55
1993	2 577.40	2 110.81	2010	19 109.40	13 471.45
1994	3 496.20	2 851.34	2011	21 809.80	15 160.89
1995	4 283.00	3 537.57	2012	24 564.72	16 674.32
1996	4 838.90	3 919.47	2013	26 955.10	18 022.64

数据来源：Wind 数据库。

三、模型检验

在得到模型参数的估计值后，一般来说这样的模型还不能直接应用，还需要对模型进行各种检验，原因如下。

第一，在建立模型时，对所研究经济现象规律性的认识可能并不充分，所依据的经济学理论对所研究对象可能还不能做出正确的解释和说明；或者虽然经济学理论是正确的，但可能我们对问题的认识只是从某些局部出发，或者只是考察了某些特殊的样本，若以局部情况说明全局的变化规律，可能导致偏差。

第二，用于参数估计的统计数据或者其他信息可能不是十分可靠，或者较多地采用了经济突变时期的数据，这些数据不能真实反映所研究的经济关系；或者由于样本数据太少，所估计的参数只是抽样得到的某种偶然性的结果。

第三，所建立的模型、采用的方法和搜集的统计数据，都有可能违反计量经济学的基本假定，这也可能导致错误的结论。

所谓模型检验，就是对模型所估计的参数及模型本身进行评判，判定其在理论上是否有意义，在统计上是否可靠，是否符合计量经济学的基本假定等。计量经济学模型的检验包括以下 4 个方面：经济意义检验、统计检验、计量经济检验和预测检验。

（一）经济意义检验

计量经济学模型中的参数和变量都具有特定的含义，经济学理论通常对这些变量和参数的符号和取值范围做出了理论说明，如在式（1-6）的模型中，估计得到的边际消费倾向 $\hat{\beta}_1=0.68$，符合经济学理论中 $0<\beta_1<1$ 的理论说明。如果所估计的模型与经济学理论相符，则说明所观测的事实证实了这种理论；如果所估计的模型与经济学理论不相符，则应该从模型设定、估计方法和数据等方面寻找导致错误结论的原因，重新建立和估计模型。

但是，由于实践是检验真理的唯一标准，任何经济学理论，只有成功地解释了过去，才可以被人们所接受并用来预测未来。对于与经济学理论不相符的模型，如果经过反复研究，证明模型和估计的参数完全正确，则可以认为建立模型所依据的经济学理论本身不完善，这时应提出建议对经济学理论进行修正。因此，计量经济学模型对检验、发现和发展经济学理论有着重要的意义。

（二）统计检验

模型的参数用变量的样本观测值估计。为了检验参数估计值是否是抽样得到的某种偶然性结果，需要运用数理统计学中的统计推断方法，对模型及参数的统计可靠性进行检验。对计量经济学模型进行统计检验，包括对模型的拟合优度检验、参数的显著性检验和方程的显著性检验等。

（三）计量经济学检验

计量经济学检验主要检验计量经济学的基本假定是否成立。如果模型违反计量经济学的基本假定，通常的计量经济学方法将失去效用或者导致错误的结论，这时就需要查找违背假定的原因，经过适当变换使基本假定得到满足，进而合理地估计参数。计量经济学检验主要包括随机扰动项的自相关性检验、异方差性检验，以及解释变量之间的多重共线性检验等。

（四）预测检验

预测检验是指将估计参数的模型用于预测实际的经济活动，并将预测结果与实际结果进行对比，以此检验模型的有效性。

四、模型应用

建立的模型经过以上检验后，如果能够比较合理地反映所研究社会经济现象发展变化的规律，我们就可以利用模型对社会经济的发展规律做出合理的判断，制定有效的政策措施，指导经济发展。模型的应用主要有 4 个方面：结构分析、经济预测、政策评价、检验和发展经济学理论。

（一）结构分析

结构分析是指利用已经估计参数的模型，对所研究的经济关系进行定量的说明，分析经济变量之间的数量关系，即在其他条件不变时，分析模型中解释变量发生一定的变动导致被解释变量变动的数量。常用的结构分析有边际分析、弹性分析和乘数分析等。

例如，在式（1-6）的实例中，在各项检验均通过的前提下，由于边际消费倾向 $\hat{\beta}_1=0.68$，因此可以说明在 1980—2013 年期间，中国城镇居民人均可支配收入每增加 1 元，其人均消费性支出增加 0.68 元（这里没有考虑物价因素的影响）。

（二）经济预测

经济预测是指利用所估计模型，由已知或预测出的解释变量，去预测被解释变量在所观测样本以外的数值。计量经济学模型就是试图从已经发生的经济活动中找出变化规律，然后把这种规律用于预测样本以外的数据。经济预测可以是对被解释变量未来时期的动态预测，也可以是对被解释变量在不同空间状态下的空间预测。在式（1-6）的例子中，如果 2014 年中国城镇居民人均可支配收入为 28 361 元，则可预测出 2014 年的中国城镇居民人均消费性支出为

$$Y = 406.94 + 0.68X = 19\ 692.42\ (\text{元})$$

（三）政策评价

政策评价是指利用计量经济学模型对各种可供选择的政策方案的实施后果进行测算，从而对各种政策方案做出评价。也就是说，把计量经济学作为经济运行的“实验室”，模拟所研究的经济体系，分析整个经济体系对各种假定政策条件的反映。

（四）检验和发展经济学理论

检验和发展经济学理论是指根据计量经济学模型验证和改进已有的经济学理论或提出

新的理论。建立的计量经济学模型实际上是人们对某种经济规律的总结，而样本数据是经济活动的现实体现。计量经济学将理论与事实结合起来，提供了一种检验经济学理论的方法。如果依据某种经济学理论建立的模型能够很好地拟合样本数据，模型估计检验结果与理论相符，已有理论就得到了验证；如果模型估计检验结果与理论不符，在确保数据、模型和方法正确的前提下，就可以否定和修正已有理论，并提出新的理论。

从以上建模步骤可以看出，计量经济学从经济中来（根据经济学理论建立模型）到经济中去（模型应用）的经济学本质，数学和统计学只是让计量经济学更好地服务于经济分析的工具和手段，计量经济学归根结底是一门经济学学科。计量经济学建模的步骤如图1-4所示。

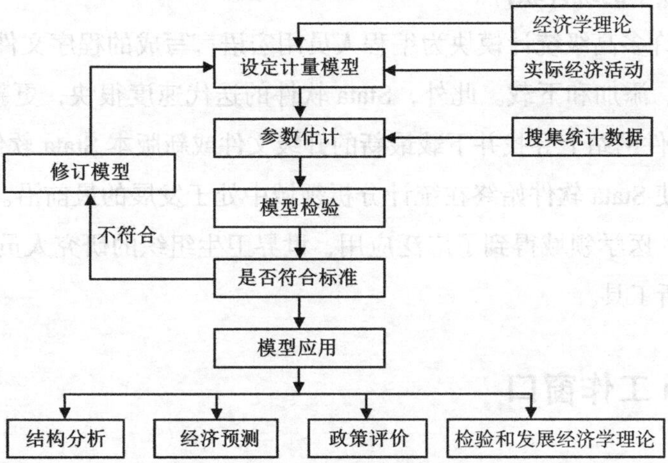

图1-4 计量经济学建模的步骤

第四节 Stata数据文件建立与管理

一、Stata软件简介

Stata软件是一个用于分析和管理数据，且功能强大又小巧玲珑的实用统计分析软件，其最早由美国计算机资源中心（Computer Resource Center）研制，现为Stata公司的产品。Stata软件操作灵活、简单易学，是一个非常有特色的统计分析软件，越来越受到人们的重视和欢迎。

Stata软件的突出特点是短小精悍、功能强大。它具有数据管理软件、统计分析软件、绘图软件、矩阵计算软件的功能和程序语言的特点，又在许多方面别具一格。Stata 软件在分析时，将数据全部读入计算机内存，在计算全部完成后才和磁盘交换数据，因此运算速度极快。

Stata 软件的用户群是专门从事统计分析的人员，因此该软件程序操作方式为命令行方式。Stata 软件的命令语句简洁明快，且在统计分析命令的设置上非常有条理，它将相同类型的统计模型均归结在同一个命令族下，而不同的命令族又可以使用相同功能的选项，这使用户学习时容易上手。而且，Stata 软件的命令在简洁的同时拥有极高的灵活性，用户可以充分发挥自己的聪明才智，熟练应用各种技巧。除了操作方式简洁明了外，Stata 软件的用户接口在数据格式、分析结果输出等方面也有此优点。这些特点使 Stata 软件成为非常适合统计教学的统计软件。

Stata 软件的许多高级统计模块为编程人员用宏语言写成的程序文件（.ado 文件），用户可以自行修改、添加和下载。此外，Stata 软件的迭代速度很快，更新频率很高，用户可随时在 Stata 软件网站上寻找并下载最新的升级文件或新版本 Stata 软件，其整合了最新的统计算法。这使 Stata 软件始终在统计分析领域中处于发展的最前沿。目前，Stata 软件已在科研、教育、医学领域得到了广泛应用，世界卫生组织的研究人员也把 Stata 软件作为主要的统计分析工具。

二、Stata 工作窗口

图 1-5 为 Stata 14.0 软件的启动界面，该界面由一系列窗口构成，包括 5 个默认窗口和其他窗口。

（一）历史（Review）窗口

历史窗口位于启动界面的左侧，其记录自启动 Stata 软件以来，用户执行过的命令。单击历史窗口中“Command”（命令）下面的命令条目时，相关命令就会被自动复制到命令（Command）窗口中。如果需要重复执行之前执行过的命令，用鼠标双击命令窗口中相应命令即可。

（二）结果窗口

结果窗口位于启动界面的中上部，显示命令执行后的输出结果。结果窗口使用不同颜色区分不同文本，如用红色表示错误信息。

（三）命令（Command）窗口

命令窗口位于结果窗口的下方，采用命令行方式，用于输入需要执行的命令。用户在输入相关命令后，按下回车键后即开始执行，且相应的运行结果就会显示在结果窗口中。

（四）变量（Variables）窗口

变量窗口位于启动界面的右上部，显示当前数据集中的所有变量的名称，可在“Lable”（标签）栏中对变量的单位、含义或变量来源进行解释说明。

（五）属性（Properties）窗口

属性窗口位于启动界面的右下方，显示当前数据文件和变量的属性。

（六）其他窗口

除以上5个默认窗口外，在Stata软件中还有数据编辑窗口、程序文件编辑窗口、绘图窗口、帮助窗口等，用户可根据需要，通过单击启动界面上的“Window”（窗口）或“Help”（帮助）下拉菜单打开。

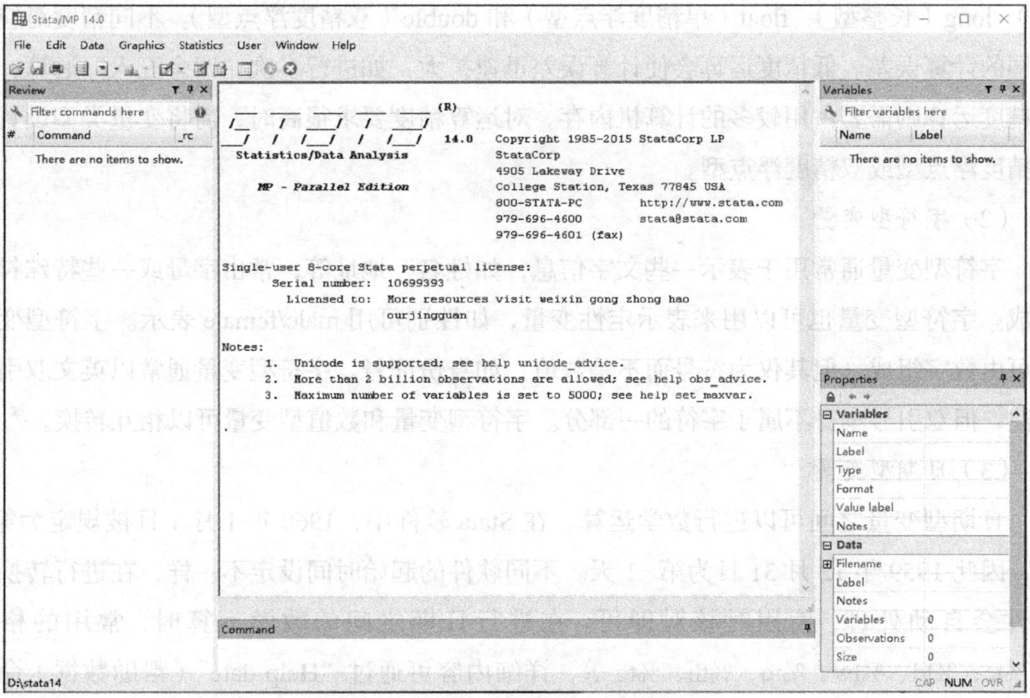

图1-5　Stata 14.0软件启动后的界面

Stata 软件的菜单栏中包含 8 个下拉菜单，分别为“File”（文件）、“Edit”（编辑）、“Data”（数据）、“Graphics”（绘图）、“Statistics”（统计分析）、“User”（用户）、“Window”（窗口）及“Help”（帮助），如图 1-6 所示。

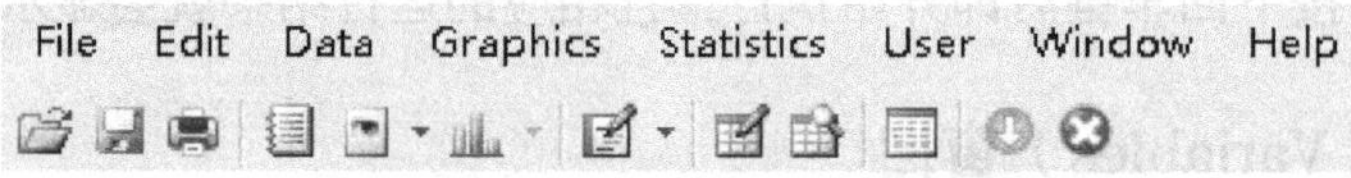

图 1-6 Stata 14.0 软件的菜单栏

三、创建数据文件

（一）导入和新建数据

1. 变量及其取值类型

Stata 软件的数据主要有 3 种类型，分别是数值型、字符型和日期型。变量类型可通过“Help data type”（帮助数据类型）命令显示。

（1）数值型变量

按精度，数值型变量可以分为 5 种类型：byte（字节型）、short（短整型）、int（整型）、long（长整型）、float（单精度浮点型）和 double（双精度浮点型）。不同精度对应着不同的计算误差。低精度运算会使计算误差迅速扩大，如进行多次“四舍五入”运算；而高精度运算则需要占用较多的计算机内存。对运算精度要求很高时，需将变量类型设置为单精度浮点型或双精度浮点型。

（2）字符型变量

字符型变量通常用于表示一些文字信息，如姓名、地址等，常由字母或一些特殊符号组成。字符型变量也可以用来表示定性变量，如性别可用 male/female 表示。字符型变量也可由数字组成，但其仅为符号而不是数值，如身份证号。字符型变量通常以英文双引号标注，但双引号本身不属于字符的一部分。字符型变量和数值型变量可以相互转换。

（3）日期型变量

日期型变量之间可以进行数学运算。在 Stata 软件中，1960 年 1 月 1 日被规定为第 0 天，因此 1959 年 12 月 31 日为第 -1 天。不同软件的起始时间设定不一样，在进行转换时软件会自动处理，使用时核对即可。在进行日期之间的数学运算时，常用的格式有 %tc、%td、%tw、%tq、%th、%tg 等，详细内容可通过“Help date”（帮助数据）命令显示。

2. 直接输入数据

进入 Stata 软件的启动界面，单击“Data Editor”（数据编辑器）图标（或在“Window”下拉菜单中单击“Data Editor”）即可打开 Stata 软件的数据编辑窗口。

在数据编辑窗口的第一列输入数据后，Stata 软件自动将第一列数据命名为 var1，输入第二列数据后，自动命名为 var2，以此类推。当需要改变变量名时，可双击纵格顶端的变量名栏（如 var1）进行修改，并且可在“Label”栏中解释变量名的含义，单击“OK”进行确认。数据输入完毕后，单击“Preserve”（保存）确认所输入的数据，单击“Close”（关闭）即可退出数据编辑器。

3. 读取外部数据

打开 Stata 软件，进入数据编辑器，然后切换到 Excel 软件并打开想要使用的数据文件；复制 Excel 文件中的数据，将其粘贴到 Stata 软件的“Data Editor”中；Stata 软件中会跳出“The first row on the Clipboard contains values that can be used as valid variable names.”（剪贴板上的第一行包含可用作有效变量名的值。）用户可根据数据的实际情况进行选择，如图 1-7 所示。

在数据量特别大的情况下，可单击菜单栏中“File”（文件）下拉菜单中的“Import”（输入），然后导入各种格式的数据。

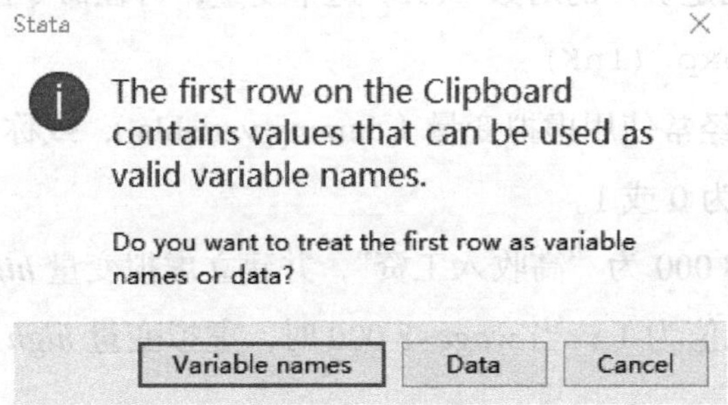

图 1-7 对话框

4. 保存数据

可通过单击“Save”（保存）图标，将数据存为 Stata 数据文件（.dta 格式），如 number.dta。

再次使用数据时，可用 Stata 软件直接打开相应的数据文件。假设“number.dta”已被保存在电脑 D 盘的根目录下，可在命令窗口中输入打开命令，然后按回车键打开文件。具体命令为

```
. use D:\number.dta,clear
```

其中，“clear”为选择项，其含义为替代内存中已有的数据。

如果要打开另一个数据集，则需要先关闭当前数据集并清空内存中的数据。此时，可输入以下命令：

```
. clear
```

（二）变量管理

1. 建立新变量

在 Stata 软件中建立新变量可以通过“generate”命令实现，下面将用几个实例进行说明。“generate”中的下划线为命令的最简写方式，非划线字符可以省略。

1）如果要建立“GDP 的对数”（ln *GDP*）这个变量，可在命令窗口中输入如下命令：

```
. generate lnGDP=log(GDP)
```

2）如果要建立“GDP 的平方项”（*GDP*2）这个变量，可在命令窗口中输入如下命令：

```
. generate GDP2=GDP^2
```

3）如果要建立“GDP 与劳动力（Labor）的互动项”（*GDPL*）这个变量，可在命令窗口中输入如下命令：

```
. generate GDPL=GDP*Labor
```

4）如果要建立“固定资产的对数”（*K*）这个变量，可在命令窗口中输入如下命令：

```
. generate K=exp (lnK)
```

在计量经济学中，经常使用虚拟变量（dummy variable），或称为哑变量，如性别、民族等。虚拟变量的取值为 0 或 1。

假设定义 $wage \geqslant 8\ 000$ 为“高收入工资”，并建立虚拟变量 *high*。则当 $wage \geqslant 8\ 000$ 时，虚拟变量 *high* 的取值为 1；当 $wage<8\ 000$ 时，虚拟变量 *high* 的取值为 0。相关的命令为

```
. generate high=(wage>=8000)
```

在上面的命令中，若不小心把 high 打成 hig，可使用改名命令对变量重新命名，命令为

```
. rename hig high
```

上面的命令被执行后，变量 *hig* 就被重新命名为 *high*。此外，也可使用变量管理器进行变量命名。

2. 更改已有的变量

如果将“高收入工资”的定义改为“$wage \geqslant 7\ 500$”，但仍用 *high* 作为变量，有 2 种方法可供选择。

（1）方法一

```
. replace high=(wage>=7500)
```

上面的命令直接将原变量（$wage \geqslant 8\,000$）替换为新变量（$wage \geqslant 7\,500$）。

（2）方法二

```
. drop high
. generate high=(wage>=7500)
```

上面的命令去掉现有变量 *high*，并重新对其定义。

3. 数值和字符串转换

（1）将字符型变量转换为数值型变量

```
. encode varname [if] [in] , generate(newvar) [lable(name)]
```

（2）将数值型变量转换为字符型变量

```
. decode varname [if] [in] , generate(newvar) [maxlength(#)]
```

其中：generate（newvar）是必须设定的，表示生成新的变量名；lable（name）用于指定新变量名的标签；maxlength（#）用于指定生成新变量的长度，默认 #=244。

例如，若要将字符串 *v*1 转换为数值型变量 *newv*1，并使用 *v*1 的值创建应用于 *newv*1 的值标签，则输入以下命令：

```
. encode v1, generate(newv1)
```

若要将变量 *newv*1 的标签名命名为 mylabel1，则输入以下命令：

```
. encode v1,generate(newv1) label(mylabel1)
```

若使用 *v*2 的值标签将数值型变量 *v*2 转换为字符型变量 *newv*2 以生成 *newv*2 的值，则输入以下命令：

```
. decode v2,generate(newv2)
```

4. 变量计算

Stata 软件可作为计算器使用，命令为“display expression”。

例如，计算 ln3 的数值时，可输入命令：

```
. display ln(3)
```

此时，结果显示：

```
. 1.098 612 3
```

例如，计算 $\sqrt{3}$ 的数值时，可输入命令：

```
. display 3^0.5
```

此时，结果显示：

```
. 1.732 050 8
```

（三）作图

统计图是根据统计数据，利用点、线、面、体等绘制成的几何图形，用于表示各种数量间的关系及变动情况。统计图可以使复杂的统计数据简单化、通俗化、形象化，便于理解和比较。因此，学习使用 Stata 软件进行作图十分重要。

1. 绘制散点图

散点图又称为相关图，是研究相关关系的直观工具。其用两组数据构成多个坐标点，考察坐标点的分布，判断两变量之间是否存在某种关联或总结坐标点的分布模式。散点图将数据序列显示为一组点，相关数据值由点在图中的位置表示。

（1）绘制散点图的基本语法

```
. [twoway] scatter varlist [if] [in] [weight] [,options]
```

其中：[twoway] scatter 表示绘制散点图；varlist 是将要绘制图形的变量，注意 x 变量要放置在 y 变量之后；if 是条件语句；in 是范围语句；weight 是权重语句；options 是可选参数，参数可以通过“help scatter”命令查询。

（2）散点图绘制实例

从 2013 年起，国家统计局开展了城乡一体化住户收支与生活状况调查，2013 年及以后的城镇居民人均可支配收入与支出数据来源于此项调查。该调查与 2013 年前的分城镇和农村住户调查的调查范围、调查方法、指标口径有所不同。因此，本例使用 1981—2012 年的我国城镇居民人均可支配收入及人均消费性支出的时间序列数据绘制散点图。

以下 3 个命令是等价的：

```
. graph twoway scatter…
. twoway scatter…
. scatter…
```

1）绘制散点图。在 Stata 软件中输入数据后，绘制散点图的命令为

```
. scatter y x
```

在本例中，绘制出的散点图如图 1-8 所示。

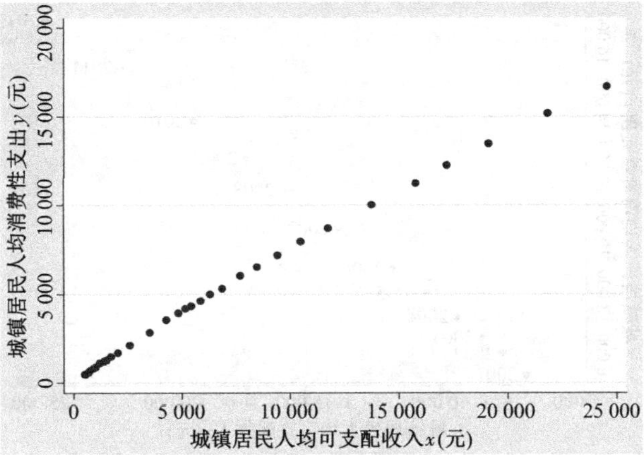

图 1-8　Stata 绘制的散点图实例

2）改变散点的形状、颜色、大小。改变点的形状和颜色的命令实例为

```
. scatter y x,msymbol(+) mcolor(red)
```

其中：msymbol 用于改变点的形状（+）；mcolor 用于改变点的颜色（红色），结果如图 1-9 所示。

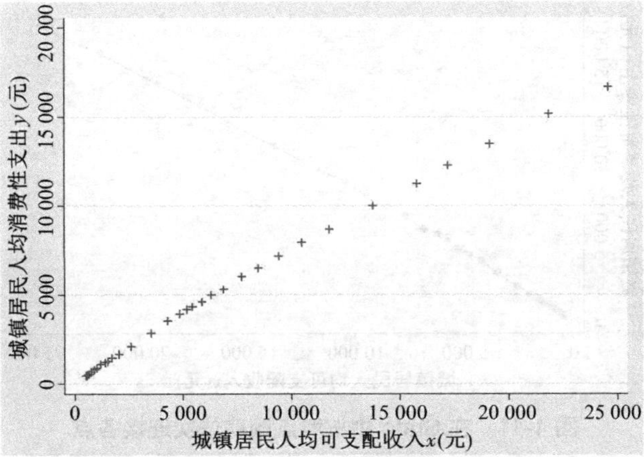

图 1-9　在 Stata 中改变点的形状和颜色

3）绘制带标签的散点图。可以使用如下命令显示 2000 年之后的数据，并在数据点旁边标记年份：

```
. scatter y x if year>2000,mlabel(year)
```

其中：year 用于选择年份范围；mlabel 用于在数据点旁边标记年份，结果如图 1-10 所示。

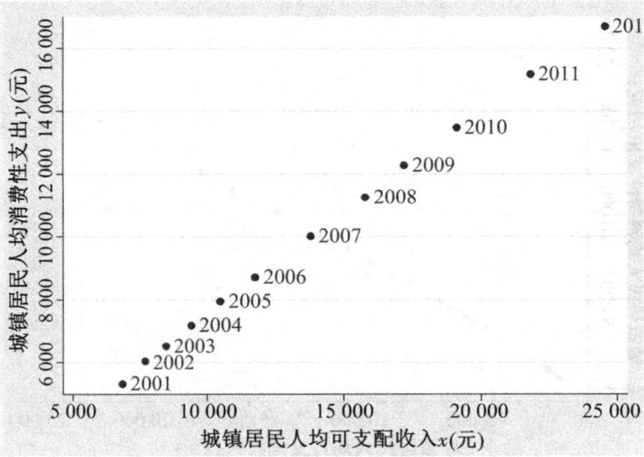

图 1-10 在 Stata 中绘制带标签的散点图

4）连接散点。可以使用如下命令将各点用线连接起来：

```
. scatter y x,connect(l)
```

该命令表示用直线按散点顺序依次连接，结果如图 1-11 所示。

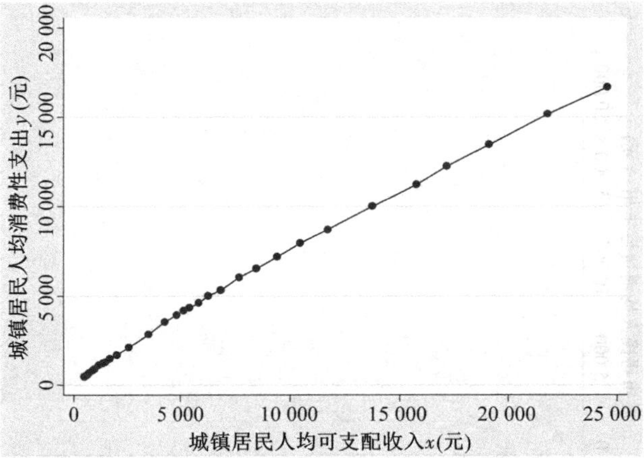

图 1-11 在 Stata 中按散点顺序依次连接各点

5）去掉散点图中的散点。可以使用如下命令将散点图中的散点去掉：

```
. scatter y x,connect(l) msymble(i)
```

其中：connect 表示连接散点；msymble 用于定义散点可见或不可见，（i）即表示散点的显示方式为“不可见”，结果如图 1-12 所示。

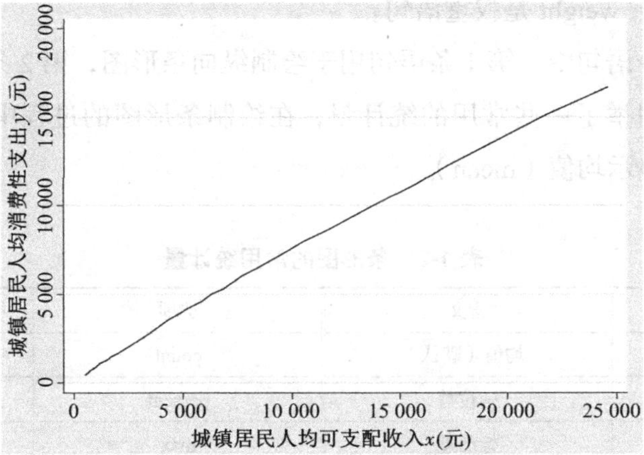

图 1-12　在 Stata 中去掉散点只保留连接线

6）在散点图中绘制拟合线。可以使用如下命令在散点图中绘制拟合线：

```
. twoway (scatter y x)(lfit y x)
```

该命令表示绘制带拟合线的散点图，结果如图 1-13 所示。

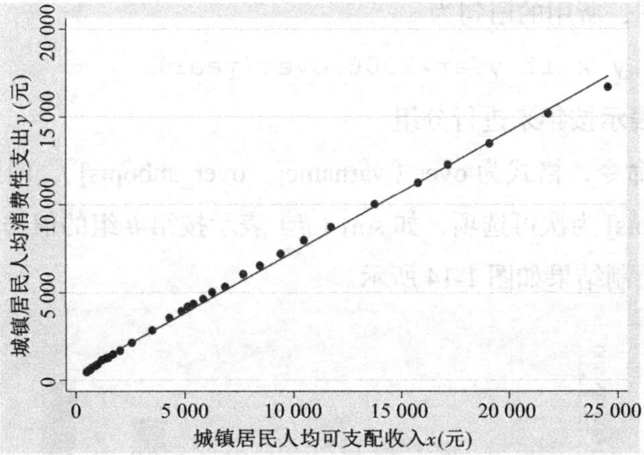

图 1-13　在 Stata 中绘制带拟合线的散点图

2. 绘制条形图

条形图是用宽度相同的色条表示数据的图形，其用色条的高矮或长短来表示数据的大小。条形图可以横置或纵置，纵置时也称为柱形图。

（1）绘制条形图的基本语法

```
. graph bar yvars [if] [in] [weight] [,options]
```

或

```
. graph hbar yvars [if] [in] [weight] [,options]
```

其中：yvars 用于指定要展示绘制的变量，而且在变量前还需加上对比的统计量；if 是条件语句; in 是范围语句; weight 是权重语句。

在上述 2 个命令语句中，第 1 条语句用于绘制纵向条形图，第 2 条语句用于绘制横向条形图。表 1-2 中列举了一些常用的统计量，在绘制条形图的过程中，如果不指明统计量，则系统会默认显示均值（mean）。

表 1-2　条形图的常用统计量

选项	含义	选项	含义
mean	均值（默认）	count	观测值数
median	中位数	percent	百分比
sd	标准差	max	最大值
semean	均值的标准误差	min	最小值
sum	算术和	iqr	四分位距

（2）条形图绘制实例

1）使用 2007—2012 年我国城镇居民人均可支配收入及人均消费性支出的时间序列数据，绘制纵向条形图，所用的语句为

```
. graph bar y x if year>2006,over(year)
```

其中: over（year）表示按年来进行分组。

“over”为分组命令，格式为 over（varname[，over_subopts]），即按某一变量 varname 来分组，[over_subopts] 为次可选项，如 sort（#）表示按第 # 组的值排序并绘图。

纵向条形图的绘制结果如图 1-14 所示。

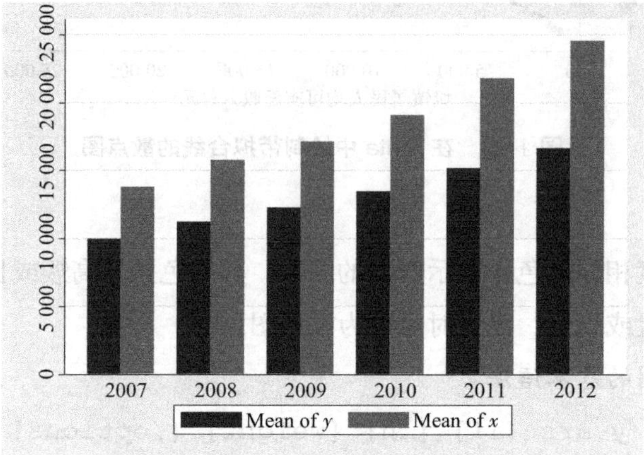

图 1-14　在 Stata 中绘制的纵向条形图

2）同样使用 2007—2012 年我国城镇居民人均可支配收入及人均消费性支出的时间序列数据，绘制横向条形图并为条柱增添数值标签，所用的语句为

```
. graph hbar y x if year>2006,over(year) blabel(bar)
```

其中：blabel（bar）表示为条柱增添数值标签且标签的数值为条柱的长度。

横向条形图的绘制结果如图 1-15 所示。

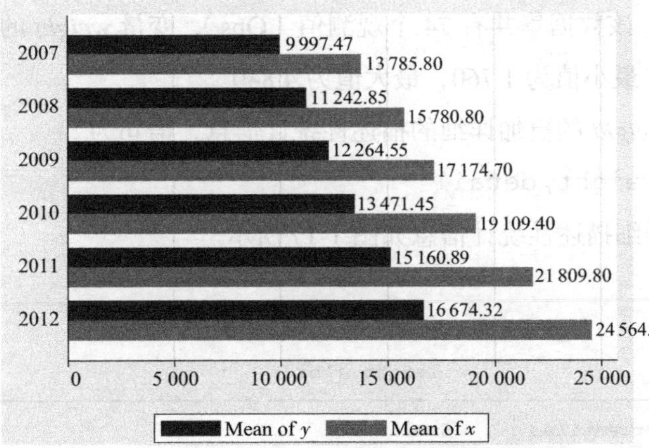

图 1-15　在 Stata 中绘制的横向条形图

（四）变量的描述统计

1. 用 summarize 输出描述统计量

summarize 命令用于计算并显示各种单变量的摘要统计信息。如果未指定变量，该命令则为数据集中的所有变量计算并显示摘要统计信息。summarize 的基本语法为

```
.summarize [varlist] [if] [in] [weight] [,option]
```

其中：option 有 2 个子变量，detail 表示显示更加详细的统计信息，separator（n）表示每 n 个变量画一条分界线（n=0 表示禁止使用分界线，默认 n=5 表示每 5 个变量后画一条线）。

使用 Stata 软件自带数据中的某国 1978 年关于汽车信息的调查数据，进行变量的描述统计。①

将数据导入 Stata 软件，语句为

```
. use http://www.stata-press.com/data/r14/auto2
```

获取变量 *weight*（质量）的描述性统计信息，语句为

```
.summarize weight
```

可得到变量 *weight* 的描述性统计信息，结果如图 1-16 所示。

① 注：该数据的单位为磅（lb），与国际单位制的换算关系为 1lb=0.454 kg。

Variable	Obs	Mean	Std. Dev.	Min	Max
weight	74	3019.459	777.1936	1760	4840

图 1-16 变量 *weight* 的描述统计信息

如图 1-16 所示，该数据集共有 74 个观测值（Obs），变量 *weight* 的均值为 3 019.459，标准差为 777.193 6，最小值为 1 760，最大值为 4 840。

还可获取变量 *weight* 的更加详细的描述性统计信息，语句为

```
.summarize weight,detail
```

变量 *weight* 的详细描述性统计信息如图 1-17 所示。

Weight (lbs.)

	Percentiles	Smallest		
1%	1760	1760		
5%	1830	1800		
10%	2020	1800	Obs	74
25%	2240	1830	Sum of Wgt.	74
50%	3190		Mean	3019.459
		Largest	Std. Dev.	777.1936
75%	3600	4290		
90%	4060	4330	Variance	604029.8
95%	4290	4720	Skewness	.1481164
99%	4840	4840	Kurtosis	2.118403

图 1-17 变量 *weight* 的详细描述性统计信息

图 1-17 的第二列 Percentiles（百分位数）显示了变量从 1% 到 99% 的分位数取值。结果显示，变量 *weight* 的中位数为 3 190，下四分位数为 2 240，上四分位数为 3 600。第三列显示了 Smallest（最小）的 4 个数据为 1 760、1 800、1 800 和 1 830；Largest（最大）的 4 个数据为 4 290、4 330、4 720 和 4 840。Obs 表示变量的有效观察值有 74 个。在第四列中，Sum of Wgt. 为权重之和；Mean 为均值；Std. Dev. 为变量标准差；Variance 为方差；Skewness 为分布的偏度；Kurtosis 为分布的峰度。在 Stata 软件中，可以在数据上使用不同的权重。在默认条件下，每个案例的权重为 1，当使用默认值时，权重之和等于观察值的数量。

获取全部变量的描述统计信息的语句为

```
.summarize,separator(4)
```

全部变量的描述统计信息如图 1-18 所示。

Variable	Obs	Mean	Std. Dev.	Min	Max
make	0				
price	74	6165.257	2949.496	3291	15906
mpg	74	21.2973	5.785503	12	41
rep78	69	3.405797	.9899323	1	5
headroom	74	2.993243	.8459948	1.5	5
trunk	74	13.75676	4.277404	5	23
weight	74	3019.459	777.1936	1760	4840
length	74	187.9324	22.26634	142	233
turn	74	39.64865	4.399354	31	51
displacement	74	197.2973	91.83722	79	425
gear_ratio	74	3.014865	.4562871	2.19	3.89
foreign	74	.2972973	.4601885	0	1

图 1-18　全部变量的描述统计信息

可见，变量 *rep*78 只有 69 个观测值，丢失了 5 个观测值；变量 *make* 是一个字符串变量，因此没有对其进行任何观察。

2. 绘制箱线图

箱线图是利用数据中的 5 个统计量（最小值、下四分位数、中位数、上四分位数、最大值）来描述数据的一种图形，其能够显示一组数据的分散情况，主要用于反映原始数据的分布特征，还可以用于多组数据分布特征的比较。

（1）绘制箱线图的基本语法

绘制纵向和横向箱线图的基本语法分别为

```
. graph box yvars [if] [in] [weight] [,options]
. graph hbox yvars [if] [in] [weight] [,options]
```

其中：yvars 是将要绘制箱线图的变量；if 是条件语句；in 是范围语句；weight 是权重语句。

（2）箱线图绘制实例

根据 Stata 软件自带数据中的血压（*bp*）数据绘制纵向箱线图，语句为

```
.graph box bp,over(agegrp) over(sex)
```

其中：over（agegrp）和 over（sex）分别表示按年龄段和性别显示变量 *bp* 的信息。所绘制的纵向箱线图如图 1-19 所示。

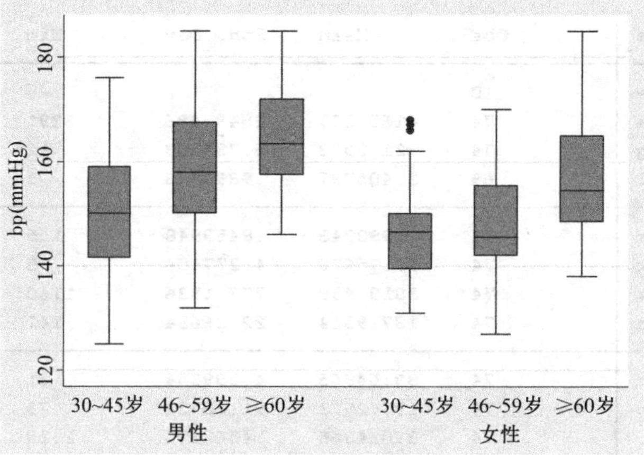

图 1-19 纵向箱线图

绘制横向箱线图的语句为

```
.graph hbox bp,over(agegrp) over(sex)
```

所绘制的横向箱线图如图 1-20 所示。

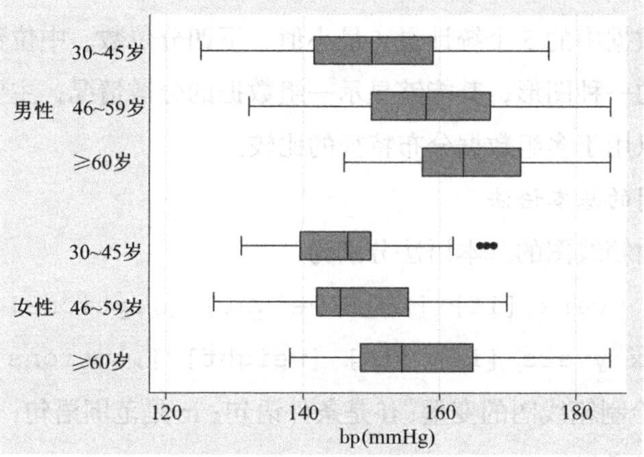

图 1-20 横向箱线图

思考题与练习题

一、思考题

1. 怎样理解计量经济学与理论经济学、经济统计学、数理统计学、数学的关系？计量经济学要运用大量数学和统计学方法，但为什么说它是一门经济学学科，而不是数学学科？

2. 理论计量经济学与应用计量经济学的区别和联系是什么？

3. 假如你是中央银行货币政策的研究者，需要你对增加货币供应量促进经济增长提出建议。此时，你将考虑哪些因素？你认为应该怎样运用计量经济学的研究方法？

4. 一个完整的计量经济学模型应包括哪些基本要素？请举一个实例进行说明。

5. 在计量经济学模型中，变量与参数的本质区别是什么？

6. 在计量经济学模型中，被解释变量和解释变量的作用有什么不同？

7. 为什么对计量经济学模型中的参数通常只能用样本观测值去估计？

8. 请分别举出 3 个时间序列数据、截面数据、面板数据、虚拟变量数据的实际例子，并分别说明这些数据的来源。

9. 为什么对已经估计出参数的模型还要进行检验？请举例说明各种检验的必要性。

10. 为什么计量经济学模型可以用于评价政策？其基本思想和前提条件是什么？

11. 计量经济学与经济学理论之间有什么样的关系？为什么计量经济学模型可以用于检验与发展经济学理论？

12. 如果要用计量经济学方法评价广告支出对产品销售量的影响，应该怎样设定计量经济学模型？

二、练习题

1. 将表 1-3 中的数据导入 Stata 软件。

表 1-3　2009—2018 年中国的 GDP 和年末总人口数

时间（年）	GDP（亿元）	年末总人口数（万人）
2009	348 517.7	133 450
2010	412 119.3	134 091
2011	487 940.2	134 735
2012	538 580.0	135 404
2013	592 963.2	136 072
2014	643 563.1	136 782
2015	688 858.2	137 462
2016	746 395.1	138 271
2017	832 035.9	139 008
2018	919 281.1	139 538

2. 2008 年末，中国总人口数为 132 129 万人，请运用 Stata 软件计算 2009—2018 年各

年的年均人口数，并生成新变量，最后保存数据。

3. 运用 Stata 软件绘制 2009—2018 年的 GDP 与年末总人口数的散点图，之后将散点用直线连接起来，再尝试绘制拟合线。

4. 运用 Stata 软件绘制 2009—2018 年的 GDP 与年末总人口数的纵向条形图。

5. 运用 Stata 软件获得表 1-3 中 GDP 和年末总人口数的描述统计量，分别求出这两个变量的均值、标准差、中位数、上下四分位数、最大值和最小值。

6. 运用 Stata 软件分别绘制表 1-3 中 GDP 和年末总人口数的箱线图。

第二章 一元线性回归分析

引例：全国居民可支配收入稳步增长，居民消费进一步改善

2016年，受全球性金融危机的影响，我国民间市场的消费力不足。2016年12月，我国的生产者价格指数（Producer Price Index，PPI）同比上涨5.5%，原因有两个方面：一是受汇率波动等多因素的影响，进口大宗商品价格上涨，推升了部分工业品的出厂价格；二是工业生产和市场需求稳定增长，去产能、去库存政策的效果显现，供需关系逐步改善。同时，在促进居民消费方面，我国部分地方政府用发放购物券的方式刺激消费。那么，这种方式对居民消费的影响是什么？居民消费影响又是什么？

影响我国居民消费的主要因素包括消费心理、居民可支配收入、消费预期、房屋购买、社会医疗保险制度、医疗制度和教育体制等。因此，为了研究居民的消费水平及其变动的原因，需要做具体的分析。影响各地区居民消费的因素有很多，如收入水平、就业状况、零售价格指数、利率、居民财产、购物环境等。为了分析各地区影响居民消费的最主要因素，并分析影响因素与消费水平的数量关系，可以建立相应的计量经济学模型。通常采用一元线性回归分析法对此类问题进行研究。例如，可利用Keynes收入消费理论，建立简单线性回归模型，表达式为

$$C_t = a + bY_t$$

式中：C_t为总消费支出；Y_t为总收入；a和b为参数，其中b为边际消费倾向，其值介于0与1之间。

第一节 回归的含义

一、回归的古典含义

“回归”一词是由英国生物学家Galton在遗传学研究中首先提出的。Galton发现虽然父母的身高对子女的身高起决定性作用，但给定父母的身高后，他们儿女辈的平均身高却

趋向于或回归到社会平均水平，即对于身高很高或很矮的父母，其子女的平均身高有向人类平均身高移动或回归的趋势。这就是“回归”的古典意义，如图 2-1 所示。

图 2-1 回归的古典含义

二、回归的现代含义

现在我们沿用“回归”这个词，但其意义与其古典意义已经有很大差别。现代意义的回归是关于一个变量（被解释变量或应变量）对另一个或多个变量（解释变量或自变量）依存关系的研究，是用适当的数学模型去近似地表达或估计变量之间的平均变化关系，其目的是要根据解释变量的数值去估计所研究的被解释变量的总体平均值。

假设我们研究个人消费支出对个人可支配收入的依存关系，对应于各种个人可支配收入，个人消费支出虽不确定，但总会在一定的范围内变动。而且，平均来说，个人消费支出总是随着收入水平的增加而增加的。回归就是根据个人消费支出与可支配收入的观测数据，确定当解释变量（可支配收入）确定时，因变量（个人消费支出）平均水平的变动轨迹。

第二节 统计关系与确定关系

一、变量的相互关系

很多社会与经济现象，除了自身变动以外，它们之间可能存在一定的依存关系。这种关系有 2 种类型：一是确定性的函数关系；二是不确定的统计关系，也称为相关关系。

当一个或若干个变量 X 取一定数值时，某变量 Y 有确定的值与之对应。我们称变量间的这种关系为确定性的函数关系。例如：销售额 = 销售量 × 单价。一般情况下，确定性的函数关系可表示为 $Y = f(X)$。

当一个变量或若干个变量 X 取一定值时，与之对应的另一个变量 Y 虽然不确定，但却按某种规律在一定范围内变化，我们称变量之间的这种关系为不确定的统计关系或相关关系。一般可表示为 $Y = f(X,\mu)$，其中 μ 为随机变量。例如，粮食产量与施肥量之间的关系、储蓄额与居民可支配收入之间的关系、广告支出与商品销售额之间的关系等均属于相关关系。

二、相关分析

研究变量间的相关关系时，首先需要分析它们是否存在相关关系，然后要明确其相关关系的类型，而且还应计量其相关关系的程度。在统计学中这种研究称为相关分析。

（一）简单线性相关系数

两个变量之间的线性相关程度可以用简单线性相关系数去度量，简称“相关系数”。对所研究的总体，两个相互联系的变量的相关系数称为总体相关系数，通常用 ρ 表示。总体相关系数 ρ 的表达式为

$$\rho = \frac{\operatorname{cov}(X,Y)}{\sqrt{\operatorname{var}(X)\operatorname{var}(Y)}} \tag{2-1}$$

式中：$\operatorname{cov}(X,Y)$ 代表变量 X 和 Y 的协方差；$\operatorname{var}(X)$ 代表变量 X 的方差；$\operatorname{var}(Y)$ 代表变量 Y 的方差。

通常可能做到的是从总体中随机抽取一定数量的样本，通过 X 和 Y 的样本观测值 X_i 和 Y_i 去计算样本相关系数，变量 X 和 Y 的样本相关系数通常用 r_{XY} 表示，或简记为 r，可用下式估计：

$$r_{XY} = \frac{\sum(X_i-\overline{X})(Y_i-\overline{Y})}{\sqrt{\sum(X_i-\overline{X})^2\sum(Y_i-\overline{Y})^2}} \quad (i=1,2,\cdots,n) \tag{2-2}$$

式中：X_i 和 Y_i 分别是变量 X 和 Y 的样本观测值；$\overline{X}$ 和 $\overline{Y}$ 分别是变量 X 和 Y 的样本观测值的平均值；n 是样本的个数，也称样本量。

（二）相关系数的特点

由式（2-1）和式（2-2）可以看出，相关系数有以下特点。①相关系数的取值在 −1

与1之间。②当 $r=0$ 时，表明 X 和 Y 没有线性相关关系。③当 $0<|r|<1$ 时，表明 X 和 Y 存在一定的线性相关关系；若 $r>0$，表明 X 和 Y 正相关；若 $r<0$，表明 X 和 Y 负相关。④当 $|r|=1$ 时，表明 X 和 Y 完全线性相关，其中若 $r=1$，称 X 和 Y 完全正线性相关；若 $r=-1$，称 X 和 Y 完全负线性相关。

三、回归分析

相关分析并不能说明变量间相关关系的具体形式，也还不能从一个变量的变化去推测另一个变量的具体变化。如果要具体测定变量之间相关关系的数量形式，还需要运用回归分析的方法。例如，在个人消费支出与个人可支配收入的依存关系中，对应于一定的个人可支配收入水平，个人消费支出并不确定，但总是在一定的范围内变动。对于每一个个人可支配收入水平，个人消费支出呈现出一定的分布，但平均来说，个人消费支出总是随着个人可支配收入的增加而增加的，关系如图2-2所示。

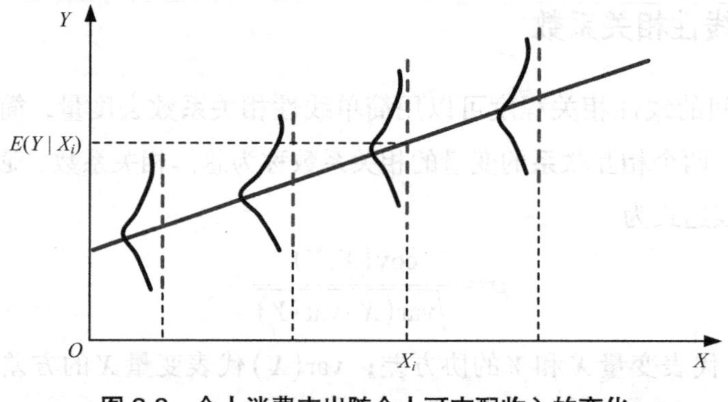

图2-2 个人消费支出随个人可支配收入的变化

如果根据个人消费支出和个人可支配收入的观测数据去确定二者变动的统计规律性，就要研究当解释变量（个人可支配收入）变动时，被解释变量（个人消费支出）的平均变动规律，解决这样一类问题的方法就是回归分析。

在理解回归分析时，应当注意回归所要解释的是被解释变量与解释变量之间的平均关系。在这里，被解释变量是随机变量，解释变量在本质上也是随机变量。但在经典的回归分析中，解释变量为被解释变量变动的原因，我们总是假定在重复抽样中取某些固定的值，所以在一般情况下解释变量是作为非随机变量来处理的。

四、相关分析与回归分析的联系与区别

相关分析与回归分析有密切的联系，相关分析可以度量变量间相关关系的方向及程度，只有当变量间存在一定程度的相关关系时，进行回归分析才有实际意义。同时，在进行相关分析时，如果要具体确定变量间相关的具体数学关系，又要依赖回归分析，而且相关分析中相关系数的确定也是建立在回归分析基础上的。

同时应明确，相关分析与回归分析的研究目的和研究方法是有明显区别的。从研究目的上看，相关分析是用一定的数量指标（相关系数）度量变量间相互联系的方向和程度；回归分析却是要寻求变量间联系的具体数学形式，要根据解释变量的固定值去估计或预测被解释变量的平均值。从对变量的处理上看，相关分析对称地对待有相互联系的变量，不区分解释变量和被解释变量，均视其为随机变量；回归分析研究解释变量的变动对被解释变量的平均影响，明确划分被解释变量和解释变量，对变量的处理不是对称的。在经典回归模型中，通常假定解释变量在重复抽样中是取固定值的非随机变量，只有被解释变量是具有一定概率分布的随机变量。

第三节　回归分析中几个基本概念

一、总体回归函数

回归分析研究的是总体中解释变量与被解释变量之间客观存在的协变规律性，在对经济现象的研究中，这种协变规律是所研究的经济总体的特征。怎样去认识经济总体中相关变量的协变关系呢？由于实际的经济总体通常是难以直接观测的，这里以一个简化的例子进行说明。

【例 2.1】假如有一个由 100 个家庭构成的总体，我们要研究的是家庭人均月消费支出 Y 与家庭人均月可支配收入 X 之间的关系，并要根据已知的家庭人均月可支配收入水平取值预测该总体家庭人均月消费支出的平均水平。为了便于研究，把总体中的 100 个家庭按人均月可支配收入水平分为 10 个组，分别考察各组中家庭的人均月消费支出（见表 2-1）。

表 2-1　家庭人均月消费支出与家庭人均月可支配收入　　（元）

	家庭人均月可支配收入 X									
	3 000	3 500	4 000	4 500	5 000	5 500	6 000	6 500	7 000	7 500
家庭人均月消费支出 Y	1 819	2 027	2 269	2 304	2 646	2 917	3 068	3 383	4 107	4 267
	1 847	2 118	2 364	2 435	2 819	3 028	3 488	3 797	4 313	4 800
	1 907	2 212	2 424	2 467	2 934	3 166	3 689	4 109	4 457	5 004
	2 055	2 248	2 473	2 726	3 028	3 321	3 755	4 261	4 618	5 241
	2 195	2 313	2 523	2 828	3 131	3 527	3 899	4 546	4 757	5 408
	2 245	2 481	2 581	2 946	3 244	3 690	3 920	4 757	4 972	
	2 307	2 541	2 675	2 976	3 408	3 829	4 253	4 771	5 172	
	2 409	2 686	2 716	3 150	3 496	3 993	4 441	4 872		
		2 702	2 817	3 174	3 522	4 174	4 673			
		2 812	2 936	3 349	3 677	4 350	4 764			
			2 954	3 384	3 776	4 474				
			3 025	3 514	3 919					
			3 136	3 658	4 119					
			3 327	3 747						
$E(Y\|X_i)$	2 098	2 414	2 730	3 047	3 363	3 679	3 995	4 312	4 628	4 944

由表 2-1 可以看出，对于给定的可支配收入 X，消费支出 Y 并不确定，也就是说消费支出与可支配收入之间不存在确定的函数关系，它们之间是一种不确定的统计关系。在给定可支配收入 X 的条件下，消费支出 Y 存在一定的分布，这种分布称为在 X 给定的条件下 Y 的条件分布。

对于 X 的每一个取值 X_i，都有 Y 的条件期望 $E(Y|X_i)$ 与之对应，根据表 2-1 的数据，可作人均月可支配收入 X 与人均月消费支出 Y 的散点图，如图 2-3 所示。

由表 2-1 和图 2-3 可以看出，虽然每个家庭的人均月消费支出存在差异，但平均来说，家庭人均月消费支出是随家庭人均月可支配收入的变化而变化的。还可以看出，当 X_i 取各种值时，Y 的条件期望的轨迹接近于一条直线，该直线称为 Y 对 X 的回归直线。当然，若是 Y 的各个条件期望是位于一条曲线上，则这条曲线就称为 Y 对 X 的回归曲线。

从上述 100 个家庭构成的总体的例子可以看出，所研究的总体被解释变量（家庭消费支出）Y 的条件期望 $E(Y|X_i)$ 会随解释变量 X 的变化而有规律地变化，如果把 Y 的条件期望表示为 X 的某种函数，可写为

$$E(Y|X_i)=f(X_i) \tag{2-3}$$

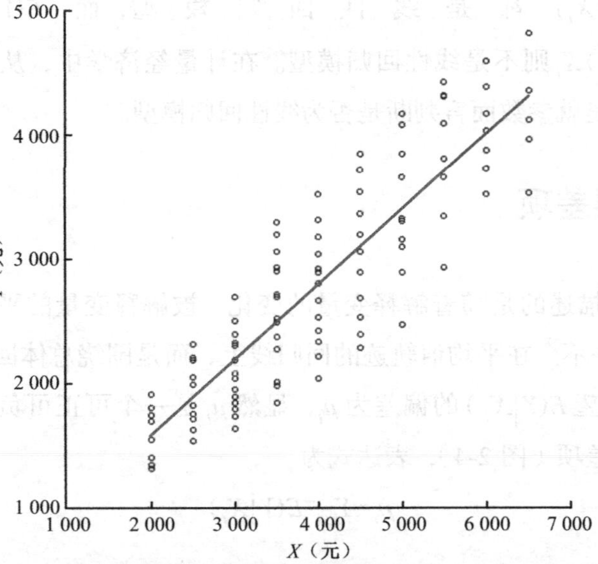

图 2-3　家庭人均月可支配收入与家庭人均月消费支出的散点图

如式（2-3）那样，将总体被解释变量 Y 的条件期望表示为解释变量 X 的函数，这个函数称为总体回归函数（Population Regression Function，PRF）。式（2-3）是总体回归函数的条件期望表示方式。

假如 Y 的总体条件期望 $E(Y|X_i)$ 是解释变量 X 的线性函数，则称为总体回归函数，可表示为

$$E(Y|X_i) = f(X_i)=\beta_0+\beta_1 X_i \tag{2-4}$$

式中：β_0 为截距系数；β_1 为斜率系数。

需要指出，在实际的经济问题中，总体包含的单位数通常相当多，一般情况下不大可能像【例 2.1】中能够取得总体所有的观测值，也不大可能直接计算 Y 的条件期望值。所以，事实上只能根据经济学理论对所研究经济问题的深刻认识以及实践经验设定总体回归函数的具体形式，也就是说需要对总体回归函数做出合理的假设。

在计量经济学中，经常把总体回归函数设定为线性函数，这是因为线性函数是最简单的函数形式，而且线性回归函数中参数的估计与检验相对容易，用线性模型去近似地描述总体回归函数，常能获得较好的效果。

在计量经济学中，线性模型的“线性”有两种解释：一是模型就变量而言是线性的，即 Y 的条件期望 $E(Y|X_i)$ 是解释变量 X_i 的线性函数，这时回归线是一条直线，按这一原则，$E(Y|X_i) = \beta_1 + \beta_2 X_i^2$ 或 $E(Y|X_i) = \beta_1 + \beta_2 (1/X_i)$ 都不是线性回归函数；二是模型就参数而言是线性的，即 Y 的条件期望 $E(Y|X_i)$ 是参数 β 的线性函数，而对于解释变量 X_i 则可以是线性的，也可以是非线性的，按这一原则，$E(Y|X_i) = \beta_1 + \beta_2 X_i^2$ 或

$E(Y|X_i)=\beta_1+\beta_2(1/X_i)$ 都是线性回归模型，而 $E(Y|X_i)=\beta_1+\sqrt{\beta_2}X_i$ 或 $E(Y|X_i)=\beta_1+(1/\beta_2)X_i$ 则不是线性回归模型。在计量经济学中，从回归理论和参数的估计方法考虑，通常是就参数而言判断是否为线性回归模型。

二、随机误差项

总体回归函数描述的是随着解释变量的变化，被解释变量的平均变动。对于一定的 X_i，Y 的个别值 Y_i 并不全在平均值轨迹的回归线上，而是围绕总体回归线上下波动。若令各个 Y_i 值与条件期望 $E(Y|X_i)$ 的偏差为 μ_i，显然 μ_i 是一个可正可负的随机变量，称为随机扰动项或随机误差项（图 2-4），表达式为

$$\mu_i=Y_i-E(Y|X_i) \tag{2-5}$$

或

$$Y_i=E(Y|X_i)+\mu_i \tag{2-6}$$

如果总体回归函数是只有一个解释变量的线性函数，则有

$$\mu_i=Y_i-\beta_0-\beta_1X_i \tag{2-7}$$

或

$$Y_i=\beta_0+\beta_1X_i+\mu_i \tag{2-8}$$

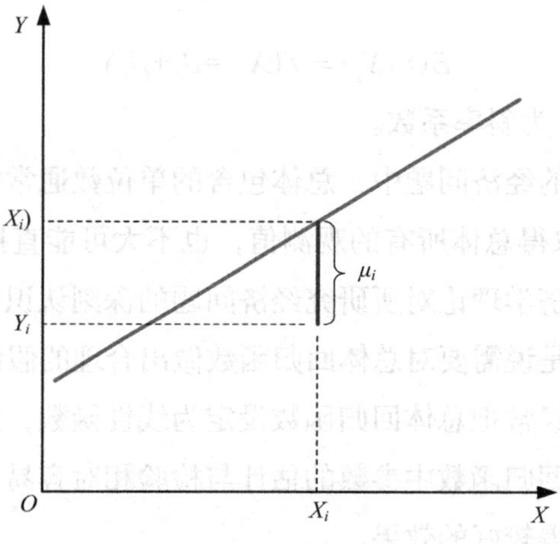

图 2-4　随机扰动项示意

随机扰动项反映从模型中省略下来的而又对 Y 有影响的其他所有因素。在总体回归函数中引进随机扰动项的主要原因如下。

1）作为未知影响因素的代表。对所研究的经济现象而言，除了一些已知的影响因素以外，还有一些无法认识的未知影响因素影响着被解释变量，因此只能用随机扰动项作为

这些因素的代表。

2）作为无法取得数据的已知因素的代表。一些因素对被解释变量有影响，但是可能无法获得变量的数据，而这类变量只能被归入随机扰动项。

3）作为众多细小影响因素的综合代表。某些因素已经被认识到，而且数据也可以获得，如影响家庭消费支出的可能因素有子女人数、性别、民族习惯、受教育程度，等等，但这些因素或许对被解释变量的影响比较小，有可能不易被量化，因此将它们的联合影响归入随机扰动项。

4）作为模型设定误差的代表。在建立模型时，一般尽量选用简单明了的模型，当用较少的解释变量能说明被解释变量的实质变化时，就不把更多的解释变量加到模型中。这样，变量和函数形式的设定可能会引起设定误差，这也要用随机扰动项来表示。

5）作为变量观测误差的代表。由于主观因素的原因，在对统计数据进行观测时，有可能产生误差，只能将其归入随机扰动项。

6）作为经济现象的内在随机性的代表。由于人所从事的经济行为可能具有内在随机性和不可重复性，变量的这种内在随机性只能归入随机扰动项。

三、样本回归函数

在实际中，总体通常包含的单位数非常多，无法获得所有单位的数值，总体回归函数实际上是未知的。我们可能做到的只是基于解释变量 X 的选定水平，对被解释变量 Y 的某些样本进行观测，然后利用观测获得的信息去估计总体的回归函数。

假设并不知道【例 2.1】中的总体数据，现从由 100 个家庭形成的总体中分两次随机抽取 10 个家庭进行观测，形成了两个随机样本（SRF1 和 SRF2），分别如表 2-2 和表 2-3 所示。

表 2-2　随机样本一

（元）

人均月可支配收入（X）	3 000	3 500	4 000	4 500	5 000	5 500	6 000	6 500	7 000	7 500
人均月消费支出（Y）	2 195	2 313	2 675	2 976	3 244	3 527	3 899	4 109	4 618	4 800

表 2-3　随机样本二

（元）

人均月可支配收入（X）	3 000	3 500	4 000	4 500	5 000	5 500	6 000	6 500	7 000	7 500
人均月消费支出（Y）	2 195	2 348	2 716	2 828	3 131	3 690	3 920	4 261	4 457	5 004

可将两组随机样本的数据绘制成散点图，如图 2-5 所示。

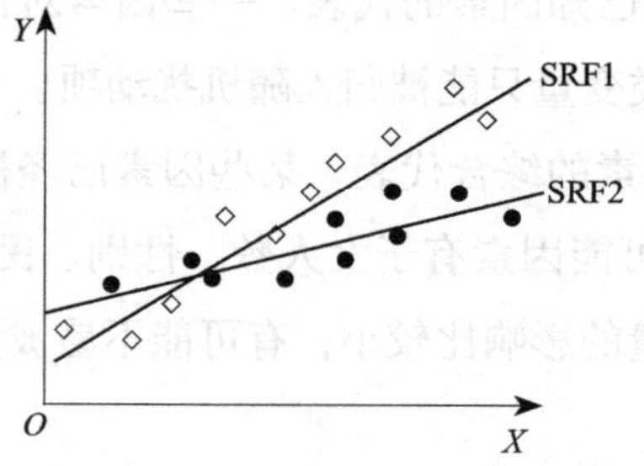

图 2-5　两个随机样本的示意图

对于解释变量 X 的一定值，取得的被解释变量 Y 的样本观测值也可计算其条件均值，Y 的样本观测值的条件均值随解释变量 X 而变动的轨迹，称为样本回归线。图 2-5 中的两条直线就是分别通过两个样本观测值拟合出的样本回归直线。如果所拟合的是曲线，就称为样本回归曲线。

从图 2-5 可以看出，被解释变量（消费支出）的样本条件均值也是随解释变量（可支配收入）的变化而有规律地变化的。如果把被解释变量 Y 的样本条件均值表示为解释变量 X 的某种函数，这个函数称为样本回归函数（Sample Regression Function，SRF）。显然，样本回归函数的函数形式应与设定的总体回归函数的函数形式一致。

如果样本回归函数为线性函数，则可表示为

$$\hat{Y}_i = \hat{\beta}_0 + \hat{\beta}_1 X_i \tag{2-9}$$

式中：$\hat{Y}_i$ 是与 X_i 相对应的 Y 的样本条件均值，可看作对总体条件期望 $E(Y|X_i)$ 的估计值；$\hat{\beta}_0$ 和 $\hat{\beta}_1$ 分别是样本回归函数的参数。

被解释变量 Y 的实际观测值 Y_i 不完全等于样本条件均值 $\hat{Y}_i$，二者之差用 ε_i 表示，ε_i 称为剩余项或残差项，表达式为

$$\varepsilon_i = Y_i - \hat{Y}_i \tag{2-10}$$

$$Y_i = \hat{\beta}_0 + \hat{\beta}_1 X_i + \varepsilon_i \tag{2-11}$$

必须明确，样本回归函数与总体回归函数是有区别的。首先，总体回归函数虽然未知，但它是确定的，但由于从总体中每次抽样都能获得一个样本集，可以拟合一条或多条样本回归线，所以样本回归线却是随抽样波动而变化的，可以有许多条。因此，样本回归线还不是总体回归线，至多只是未知的总体回归线的近似反映。其次，总体回归函数的参数 β_1 和 β_2 是确定的常数，而样本回归函数的参数 $\hat{\beta}_1$ 和 $\hat{\beta}_2$ 是随抽样而变化的随机变量。最后，总体回归函数中的 μ_i 是不可直接观测的，而样本回归函数中的 ε_i 是只要估计出样本回归的参数就可以计算的数值。

四、总体回归函数与样本回归函数的关系

因为反映总体经济活动规律的总体回归函数是未知的，所以进行回归分析的目的是要根据有可能获得的样本回归函数去对总体回归函数做出合理的估计。样本回归函数是总体回归函数的一个近似，总体回归函数是理论回归函数，样本回归函数是经验回归函数。对总体回归函数进行分析是根据解释变量的已知或给定值，考察被解释变量的总体均值，即当解释变量取某个确定值时，分析与之统计相关的被解释变量所有可能出现的对应值的平均值。样本回归函数随解释变量的变化而有规律地变化。如果把解释变量 Y 的样本条件均值表示为解释变量 X 的某种函数，这个函数称为样本回归函数。显然，样本回归函数的函数形式应与设定的总体回归函数形式一致。然而，样本毕竟不等于总体，样本回归函数（SRF）几乎总是与总体回归函数（PRF）存在差异，二者的关系可以从图 2-6 中看出。总体回归函数、样本回归函数，总体回归模型、样本回归模型示例见表 2-4。

表 2-4　总体、样本回归函数和总体、样本回归模型的示例

函数 / 模型	表达式
总体回归函数	$E(Y\|X_i)=\beta_0+\beta_1X_i$
样本回归函数	$\hat{Y}_i=\hat{\beta}_0+\hat{\beta}_1X_i$
总体回归模型	$Y_i=\beta_0+\beta_1X_i+\mu_i$
样本回归模型	$Y_i=\hat{\beta}_0+\hat{\beta}_1X_i+\varepsilon_i$

如果能够通过某种方式获得 $\hat{\beta}_0$ 和 $\hat{\beta}_1$ 的数值，显然：

1）$\hat{\beta}_0$和$\hat{\beta}_1$ 是对总体回归函数参数 β_0和β_1 的估计；

2）$\hat{Y}_i$是对总体条件期望$E(Y_i|X_i)$的估计；

3）ε_i 在概念上类似总体回归函数中的 μ_i，可视为对 μ_i 的估计。

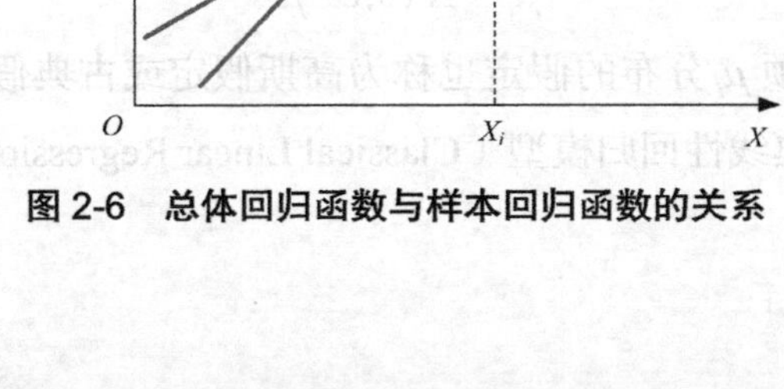

图 2-6　总体回归函数与样本回归函数的关系

第四节　一元线性回归模型的参数估计

一、一元线性回归模型的基本假定

对一元线性回归模型的基本假定有两个方面：一是对变量和模型的假定；二是对随机扰动项 μ_i 统计分布的假定。

（一）简单线性回归模型中对变量和模型的假定

首先，解释变量 X_i 是确定性变量，是非随机的，或者 X_i 是随机的，但与随机扰动项 μ_i 不相关。

其次，假定模型中的变量没有测量误差。

最后，假设模型对变量和函数形式的设定是正确的，即不存在设定误差。

（二）随机扰动项统计分布的假定

为了使对模型的估计具有良好的统计性质，在计量经济学研究中对无法直接观测的随机扰动项 μ_i 的分布，做出如下一些基本假定。

假定 1　零均值假定，即对给定的 X_i，随机扰动项 μ_i 的条件期望或条件均值等于 0。

$$E(\mu_i|X_i)=0 \tag{2-12}$$

假定 2　同方差假定，即对给定的 X_i，随机扰动项 μ_i 的条件方差等于一个常数 σ^2。

$$\text{var}(\mu_i|X_i)=E[\mu_i-E(\mu_i|X_i)]^2=E(\mu_i^2)=\sigma^2 \tag{2-13}$$

假定 3　无自相关假定，即随机扰动项 μ_i 的逐次值互不相关，或者说对所有的 i 和 j（$i\neq j$），μ_i 和 μ_j 的协方差为 0。

$$\text{cov}(\mu_i,\mu_j)=E\left[\mu_i-E(\mu_i)\right]\left[\mu_j-E(\mu_j)\right]=E(\mu_i\mu_j)=0 \tag{2-14}$$

假定 4　随机扰动项 μ_i 与解释变量 X_i 不相关，可表示为

$$\text{cov}(\mu_i,X_i)=E\left[\mu_i-E(\mu_i)\right]\left[X_i-E(X_i)\right]=0 \tag{2-15}$$

假定 5　正态性假定，即随机扰动项 μ_i 服从正态分布，期望为 0，方差为 σ^2。

$$\mu_i\sim N\left(0,\sigma^2\right) \tag{2-16}$$

以上关于随机扰动项 μ_i 分布的假定也称为高斯假定或古典假定。满足古典假定的线性回归模型，也称为古典线性回归模型（Classical Linear Regression Model，CLRM）。

由于 $Y_i=\beta_0+\beta_1X_i+\mu_i$ 的分布性质取决于 μ_i，为此可以得到关于 Y_i 的假定：

由假定 1 的式（2-12）有：

$$E(Y_i|X_i)=\beta_0+\beta_1X_i \tag{2-17}$$

由假定 2 的式（2-13）有：

$$\operatorname{var}\left(Y_i|X_i\right)=\sigma^2 \tag{2-18}$$

由假定 3 的式（2-14）有：

$$\operatorname{cov}\left(Y_i,Y_j\right)=0 \quad (i\neq j) \tag{2-19}$$

由假定 5 的式（2-16）有：

$$Y_i\sim N(\beta_0+\beta_1X_i,\sigma^2) \tag{2-20}$$

二、一元线性回归模型的参数估计

（一）最小二乘估计

为了使样本回归函数“尽可能接近”总体回归函数，就是要使样本回归函数 $\hat{Y}_i=\hat{\beta}_0+\hat{\beta}_1X_i$ 估计的 $\hat{Y}_i$ 与实际的 Y_i 误差 ε_i 尽量小。可是作为误差 ε_i，其代数和 $\sum\varepsilon_i=0$。为了在数学上便于处理，可采用剩余平方和 $\sum\varepsilon_i^2$ 最小的准则，这就是最小二乘（Ordinary Least Squares，OLS）法，即

$$\min\sum\varepsilon_i^2=\min\sum(Y_i-\hat{Y}_i)^2=\min\sum(Y_i-\hat{\beta}_0-\hat{\beta}_1X_i)^2 \tag{2-21}$$

根据微积分中求极值的原理，要使 $\sum\varepsilon_i^2$ 达到最小，待定系数 $\hat{\beta}_0$ 和 $\hat{\beta}_1$ 满足以下条件：

$$\frac{\partial\sum\varepsilon_i^2}{\partial\hat{\beta}_0}=-2\sum(Y_i-\hat{\beta}_0-\hat{\beta}_1X_i)=0 \tag{2-22}$$

$$\frac{\partial\sum\varepsilon_i^2}{\partial\hat{\beta}_1}=-2\sum(Y_i-\hat{\beta}_0-\hat{\beta}_1X_i)X_i=0 \tag{2-23}$$

从而得到如下方程：

$$\sum Y_i=n\hat{\beta}_0+\hat{\beta}_1\sum X_i \tag{2-24}$$

$$\sum X_iY_i=\hat{\beta}_0\sum X_i+\hat{\beta}_1\sum X_i^2 \tag{2-25}$$

式中：n 为样本容量。

式（2-24）和式（2-25）组成的方程组称为最小二乘的正规方程组。联立方程组，得：

$$\hat{\beta}_0=\frac{\sum X_i^2\sum Y_i-\sum X_i\sum X_iY_i}{n\sum X_i^2-(\sum X_i)^2} \tag{2-26}$$

$$\hat{\beta}_1=\frac{n\sum X_iY_i-\sum X_i\sum Y_i}{n\sum X_i^2-(\sum X_i)^2} \tag{2-27}$$

式（2-26）和式（2-27）即为用样本观测值 X_i 和 Y_i 表现的 $\hat{\beta}_0$ 和 $\hat{\beta}_1$ 的最小二乘估计量。

如果令 $x_i = X_i - \bar{X}$，$y_i = Y_i - \bar{Y}$，x_i 和 y_i 分别为 X_i 和 Y_i 的离差形式。容易得到，式（2-26）和式（2-27）的离差形式：

$$\hat{\beta}_1 = \frac{\sum(X_i - \bar{X})(Y_i - \bar{Y})}{\sum(X_i - \bar{X})^2} = \frac{\sum x_i y_i}{\sum x_i^2} \tag{2-28}$$

$$\hat{\beta}_0 = \bar{Y} - \hat{\beta}_1 \bar{X} \tag{2-29}$$

式（2-26）、式（2-27）或式（2-28）、式（2-29）是根据最小二乘准则推导出来的，称为一元线性回归模型参数的最小二乘估计量，可直接由样本观测值求得参数估计值。

【例 2.2】为了估计【例 2.1】的样本回归函数，通过表 2-2 中的数据可计算相关的数据，如表 2-5 所示。

表 2-5　随机样本一的相关数据

序号	人均可支配收入（元）	人均消费支出（元）	$x_i = X_i - \bar{X}$	$y_i = Y_i - \bar{Y}$	$x_i y_i$	x_i^2
1	3 000	2 195	−2 250	−1 240.6	2 791 350	5 062 500
2	3 500	2 313	−1 750	−1 122.6	1 964 550	3 062 500
3	4 000	2 675	−1 250	−760.6	950 750	1 562 500
4	4 500	2 976	−750	−459.6	344 700	562 500
5	5 000	3 244	−250	−191.6	47 900	62 500
6	5 500	3 527	250	91.4	22 850	62 500
7	6 000	3 899	750	463.4	347 550	562 500
8	6 500	4 109	1 250	673.4	841 750	1 562 500
9	7 000	4 618	1 750	1 182.4	2 069 200	3 062 500
10	7 500	4 800	2 250	1 364.4	3 069 900	5 062 500
合计	52 500	34 356			12 450 500	20 625 000
平均	5 250	3 435.6				

将有关数据代入式（2-28）和式（2-29），可得：

$$\hat{\beta}_1 = \frac{\sum x_i y_i}{\sum x_i^2} = \frac{12\,450\,500}{20\,625\,000} = 0.603\,66 \quad \hat{\beta}_0 = \bar{Y} - \hat{\beta}_1 \bar{X} = 266.382$$

即样本回归函数为

$$\hat{Y}_i = 266.382 + 0.603\,66 X_i$$

（二）OLS 回归线的性质

1. 样本回归线通过样本均值

由式（2-29）可知 $\bar{Y} = \hat{\beta}_0 + \hat{\beta}_1 \bar{X}$，所以样本回归线必然通过 $(\bar{X}, \bar{Y})$，如图 2-7 所示。

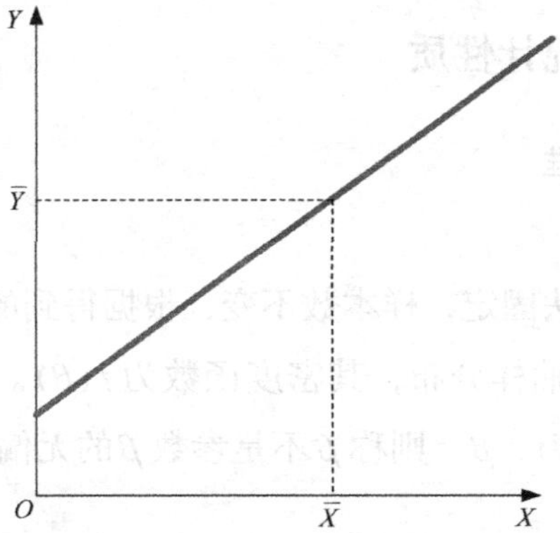

图 2-7　样本回归线通过样本均值

2. 估计值的均值等于实际值的均值

对于 OLS 回归线，估计值 $\hat{Y}_i$ 的均值 $\dfrac{\sum \hat{Y}_i}{n}$ 等于实际值 Y_i 的均值 $\bar{Y}$ 。因为：

$$\frac{\sum \hat{Y}_i}{n} = \frac{1}{n}\sum(\hat{\beta}_0 + \hat{\beta}_1 X_i) = \hat{\beta}_0 + \hat{\beta}_1 \bar{X} = \bar{Y} \tag{2-30}$$

3. 剩余项的均值为零

对于 OLS 回归线，剩余项 ε_i 的均值为零。由最小二乘准则和式（2-22），且

$$\varepsilon_i = Y_i - \hat{\beta}_0 - \hat{\beta}_1 X_i$$

所以

$$\sum \varepsilon_i = \sum Y_i - \hat{\beta}_0 - \hat{\beta}_1 X_i = 0$$

则可知

$$\bar{\varepsilon} = \frac{\sum \varepsilon_i}{n} = 0 \tag{2-31}$$

4. 被解释变量的估计值与剩余项不相关

对于 OLS 回归线，被解释变量的估计值 $\hat{Y}_i$ 与剩余项 ε_i 不相关，即

$$\text{cov}\left(\hat{Y}_i, \varepsilon_i\right) = 0$$

因为

$$\begin{aligned}\sum(\hat{Y}_i - \bar{Y})(\varepsilon_i - \bar{\varepsilon}) &= \sum \hat{Y}_i \varepsilon_i - \bar{Y}\sum \varepsilon_i \\ &= \sum \varepsilon_i(\hat{\beta}_0 + \hat{\beta}_1 X_i) = \hat{\beta}_0 \sum \varepsilon_i + \hat{\beta}_1 \sum \varepsilon_i X_i = 0\end{aligned}$$

故

$$\text{cov}\left(\hat{Y}_i, \varepsilon_i\right) = \frac{1}{n}\sum\left(\hat{Y}_i - \bar{Y}\right)\left(\varepsilon_i - \bar{\varepsilon}\right) = 0 \tag{2-32}$$

5. 解释变量的估计值与剩余项不相关

对于 OLS 回归线，解释变量的估计值 X_i 也与剩余项 ε_i 不相关，即

$$\text{cov}\left(X_i, \varepsilon_i\right) = \frac{1}{n}\sum\left(X_i - \bar{X}\right)\left(\varepsilon_i - \bar{\varepsilon}\right) = \sum \varepsilon_i X_i - \bar{X}\sum \varepsilon_i = 0 \tag{2-33}$$

（三）OLS 估计量的统计性质

1. 参数估计量的评价标准

（1）无偏性

在重复抽样中，估计方法固定，样本数不变，根据得到的观测值，可得一系列参数估计值 $\hat{\beta}$。$\hat{\beta}$ 的分布称为 $\hat{\beta}$ 的抽样分布，其密度函数为 $f(\hat{\beta})$。如果 $E(\hat{\beta})=\beta$，则称 $\hat{\beta}$ 是参数 β 的无偏估计量；如果 $E(\hat{\beta})\neq\beta$，则称 $\hat{\beta}$ 不是参数 β 的无偏估计量，其偏倚为 $E(\hat{\beta})-\beta$，如图 2-8 所示。

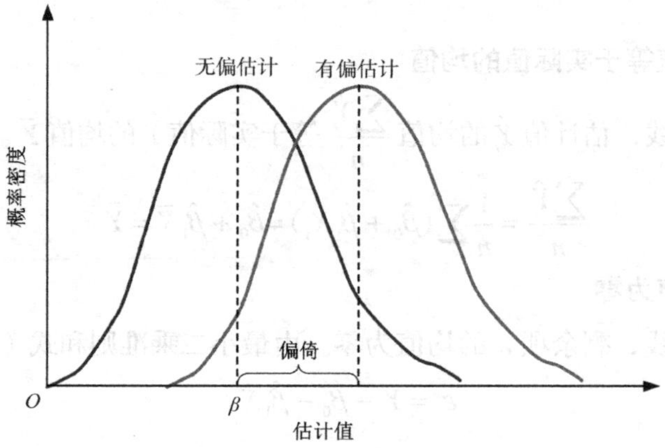

图 2-8 无偏估计和有偏估计

（2）有效性

在样本相同，用不同的方法估计参数时，可以找到若干个不同的无偏估计式，还可努力寻求其抽样分布具有最小方差的估计量。既是无偏的同时又具有最小方差特性的估计量，称为最佳（有效）估计量 $\tilde{\beta}$，如图 2-9 所示。

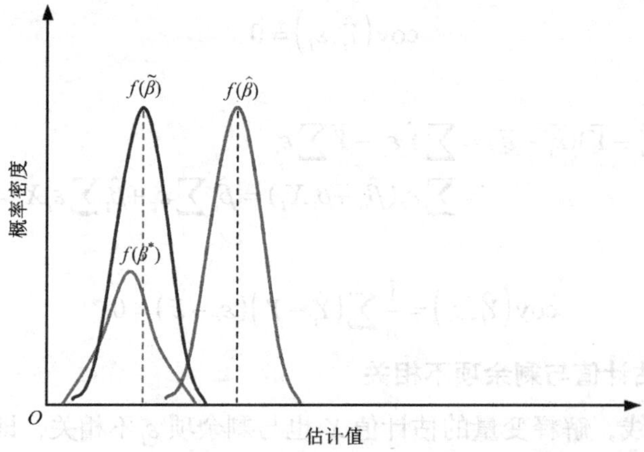

图 2-9 有效估计量

（3）一致性

当样本容量较小时，有时很难找到方差最小的无偏估计量，此时需要考虑样本扩大后的性质（估计方法不变，样本数逐步增大）。当样本容量 n 趋于无穷大时，如果估计式 $\hat{\beta}$ 依概率收敛于总体参数的真实值，就称这个估计式 $\hat{\beta}$ 是 β 的一致估计式。即

$$P\lim_{n\to\infty}(\hat{\beta})=\beta$$

或

$$\lim P\left(\left|\hat{\beta}-\beta\right|\leqslant\ \varepsilon\right)=1 \tag{2-34}$$

2. OLS 估计量的统计特性

可以证明，在古典假定满足的条件下，最小二乘估计量具有以下性质。

（1）线性性

因为

$$\hat{\beta}_1=\frac{\sum x_i y_i}{\sum x_i^2}=\frac{\sum x_i Y_i}{\sum x_i^2}=\sum\frac{x_i}{\sum x_i^2}Y_i$$

若令 $k_i=\dfrac{x_i}{\sum x_i^2}$ 且 k_i 满足 $\sum k_i=0,\sum k_i X_i=1$，则

$$\hat{\beta}_1=\sum k_i Y_i \tag{2-35}$$

式中：k_i 是一组常数，所以 $\hat{\beta}_1$ 是 Y_i 的线性组合。

类似地，

$$\hat{\beta}_0=\bar{Y}-\hat{\beta}_1\bar{X}=\bar{Y}-\bar{X}\sum k_i Y_i=\sum(\frac{1}{n}-\bar{X}k_i)Y_i \tag{2-36}$$

所以，$\hat{\beta}_0$ 也是 Y_i 的线性函数。

（2）无偏性

由式（2-35）和式（2-8）可得：

$$\begin{aligned}\hat{\beta}_1&=\sum k_i Y_i=\sum k_i(\beta_0+\beta_1 X_i+\mu_i)\\&=\beta_0\sum k_i+\beta_1\sum k_i X_i+\sum k_i\mu_i=\beta_1+\sum k_i\mu_i\end{aligned} \tag{2-37}$$

则有

$$E(\hat{\beta}_1)=E(\beta_1)+E(\sum k_i\mu_i)=\beta_1+\sum k_i E(\mu_i) \tag{2-38}$$

由古典假定 $E(\mu_i)=0$，所以

$$E(\hat{\beta}_1)=\beta_1 \tag{2-39}$$

此外

$$\begin{aligned}E(\hat{\beta}_0)&=E(\bar{Y}-\hat{\beta}_1\bar{X})=E(\bar{Y})-\bar{X}E(\hat{\beta}_1)\\&=\beta_0+\beta_1\bar{X}-\beta_1\bar{X}=\beta_0\end{aligned} \tag{2-40}$$

这表明普通最小二乘估计量 $\hat{\beta}_0$ 和 $\hat{\beta}_1$ 的期望等于参数的真实值 β_0 和 β_1，说明 OLS 估计式是无偏估计量。

（3）有效性

为了说明 OLS 估计式的方差特性，可以分别导出 $\hat{\beta}_0$和$\hat{\beta}_1$的方差公式：

$$\operatorname{var}\left(\hat{\beta}_1\right)=\frac{\sigma^2}{\sum x_i^2} \tag{2-41}$$

$$\operatorname{var}\left(\hat{\beta}_0\right)=\sigma^2\frac{\sum X_i^2}{n\sum x_i^2} \tag{2-42}$$

可得 $\hat{\beta}_0$和$\hat{\beta}_1$的标准误差（SE），公式分别为

$$SE(\hat{\beta}_1)=\frac{\sigma}{\sqrt{\sum x_i^2}} \tag{2-43}$$

$$SE(\hat{\beta}_0)=\sigma\sqrt{\frac{\sum X_i^2}{n\sum x_i^2}} \tag{2-44}$$

在 $\hat{\beta}_0$和$\hat{\beta}_1$的方差和标准误差公式中，除了样本观测值以外，都包含了随机扰动项 μ_i 的方差 σ^2，而 σ^2 作为总体随机扰动项方差是未知的，需要通过样本去估计。可由下式计算出 σ^2 的估计值 $\hat{\sigma}^2$，其是 σ^2 的无偏估计量：

$$\hat{\sigma}^2=\frac{\sum \varepsilon_i^2}{n-2} \tag{2-45}$$

式中：$\sum \varepsilon_i^2$ 是剩余平方和；$n-2$ 是自由度。

例如，在【例 2.2】中运用表 2-2 中的随机样本一的数据已估计出参数 $\hat{\beta}_0=266.382$，$\hat{\beta}_1=0.603\ 66$。由于总体方差 σ^2 未知，可用估计的 $\hat{Y}_i$ 和表 2-5 中的数据算出 $\sum \varepsilon_i^2=46\ 116.02$，通过式（2-45）去估计，即

$$\hat{\sigma}=\sqrt{\hat{\sigma}^2}=\sqrt{\frac{\sum \varepsilon_i^2}{n-2}}=\sqrt{\frac{46\ 116.02}{10-2}}=75.924\ 3$$

第五节　一元线性回归模型的检验

一、拟合优度检验

样本回归线是对数据的拟合。对同一组样本数据，用不同方法估计，拟合的回归线也不同。所估计的样本回归线对样本观测数据拟合的优劣程度，称为样本回归线的拟合优度。为了评价样本回归函数对数据的拟合程度，需要对模型的拟合优度加以度量。在计量经济学中，通常用可决系数对拟合优度进行度量。

（一）总变差分解

例如，已经估计的样本回归函数为

$$Y_i=\hat{\beta}_0+\hat{\beta}_1X_i+\varepsilon_i=\hat{Y}_i+\varepsilon_i$$

如果以被解释变量平均值 $\bar{Y}$ 为基准，说明被解释变量观测值 Y_i 和估计值 $\hat{Y}_i$ 的偏离程度（图 2-10），上式可以用离差表示为

$$(Y_i-\bar{Y})=(\hat{Y}_i-\bar{Y})+\varepsilon_i \tag{2-46}$$

将式（2-46）的等号两边平方处理，并对所有观测值加总，得到：

$$\sum(Y_i-\bar{Y})^2=\sum(\hat{Y}_i-\bar{Y})^2+\sum(Y_i-\hat{Y}_i)^2 \tag{2-47}$$

或

$$\sum y_i^2=\sum\hat{y}_i^2+\sum\varepsilon_i^2 \tag{2-48}$$

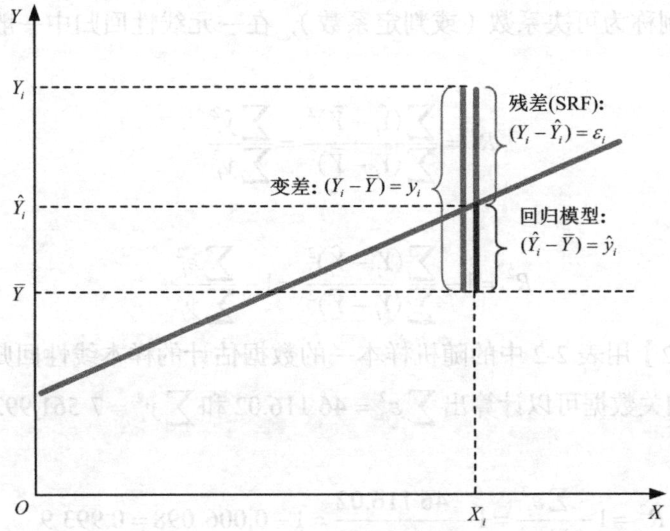

图 2-10　总变差分解

在式（2-47）或式（2-48）中：

1）被解释变量 Y 的样本观测值与其平均值的离差平方和 $\sum(Y_i-\bar{Y})^2=\sum y_i^2$，称为总变差或总离差平方和（Total Sum of Squares，TSS）；

2）被解释变量 Y 的样本估计值与其平均值的离差平方和 $\sum(\hat{Y}_i-\bar{Y})^2=\sum\hat{y}_i^2$，称为由回归解释的平方和，或由模型回归线做出解释的变差（Evolutionarily Stable Strategy，ESS）；

3）被解释变量观测值与估计值之差的平方和 $\sum(Y_i-\hat{Y}_i)^2=\sum\varepsilon_i^2$，是回归线未做出解释的平方和或残差平方和（Residual Sum of Squares，RSS）。

总离差平方和、变差、残差平方和三者的关系为

$$TSS = ESS + RSS \tag{2-49}$$

（二）可决系数

将式（2-47）两边同除以$TSS=\sum(Y_i-\bar{Y})^2$，得：

$$1=\frac{\sum(\hat{Y}_i-\bar{Y})^2}{\sum(Y_i-\bar{Y})^2}+\frac{\sum(Y_i-\hat{Y}_i)^2}{\sum(Y_i-\bar{Y})^2} \tag{2-50}$$

或

$$1=\frac{\sum\hat{y}_i^2}{\sum y_i^2}+\frac{\sum\varepsilon_i^2}{\sum y_i^2} \tag{2-51}$$

显然，样本回归线对样本观测值拟合程度越好，各样本观测点离回归线越近，由样本回归做出解释的离差平方和在总离差平方和中占的比重也将越大；反之，拟合程度越差，这部分所占比重越小。所以$\sum(\hat{Y}_i-\bar{Y})^2/\sum(Y_i-\bar{Y})^2=\sum\hat{y}_i^2/\sum y_i^2$可以作为度量拟合优度的指标，这一比例称为可决系数（或判定系数），在一元线性回归中一般用R^2或r^2表示，即

$$R^2=\frac{\sum(\hat{Y}_i-\bar{Y})^2}{\sum(Y_i-\bar{Y})^2}=\frac{\sum\hat{y}_i^2}{\sum y_i^2} \tag{2-52}$$

或

$$R^2=1-\frac{\sum(Y_i-\hat{Y}_i)^2}{\sum(Y_i-\bar{Y})^2}=1-\frac{\sum\varepsilon_i^2}{\sum y_i^2} \tag{2-53}$$

例如，【例 2.2】用表 2-2 中的随机样本一的数据估计的样本线性回归模型，由估计的$\hat{Y}_i$和表 2-5 中的相关数据可以计算出$\sum\varepsilon_i^2=46\,116.02$和$\sum y_i^2=7\,561\,992$，可计算出可决系数为

$$R^2=1-\frac{\sum\varepsilon_i^2}{\sum y_i^2}=1-\frac{46\,116.02}{7\,561\,992}=1-0.006\,098=0.993\,9$$

拟合优度的经济学意义：样本回归线对实际观测值的拟合程度高达 99.39%。

可决系数的特点：①可决系数是非负的统计量；②可决系数的取值范围为 [0，1]；③可决系数是样本观测值的函数，可决系数是随抽样而变动的随机变量。

（三）可决系数与相关系数的关系

1. 联系

$$R^2=\frac{\sum\hat{y}_i^2}{\sum y_i^2}=\frac{\sum(\hat{\beta}_1x_i)^2}{\sum y_i^2}=\frac{\hat{\beta}_1^2\sum x_i^2}{\sum y_i^2}=\frac{(\sum x_iy_i)^2}{(\sum x_i^2)^2}\cdot\frac{\sum x_i^2}{\sum y_i^2}$$

$$=\frac{(\sum x_iy_i)^2}{(\sum x_i^2)(\sum y_i^2)}=\left\{\frac{\sum x_iy_i}{\sqrt{(\sum x_i^2)(\sum y_i^2)}}\right\}^2=r^2$$

2. 区别

表 2-6　可决系数与相关系数的区别

可决系数	相关系数
就模型而言	就两个变量而言
说明解释变量对被解释变量的解释程度	说明两个变量的线性依存程度
统计意义上的不对称的因果关系	对称的相关关系
取值 $0 \leq R^2 \leq 1$	取值 $-1 \leq r \leq 1$
非负性	可正可负

二、参数显著性检验

（一）OLS 估计的分布性质

用样本数据通过 OLS 法估计的参数 $\hat{\beta}_0$和$\hat{\beta}_1$ 都是随抽样而变化的随机变量，由于存在抽样波动，用样本得出的估计值并不一定等于参数的真实值。为此，还需要通过估计的 $\hat{\beta}_0$ 和$\hat{\beta}_1$ 去对总体参数 β_0和β_1 的真实值做进一步的说明和推断，这要求首先明确 $\hat{\beta}_0$和$\hat{\beta}_1$ 的分布性质。

在古典假定下，随机扰动项 μ_i 服从正态分布，为此 Y_i 也服从正态分布，并且 $\hat{\beta}_0$和$\hat{\beta}_1$ 是 Y_i 的线性函数，所以即使在小样本情况下，$\hat{\beta}_0$和$\hat{\beta}_1$ 也服从正态分布。在大样本情况下，即使 Y_i 不服从正态分布，$\hat{\beta}_0$和$\hat{\beta}_1$ 的分布也会趋于正态分布。前面还提到 $\hat{\beta}_0$和$\hat{\beta}_1$ 是无偏估计，所以 $\hat{\beta}_0$和$\hat{\beta}_1$ 的具体分布性质可以分别表示为

$$\hat{\beta}_0 \sim N(\beta_0, \sigma^2 \frac{\sum X_i^2}{n\sum x_i^2}) \tag{2-54}$$

$$\hat{\beta}_1 \sim N(\beta_1, \frac{\sigma^2}{\sum x_i^2}) \tag{2-55}$$

若将正态随机变量 $\hat{\beta}_0$和$\hat{\beta}_1$ 做标准化变换，则两者的标准正态变量为

$$z_1 = \frac{\hat{\beta}_0 - \beta_0}{SE(\hat{\beta}_0)} = \frac{\hat{\beta}_0 - \beta_0}{\sqrt{\sigma^2 \frac{\sum X_i^2}{n\sum x_i^2}}} \sim N(0,1) \tag{2-56}$$

$$z_2 = \frac{\hat{\beta}_1 - \beta_1}{SE(\hat{\beta}_1)} = \frac{\hat{\beta}_1 - \beta_1}{\sqrt{\frac{\sigma^2}{\sum x_i^2}}} \sim N(0,1) \tag{2-57}$$

可是，$\hat{\beta}_0$和$\hat{\beta}_1$ 的方差及标准正态变量 z_1 和 z_2 的确定，都要涉及随机扰动项 μ_i 的方差

σ^2，而总体随机扰动项 μ_i 是随机变量，其方差是未知的，只能通过式（2-45）计算 σ^2 的无偏估计量 $\hat{\sigma}^2$。

在小样本情况下，若用无偏估计 $\hat{\sigma}^2$ 代替 σ^2 估计标准误差，可得 $\widehat{SE}(\hat{\beta}_0)$ 和 $\widehat{SE}(\hat{\beta}_1)$，可以证明，用估计的标准误差做 $\hat{\beta}_0$ 和 $\hat{\beta}_1$ 标准化变换，所得的 $(\hat{\beta}_0-\beta_0)/\widehat{SE}(\hat{\beta}_0)$ 和 $(\hat{\beta}_1-\beta_1)/\widehat{SE}(\hat{\beta}_1)$ 已不再服从正态分布，而是服从自由度为 $n-2$ 的 t 分布，设这时的变换值为 t，则 $\hat{\beta}_0$ 和 $\hat{\beta}_1$ 的变换值为

$$t_1=\frac{\hat{\beta}_0-\beta_0}{S\hat{E}(\hat{\beta}_0)}=\frac{\hat{\beta}_0-\beta_0}{\sqrt{\hat{\sigma}^2\dfrac{\sum X_i^2}{n\sum x_i^2}}}\sim t(n-2) \tag{2-58}$$

$$t_2=\frac{\hat{\beta}_1-\beta_1}{S\hat{E}(\hat{\beta}_1)}=\frac{\hat{\beta}_1-\beta_1}{\sqrt{\dfrac{\hat{\sigma}^2}{\sum x_i^2}}}\sim t(n-2) \tag{2-59}$$

（二）回归系数的区间估计

对参数做出的点估计是随机变量，即使是无偏估计，仍然不能说明这种估计的可靠性和精确性。如果能知道包含真实参数的一个范围，并确定这样的范围包含参数真实值的可靠程度，这将是对真实参数更深刻的认识。

定义：如果在确定参数估计式概率分布性质的基础上，可找到两个正数 δ 和 α $(0\leqslant\alpha\leqslant 1)$，能使得这样的区间 $(\hat{\beta}_k-\delta,\hat{\beta}_k+\delta)$ 包含真实 β_k 的概率为 $1-\alpha$，即

$$P(\hat{\beta}_k-\delta\leqslant\beta_k\leqslant\hat{\beta}_k+\delta)=1-\alpha \tag{2-60}$$

这样的区间称为所估计参数的置信区间，其中 α 称为显著性水平，$1-\alpha$ 称为置信系数或置信概率，$\hat{\beta}_k-\delta$ 和 $\hat{\beta}_k+\delta$ 分别称为置信下限和置信上限。

1. 总体方差已知

当总体方差 σ^2 已知时，在 μ_i 的正态性假定下：

$$z^*=\frac{\hat{\beta}_1-\beta_1}{SE(\hat{\beta}_1)}=\frac{\hat{\beta}_1-\beta_1}{\sigma\Big/\sqrt{\sum x_i^2}}\sim N(0,1) \tag{2-61}$$

因为

$$P\left[-z\leqslant\frac{\hat{\beta}_1-\beta_1}{SE(\hat{\beta}_1)}\leqslant z\right]=1-\alpha \tag{2-62}$$

或

$$P\left[\hat{\beta}_1-zSE(\hat{\beta}_1)\leqslant\beta_1\leqslant\hat{\beta}_1+zSE(\hat{\beta}_1)\right]=1-\alpha \tag{2-63}$$

即

$$\delta=z\,SE(\hat{\beta}_1)=z\frac{\sigma}{\sqrt{\sum x_i^2}}$$

2. 总体方差未知且样本容量充分大

当总体方差 σ^2 未知，且样本容量充分大时，可用无偏估计 $\hat{\sigma}^2$ 代替未知的 σ^2。此时，由于样本容量充分大，标准化变量 z^* 将接近正态分布，表达式为

$$z^* = \frac{\hat{\beta}_1 - \beta_1}{\widehat{SE}(\hat{\beta}_1)} = \frac{\hat{\beta}_1 - \beta_1}{\frac{\hat{\sigma}}{\sqrt{\sum x_i^2}}} \sim N(0,1) \tag{2-64}$$

区间估计的方式也可利用标准正态分布，只是这时：

$$\delta = z\widehat{SE}(\hat{\beta}_1) = z\frac{\hat{\sigma}}{\sqrt{\sum x_i^2}}$$

3. 总体方差未知且样本容量较小

当总体方差 σ^2 未知，且样本容量较小时，可用无偏估计量 $\hat{\sigma}^2$ 代替未知的 σ^2，由于样本容量较小，标准化变量 t 不再服从正态分布，而是服从 t 分布，此时：

$$t^* = \frac{\hat{\beta}_1 - \beta_1}{\widehat{SE}(\hat{\beta}_1)} \sim t(n-2) \tag{2-65}$$

这时可用 t 分布建立参数估计的置信区间。选定 α 查 t 分布表得显著性水平 $\alpha/2$，自由度为 $n-2$ 的临界值 $t_{\alpha/2}(n-2)$，则有：

$$P\left[-t_{\alpha/2} \leqslant \frac{\hat{\beta}_1 - \beta_1}{\widehat{SE}(\hat{\beta}_1)} \leqslant t_{\alpha/2}\right] = 1-\alpha \tag{2-66}$$

即

$$P\left[\hat{\beta}_1 - t_{\alpha/2}\widehat{SE}(\hat{\beta}_1) \leqslant \beta_1 \leqslant \hat{\beta}_1 + t_{\alpha/2}\widehat{SE}(\hat{\beta}_1)\right] = 1-\alpha \tag{2-67}$$

例如，【例 2.2】运用表 2-2 中的随机样本一数据估计出参数为 $\hat{\beta}_0 = 266.382$，$\hat{\beta}_1 = 0.603\ 66$。由于总体方差 σ^2 未知，且样本容量（n=10）较小，可用估计的 $\hat{\sigma}^2 = 5\ 764.5$ 替代 σ^2。由于表 2-5 中已算出 $\sum x_i^2 = 20\ 625\ 000$，可计算出

$$\widehat{SE}\left(\hat{\beta}_1\right) = \sqrt{\frac{\hat{\sigma}^2}{\sum x_i^2}} = \sqrt{\frac{5\ 764.5}{20\ 625\ 000}} = 0.016\ 72$$

以对参数 β_1 的区间估计为例，可取 $\alpha = 0.05$，查 t 分布表得自由度为 $n-2$ 的临界值为

$$t_{\alpha/2}(n-2) = t_{0.025}(8) = 2.306$$

式（2-67）为 β_1 的置信区间表达式，代入有关数据，可得到置信度为 95%（$1-\alpha$ =0.95）时的 β_1 的置信区间为

$$0.603\ 66 - 2.306 \times 0.016\ 72 \leqslant \beta_1 \leqslant 0.603\ 66 + 2.306 \times 0.016\ 72$$

$$0.565\ 1 \leqslant \beta_1 \leqslant 0.642\ 2$$

（三）回归系数的显著性检验

前面已经指出，一元线性回归模型的系数β_0和β_1与随机扰动项的方差σ^2不能准确计算，只能用样本观测值去估计，估计量也随抽样波动而变动。那么，这样估计的回归系数和方差是否可靠呢？还需要进行统计推断检验。

1. 总体方差已知或样本容量充分大

在总体方差σ^2已知或样本容量充分大时，按式（2-59）根据样本计算的z^*有：

$$z^*=\frac{\hat{\beta}_1-\beta_1}{SE(\hat{\beta}_1)}=\frac{\hat{\beta}_1-\beta_1}{\sqrt{\frac{\sigma^2}{\sum x_i^2}}}\sim N(0,1) \tag{2-68}$$

当原假设H_0为$\beta_1=\beta_1^*$，备择假设H_1为$\beta_1\neq\beta_1^*$时，可利用服从正态分布的z^*统计量做假设检验。给定显著性水平$\alpha(\alpha=0.05)$，由正态分布表查出z的临界值，如1.96。把根据样本计算的z^*与z的临界值作比较，如果$-1.96\leqslant z^*\leqslant 1.96$，就不拒绝原假设$H_0$；如果$z^*<-1.96$或$z^*>1.96$，就拒绝$H_0$，而不拒绝$H_1$，即认为$\beta_1$显著不等于$\beta_1^*$。这种利用正态分布进行的显著性检验也称为$z$检验。

2. 总体方差未知且样本容量较小

在总体方差σ^2未知且样本容量较小时，用t检验。在计量经济学中，为了检验所建立的回归模型中解释变量对被解释变量是否有显著性影响，经常把回归系数$\beta_1=0$作为原假设。当原假设H_0为$\beta_1=0$，备择假设H_1为$\beta_1\neq 0$时，t统计量为

$$t_2=\frac{\hat{\beta}_1-\beta_1}{\widehat{SE}(\hat{\beta}_1)}=\frac{\hat{\beta}_1-\beta_1}{\sqrt{\frac{\hat{\sigma}^2}{\sum x_i^2}}}\sim t(n-2) \tag{2-69}$$

给定显著性水平α，由t分布表可查出自由度为$n-2$，对应显著性水平为$\alpha/2$的临界值$t_{\alpha/2}(n-2)$。如果$-t_{\alpha/2}\leqslant t\leqslant t_{\alpha/2}$，就不拒绝原假设$H_0$（$\beta_1=0$）和备择假设$H_1$（$\beta_1\neq 0$），计算得到的$t$统计量为

$$t_2=\frac{\hat{\beta}_1-\beta_1}{\widehat{SE}(\hat{\beta}_1)}=\frac{0.603\ 66}{0.016\ 72}=36.108\ 5$$

如果给定显著性水平$\alpha=0.05$，由t分布表可查出自由度为$n-2$的临界值为$t_{0.025}(8)=2.306$。因为$t=36.108\ 5>t_{\alpha/2}=2.306$，所以可以拒绝原假设$H_0$（$\beta_1=0$）而不拒绝备择假设$H_1$（$\beta_1\neq 0$），即认为解释变量（人均可支配收入）对被解释变量（人均消费支出）确实有显著影响。

第六节　一元线性回归模型的预测

回归分析的目的之一是对被解释变量做合理的预测。所谓预测，是由已知的或预先测定的解释变量，去预测被解释变量在所观测的样本数据以外的数值。预测可以是对被解释变量未来时期的动态预测，也可以是对被解释变量在不同空间状况的空间预测。预测的基本方法是将解释变量预测期的数值X_{f}代入估计的模型，对被解释变量预测期或样本以外的数值$\hat{Y}_{\mathrm{f}}$做出定量的估计。预测的前提条件为：①模型设定的关系式不变；②所估计的参数不变；③解释变量在预测期的取值已做出预测。

一、总体均值的点预测

把解释变量的预测值X_{f}直接代入所估计的样本回归函数，就可以计算出被解释变量平均值的预测值：

$$\hat{Y}_{\mathrm{f}}=\hat{\beta}_0+\hat{\beta}_1X_{\mathrm{f}} \tag{2-70}$$

例如，对于【例 2.2】，若要预测当家庭的人均月可支配收入达到 7 000 元时，家庭的人均月消费支出的平均水平，可将X_{f}= 7 000 代入经过估计和检验的回归模型，得：

$$\hat{Y}_{\mathrm{f}}=\hat{\beta}_0+\hat{\beta}_1X_{\mathrm{f}}=266.382+0.603\,66\times7\,000=4\,492.00\ (\text{元})$$

由样本回归函数的意义不难理解，用式（2-70）计算的$\hat{Y}_{\mathrm{f}}$只是对Y_{f}的平均值做的点估计。$\hat{Y}_{\mathrm{f}}$是由样本回归方程计算的，因为$\hat{\beta}_0$和$\hat{\beta}_1$是随样本而变化的随机变量，$\hat{Y}_{\mathrm{f}}$也是一个随机变量。点预测$\hat{Y}_{\mathrm{f}}$不一定等于被解释变量预测期的真实平均值$E(Y_{\mathrm{f}}|X_{\mathrm{f}})$，我们还需要对$E(Y_{\mathrm{f}}|X_{\mathrm{f}})$可能的置信区间做出预测。

二、总体均值的区间预测

为了由预测值$\hat{Y}_{\mathrm{f}}$去对真实平均值$E(Y_{\mathrm{f}}|X_{\mathrm{f}})$做区间预测，应考虑预测值$\hat{Y}_{\mathrm{f}}$的抽样分布，并寻找与$\hat{Y}_{\mathrm{f}}$和$E(Y_{\mathrm{f}}|X_{\mathrm{f}})$都有关的统计量。

由前面知

$$E(\hat{Y}_{\mathrm{f}})=E(Y_{\mathrm{f}}|X_{\mathrm{f}})=\beta_0+\beta_1X_{\mathrm{f}} \tag{2-71}$$

可以证明

$$\operatorname{var}\left(\hat{Y}_{\mathrm{f}}\right)=\sigma^2\left[\frac{1}{n}+\frac{(X_{\mathrm{f}}-\bar{X})^2}{\sum x_i^2}\right] \tag{2-72}$$

$$SE(\hat{Y}_f)=\sigma\sqrt{\frac{1}{n}+\frac{(X_f-\bar{X})^2}{\sum x_i^2}} \tag{2-73}$$

一般情况下 σ^2 未知，可用无偏估计 $\hat{\sigma}^2=\dfrac{\sum\varepsilon_i^2}{n-2}$ 去代替，此时

$$t=\frac{\hat{Y}_f-E(\hat{Y}_f)}{\widehat{SE}(\hat{Y}_f)}=\frac{\hat{Y}_f-E(Y_f|X_f)}{\hat{\sigma}\sqrt{\frac{1}{n}+\frac{(X_f-\bar{X})^2}{\sum x_i^2}}}\sim t(n-2) \tag{2-74}$$

这里，t 统计量与 $\hat{Y}_f$ 和 $E(Y_f|X_f)$ 都有关，且服从自由度为 $n-2$ 的 t 分布。给定显著性水平 α，查 t 分布表可得临界值 $t_{\alpha/2}(n-2)$，因此

$$P\left\{\left[\hat{Y}_f-t_{\alpha/2}\widehat{SE}\left(\hat{Y}_f\right)\right]\leqslant E\left(Y_f|X_f\right)\leqslant\left[\hat{Y}_f+t_{\alpha/2}\widehat{SE}\left(\hat{Y}_f\right)\right]\right\}=1-\alpha \tag{2-75}$$

即预测期平均值 $E(Y_f|X_f)$ 的置信度为 $1-\alpha$ 的预测区间为

$$\left[\left(\hat{Y}_f-t_{\alpha/2}\hat{\sigma}\sqrt{\frac{1}{n}+\frac{(X_f-\bar{X})^2}{\sum x_i^2}}\right),\left(\hat{Y}_f+t_{\alpha/2}\hat{\sigma}\sqrt{\frac{1}{n}+\frac{(X_f-\bar{X})^2}{\sum x_i^2}}\right)\right] \tag{2-76}$$

例如，对于【例 2.2】，当人均月可支配收入 X_f= 7 000（元）时，要在人均月消费支出的平均水平点预测值 $\hat{Y}_f=44\,992.00$ (元) 的基础上，进一步对家庭人均消费支出的平均水平上做区间预测。给定显著性水平 $\alpha=0.05$，由 t 分布表可查出自由度为 $n-2$ 的临界值为 $t_{0.025}(8)=2.306$。前面利用式（2-45）已经计算出的 $\hat{\sigma}=75.924\,3$，根据表 2-5 由样本数据计算出的 $\sum x_i^2=20\,625\,000$，$\bar{X}=5\,250$，由式（2-76）可计算人均月消费支出平均值 $E(Y_f|X_f)$ 的置信度为 $1-\alpha$ 的预测区间的下上限为

$$\begin{aligned}E(Y_f|X_f)&=\hat{Y}_f\mp t_{\alpha/2}\hat{\sigma}\sqrt{\frac{1}{n}+\frac{(X_f-\bar{X})^2}{\sum x_i^2}}\\&=4\,492\mp 2.306\times 75.924\,3\times\sqrt{\frac{1}{10}+\frac{(7\,000-5\,250)^2}{20\,625\,000}}\\&=4\,492\mp 87.28\end{aligned}$$

即是说，当家庭的人均月可支配收入达到 7 000 元时，人均月消费支出在平均置信度为 95% 时的预测值区间为（4 404.72，4 579.28）。

三、个别值的点预测

把解释变量的预测值 X_f 直接代入所估计的样本回归函数，就可以计算出被解释变量个别值的预测值：

$$\hat{Y}_f=\hat{\beta}_0+\hat{\beta}_1X_f \tag{2-77}$$

$\hat{Y}_f$ 既是对平均值的点预测也是对个别值的点预测。

四、个别值的区间预测

对应于给定的预测期解释变量的数值 X_{f}，要在平均值预测的基础上，进一步确定 Y 个别值的预测区间，必须明确与预测值 $\hat{Y}_{\mathrm{f}}$ 和个别值 X_{f} 都有关的统计量的概率分布。

从与预测期解释变量对应的残差项 $\varepsilon_{\mathrm{f}}=Y_{\mathrm{f}}-\hat{Y}_{\mathrm{f}}$ 入手，寻求其分布，在随机扰动项 μ_i 服从正态分布假定下，ε_{f} 也服从正态分布。

$$E(\varepsilon_{\mathrm{f}})=E(Y_{\mathrm{f}}-\hat{Y}_{\mathrm{f}})=0 \tag{2-78}$$

$$\operatorname{var}(\varepsilon_{\mathrm{f}})=E(Y_{\mathrm{f}}-\hat{Y}_{\mathrm{f}})^2=\sigma^2\left[1+\frac{1}{n}+\frac{(X_{\mathrm{f}}-\bar{X})^2}{\sum x_i^2}\right] \tag{2-79}$$

$$SE(\varepsilon_{\mathrm{f}})=\sigma^2\sqrt{1+\frac{1}{n}+\frac{(X_{\mathrm{f}}-\bar{X})^2}{\sum x_i^2}} \tag{2-80}$$

当 σ^2 未知，用 $\hat{\sigma}^2=\dfrac{\sum\varepsilon_i^2}{n-2}$ 代替时，可以证明对 ε_{f} 标准化的变量服从自由度为 $n-2$ 的 t 分布，即

$$t=\frac{\varepsilon_{\mathrm{f}}-E(\varepsilon_{\mathrm{f}})}{\widehat{SE}(\varepsilon_{\mathrm{f}})}=\frac{Y_{\mathrm{f}}-\hat{Y}_{\mathrm{f}}}{\widehat{SE}(\varepsilon_{\mathrm{f}})}\sim t(n-2) \tag{2-81}$$

这里的 t 统计量可用于关于个别值 Y_{f} 的区间预测（图 2-11）。给定显著性水平 α，查 t 分布表得自由度为 $n-2$ 的临界值 $t_{\alpha-2}(n-2)$，则有：

$$P\left\{\left[\hat{Y}_{\mathrm{f}}-t_{\alpha/2}\widehat{SE}(\varepsilon_{\mathrm{f}})\right]\leqslant Y_{\mathrm{f}}\leqslant\left[\hat{Y}_{\mathrm{f}}+t_{\alpha/2}\widehat{SE}(\varepsilon_{\mathrm{f}})\right]\right\}=1-\alpha \tag{2-82}$$

因此，一元线性回归时，Y 的真实值 Y_{f} 在置信度为 $1-\alpha$ 时的预测区间为

$$\left[\left(\hat{Y}_{\mathrm{f}}-t_{\alpha/2}\hat{\sigma}\sqrt{1+\frac{1}{n}+\frac{(X_{\mathrm{f}}-\bar{X})^2}{\sum x_i^2}}\right),\left(\hat{Y}_{\mathrm{f}}+t_{\alpha/2}\hat{\sigma}\sqrt{1+\frac{1}{n}+\frac{(X_{\mathrm{f}}-\bar{X})^2}{\sum x_i^2}}\right)\right] \tag{2-83}$$

例如，对于【例 2.2】，当人均月可支配收入 $X_{\mathrm{f}}=7\,000$（元）时，要在人均月消费支出的平均水平点预测值 $\hat{Y}_{\mathrm{f}}=44\,992.00$ (元) 的基础上，进一步对家庭人均消费支出的平均水平上作区间预测。当给定显著性水平 α=0.05 时，由 t 分布表可查出自由度为 $n-2$ 的临界值为 $t_{0.025}(8)=2.306$。前面利用式（2-45）已经计算出的 $\hat{\sigma}=75.924\,3$，根据表 2-5 由样本数据计算出的 $\sum x_i^2=20\,625\,000$，$\bar{X}=5\,250$，由式（2-83）可计算人均消费个别值 Y_{f} 的置信度为 $1-\alpha$ 的预测区间的下上限为

$$\begin{aligned}Y_{\mathrm{f}}&=\hat{Y}_{\mathrm{f}}\mp t_{\alpha/2}\hat{\sigma}\sqrt{1+\frac{1}{n}+\frac{(X_{\mathrm{f}}-\bar{X})^2}{\sum x_i^2}}\\&=4\,492\mp 2.306\times 75.924\,3\times\sqrt{1+\frac{1}{10}+\frac{(7\,000-5\,250)^2}{20\,625\,000}}\\&=4\,492\mp 195.63\end{aligned}$$

即是说，当家庭的人均月可支配收入达到 7 000 元时，人均月消费支出在个别置信度为 95% 时的预测值区间为（4 296.37，4 687.63）。

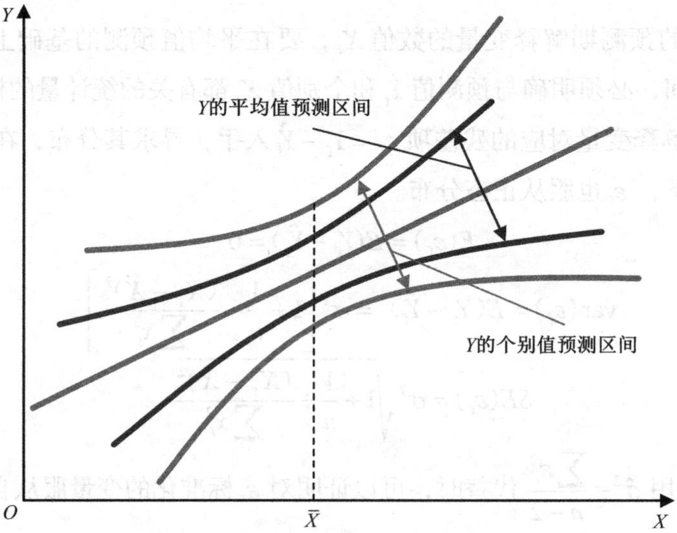

图 2-11　平均值和个别值的预测区间

综上，对被解释变量的平均值预测和个别值预测，有如下特点。

1）由于抽样误差的存在，用样本估计的 $\hat{\beta}_0$ 和 $\hat{\beta}_1$ 去预测的被解释变量平均值 $\hat{Y}_{\mathrm{f}}$ 和总体真实平均值 $E(Y_{\mathrm{f}}|X_{\mathrm{f}})$ 存在误差，这主要取决于抽样波动。而用 $\hat{Y}_{\mathrm{f}}$ 对个别值 Y_{f} 的预测，不仅存在由于抽样波动引起的误差，而且要受随机扰动项 μ_i 的影响。对比式（2-72）和式（2-79）可以看出，对 $\hat{Y}_{\mathrm{f}}$ 个别值预测的方差要大于对平均值预测的方差。从图 2-11 也可以看出对个别值的预测区间比对平均值的预测区间更宽。

2）对 Y_{f} 的平均值预测区间和个别值预测区间都不是常数，它们是随解释变量预测值 X_{f} 的变化而变化的，当 $X_{\mathrm{f}}=\bar{X}$ 时，$(X_{\mathrm{f}}-\bar{X})^2=0$，此时预测区间最窄，$X_{\mathrm{f}}$ 越是远离 $\bar{X}$，$(X_{\mathrm{f}}-\bar{X})^2$ 越大，预测区间也越宽。所以用回归模型做预测时，X_{f} 的取值不宜偏离 $\bar{X}$ 过远，否则预测精度会大大降低。

3）预测区间与样本容量 n 有关。由式（2-76）和式（2-83）可以看出，样本容量越大，不仅 n 越大，而且 $\sum x_i^2$ 越大，预测误差的方差越小，预测区间也越窄。为此，随着样本容量的增加，预测精度会提高，如果样本容量过小，预测精度也将较差。当样本容量趋于无穷大时，抽样误差趋于 0，此时对平均值的预测误差亦趋于 0，而对个别值的预测误差则只取决于随机扰动项 μ_i 的方差 σ^2。

第七节　一元线性回归案例分析

一、研究目的和要求

居民消费在社会经济的持续发展中起着重要作用。居民消费模式的合理和消费规模的适度有利于经济持续健康地增长，而且这也是人民生活水平提高的具体体现。近年来，随着中国经济的快速发展，人民的生活水平不断提高，居民的消费水平也不断提高。但在我国整体经济发展速度和消费水平不断提升的同时，还应看到全国各地区的经济发展速度和居民消费水平存在明显差异。在研究居民消费水平的变化机制时，具体的分析必不可少。导致各地区居民消费水平存在明显差异的因素有很多，如居民的收入水平、就业状况、零售价格指数、利率、居民财产、购物环境等。为了分析影响各地区居民消费水平的最主要因素并分析影响因素与消费水平的数量关系，可以建立相应的计量经济学模型。

二、模型设定

将各地区的居民消费水平的差异作为研究对象。居民消费可分为城市居民消费和农村居民消费，由于各地区的城市和农村人口比例及经济结构有较大差异，最具有直接可比性的是城市居民消费。而且，由于各地区人口总量和经济总量不同，只能用“城市居民的人均年消费支出”来比较，而这正是可从各类统计年鉴中获得数据的变量。所以模型的被解释变量 Y 选定为“城市居民的人均年消费支出”。

因为研究对象是城市居民的人均年消费支出的地区差异，而不是其在不同时间点的差异，所以选择同一时期各地区的城市居民的人均年消费支出建立模型。本节研究选择该参数的 2018 年的截面数据。

导致各地区城市居民的人均年消费支出有明显差异的因素有很多，但从理论和经验分析，最主要的影响因素应是可支配收入，其他因素虽然对消费支出也有影响，但有的不易取得数据，有的与可支配收入可能高度相关，还有的因素在运用截面数据时在地区间的差异并不大。因此，上述因素可以不列入模型，即便它们对消费支出有某些影响也可归入随机扰动项中。为了与“城市居民的人均年消费支出”相对应，选择在统计年鉴中可以获得的“居民人均年可支配收入”作为解释变量 X，数据如表 2-7 所示。

表 2-7 2018 年中国部分地区城市居民人均年消费支出和可支配收入 （元）

地区	人均年消费支出 Y	人均年可支配收入 X
北京	39 842.7	62 361.2
天津	29 902.9	39 506.1
河北	16 722.0	23 445.7
山西	14 810.1	21 990.1
内蒙古	19 665.2	28 375.7
辽宁	21 398.3	29 701.4
吉林	17 200.4	22 798.4
黑龙江	16 994.0	22 725.8
上海	43 351.3	64 182.6
江苏	25 007.4	38 095.8
浙江	29 470.7	45 839.8
安徽	17 044.6	23 983.6
福建	22 996.0	32 643.9
江西	15 792.0	24 079.7
山东	18 779.8	29 204.6
河南	15 168.5	21 963.5
湖北	19 537.8	25 814.5
湖南	18 807.9	25 240.7
广东	26 054.0	35 809.9
广西	14 934.8	21 485.0
海南	17 528.4	24 579.0
重庆	19 248.5	26 385.8
四川	17 663.6	22 460.6
贵州	13 798.1	18 430.2
云南	14 249.9	20 084.2
西藏	11 520.2	17 286.1
陕西	16 159.7	22 528.3
甘肃	14 624.0	17 488.4
青海	16 557.2	20 757.3
宁夏	16 715.1	22 400.4
新疆	16 189.1	21 500.2

数据来源：《中国统计年鉴 2019》。

1. 建立数据

因为在本书第二章中，数据以 Excel 格式保存，在分析时需要将其导入 Stata 软件，步骤如下。

1）在操作系统桌面上双击 Stata 14.0 图标，进入 Stata 软件主页，在工具栏中单击“FILE”，再依次单击“FILE_IMPORT”和“FILE_IMPORT_EXCEL_DLG”，如图 2-12 所示。

2）如图 2-13 所示，在出现“IMPORT_EXCEL_TITLE_IMPORT_EXCEL”对话框后，在“IMPORT_EXCEL_LBL_EXCEL_FILE”中选择导入数据文件的路径位置。之后，选中“IMPORT_EXCEL_CHK_IMPORT_FIRST_ROW_AS_VARNAMES”，然后再单击“IMPORT_EXCEL_LBL_CELL”旁边的“…”，弹出“IMPORT_EXCEL_CELL_RANGE_TITLE”对话框，如图 2-14 所示。

3）在“IMPORT_EXCEL_CELL_RANGE_TITLE”对话框中，如图 2-14 依次选择“B”“1”和“C”“32”，再单击“BTN_OK”，回到“IMPORT_EXCEL_TITLE_IMPORT_EXCEL”对话框（图 2-13）。

4）在“IMPORT_EXCEL_TITLE_IMPORT_EXCEL”对话框中，单击“BTN_OK”，完成数据导入。

2. 文件保存

若要保存工作文件，首先在“FILE”工作栏中，单击“FILE_SAVE”；然后在“DLG_TITLE_SAVE”对话框中选择存盘路径，并输入工作文件名，如“第二章案例”，最后单击“SAVE”，文件即被保存。

3. 图形分析

在估计计量经济学模型之前，借助图形分析可以直观地观察经济变量的变动规律和相关关系，以便合理地确定模型的数学形式，通常做法是绘制散点图。

在 Stata 软件命令窗口中输入“sc Y X”，按键盘上的“回车”键，得到反映城市居民的人均年消费支出 Y（元）和可支配收入 X（元）关系的散点图，如图 2-15 所示。

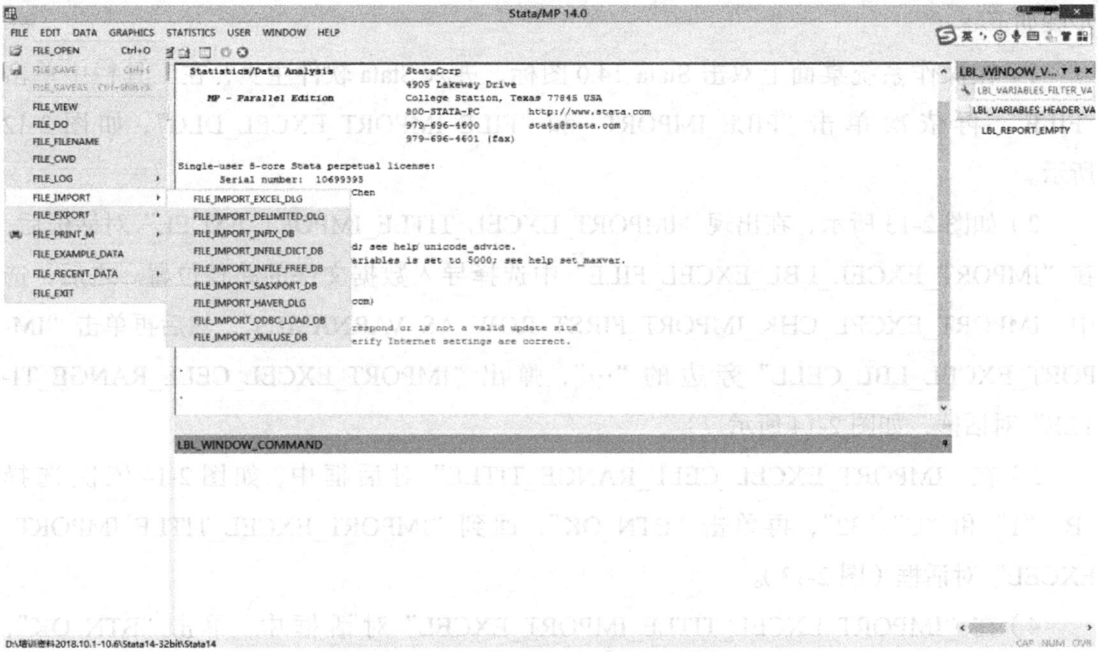

图 2-12 Stata 软件的 FILE 工具栏

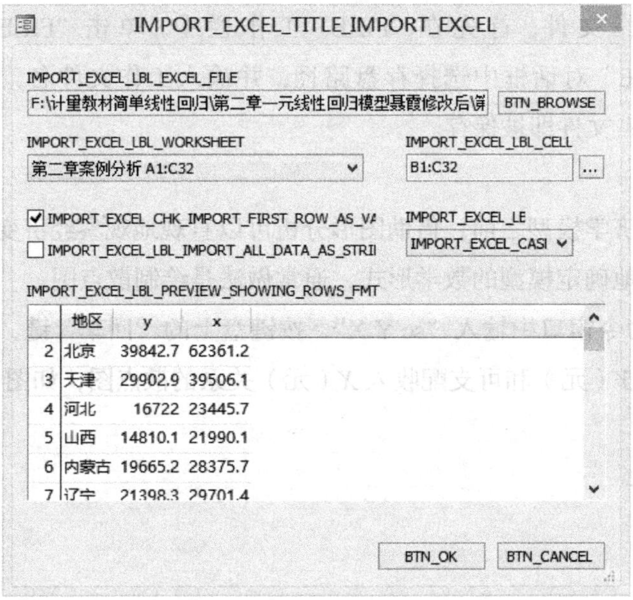

图 2-13 IMPORT_EXCEL_TITLE_IMPORT_EXCEL 对话框

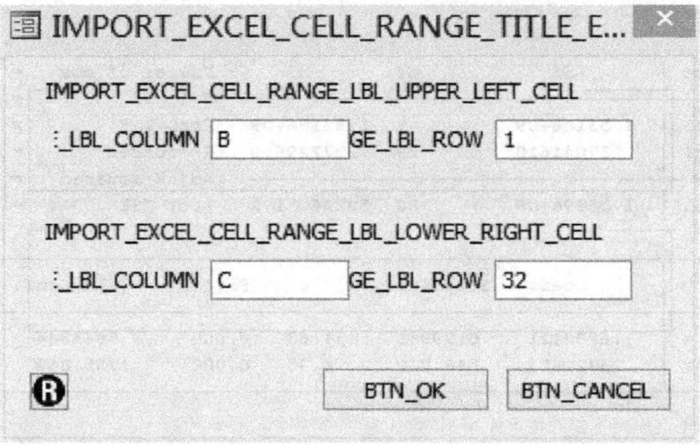

图 2-14　IMPORT_EXCEL_CELL_RANGE_TITLE 对话框

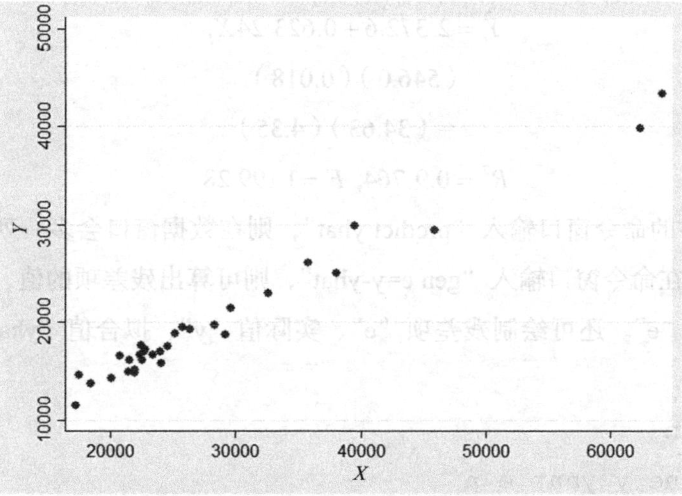

图 2-15　居民的人均年消费支出 Y 和可支配收入 X 的关系

由图 2-15，可以看出城市居民的人均年消费支出 Y 和可支配收入 X 大体呈线性关系，为分析它们之间的数量规律，可以建立一元线性回归模型，表达式为

$$Y_i = \beta_0 + \beta_1 X_i + \mu_i$$

三、估计参数

假设所建立的模型及其中的随机扰动项满足古典假定，可以用 OLS 法估计其参数。利用 Stata 软件做一元线性回归分析的方法：在命令窗口输入“. reg Y X”。执行该命令后，Stata 软件显示的回归结果如图 2-16 所示。

```
. reg y x

      Source |       SS           df       MS      Number of obs   =        31
-------------+----------------------------------   F(1, 29)        =   1199.28
       Model |  1.5318e+09         1  1.5318e+09   Prob > F        =    0.0000
    Residual |    37041610        29   1277296.9   R-squared       =    0.9764
-------------+----------------------------------   Adj R-squared   =    0.9756
       Total |  1.5689e+09        30  52296051.2   Root MSE        =    1130.2

------------------------------------------------------------------------------
           y |      Coef.   Std. Err.      t    P>|t|     [95% Conf. Interval]
-------------+----------------------------------------------------------------
           x |   .6232421   .0179968    34.63   0.000     .5864344    .6600497
       _cons |   2372.623    546.032     4.35   0.000     1255.862    3489.384
------------------------------------------------------------------------------
```

图 2-16 回归结果

可用规范形式将参数估计和检验结果（括号内为标准差）写为

$$\hat{Y}_i = 2\ 372.6 + 0.623\ 24X_i$$

$$(546.0)\ (0.018)$$

$$t = (34.63)\ (4.35)$$

$$R^2 = 0.9\ 764,\ F = 1\ 199.28$$

在 Stata 软件的命令窗口输入“predict yhat”，则在数据窗口会多一列被解释变量拟合值数据“yhat”，在命令窗口输入“gen e=y-yhat”，则可算出残差项的值，在数据窗口会多一列残差项数据“e”。还可绘制残差项“e”、实际值“y”、拟合值“yhat”的图形，命令为

```
. gen n=_n
. line line y yhat e n
```

命令执行后，得到的残差项（Residual_value）、实际值（Actual_value）、拟合值（Fitted_value）的曲线如图 2-17 所示。

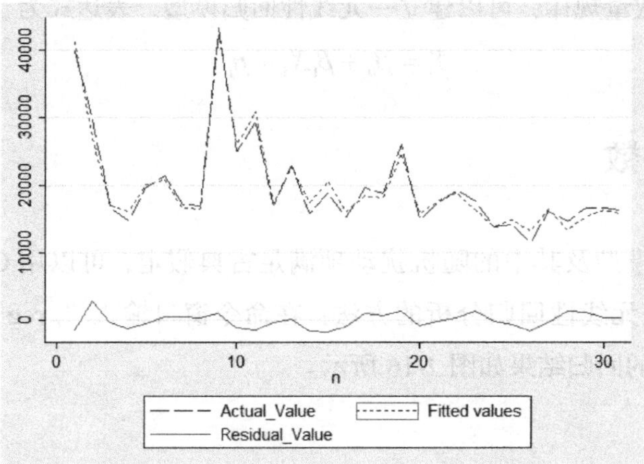

图 2-17 残差项、实际值、拟合值曲线

四、模型检验

（一）经济意义检验

所估计的参数 $\hat{\beta}_1 = 0.623\ 24$，说明人均可支配收入 X 每增加 1 元，平均来说可导致人均消费支出增加 0.623 24 元，符合经济学理论。

（二）拟合优度检验和统计检验

由图 2-17 可以看出，本例中的可决系数 R^2=0.976 4，说明所建模型整体上对样本数据拟合较好，即解释变量 X 对被解释变量 Y 的绝大部分差异做出了解释。

进一步，对回归系数进行 t 检验。针对原假设 $H_0(\beta_1 = 0)$，由图 2-17 还可以看出，估计的回归系数 $\hat{\beta}_1$ 的 t 值为 $t(\hat{\beta}_1) = 4.35$，取显著性水平 α=0.05，自由度为 $n-2=31-2=29$，查 t 分布表，$t_{0.025}(29) = 2.045$，可知 $t(\hat{\beta}_1) = 4.35 > t_{0.025}(29) = 2.045$，因此拒绝原假设，认为解释变量 X 对被解释变量 Y 有显著影响。

五、预测

由表 2-7 可以看出，2018 年中国西部地区的城市居民的人均年可支配收入除了西藏外均在 17 400 元以上，人均年消费支出都在 12 000 元以上。随着我国西部地区经济的不断发展，若城市居民的人均年可支配收入达到 25 000 元，则利用所估计的模型可预测这时的城市居民的人均年消费支出。

这类点预测的预测值计算公式为

$$\hat{Y}_{\mathrm{f}} = 2\ 372.6 + 0.623\ 24 \times 25\ 000 = 17\ 953.68$$

相关预测过程如下。

1）以编辑方式打开数据窗口，且在变量 X 下追加数据“25 000”，其为 X_{f}。

2）在命令窗口中输入“drop yhat”和“predict yhat”，则完成预测。

3）以浏览方式打开数据窗口，变量“yhat”最下面的数据“17 953.68”就是预测值。

4）为了做区间预测，仍然取 α=0.05，Y_{f} 在平均均值置信度为 95% 时的预测区间为

$$\hat{Y}_f \mp t_{\alpha/2}\hat{\sigma}\sqrt{\frac{1}{n} + \frac{(X_{\mathrm{f}} - \bar{X})^2}{\sum x_i^2}}$$

为获得相关数据，已经得到 $\hat{Y}_{\mathrm{f}} = 17\ 953.68$，$t_{0.025}(29) = 2.045$；而 $\hat{\sigma}$ 需要手动计算，表达式为

$$\hat{\sigma}=\sqrt{\frac{\sum\varepsilon_i^2}{n-k}}=\sqrt{\frac{1\ 277\ 297}{29}}=209.87$$

5）用命令“sum x y”，可以看到变量 X 和 Y 的描述统计，结果如图 2-18 所示。

```
. sum x y
```

Variable	Obs	Mean	Std. Dev.	Min	Max
x	32	28067.14	11292.84	17286.1	64182.6
y	31	19926.91	7231.601	11520.2	43351.3

图 2-18 变量 X 和 Y 的描述统计结果

由图 2-18 中的数据，可得：

$$\sum x_i^2=(31-1)\times 7\ 231.6^2=1.569\times 10^9$$

$$(X_{\mathrm{f}}-\bar{X})^2=(25\ 000-28\ 067.14)^2=9\ 407\ 347.8$$

当 $X_{\mathrm{f}}=25\ 000$ 时，将数据代入预测区间的表达式，可得：

$$17\ 953.68\mp 2.045\times 209.87\times\sqrt{\frac{1}{31}+\frac{9\ 407\ 347.8}{1.569\times 10^9}}=17\ 953.68\mp 83.94$$

即当 $X_{\mathrm{f}}=25\ 000$ 时，Y_{f} 在平均置信度为 95% 时的预测区间为（17 869.74，18 037.62）。

思考题与练习题

一、思考题

1. 为什么模型中要引入随机扰动项？

2. 线性回归模型有哪些基本假定？违背基本假定的计量经济学模型是否就不可估计？

3. 简述回归分析与相关分析的区别与联系。

二、练习题

1. 对于人均存款与人均收入之间的关系式 $\hat{S}_t=\alpha+\beta Y_t+\mu_t$，使用美国 36 年的数据，得到如下估计模型（括号内为标准差）

$$\hat{S}_t=384.105+0.067Y_t$$
$$(151.105)\ (0.011)$$

$$R^2 = 0.538$$

1）β的经济解释是什么？

2）α和β的符号是什么？为什么？

3）你对于拟合优度的看法有哪些？

2. 以1978—2010年中国某地区进口总额Y（亿元）为被解释变量，以该地区生产总值X（亿元）为解释变量进行回归，得到回归结果为

$$\hat{Y}_t = -261.09 + 0.245\,3X_t$$

$$SE = (31.327)(\qquad)$$

$$t = (\qquad)(16.616)$$

$$R^2 = 0.938\,8,\ n = 23$$

1）将括号内缺失的数据补全；

2）如何解释两参数估计量；

3）检验斜率系数的显著性（$\alpha = 0.05$）。

3. 用10年的国内生产总值（Gross Domestic Product，GDP）与货币存量的数据进行回归，使用不同度量的货币存量得到如下两个模型。

模型1：$GDP_t = -787.472\,3 + 8.086\,3M_{1t}$

$SE = (77.966\,4)(0.219\,7)$

模型2：$GDP_t = -44.062\,6 + 1.587\,5M_{2t}$

$SE = (61.013\,4)(0.044\,8)$

已知GDP的样本方差为100，模型1的残差平方和$\sum\varepsilon_{1t}^2 = 100$，模型2的残差平方和$\sum\varepsilon_{2t}^2 = 70$，请比较两个模型，并选出一个合适的模型。（计算结果保留两位小数）

4. 为了研究浙江省财政预算收入与全省生产总值的关系，由浙江省历年的统计年鉴得到表2-8中的数据。

表2-8　浙江省1981—2018年财政预算收入与全省生产总值数据　（亿元）

年份	预算收入 Y	生产总值 X	年份	预算收入 Y	生产总值 X
1981	34.34	204.86	2000	658.42	6 141.03
1982	36.64	234.01	2001	917.76	6 898.34
1983	41.79	257.09	2002	1 166.58	8 003.67
1984	46.67	323.25	2003	1 468.89	9 705.02
1985	58.25	429.16	2004	1 805.16	11 648.70
1986	68.61	502.47	2005	2 115.36	13 417.70
1987	76.36	606.99	2006	2 567.66	15 718.50
1988	85.55	770.25	2007	3 239.89	18 753.70

续表

年份	预算收入 Y	生产总值 X	年份	预算收入 Y	生产总值 X
1989	98.21	849.44	2008	3 730.06	21 462.70
1990	101.59	904.69	2009	4 122.04	22 998.20
1991	108.94	1 089.33	2010	4 895.41	27 747.70
1992	118.36	1 375.70	2011	5 925.00	32 363.40
1993	166.64	1 925.91	2012	6 408.49	34 739.10
1994	209.39	2 689.28	2013	6 908.41	37 756.60
1995	248.50	3 557.55	2014	7 521.70	40 173.00
1996	291.75	4 188.53	2015	8 549.47	42 886.50
1997	340.52	4 686.11	2016	9 225.07	47 251.40
1998	401.80	5 052.62	2017	10 301.16	51 768.30
1999	477.40	5 443.92	2018	11 705.82	56 197.20

1）建立浙江省财政预算收入与生产总值的计量经济学模型，估计模型的参数，检验模型的显著性，用规范的形式写出估计检验结果，并解释所估计参数的经济意义。

2）如果 2019 年，浙江省全省的生产总值为 60 000 亿元，利用计量经济学模型对浙江省 2019 年的财政预算收入做出点预测和区间预测。

3）建立浙江省财政预算收入对数与全省生产总值对数的计量经济学模型，估计模型的参数，检验模型的显著性，并解释所估计参数的经济意义。

5. 假设某地区住宅建筑面积与建造单位成本的有关，资料见表 2-9。

表 2-9　某地区住宅建筑面积与建造单位成本数据

建筑地编号	建筑面积 X（万平方米）	单位建造成本 Y（元 / 平方米）
1	0.60	1 860
2	0.95	1 750
3	1.45	1 710
4	2.10	1 690
5	2.56	1 678
6	3.54	1 640
7	3.89	1 620
8	4.37	1 576
9	4.82	1 566
10	5.66	1 498
11	6.11	1 425
12	6.23	1 419

1）建立建筑面积与单位建造成本的回归方程。

2）解释回归系数的经济意义。

3）估计当建筑面积为 4.5 万平方米时，对平均单位建造成本做区间预测。

第三章　多元线性回归模型

引例：居民缘何偏爱储蓄？

2016年6月，我国央行公布的《2016年第二季度城镇储户问卷调查报告》对居民消费储蓄及投资意愿的调查数据显示，倾向于"更多储蓄"的居民的占比为43.9%，倾向于"更多投资"的居民占比为34.8%，倾向于"更多消费"的居民仅占21.3%。我国居民偏爱的前三种投资方式为基金及理财产品、债券、实业投资，选择这三种投资方式的居民占比分别为31.1%、16.7%和12.9%，如图3-1所示。可见，居民投资时偏向于选择流动性比较强或者说容易变现的资产。这样，选择持有流动性较强的资产以及储蓄的居民约占60%。近年来，我国居民消费需求持续不足的重要原因并不是"消费不起"，而是"不敢消费"。居民持有基金、债券以及银行存款的目的是应对将来的"不时之需"。宏观数据也显示，我国居民消费率持续降低；相反，储蓄率持续升高。显然，仅用"收入"单个因素是无法解释这种现象的，导致储蓄意愿增强的原因还包括居民对未来收入的不确定性预期。研究者将这种由于未来收入不确定所导致的居民额外储蓄部分称为"预防性储蓄"，即预防性储蓄理论。预防性储蓄理论将不确定性预期引入消费理论框架，是对消费理论的重要发展，一度成为研究各国居民消费的重要理论依据。然而，使用该理论研究我国居民的消费问题却未必完全适应。这是因为，从1978年改革开放到1992年社会主义市场经济体制的建立，再到后来各项改革措施的相继出台，我国居民面临的不确定性除了收入方面，更多的还有来自对未来医疗、教育、居住等消费支出方面。因此，我国城乡居民会倾向于储蓄或者持有流动性较强的有价证券资产，以应对收入和消费方面的不确定性。可见，收入的不确定性以及消费支出的不确定性都是导致我国居民储蓄率持续上升，而消费率持续下降的重要原因。很显然，只含有一个解释变量的一元线性回归模型已经不能满足研究此类问题的需求，需要采用包含多个解释变量的多元回归模型。

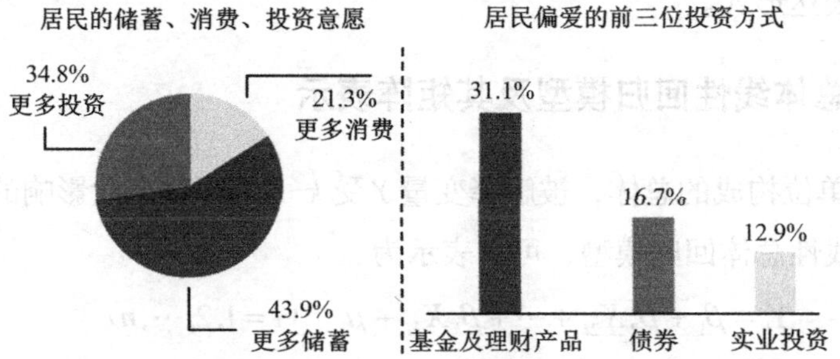

图 3-1　2016 年我国居民消费储蓄及投资意愿调查结果

资料来源：北京商报，2016-06-27。

一元线性回归模型讨论的是一个被解释变量和一个解释变量之间的线性关系。然而，在实际经济问题中，一个经济变量的变动往往不可能只受一个因素的影响，而是多个经济变量共同作用的结果。例如，根据 Keynes 的绝对收入假说，当期消费主要受当期收入的影响。然而，实际情况却是，物价、家庭财产、过去的消费水平以及对未来收入和消费支出预期的不确定性等，都有可能是影响当前消费水平的重要因素。又比如，一个国家或地区的货币供给量主要由该国或地区的经济发展水平（即 GDP）决定，然而 GDP 也并不是唯一影响因素，货币供给可能还会受到利率、物价水平以及外汇储备等因素的影响。诸如此类的经济问题比比皆是，对于实际的经济事实，只受一个因素影响的经济问题几乎是不存在的。因此，一元线性回归模型的理论价值远大于其应用价值。

本章将只含有一个解释变量的一元线性回归模型推广到具有多个解释变量的多元线性回归模型。

第一节　多元线性回归模型及其基本假定

一、多元线性回归模型的相关概念及其矩阵表达

多元线性回归模型及其建模过程与一元线性回归模型基本相似，其基本任务仍然是根据变量的样本观测值估计总体回归模型中的未知参数，并对估计的参数以及回归方程进行统计检验，最后利用估计结果进行预测和经济分析。不同点在于，多元线性回归模型的解释变量为两个或以上，即被解释变量 Y 与多个解释变量 $X_2,\cdots,X_k$ 之间存在线性关系，这使相应的书写表达、分析和计算过程比一个解释变量的情形要复杂一些。因此为了便于表达和分析，本章需要运用矩阵这一工具。本章依然需要明确和理解多元线性回归模型的四

个概念及其矩阵表达形式。

（一）多元总体线性回归模型及其矩阵表示

对于由 N 个单位构成的总体，被解释变量 Y 受 k-1 个解释变量影响的多元线性回归模型，或称为多元线性总体回归模型，可以表示为

$$Y_i = \beta_1 + \beta_2 X_{2i} + \cdots + \beta_k X_{ki} + \mu_i \quad (i = 1, 2, \cdots, n) \tag{3-1}$$

式中：$X_{ji}(j = 2, \cdots, k)$ 表示 k-1 个解释变量；$\beta_j(j = 1, 2, \cdots, k)$ 为 k 个未知参数；μ_i 为随机误差项。

多元总体回归模型表示，任意一个被解释变量 Y_i 都由两部分组成，一部分是由解释变量观测值决定的函数 $\beta_1 + \beta_2 X_{2i} + \cdots + \beta_k X_{ki}$，在给定解释变量值的条件下，这部分是确定的；另一部分是解释变量以外的随机误差项 μ_i，这部分影响是随机的。

将以上模型写成方程组的形式：

$$\begin{cases} Y_1 = \beta_1 + \beta_2 X_{21} + \cdots + \beta_k X_{k1} + \mu_1 \\ Y_2 = \beta_1 + \beta_2 X_{22} + \cdots + \beta_k X_{k2} + \mu_2 \\ \quad \vdots \\ Y_n = \beta_1 + \beta_2 X_{2n} + \cdots + \beta_k X_{kn} + \mu_n \end{cases}$$

进一步表示成矩阵形式：

$$\begin{bmatrix} Y_1 \\ Y_2 \\ \vdots \\ Y_n \end{bmatrix} = \begin{bmatrix} 1 & X_{21} & \cdots & X_{k1} \\ 1 & X_{22} & \cdots & X_{k2} \\ \vdots & \vdots & \cdots & \vdots \\ 1 & X_{2n} & \cdots & X_{kn} \end{bmatrix} \begin{bmatrix} \beta_1 \\ \beta_2 \\ \vdots \\ \beta_k \end{bmatrix} + \begin{bmatrix} \mu_1 \\ \mu_2 \\ \vdots \\ \mu_n \end{bmatrix}$$

即

$$\boldsymbol{Y} = \boldsymbol{X\beta} + \boldsymbol{\mu} \tag{3-2}$$

式中：$\boldsymbol{Y}_{n\times1} = \begin{bmatrix} Y_1 \\ Y_2 \\ \vdots \\ Y_n \end{bmatrix}$ 为被解释变量的观测值向量；$\boldsymbol{X}_{n\times k} = \begin{bmatrix} 1 & X_{21} & \cdots & X_{k1} \\ 1 & X_{22} & \cdots & X_{k2} \\ \vdots & \vdots & \ddots & \vdots \\ 1 & X_{2n} & \cdots & X_{kn} \end{bmatrix}$ 为解释变量观测值矩阵，矩阵中的每一个元素 X_{ji} 表示第 j 个解释变量的第 i 个观测值；$\boldsymbol{\beta}_{k\times1} = \begin{bmatrix} \beta_1 \\ \beta_2 \\ \vdots \\ \beta_k \end{bmatrix}$ 为总体回归参数向量；$\boldsymbol{\mu}_{n\times1} = \begin{bmatrix} \mu_1 \\ \mu_2 \\ \vdots \\ \mu_n \end{bmatrix}$ 为随机误差项向量。

解释变量观测值矩阵 $\boldsymbol{X}_{n\times k}$ 的第一列可以看作是截距项的解释变量，是不变的，因此全部为 1；从第二列开始，每一列均表示第 j 个解释变量的第 n 个观测值构成的列向量。例如，$\boldsymbol{X}_{2i}$ 表示第二个解释变量 $\boldsymbol{X}_2$（事实上是第一个解释变量）的 n 个观测值列向量。

在一元线性回归模型中，作为解释变量的只有一个变量，其余解释因素全部放在随机误差项中。而多元线性回归模型把一元线性回归模型随机误差项中的部分因素也作为解释变量处理，从而构成有多个解释变量的回归模型。这在经济分析中具有重要的意义，主要表现在以下两个方面。

第一，多个解释变量代表了影响被解释变量的多个解释因素。因此，多元线性回归模型可以同时分析多个因素对被解释变量的影响，不仅拉近了回归模型与真实经济现象的距离，同时也避免了重要解释变量被遗漏而导致的模型设定误差问题。

第二，对于存在多个解释因素的经济问题，由于多个因素会同时作用于被研究变量，因此要想研究某一个解释因素对被研究变量的单独影响，就必须保证其他变量不变。然而，在社会科学领域中，要做到这一点几乎是不可能的。因为我们不可能像自然科学实验那样，人为地控制某些条件不变，去观察其他条件的改变对观测变量的影响。在社会科学领域中，只能被动地接受各种因素都是变化的这一现实，进而关注这种变化。幸运的是，多元线性回归模型中的回归系数 $\beta_j(j=2,\cdots,k)$ 正好可以表示其他变量不变的情况下，第 j 个解释变量的单位变动对被解释变量平均值的影响，这样的回归系数称为偏回归系数。这也是在有多个解释变量存在的情形下，建立多元线性回归模型而不是建立每个解释变量对被解释变量影响的一元线性回归模型的原因所在。

（二）多元总体线性回归函数及其矩阵表示

多元总体线性回归模型描述了单个个体所受到两个方面因素影响的事实。如果我们关注的是所研究个体的平均行为，可对多元总体线性回归模型（式（3-1））两边取条件期望，即

$$E(Y_i|X_{2i},X_{3i},\cdots X_{ki})=\beta_1+\beta_2X_{2i}+\beta_3X_{3i}+\cdots+\beta_kX_{ki}+E(\mu_i|X_{2i},X_{3i},\cdots X_{ki})$$

在 $E(\mu_i|X_{2i},X_{3i},\cdots X_{ki})=0$（参见一元线性回归模型的基本假定以及本节第二部分的内容）的假定条件下，可得：

$$E(Y_i|X_{2i},X_{3i},\cdots X_{ki})=\beta_1+\beta_2X_{2i}+\beta_3X_{3i}+\cdots+\beta_kX_{ki}\quad(i=1,2,\cdots,n)\tag{3-3}$$

可见，$E(Y_i|X_{2i},X_{3i},\cdots X_{ki})$（以下简写为 $E(Y_i)$）正是由解释变量 $X_{2i},\cdots,X_{ki}$ 观测值确定的线性函数，即总体线性回归模型中构成被解释变量 Y_i 的确定性部分。式（3-3）称为多元总体线性回归函数，描述的是总体被解释变量条件期望与解释变量之间的线性函数关系。

同理，以上模型的矩阵形式

$$E(\boldsymbol{Y})=\boldsymbol{X\beta} \tag{3-4}$$

式中：$E(\boldsymbol{Y})$为被解释变量观测值的条件均值列向量。

由式（3-1）和式（3-3）可知，随机误差项μ_i为总体被解释变量的个别取值Y_i与其条件期望的差，即

$$\mu_i = Y_i - E(Y_i) \tag{3-5}$$

这也是随机误差项的本质含义，即偏离由解释变量所决定的平均值的随机成分。

（三）多元样本回归函数及其矩阵表示

由于总体回归模型（式（3-1））中的参数$\beta_1,\beta_2,\cdots,\beta_k$都是未知的，计量经济学分析的首要目的就是对其进行估计。抽取n组样本观测值$Y_i, X_{2i},\cdots,X_{ki}(i=1,2,\cdots,n)$，并利用某种准则估计未知的回归参数。记对应的参数估计值为$\hat{\beta}_1,\hat{\beta}_2,\cdots,\hat{\beta}_k$，用参数估计值替代总体回归模型（式（3-3））中的未知参数$\beta_1,\beta_2,\cdots,\beta_k$，可得多元线性样本回归函数：

$$\hat{Y}_i=\hat{\beta}_1 X_{1i}+\hat{\beta}_2 X_{2i}+\cdots+\hat{\beta}_k X_{kn} \quad (i=2,\cdots,n) \tag{3-6}$$

式中：$\hat{\beta}_j(j=1,2,\cdots,k)$为总体未知参数$\beta_1,\beta_2,\cdots,\beta_k$的估计值；$\hat{Y}_i(i=1,2,\cdots,n)$为$E(Y_i)$的样本回归值或样本拟合值、样本估计值。

同理，样本回归函数也可以表示成如下方程组形式：

$$\begin{cases}\hat{Y}_1=\hat{\beta}_1+\hat{\beta}_2 X_{21}+\cdots+\hat{\beta}_k X_{k1}\\ \hat{Y}_2=\hat{\beta}_1+\hat{\beta}_2 X_{22}+\cdots+\hat{\beta}_k X_{k2}\\ \quad\vdots\\ \hat{Y}_n=\hat{\beta}_1+\hat{\beta}_2 X_{2n}+\cdots+\hat{\beta}_k X_{kn}\end{cases}$$

写成矩阵形式为

$$\hat{\boldsymbol{Y}}=\boldsymbol{X}\hat{\boldsymbol{\beta}} \tag{3-7}$$

式中：$\hat{\boldsymbol{Y}}_{n\times 1}=\begin{bmatrix}\hat{Y}_1\\ \hat{Y}_2\\ \vdots\\ \hat{Y}_n\end{bmatrix}$为被解释变量样本观测值条件均值的$n\times 1$阶拟合值（或估计值）列向量；

$\hat{\boldsymbol{\beta}}_{k\times 1}=\begin{bmatrix}\hat{\beta}_1\\ \hat{\beta}_2\\ \vdots\\ \hat{\beta}_k\end{bmatrix}$为未知参数向量$\boldsymbol{\beta}$的$k\times 1$阶估计值列向量。

（四）多元样本回归模型及其矩阵表示

如果将由样本回归函数（式（3-6））得到的被解释变量条件期望的估计值 $\hat{Y}_i$ 与实际观测值 Y_i 之间的偏差记为残差 ε_i，即：

$$\varepsilon_i = Y_i - \hat{Y}_i = Y_i - (\hat{\beta}_1 + \hat{\beta}_{2i}X_{2i} + \cdots + \hat{\beta}_{ki}X_{ki}) \tag{3-8}$$

因此

$$Y_i = \hat{Y}_i + \varepsilon_i = \hat{\beta}_1 + \hat{\beta}_2 X_{2i} + \cdots + \hat{\beta}_k X_{ki} + \varepsilon_i \quad (i = 1,2,\cdots,n) \tag{3-9}$$

由于 $\hat{Y}_i$ 为 $E(Y_i)$ 的估计值，由式（3-5）可知残差 ε_i 为随机误差项 μ_i 的估计量。式（3-9）称为样本回归模型，用于表示被解释变量样本观测值的构成。其矩阵表达形式为

$$\boldsymbol{Y} = \boldsymbol{X}\hat{\boldsymbol{\beta}} + \boldsymbol{\varepsilon} \tag{3-10}$$

式中：$\boldsymbol{\varepsilon}_{n\times1} = \begin{bmatrix} \varepsilon_1 \\ \varepsilon_2 \\ \vdots \\ \varepsilon_n \end{bmatrix}$ 为残差列向量，其他符号含义同上。

二、多元线性回归模型的基本假定

与一元线性回归模型相同，在多元回归分析中，利用普通最小二乘（Ordinary Least Squares，OLS）法对多元线性回归模型的参数进行估计时，为了使参数估计量具有良好的统计性质，从而便于对模型进行统计检验，模型需满足如下基本假定。

（一）零均值假定

假定随机误差项的条件期望或条件均值为零。

$$E(\mu_i | X_{2i}, X_{3i}, \cdots X_{ki}) = 0 \quad (i = 1,2,\cdots,n) \tag{3-11}$$

式（3-11）用矩阵形式表示为

$$E(\boldsymbol{\mu}) = E\begin{bmatrix} \mu_1 \\ \mu_2 \\ \vdots \\ \mu_n \end{bmatrix} = \begin{bmatrix} E(\mu_1) \\ E(\mu_2) \\ \vdots \\ E(\mu_n) \end{bmatrix} = \begin{bmatrix} 0 \\ 0 \\ \vdots \\ 0 \end{bmatrix} = 0 \tag{3-12}$$

（二）同方差性假定

假定随机误差项的条件方差相同。

$$\text{var}\ (\mu_i | X_{2i}, X_{3i}, \cdots, X_{ki}) = E(\mu_i^2 | X_{2i}, X_{3i}, \cdots, X_{ki}) = \sigma_\mu^2 \quad (i = 1,2,\cdots,n) \tag{3-13}$$

（三）无自相关性假定

假定随机误差项之间互不相关。

$$\operatorname{cov}\left(\mu_i, \mu_j\right)=E\left(\mu_i \mu_j\right)=0 \quad (i \neq j;\ i, j=1,2,\cdots, n) \tag{3-14}$$

将以上两条基本假设用矩阵形式表示，即随机误差向量 $\boldsymbol{\mu}$ 的方差 - 协方差矩阵为

$$\begin{aligned}
\text{var-cov}(\boldsymbol{\mu}) &= E[\boldsymbol{\mu}-E(\boldsymbol{\mu})][\boldsymbol{\mu}-E(\boldsymbol{\mu})]' = E(\boldsymbol{\mu}\boldsymbol{\mu}') \\
&= E\left[\begin{bmatrix}\mu_1\\ \mu_2\\ \vdots\\ \mu_n\end{bmatrix}(\mu_1,\mu_2,\cdots,\mu_n)\right] = E\begin{bmatrix}\mu_1^2 & \mu_1\mu_2 & \cdots & \mu_1\mu_n\\ \mu_2\mu_1 & \mu_2^2 & \cdots & \mu_2\mu_n\\ \vdots & \vdots & & \vdots\\ \mu_n\mu_1 & \mu_n\mu_2 & \cdots & \mu_n^2\end{bmatrix} \\
&= \begin{bmatrix}E(\mu_1^2) & E(\mu_1\mu_2) & \cdots & E(\mu_1\mu_n)\\ E(\mu_2\mu_1) & E(\mu_2^2) & \cdots & E(\mu_2\mu_n)\\ \vdots & \vdots & \ddots & \vdots\\ E(\mu_n\mu_1) & E(\mu_n\mu_2) & \cdots & E(\mu_n^2)\end{bmatrix} \qquad (3\text{-}15)\\
&= \begin{bmatrix}\sigma_\mu^2 & 0 & \cdots & 0\\ 0 & \sigma_\mu^2 & \cdots & 0\\ \vdots & \vdots & \ddots & \vdots\\ 0 & 0 & \cdots & \sigma_\mu^2\end{bmatrix} = \sigma_\mu^2 \boldsymbol{I}_n
\end{aligned}$$

式中：$\boldsymbol{I}_n$ 为 n 阶单位阵。

（四）随机误差项与解释变量不相关

假定随机误差项 μ_i 与解释变量 X 不相关，即假定

$$\operatorname{cov}\left(X_{ji}, \mu_i\right)=0 \quad \left(j=2,\cdots,k;\ i=1,2,\cdots,n\right) \tag{3-16}$$

（五）正态性假定

随机误差项 μ_i 服从均值为零，方差为 σ_μ^2 的正态分布：

$$\mu_i \sim N(0,\sigma_\mu^2) \tag{3-17}$$

用矩阵表示为

$$\boldsymbol{\mu} \sim \boldsymbol{N}\left(0,\ \sigma_\mu^2 \boldsymbol{I}_n\right) \tag{3-18}$$

（六）无多重共线性假定

无多重共线性假定是多元线性回归模型与一元线性回归模型相比增加的一条假定。多元线性回归模型有多个解释变量，假定这些解释变量之间不存在线性关系，用矩阵代数的

方式解释就是解释变量观测值矩阵 $X_{n\times k}$ 列与列之间线性无关。此外，根据矩阵代数的知识，该假定也意味着 $X_{n\times k}$ 是列满秩矩阵，即

$$\operatorname{rank}(X)=k \tag{3-19}$$

此时，方阵 XX' 为满秩矩阵

$$\operatorname{rank}(XX')=k \tag{3-20}$$

从而 XX' 可逆，即（XX'）$^{-1}$ 存在。

以上为多元线性回归模型的基本假定，之所以称作“假定”，而非“性质”，是由于在实际经济问题中，这些假定并不是经常能够满足。如何判断假定是否成立，以及假定不满足情形下如何对模型进行估计以及检验，将在后面几章中讨论。围绕以上基本假定的内容，也正是经典计量经济学或初级计量经济学的核心内容。

第二节　多元线性回归模型的参数估计

由于多元线性回归模型中用于表示解释变量对被解释变量影响程度或大小的参数 $\beta_j(j=1,2,\cdots,k)$ 是未知的，因此需要选取某种准则，利用样本观测值进行估计。估计多元线性回归模型的准则或方法有多种，如普通最小二乘法、极大似然法、矩估计法等。在基本假定全部满足的前提下，普通最小二乘法是最常用的估计方法。

一、多元线性回归模型参数的估计

（一）回归参数的最小二乘估计

与一元线性回归模型参数估计类似，多元线性回归模型参数估计的思想仍然是使各个实际的 Y_i 的取值与其条件期望 $E(Y_i)$ 估计值 $\hat{Y}_i$ 之差的平方和最小，即

$$\sum \varepsilon_i^2=\sum(Y_i-\hat{Y}_i)^2\to\min \tag{3-21}$$

对于含有 $k-1$ 个解释变量的多元总体线性回归模型，有

$$Y_i=\beta_1+\beta_2X_{2i}+\cdots+\beta_kX_{ki}+\mu_i\quad(i=1,2,\cdots,n)$$

设 $\hat{\beta}_1,\cdots,\hat{\beta}_k$ 为未知参数 $\beta_1,\cdots,\beta_k$ 的估计值，$Y_i,X_{1i},X_{2i},\cdots,X_{ki}$（$i$=1,2,⋯,$n$），为第 i 次观测样本，则样本回归方程为

$$\hat{Y}_i=\hat{\beta}_1+\hat{\beta}_2X_{2i}+\cdots+\hat{\beta}_kX_{ki}$$

由式（3-8）可知残差 ε_i 为

$$\varepsilon_i = Y_i - \hat{Y}_i = Y_i - (\hat{\beta}_1 + \hat{\beta}_{2i} X_{2i} + \cdots + \hat{\beta}_{ki} X_{ki})$$

根据最小二乘准则要求，有

$$\begin{aligned} Q(\hat{\beta}_1, \hat{\beta}_2, \cdots, \hat{\beta}_k) &= \sum \varepsilon_i^2 = \sum (Y_i - \hat{Y}_i)^2 \\ &= \sum (Y_i - \hat{\beta}_1 - \hat{\beta}_2 X_{2i} - \cdots - \hat{\beta}_k X_{ki})^2 \end{aligned} \tag{3-22}$$

式（3-22）应取得极小值。根据多元函数的极值原理，Q 取得极小值的条件是，求 Q 分别对未知量 $\hat{\beta}_1, \cdots, \hat{\beta}_k$ 的一阶偏导，并令其全部等于零，即

$$\frac{\partial Q}{\partial \hat{\beta}_j} = 0 \quad (j = 1, 2, \cdots, k) \tag{3-23}$$

整理得：

$$\begin{cases} \dfrac{\partial Q}{\partial \hat{\beta}_1} = 2\sum (Y_i - \hat{\beta}_1 - \hat{\beta}_2 X_{2i} - \cdots - \hat{\beta}_k X_{ki})(-1) = 0 \\ \dfrac{\partial Q}{\partial \hat{\beta}_2} = 2\sum (Y_i - \hat{\beta}_1 - \hat{\beta}_2 X_{2i} - \cdots - \hat{\beta}_k X_{ki})(-X_{2i}) = 0 \\ \vdots \\ \dfrac{\partial Q}{\partial \hat{\beta}_k} = 2\sum (Y_i - \hat{\beta}_1 - \hat{\beta}_2 X_{2i} - \cdots - \hat{\beta}_k X_{ki})(-X_{ki}) = 0 \end{cases}$$

简化得下列方程组：

$$\begin{cases} -2\sum (Y_i - \hat{\beta}_1 - \hat{\beta}_2 X_{2i} - \cdots - \hat{\beta}_k X_{ki}) = 0 \\ -2X_{2i}\sum (Y_i - \hat{\beta}_1 - \hat{\beta}_2 X_{2i} - \cdots - \hat{\beta}_k X_{ki}) = 0 \\ \vdots \\ -2X_{ki}\sum (Y_i - \hat{\beta}_1 - \hat{\beta}_2 X_{2i} - \cdots - \hat{\beta}_k X_{ki}) = 0 \end{cases} \tag{3-24}$$

由于式（3-24）中每个方程括号内的表达式正好为残差 $\varepsilon_i = Y_i - \hat{\beta}_1 - \hat{\beta}_2 X_{2i} - \cdots - \hat{\beta}_k X_{ki}$，于是得方程组：

$$\begin{cases} \sum \varepsilon_i = 0 \\ X_{2i}\sum \varepsilon_i = 0 \\ \vdots \\ X_{ki}\sum \varepsilon_i = 0 \end{cases} \tag{3-25}$$

式（3-25）表示成矩阵形式为

$$\begin{bmatrix} 1 & 1 & \cdots & 1 \\ X_{21} & X_{22} & \cdots & X_{2n} \\ X_{31} & X_{32} & \cdots & X_{3n} \\ \vdots & \vdots & \ddots & \vdots \\ X_{k1} & X_{k2} & \cdots & X_{kn} \end{bmatrix} \begin{bmatrix} \varepsilon_1 \\ \varepsilon_2 \\ \varepsilon_3 \\ \vdots \\ \varepsilon_n \end{bmatrix} = \boldsymbol{X}'\boldsymbol{\varepsilon} = 0 \tag{3-26}$$

将样本回归模型 $\boldsymbol{Y} = \boldsymbol{X}\hat{\boldsymbol{\beta}} + \boldsymbol{\varepsilon}$ 两边同时乘以解释变量样本观测值矩阵 $\boldsymbol{X}$ 的转置矩阵 $\boldsymbol{X}'$，则有

$$X'Y = X'X\hat{\beta} + X'\varepsilon \tag{3-27}$$

由 $X'\varepsilon = 0$ 得

$$X'Y = X'X\hat{\beta} \tag{3-28}$$

由无多重共线性假定可知，最小二乘法要求解释变量 X 的列秩为 k，即 k 阶方阵 $X'X$ 为满秩矩阵，则其逆矩阵 $(X'X)^{-1}$ 存在。在式（3-28）左右两端同时左乘矩阵 $(X'X)^{-1}$，得

$$\hat{\beta} = (X'X)^{-1}X'Y \tag{3-29}$$

式中：$\hat{\beta} = (\hat{\beta}_1, \hat{\beta}_2, \cdots, \hat{\beta}_k)'$ 即为参数向量 β 的 OLS 估计量。

【例 3.1】 研究我国改革开放以来出口总额（Y）与国内生产总值（GDP）（X_1）以及进口总额（X_2）的关系，搜集 1978—2017 年的相关数据，见表 3-1。

表 3-1　1978—2017 年中国的 GDP 及进出口总额

年份	国内生产总值 X_1（亿元）	进口总额 X_2（亿美元）	出口总额 Y（亿美元）	年份	国内生产总值 X_1（亿元）	进口总额 X_2（亿美元）	出口总额 Y（亿美元）
1978	3 634.10	108.90	97.80	1998	85 486.30	1 402.40	1 837.10
1979	4 078.20	156.70	136.60	1999	90 823.80	1 657.00	1 949.30
1980	4 575.30	200.20	181.20	2000	100 576.80	2 250.90	2 492.00
1981	4 957.30	220.20	220.10	2001	111 250.20	2 435.50	2 661.00
1982	5 426.30	192.90	223.40	2002	122 292.10	2 951.70	3 256.00
1983	6 078.70	213.90	222.60	2003	138 314.70	4 127.60	4 382.28
1984	7 345.90	274.10	261.40	2004	162 742.10	5 612.30	5 933.30
1985	9 180.50	422.50	273.50	2005	189 190.40	6 599.50	7 619.50
1986	10 473.70	429.10	309.40	2006	221 206.50	7 914.60	9 689.80
1987	12 294.20	432.10	394.40	2007	271 699.30	9 561.16	12 204.60
1988	15 332.20	552.70	475.20	2008	319 935.80	11 325.67	14 306.90
1989	17 359.60	591.40	525.40	2009	349 883.30	10 059.23	12 016.10
1990	19 067.00	533.50	620.90	2010	410 708.30	13 962.44	15 777.54
1991	22 124.20	637.90	719.10	2011	486 037.80	17 434.84	18 983.81
1992	27 334.20	805.90	849.40	2012	540 988.90	18 184.05	20 487.14
1993	35 900.10	1 039.60	917.40	2013	596 962.90	19 499.89	22 090.04
1994	48 822.70	1 156.10	1 210.10	2014	647 181.70	19 592.35	23 422.93
1995	61 539.00	1 320.80	1 487.80	2015	699 109.40	16 795.64	22 734.68
1996	72 102.50	1 388.30	1 510.50	2016	746 314.90	15 879.26	20 976.31
1997	80 024.80	1 423.70	1 827.90	2017	832 035.90	18 437.93	22 633.45

数据来源：Wind 数据库。

首先，建立一个包含两个解释变量的回归模型

$$Y_i = \beta_1 + \beta_2 X_{2i} + \beta_3 X_{3i} + \mu_i$$

被解释变量与解释变量的数据矩阵分别为

$$\boldsymbol{Y} = \begin{bmatrix} 97.80 \\ 136.60 \\ \vdots \\ 22\,633.45 \end{bmatrix}, \quad \boldsymbol{X} = \begin{bmatrix} 1 & 3\,634.10 & 108.90 \\ 1 & 4\,078.20 & 156.70 \\ \vdots & \vdots & \vdots \\ 1 & 832\,035.90 & 18\,437.93 \end{bmatrix}$$

其次，将有关数据代入式（3-29），可得：

$$\hat{\boldsymbol{\beta}} = (\boldsymbol{X'X})^{-1}\boldsymbol{X'Y} = \begin{bmatrix} \hat{\beta}_1 \\ \hat{\beta}_2 \\ \hat{\beta}_3 \end{bmatrix} = \begin{bmatrix} -124.67 \\ 0.008\,5 \\ 0.909\,7 \end{bmatrix}$$

最后，得到所估计的样本回归函数为

$$\hat{Y}_i = -124.67 + 0.008\,5X_{2i} + 0.909\,7X_{3i}$$

二、OLS 估计量及其分布的统计性质

由式（3-29）可以看出，参数的最小二乘估计量是样本观测值的函数。由于样本是随机的，参数估计量是随着抽样变动而变化的随机变量。当给定样本观测值时，参数估计量被确定，称为参数估计值。

同一元线性回归模型类似，在基本假定全部成立的条件下，多元线性回归模型参数的最小二乘估计量具有线性性、无偏性和最小方差性等性质。

（一）线性性

线性性指最小二乘估计量 $\hat{\boldsymbol{\beta}}$ 是被解释变量观测值 $Y_1, Y_2, \cdots, Y_k$ 的线性函数。

由于

$$\hat{\boldsymbol{\beta}} = (\boldsymbol{X'X})^{-1}\boldsymbol{X'Y}$$

设 $\boldsymbol{P} = (\boldsymbol{X'X})^{-1}\boldsymbol{X'}$，则矩阵 $\boldsymbol{P}$ 为一非随机的 $k \times n$ 阶常数矩阵。所以

$$\hat{\boldsymbol{\beta}} = \boldsymbol{PY} \tag{3-30}$$

显然最小二乘估计量 $\hat{\boldsymbol{\beta}}$ 是被解释变量观测值 $Y_1, Y_2, \cdots, Y_k$ 的线性函数。

（二）无偏性

无偏性指估计量的均值等于真实参数本身，是估计量可靠性的衡量标准之一。

由于

$$\begin{aligned}\hat{\boldsymbol{\beta}} &= (\boldsymbol{X'X})^{-1}\boldsymbol{X'Y} = (\boldsymbol{X'X})^{-1}\boldsymbol{X'}(\boldsymbol{X\beta}+\boldsymbol{\mu}) = (\boldsymbol{X'X})^{-1}\boldsymbol{X'X\beta} + (\boldsymbol{X'X})^{-1}\boldsymbol{X'\mu} \\ &= \boldsymbol{\beta} + (\boldsymbol{X'X})^{-1}\boldsymbol{X'\mu}\end{aligned} \tag{3-31}$$

对式（3-31）等号两边取期望，则有

$$\begin{aligned}E\left(\hat{\boldsymbol{\beta}}\right) &= \boldsymbol{\beta} + E\left[(\boldsymbol{X'X})^{-1}\boldsymbol{X'\mu}\right] \\ &= \boldsymbol{\beta} + (\boldsymbol{X'X})^{-1}\boldsymbol{X'}E(\boldsymbol{\mu}) = \boldsymbol{\beta}\end{aligned}$$

可见，在基本假定 $E(\boldsymbol{\mu})=0$ 成立的条件下，$E(\hat{\boldsymbol{\beta}})=\boldsymbol{\beta}$，即 $\hat{\boldsymbol{\beta}}$ 是 $\boldsymbol{\beta}$ 的无偏估计量。

（三）最小方差性

最小方差性指在所有线性无偏的估计量中，最小二乘估计量的方差最小。以下首先导出 $\hat{\boldsymbol{\beta}}$ 的方差表达式：

$$\begin{aligned}\operatorname{var}(\hat{\boldsymbol{\beta}}) &= E\left[(\hat{\boldsymbol{\beta}}-\boldsymbol{\beta})(\hat{\boldsymbol{\beta}}-\boldsymbol{\beta})'\right] \\ &= E\left[\begin{bmatrix}\hat{\beta}_1-\beta_1 \\ \hat{\beta}_2-\beta_2 \\ \vdots \\ \hat{\beta}_k-\beta_k\end{bmatrix}\left(\hat{\beta}_1-\beta_1, \hat{\beta}_2-\beta_2, \cdots, \hat{\beta}_k-\beta_k\right)\right] \\ &= \begin{bmatrix}\operatorname{var}(\hat{\beta}_1) & \operatorname{cov}(\hat{\beta}_1,\hat{\beta}_2) & \cdots & \operatorname{cov}(\hat{\beta}_1,\hat{\beta}_k) \\ \operatorname{cov}(\hat{\beta}_2,\hat{\beta}_1) & \operatorname{var}(\hat{\beta}_2) & \cdots & \operatorname{cov}(\hat{\beta}_2,\hat{\beta}_k) \\ \vdots & \vdots & \ddots & \vdots \\ \operatorname{cov}(\hat{\beta}_k,\hat{\beta}_1) & \operatorname{cov}(\hat{\beta}_k,\hat{\beta}_2) & \cdots & \operatorname{var}(\hat{\beta}_k)\end{bmatrix}\end{aligned} \tag{3-32}$$

又由式（3-31）得

$$(\hat{\boldsymbol{\beta}}-\boldsymbol{\beta})' = [(\boldsymbol{X'X})^{-1}\boldsymbol{X'\mu}]' = \boldsymbol{\mu'X}(\boldsymbol{X'X})^{-1}$$

所以

$$\begin{aligned}\operatorname{var}(\hat{\boldsymbol{\beta}}) &= E\left[(\hat{\boldsymbol{\beta}}-\boldsymbol{\beta})(\hat{\boldsymbol{\beta}}-\boldsymbol{\beta})'\right] \\ &= E\left[(\boldsymbol{X'X})^{-1}\boldsymbol{X'\mu\mu'X}(\boldsymbol{X'X})^{-1}\right] \\ &= (\boldsymbol{X'X})^{-1}\boldsymbol{X'}E(\boldsymbol{\mu\mu'})\boldsymbol{X}(\boldsymbol{X'X})^{-1} \\ &= (\boldsymbol{X'X})^{-1}\boldsymbol{X'}\sigma_\mu^2\boldsymbol{I}_n\boldsymbol{X}(\boldsymbol{X'X})^{-1} \\ &= \sigma_\mu^2(\boldsymbol{X'X})^{-1}\end{aligned} \tag{3-33}$$

式（3-32）显示了式（3-33）所示矩阵的各元素及其分布，可知矩阵 $\sigma_\mu^2(\boldsymbol{X'X})^{-1}$ 为一个 $k\times k$ 阶方阵，其主对角线上的元素表示 $\hat{\boldsymbol{\beta}}$ 向量中各元素的方差，非主对角线上的元素表示 $\hat{\boldsymbol{\beta}}$ 中各元素的协方差。例如 $\operatorname{var}(\hat{\beta}_j)$ 是 $\sigma_\mu^2(\boldsymbol{X'X})^{-1}$ 第 j 行与第 j 列交叉处的元素（即主对角线上的元素）；$\operatorname{cov}(\hat{\beta}_i,\hat{\beta}_j)$ 是位于 $\sigma_\mu^2(\boldsymbol{X'X})^{-1}$ 的第 i 行与第 j 列交叉处的元素（非主对角线上的元素）。

在实际应用中，我们更关心的是$\hat{\boldsymbol{\beta}}$的方差，因此把式（3-33）记作

$$\operatorname{var}(\hat{\boldsymbol{\beta}})=\sigma_{\mu}^{2}(\boldsymbol{X'X})_{jj}^{-1} \tag{3-34}$$

记$\operatorname{var}(\hat{\beta}_j)=\sigma_{\mu}^{2}c_{jj}$，其中$c_{jj}$表示矩阵$(\boldsymbol{X'X})^{-1}$对角线上的元素。在同方差和无自相关假定成立的条件下，$\hat{\boldsymbol{\beta}}$满足有效性。

综合线性性、无偏性和最小方差性可知，在基本假定成立的条件下，多元线性回归模型的最小二乘估计量具有线性性、无偏性和最小方差性，称为最优线性无偏估计量（Best Linear Unbiased Estimator，BLUE）。

（四）OLS 估计分布的性质

由于最小二乘估计量$\hat{\boldsymbol{\beta}}$随样本观测值的变动而变动，因此是随机变量。而对随机变量进行研究，首先必须要明确其概率分布，才能进行后续的区间估计和假设检验。

在多元总体回归模型$Y_i=\beta_1+\beta_2X_{2i}+\cdots+\beta_kX_{ki}+\mu_i$中，在给定解释变量观测值的条件下，$\beta_1+\beta_2X_{2i}+\cdots+\beta_kX_{ki}$是确定的，只有$\mu_i$是随机的，因此$Y_i$的性质完全取决于$\mu_i$，那么$Y_i$首先是随机变量。

根据基本假定$\mu_i\sim N(0,\sigma_{\mu}^{2})$可知，$Y_i$也服从正态分布。再根据线性性，即$\hat{\boldsymbol{\beta}}$是被解释变量观测值$Y_1,Y_2,\cdots,Y_k$的线性函数，以及正态分布的可加性得出，$\hat{\boldsymbol{\beta}}$也是服从正态分布的随机变量。其均值和方差可分别由上述无偏性和有效性获得。

由无偏性可得$E(\hat{\boldsymbol{\beta}})=\boldsymbol{\beta}$，由有效性可得$\operatorname{var}(\hat{\boldsymbol{\beta}})=\sigma_{\mu}^{2}(\boldsymbol{X'X})_{jj}^{-1}$或$\operatorname{var}(\hat{\beta}_j)=\sigma_{\mu}^{2}c_{jj}$。

综上，在基本假定（零均值、同方差和无序列相关性）成立的条件下，最小二乘估计量$\hat{\boldsymbol{\beta}}$服从均值向量为$\boldsymbol{\beta}$，方差－协方差矩阵为$\sigma_{\mu}^{2}(\boldsymbol{X'X})^{-1}$的正态分布，即

$$\hat{\boldsymbol{\beta}}\sim N(\boldsymbol{\beta},\sigma_{\mu}^{2}(\boldsymbol{X'X})^{-1})\text{或}\hat{\beta}_j\sim N\left(\beta_j,\ \sigma_{\mu}^{2}c_{jj}\right) \tag{3-35}$$

三、随机误差项的方差的估计

以上在最小二乘准则下对回归模型中的未知参数$\boldsymbol{\beta}$进行了估计，并且分析了估计量$\hat{\boldsymbol{\beta}}$及其分布的统计性质，特别是得出了参数估计量方差的表达式$\operatorname{var}(\hat{\beta}_j)=\sigma_{\mu}^{2}c_{jj}$。由数理统计学知识可知，随机变量的方差或者标准差是衡量估计量接近真实参数程度的重要指标，但在该表达式中：随机误差项的方差σ_{μ}^{2}往往是未知的，因此参数估计量的方差也无法直接计算。为此，需要首先对σ_{μ}^{2}进行估计。

当估计出参数估计量后，代入样本回归方程可得$\hat{\boldsymbol{Y}}=\boldsymbol{X}\hat{\boldsymbol{\beta}}$，根据式（3-8）计算残差向量得：

$$\boldsymbol{\varepsilon}=\boldsymbol{Y}-\hat{\boldsymbol{Y}}=\boldsymbol{Y}-\boldsymbol{X}\hat{\boldsymbol{\beta}}$$

可得残差平方和为

$$\sum \varepsilon_i^2 = \boldsymbol{\varepsilon}'\boldsymbol{\varepsilon}$$

可以证明，残差平方和具有如下性质（证明过程略）。

$$E(\sum \varepsilon_i^2) = E(\boldsymbol{\varepsilon}'\boldsymbol{\varepsilon}) = (n-k)\ \sigma_\mu^2\ （k\text{为待估计参数的个数}）$$

于是可得到：

$$\sigma_\mu^2 = \frac{E(\boldsymbol{\varepsilon}'\boldsymbol{\varepsilon})}{n-k} = E\left(\frac{\sum \varepsilon_i^2}{n-k}\right)$$

也就是说，$\dfrac{\sum \varepsilon_i^2}{n-k}$是$\sigma_\mu^2$的无偏估计量，记

$$\hat{\sigma}_\mu^2 = S_e^2 = \frac{\sum \varepsilon_i^2}{n-k} \tag{3-36}$$

式中：$\hat{\sigma}_\mu^2$为估计的方差；$\hat{\sigma}_\mu = \sqrt{\dfrac{\sum \varepsilon_i^2}{n-k}}$为估计的标准差，记作$S_e$。

将式（3-36）代入参数估计量$\hat{\beta}_j (j=1,2,\cdots,k)$的方差$\mathrm{var}(\hat{\beta}_j)$的表达式，可得

$$\mathrm{var}(\hat{\beta}_j) = \sigma_\mu^2 c_{jj} = \left[\frac{\sum \varepsilon_i^2}{n-k}\right] c_{jj} \tag{3-37}$$

式中：$\sum \varepsilon_i^2$为残差平方和，其计算公式为

$$\begin{aligned}\sum \varepsilon_i^2 &= \boldsymbol{\varepsilon}'\boldsymbol{\varepsilon} = (\boldsymbol{Y}-\boldsymbol{X}\hat{\boldsymbol{\beta}})'(\boldsymbol{Y}-\boldsymbol{X}\hat{\boldsymbol{\beta}}) \\ &= \boldsymbol{Y}'\boldsymbol{Y} - 2\hat{\boldsymbol{\beta}}'\boldsymbol{X}'\boldsymbol{Y} + \hat{\boldsymbol{\beta}}'\boldsymbol{X}'\boldsymbol{X}\hat{\boldsymbol{\beta}} \\ &= \boldsymbol{Y}'\boldsymbol{Y} - 2\hat{\boldsymbol{\beta}}'\boldsymbol{X}'\boldsymbol{Y} + \hat{\boldsymbol{\beta}}'\boldsymbol{X}'\boldsymbol{X}(\boldsymbol{X}'\boldsymbol{X})^{-1}\boldsymbol{X}'\boldsymbol{Y} \\ &= \boldsymbol{Y}'\boldsymbol{Y} - \hat{\boldsymbol{\beta}}'\boldsymbol{X}'\boldsymbol{Y}\end{aligned} \tag{3-38}$$

例如，对于【例 3.1】中具有两个解释变量的线性回归模型，残差平方和为

$$\sum \varepsilon_i^2 = \boldsymbol{\varepsilon}'\boldsymbol{\varepsilon} = \boldsymbol{Y}'\boldsymbol{Y} - \hat{\boldsymbol{\beta}}'\boldsymbol{X}'\boldsymbol{Y} = 10\ 771\ 517.9$$

从而得：

$$\hat{\sigma}_\mu^2 = \frac{\boldsymbol{\varepsilon}'\boldsymbol{\varepsilon}}{n-3} = \frac{\sum \varepsilon_i^2}{n-3} = \frac{10\ 771\ 517.9}{40-3} = 291\ 122.105$$

再由$\mathrm{var}(\hat{\beta}_j) = \sigma_\mu^2 c_{jj}$，得$\widehat{\mathrm{var}}(\hat{\beta}_j) = \hat{\sigma}_\mu^2 c_{jj}$，因此

$$\widehat{\mathrm{var}}(\hat{\beta}_1) = \hat{\sigma}_\mu^2 c_{11} = 12\ 099.846$$

$$\widehat{\mathrm{var}}(\hat{\beta}_2) = \hat{\sigma}_\mu^2 c_{22} = 0.000\ 002\ 021$$

$$\widehat{\mathrm{var}}(\hat{\beta}_3) = \hat{\sigma}_\mu^2 c_{33} = 0.002\ 563$$

四、多元线性回归模型参数的区间估计

以上的最小二乘估计量$\hat{\boldsymbol{\beta}}$只是未知参数$\boldsymbol{\beta}$的一个点估计，为了说明参数真实值的可能范围及其可靠程度，还需要在点估计的基础上对总体参数进行区间估计。

由 $\hat{\beta}_j \sim N(\beta_j,\sigma_\mu^2 c_{jj})$ 以及数理统计学知识可知，由于 σ_μ^2 未知，需要用 $\hat{\sigma}_\mu^2$ 代替 σ_μ^2，那么此时有：

$$t^* = \frac{\hat{\beta}_j - \beta_j}{\widehat{SE}(\hat{\beta}_j)} = \frac{\hat{\beta}_j - \beta_j}{\hat{\sigma}\sqrt{c_{jj}}} \sim t(n-k) \tag{3-39}$$

式中：$\widehat{SE}(\hat{\beta}_j)$ 为 $\hat{\beta}_j$ 的标准差的估计量，简称标准差，即

$$\widehat{SE}(\hat{\beta}_j) = \sqrt{\widehat{\text{var}}(\hat{\beta}_j)} = \sqrt{\hat{\sigma}_\mu^2 c_{jj}} = \sigma_\mu\sqrt{c_{jj}}$$

给定显著性水平 α，查 t 分布表自由度为 $n-k$ 的临界值 $t_{\alpha/2}(n-k)$，有

$$P\left[-t_{\alpha/2}(n-k) \leqslant t^* = \frac{\hat{\beta}_j - \beta_j}{\widehat{SE}(\hat{\beta}_j)} \leqslant t_{\alpha/2}(n-k)\right] = 1-\alpha \quad (j=1,2,\cdots,k)$$

整理得

$$P\left[\hat{\beta}_j - t_{\alpha/2}\cdot\widehat{SE}(\hat{\beta}_j) \leqslant \beta_j \leqslant \hat{\beta}_j + t_{\alpha/2}\cdot\widehat{SE}(\hat{\beta}_j)\right] = 1-\alpha \tag{3-40}$$

式（3-40）即为多元线性回归模型参数 β_j 在置信度为 $1-\alpha$ 时的置信区间。

例如，【例 3.1】中已经估计出 $\hat{\beta}_1 = -124.670\,1$，$\hat{\beta}_2 = 0.008\,534$，$\hat{\beta}_3 = 0.909\,7$，以及 $\widehat{SE}(\hat{\beta}_1) = 109.999\,3$，$\widehat{SE}(\hat{\beta}_2) = 0.001\,4$，$\widehat{SE}(\hat{\beta}_3) = 0.050\,6$。

如果取 α=0.05，查 t 分布表自由度为 37 的临界值有 $t_{0.025}(37) = 2.021$，即

$$P\left[\hat{\beta}_1 - t_{\alpha/2}\cdot\widehat{SE}(\hat{\beta}_1) \leqslant \beta_1 \leqslant \hat{\beta}_1 + t_{\alpha/2}\cdot\widehat{SE}(\hat{\beta}_1)\right] = 1-\alpha$$

$$P\left[-124.670\,1 - 2.021\times109.999\,3 \leqslant \beta_1 \leqslant -124.670\,1 + 2.021\times109.999\,3\right] = 0.95$$

即参数 β_1 落入区间 [−346.978 7，97.638 5] 的概率为 0.95。同理可得

$$P\left[0.005\,6 \leqslant \beta_2 \leqslant 0.011\,4\right] = 0.95$$

以及

$$P\left[0.807\,2 \leqslant \beta_3 \leqslant 1.012\,3\right] = 0.95$$

第三节　模型的显著性检验

对多元线性回归模型参数的估计只是计量经济学分析的首要目的，模型的估计效果才是计量经济学模型应用于实践的重要前提。由于参数估计建立在样本数据的基础之上，那么判断模型估计结果的好坏需要进行一系列的统计检验，主要包括拟合优度检验、方程的显著性检验以及参数的显著性检验。

一、拟合优度检验

在一元线性回归模型中，用可决系数表示样本回归线对样本观测值的拟合程度。在多元线性回归分析中，同样需要度量样本回归函数对实际观测值的拟合程度，即进行拟合优度检验。可以使用多重可决系数度量拟合程度。多重可决系数的概念仍然基于对总离差平方和的分解。

（一）总离差平方和分解

设包含 $k-1$ 个解释变量的回归模型为

$$Y_i=\beta_1+\beta_2X_{2i}+\cdots+\beta_kX_{ki}+\mu_i$$

其样本回归方程为

$$\hat{Y}_i=\hat{\beta}_1+\hat{\beta}_2X_{2i}+\cdots+\hat{\beta}_kX_{ki}$$

求离差并分解，可得：

$$Y_i-\bar{Y}=\left(Y_i-\hat{Y}_i\right)+\left(\hat{Y}_i-\bar{Y}\right)$$

对上式两边各项取平方并各项求和，可得：

$$\sum\left(Y_i-\bar{Y}\right)^2=\sum\left(\hat{Y}_i-\bar{Y}\right)^2+\sum\left(Y_i-\hat{Y}_i\right)^2 \tag{3-41}$$

即可将总离差平方和（TSS）分解为回归平方和（ESS）与残差平方和（RSS），表达式为

$$TSS=ESS+RSS \tag{3-42}$$

式中：TSS 为总离差平方和，其反映被解释变量观测值 $Y_i(i=1,2,\cdots,n)$ 对其均值 $\bar{Y}$ 总的偏离程度；ESS 为回归平方和，$ESS=\sum(\hat{Y}_i-\bar{Y})^2$，反映了总离差中由多个解释变量的影响所导致的部分，这是由于 $\hat{Y}_i$ 是多个解释变量的函数；RSS 为残差平方和，$RSS=\sum(\hat{Y}_i-\bar{Y})^2$，其是被解释变量观测值与回归值的离差，反映了被解释变量总离差中不能被解释变量所解释的那部分离差。

可见，给定样本数据观测值，总离差平方和是既定的，因此回归平方和越大，残差平方和越小。此时，被解释变量的总离差中由解释变量所解释的比例越大，样本回归函数对数据观测值的拟合程度就越高。

（二）多重可决系数

由以上分析可知，被解释变量的总离差中由解释变量所解释的比例反映了样本回归函数对数据观测值的拟合程度，在多元回归分析中，把这一比例称为多重可决系数，用 R^2

表示，即

$$R^2 = \frac{ESS}{TSS} \tag{3-43}$$

或者表示为

$$R^2 = 1 - \frac{RSS}{TSS} = 1 - \frac{\sum \varepsilon_i^2}{\sum (Y_i - \bar{Y})^2} \tag{3-44}$$

由于

$$TSS = \sum (Y_i - \bar{Y})^2 = \sum Y_i^2 - n\bar{Y}^2 = \boldsymbol{Y'Y} - n\bar{Y}^2 \tag{3-45}$$

$$\begin{aligned} RSS &= \sum \varepsilon_i^2 = \boldsymbol{\varepsilon'\varepsilon} = (\boldsymbol{Y} - \boldsymbol{X\hat{\beta}})'(\boldsymbol{Y} - \boldsymbol{X\hat{\beta}}) \\ &= (\boldsymbol{Y'} - \boldsymbol{\hat{\beta}'X'})(\boldsymbol{Y} - \boldsymbol{X\hat{\beta}}) \\ &= \boldsymbol{Y'Y} - \boldsymbol{Y'X\hat{\beta}} - \boldsymbol{\hat{\beta}'X'Y} + \boldsymbol{\hat{\beta}'X'X\hat{\beta}} \\ &= \boldsymbol{Y'Y} - \boldsymbol{Y'X\hat{\beta}} - \boldsymbol{\hat{\beta}'X'Y} + \boldsymbol{\hat{\beta}'X'X}\left(\boldsymbol{X'X}\right)^{-1}\boldsymbol{X'Y} \\ &= \boldsymbol{Y'Y} - \boldsymbol{Y'X\hat{\beta}} \end{aligned} \tag{3-46}$$

所以

$$ESS = TSS - RSS = \boldsymbol{Y'X\hat{\beta}} - n\bar{Y}^2$$

$$R^2 = \frac{\boldsymbol{Y'X\hat{\beta}} - n\bar{Y}^2}{\boldsymbol{Y'Y} - n\bar{Y}^2} \tag{3-47}$$

R^2 是检验回归方程与样本观测值拟合优度的指标。R^2 $(0 \leqslant R^2 \leqslant 1)$ 越大，表示回归方程与样本拟合得越好；反之，则表示回归方程对样本观测值拟合程度越差。

（三）调整后的样本可决系数

由式（3-47）可知，R^2 的大小与模型中的解释变量的数目有关。如果模型中增加一个新解释变量，总离差平方和不变，但其中由解释变量解释的部分，即回归平方和将会增大，这就是说 R^2 会随着模型中解释变量个数的增加而增大。用这样的可决系数来说明模型的拟合优度显然是不合适的。如果这样，为了获得一个高的可决系数，可以采取增加解释变量个数的方式。另外，对于解释变量个数不同的回归方程，用可决系数比较其拟合优度也是不合适的，此时应该考虑与解释变量个数有关的自由度问题，需要用自由度对 R^2 进行调整，即调整的可决系数 $\bar{R}^2$，其计算公式为

$$\bar{R}^2 = 1 - \frac{S_{\mathrm{e}}^2}{S_{\mathrm{y}}^2} \tag{3-48}$$

式中：$S_{\mathrm{e}}^2 = \dfrac{\sum \varepsilon_i^2}{n-k}, S_{\mathrm{y}}^2 = \dfrac{\sum \left(Y_i - \bar{Y}\right)^2}{n-1}$；$n$ 为样本观测值的个数；k 为待估参数的个数；$n-k$ 为残差平方和的自由度；$n-1$ 为总离差平方和的自由度。

由式（3-48）可得 R^2 与 $\bar{R}^2$ 有如下关系：

$$\bar{R}^2 = 1 - \frac{\sum \varepsilon_i^2}{\sum \left(Y_i - \bar{Y}\right)^2} \times \frac{n-1}{n-k} = 1 - \left(1 - R^2\right)\frac{n-1}{n-k} \tag{3-49}$$

由式（3-49）可以看出，当增加一个解释变量时，由前面分析可知 R^2 会增大，引起 $\left(1-R^2\right)$ 减小，而 $\frac{n-1}{n-k}$ 增加，因而 $\bar{R}^2$ 不会增大。这样用 $\bar{R}^2$ 判定回归方程拟合优度，就消除了 R^2 对解释变量个数的依赖。当 $k>1$ 时，由式（3-49）可知 $\bar{R}^2 < R^2$，这就意味着随着解释变量个数的增加，$\bar{R}^2$ 将小于 R^2。由于 $0 \leqslant R^2 \leqslant 1$，因此按照式（3-49）计算得到的调整的可决系数可能出现负值的情况，这时可规定 $\bar{R}^2 = 0$。

例如，在【例 3.1】中，通过计算得出 $RSS = 10\ 771\ 517.9,\ TSS = 2\ 620\ 100\ 000$，所以可决系数为

$$R^2 = 1 - \frac{RSS}{TSS} = 1 - \frac{10\ 771\ 517.9}{2\ 620\ 100\ 000} = 0.995\ 9$$

调整的可决系数为

$$\bar{R}^2 = 1 - \left(1 - R^2\right)\frac{n-1}{n-k} = 1 - 1 - 0.995\ 9 \times \frac{40-1}{40-3} = 0.995\ 7$$

R^2 或 $\bar{R}^2$ 只能说明在给定的样本条件下回归方程与样本观测值的拟合优度，并不能做出对总体模型的推测，因此不能单凭 R^2 或 $\bar{R}^2$ 来评价和选择模型，必须对回归方程和模型中各参数估计量进行显著性检验。

二、方程的显著性检验

多元线性回归模型中多个解释变量与被解释变量是否存在线性关系，是需要检验的。也就是说要对模型中被解释变量与所有解释变量之间的线性关系在整体上是否显著进行判断。如果被解释变量与解释变量整体上不存在显著的线性关系，那么所有解释变量的系数将全部为零，所估计模型只是一种样本行为，并不能反映总体事实；反之，如果解释变量与被解释变量的线性关系显著成立，那么总有不为零的解释变量系数，此时所估计的结果可以用来表示总体行为。综上，方程的显著性检验步骤如下。

第一步，提出原假设 H_0 和相应的备择假设 H_1。

$$H_0: \beta_2 = \cdots = \beta_k = 0$$

$$H_1: \beta_j \left(j = 2, \cdots, k\right) \text{不全为} 0$$

第二步，在方差分解的基础上计算检验统计量 F。

在式（3-42）的基础上，考虑自由度进行方差分解，如表 3-2 所示。

表 3-2 方差分解表

离差来源	平方和	自由度	方差
基于回归	$ESS=\sum\left(\hat{Y}_i-\bar{Y}\right)^2$	$k-1$	$\frac{ESS}{k}-1$
基于残差	$RSS=\sum\left(Y_i-\hat{Y}_i\right)^2$	$n-k$	$\frac{RSS}{n}-k$
总离差	$TSS=\sum\left(Y_i-\bar{Y}\right)^2$	$n-1$	

可以证明

$$F=\frac{\dfrac{ESS}{k}}{\dfrac{RSS}{(n-k)}}\sim F(k,n-k) \tag{3-50}$$

根据式（3-50）利用样本观测值计算 F 统计量。

第三步，查表得临界值。

给定显著性水平 α，查第一自由度为 k，第二自由度为 $n-k$ 的 F 分布表得临界值 $F_\alpha(k,n-k)$。当 $F\geqslant F_\alpha(k,n-k)$ 时，拒绝 $H_0:\beta_2=\cdots=\beta_k=0$，即认为回归方程显著成立，模型中所有解释变量对被解释变量的联合影响显著；当 $F<F_\alpha(k,n-k-1)$ 时，则不能拒绝 H_0，说明回归方程不显著，即解释变量对被解释变量的联合影响不显著。

例如，对于【例 3.1】，已经计算得出

$$RSS=10\ 771\ 517.9,\ TSS=2\ 620\ 068\ 370.8,\ ESS=2\ 609\ 296\ 852.9$$

对于 k=3，$n-k$=37，计算 $F=\dfrac{\dfrac{2\ 609\ 296\ 852.9}{3}}{\dfrac{10\ 771\ 517.9}{37}}$=4 481.45。

对于 α=0.05，由 F 分布表查得在自由度为 3 和 37 时的临界值，得 $F_{0.05}(3,37)=2.84$，由于 F 统计量远远大于临界值，因此拒绝解释变量的系数全部为 0 的原假设 $H_0:\beta_2=\beta_3=0$，即认为所有解释变量（在此例中为两个解释变量国内生产总值 X_1 和进口总额 X_2）与被解释变量出口总额 Y 有显著的线性关系。

由于几乎所有的统计软件都会给出与检验统计量 F 相对应的一个概率值 P，也就是实际发生的概率，如果这一概率值小于事先设定的小概率 α，那么由小概率事件原理以及 F 分布原理可知，小概率事件的确发生了，此时应该拒绝原假设，从而接受备择假设。反之，如果这一概率值大于事先设定的小概率 α，那么可知小概率事件没有发生，也就没有理由拒绝原假设。因此，在实际运用中，可以通过比较统计软件给出的 P 与 α 来判断是否拒绝原假设。

需要指出的是，在一元线性回归模型中，由于只有一个解释变量，因此也无须进行多个解释变量对被解释变量联合影响的显著性检验。事实上，在一元回归分析中，F 统计量

和t统计量具有如下关系

$$F=\frac{\frac{ESS}{1}}{\frac{RSS}{(n-2)}}=\frac{\sum y_i^2}{\frac{\sum \varepsilon_i^2}{n-2}}=\frac{\hat{\beta}_2^2\sum x_i^2}{\frac{\sum \varepsilon_i^2}{n-2}}=\frac{\hat{\beta}_2^2\sum x_i^2}{\hat{\sigma}_\mu^2}$$

$$=\frac{\hat{\beta}_2^2}{\frac{\hat{\sigma}_\mu^2}{\sum x_i^2}}=\left[\frac{\hat{\beta}_1}{\widehat{SE}(\hat{\beta}_1)}\right]^2=t(\hat{\beta}_1)^2$$

即一元线性回归模型中的F统计量等于解释变量系数估计量t的统计量 $t(\hat{\beta}_1)$ 的平方，其临界值$F_\alpha(1,n-2)$与$t_{\alpha/2}(n-2)$也满足这种平方关系。因此，即使进行F检验，其检验结果也是与参数的显著性检验结果一致的。

由以上分析可知，拟合优度检验与F检验均来源于方差分析，都是在把总离差平方和分解为回归平方和以及残差平方和的基础上，通过构造相应统计量进行的检验。因此可以预计，可决系数R^2与F统计量可能存在某种确定的关系。综合式（3-47）和式（3-50）可知，二者在数值上具有如下关系

$$F=\frac{R^2}{1-R^2}\cdot\frac{n-k}{k} \tag{3-51}$$

区别在于，可决系数并没有考虑自由度问题，直接考虑总离差平方和中的回归平方和所占的比重，该比重越大，表明所选解释变量对被解释变量变化的贡献越大。由于该比重的计算完全取决于样本观测值，因此它只能反映由所选解释变量与被解释变量构成的样本回归函数是否能够很好地拟合实际的样本观测值，并没有涉及样本对总体的推断，因此称作样本可决系数。

用于检验方程整体显著性的F统计量则考虑了自由度的因素，用TSS中的ESS和RSS部分经过自由度调整之后进行对比而得。可见，该比重越大，说明由解释变量联合起来对Y的影响要大于随机误差项对Y的影响。由于该统计量联合了推断检验，因此检验的结果不仅有说明样本回归函数中解释变量的解释能力，同时也能够对总体回归模型中解释变量对被解释变量联合影响程度予以推断和说明。

三、参数的显著性检验

一个合格的多元线性回归模型，不仅要求较高的拟合优度系数或可决系数，以及方程整体显著线性成立，而且要求每个解释变量对被解释变量也有显著的影响。因为方程整体显著线性成立，并不意味着每个解释变量$X_2,\cdots,X_k$对被解释变量Y的影响都显著。如果某个解释变量对被解释变量Y的影响不显著，则可将其从回归模型中剔除，重新构建回归

模型，以便于对经济问题进行分析以及对 Y 进行更准确的预测。为此需要对每个解释变量进行显著性检验，即考察当其他解释变量不变的情况下，单个解释变量 $X_i\,(j=2,\cdots,k)$ 对被解释变量 Y 的影响是否显著，如果有显著影响，在多元线性回归模型中，其前面的系数取值应为零。因此，参数的显著性检验转化为对 β_j 是否为零进行显著性检验。

由式（3-35）可知

$$\hat{\beta}_j \sim N(\beta_j, \operatorname{var}(\hat{\beta}_j))$$

其标准化随机变量服从标准正态分布，即

$$z=\frac{\hat{\beta}_j-\beta_j}{\sqrt{\operatorname{var}(\hat{\beta}_j)}} \sim N(0,1) \tag{3-52}$$

由式（3-37）可知，$\operatorname{var}(\hat{\beta}_j)=\sigma_\mu^2 c_{jj}$。在实际问题中，由于 σ_μ^2 往往是未知的，可用其估计量 $\hat{\sigma}_\mu^2=\dfrac{\sum\varepsilon_i^2}{n-k}$ 代替。此时，$\operatorname{var}(\hat{\beta}_j)$ 的估计量为 $\widehat{\operatorname{var}}(\hat{\beta}_j)=\hat{\sigma}_\mu^2 c_{jj}$，将 $\widehat{\operatorname{var}}(\hat{\beta}_j)$ 代入式（3-52），由数理统计学知识可知 z 统计量不再服从正态分布，而是服从自由度为 $n-k$ 的 t 分布，即

$$z=\frac{\hat{\beta}_j-\beta_j}{\sqrt{\widehat{\operatorname{var}}(\hat{\beta}_j)}} \sim t(n-k) \tag{3-53}$$

这样，就可以用 t 统计量对回归模型中各个参数是否为零进行显著性检验。检验步骤如下。

第一步，提出原假设 H_0 和备择假设 H_1。

$$H_0: \beta_j=0,\ j=1,2,\cdots,k$$

$$H_1: \beta_j\,(j=1,2,\cdots,k)\neq 0$$

第二步，构造并在原假设成立的条件下计算用于检验的统计量

$$t^*=\frac{\hat{\beta}_j}{\sqrt{\widehat{\operatorname{var}}(\hat{\beta}_j)}}=\frac{\hat{\beta}_j}{\hat{\sigma}\sqrt{c_{jj}}} \sim t(n-k) \tag{3-54}$$

需要注意，用于检验的统计量需满足以下三个条件：①分布能够被确定；②可以根据样本观测值计算出确切的数；③与检验内容密切相关。

第三步，检验。

给定显著性水平 α，查自由度为 $n-k$ 的 t 分布表，得临界值为 $t_{\alpha/2}(n-k)$。

如果 $|t^*|\geqslant t_{\alpha/2}(n-k)$，拒绝 H_0，接受 H_1，认为在其他解释变量不变的情况下，解释变量 X_j 对被解释变量有显著影响；

如果 $|t^*|< t_{\alpha/2}(n-k)$，就不能拒绝 H_0，认为在其他解释变量不变的情况下，解释变量 X_j 对被解释变量没有显著影响。

观察 t 分布表可以看出，在显著性水平 α=0.05 的条件下，当自由度大于 10 时，临界值 $t_{\alpha/2}(n-k)$ 基本上都在 2 的附近。因此，只要系数估计量的 t 统计量明显超过 2，我们就可以大体上做出在该显著性水平下拒绝原假设的判断。而且，$\left|t^*\right|$ 越大，拒绝原假设的可能性或概率也就越大，犯错误的概率也就越小。

同样，也可以用 α 与拒绝原假设的实际概率 P 值对比判断，当 $P<\alpha$ 时拒绝原假设；当 $P>\alpha$ 时不拒绝原假设。

例如在【例 3.1】中，分别对于 $\mathrm{H}_0:\beta_j=0\quad (j=1,2,3)$，给定显著性水平 α=0.05，查 t 分布表得 $t_{\alpha/2}(n-k)$=2.021。计算得 $\hat{\sigma}=493.186\,6$，分别计算各参数估计量的 t 统计量。

$$t(\hat{\beta}_1)=\frac{\hat{\beta}_1}{\widehat{SE}(\hat{\beta}_1)}=-1.13\ ;\quad t(\hat{\beta}_2)=\frac{\hat{\beta}_2}{\widehat{SE}(\hat{\beta}_2)}=6.0\ ;\quad t(\hat{\beta}_3)=\frac{\hat{\beta}_3}{\widehat{SE}(\hat{\beta}_3)}=17.97$$

综上，可以得出如下结果。

1）对于 $\mathrm{H}_0:\beta_1$=0，有 $\left|t(\hat{\beta}_1)\right|<t_{0.025}(37)$，不能拒绝原假设，即在 95% 的概率下，认为总体回归模型中的截距项 β_1=0，如果排除其他问题，可以认为当我国的 GDP 和进口总额为 0 时，出口总额也为 0。

2）对于 $\mathrm{H}_0:\beta_j=0, j=2,3$，有 $\left|t(\hat{\beta}_2)\right|>t_{0.025}(37), \left|t(\hat{\beta}_3)\right|>t_{0.025}(37)$，因此在 95% 的概率下，认为总体回归模型中的 $\beta_2\neq 0,\ \beta_3\neq 0$，即两个解释变量 X_2 和 X_3 对被解释变量有显著影响。说明在进口总额不变的条件下，GDP 每增加 1 亿元，出口总额平均增加 0.008 5 亿美元；而在 GDP 不变的条件下，进口总额每增加 1 亿美元，出口总额平均增加 0.909 7 亿美元。

一般来说，在对多元线性回归模型进行分析时，在经过方程整体显著性检验和参数的显著性检验之后，应该对回归结果做出判断。如果方程整体显著性检验没有拒绝原假设，则基本上认为这个模型没有实际价值；如果某个解释变量对被解释变量的影响不显著，就必须要去掉该解释变量，重新拟合模型并检验，直到获得较为满意的模型为止。

第四节　多元线性回归方程预测

与一元线性回归模型类似，多元线性回归模型的应用之一是预测被解释变量的均值或个别值。预测的思路是，将给定的样本以外的解释变量值代入拟合好的样本回归函数，得出样本以外的被解释变量的平均值及个别值，包括点预测和区间预测。

一、点预测

对于多元线性回归模型

$$Y_i=\beta_1+\beta_2X_{2i}+\cdots+\beta_kX_{ki}+\mu_i\ \ (i=1,2,\cdots,n)$$

根据样本观测值$(Y_i,X_{2i},\cdots,X_{ki})$ $(i=1,2,\cdots,n)$利用最小二乘法求得样本回归方程为

$$\hat{Y}_i=\hat{\beta}_1+\hat{\beta}_2X_{2i}+\cdots+\hat{\beta}_kX_{ki}$$

所谓预测，就是给定一组解释变量预测值$\boldsymbol{X}_{\mathrm{f}}=(X_{2\mathrm{f}},\cdots,X_{k\mathrm{f}})$，将其代入上述样本回归方程，可得

$$\hat{Y}_{\mathrm{f}}=\hat{\boldsymbol{\beta}}\boldsymbol{X}_{\mathrm{f}}=\hat{\beta}_1+\hat{\beta}_2X_{2\mathrm{f}}+\cdots+\hat{\beta}_kX_{k\mathrm{f}} \tag{3-55}$$

对式（3-55）两端取期望得

$$\begin{aligned}E(\hat{Y}_{\mathrm{f}})&=E(\hat{\beta}_1+\hat{\beta}_2X_{2\mathrm{f}}+\cdots+\hat{\beta}_kX_{k\mathrm{f}})\\&=\beta_1+\beta_2X_{2\mathrm{f}}+\cdots+\beta_kX_{k\mathrm{f}}\\&=E(Y_{\mathrm{f}})\end{aligned} \tag{3-56}$$

可见，$\hat{Y}_{\mathrm{f}}$是$E(Y_{\mathrm{f}})$的无偏估计量。因此可以将$\hat{Y}_{\mathrm{f}}$作为$E(Y_{\mathrm{f}})$或者Y_{f}的点预测值。

二、区间预测

（一）平均值$E(Y_{\mathrm{f}})$的区间预测

为了预测真实值所在的区间范围以及落在该区间的概率大小，需要对被解释变量的均值和个别值进行区间预测。

对$E(Y_{\mathrm{f}})$进行区间预测，必须明确点预测值$\hat{Y}_{\mathrm{f}}$与预测其平均值$E(Y_{\mathrm{f}})$的关系，并获得其概率分布特征。如果记

$$\eta_{\mathrm{f}}=\hat{Y}_{\mathrm{f}}-E(Y_{\mathrm{f}}) \tag{3-57}$$

由于$\hat{Y}_{\mathrm{f}}$服从正态分布，所以η_{f}也服从正态分布，且

$$E(\eta_{\mathrm{f}})=E[\hat{Y}_{\mathrm{f}}-E(Y_{\mathrm{f}})]=E(Y_{\mathrm{f}})-E(Y_{\mathrm{f}})=0 \tag{3-58}$$

可以证明，$\mathrm{var}(\eta_{\mathrm{f}})=\sigma_\mu^2\boldsymbol{X}_{\mathrm{f}}(\boldsymbol{X}'\boldsymbol{X})^{-1}\boldsymbol{X}'_{\mathrm{f}}$，即

$$\eta_{\mathrm{f}}\sim N(0,\sigma_\mu^2\boldsymbol{X}_{\mathrm{f}}(\boldsymbol{X}'\boldsymbol{X})^{-1}\boldsymbol{X}'_{\mathrm{f}}) \tag{3-59}$$

由于σ_μ^2通常未知，用其估计量$\hat{\sigma}_\mu^2$（记作S_{e}^2）代替，可得如下统计量

$$t=\frac{\eta_{\mathrm{f}}-0}{SE(\eta_{\mathrm{f}})}=\frac{\hat{\boldsymbol{Y}}_{\mathrm{f}}-E(\boldsymbol{Y}_{\mathrm{f}})}{\hat{\sigma}_\mu\sqrt{\boldsymbol{X}_{\mathrm{f}}(\boldsymbol{X}'\boldsymbol{X})^{-1}\boldsymbol{X}'_{\mathrm{f}}}}\sim t(n-k) \tag{3-60}$$

式中：$\hat{\sigma}_\mu=S_{\mathrm{e}}=\sqrt{\dfrac{\boldsymbol{\varepsilon}'\boldsymbol{\varepsilon}}{n-k}}$。

给定显著性水平 α，查自由度为 $n-k$ 的 t 分布表，得相应临界值为 $t_{\alpha/2}(n-k)$，则 $E(Y_f)$ 的置信度为 $1-\alpha$ 的置信区间（即预测区间）为

$$\hat{Y}_f - t_{\alpha/2}\hat{\sigma}_\mu\sqrt{\boldsymbol{X}_f(\boldsymbol{X}'\boldsymbol{X})^{-1}\boldsymbol{X}_f'} \leqslant E(Y_f) \leqslant \hat{Y}_f + t_{\alpha/2}\hat{\sigma}_\mu\sqrt{\boldsymbol{X}_f(\boldsymbol{X}'\boldsymbol{X})^{-1}\boldsymbol{X}_f'} \tag{3-61}$$

（二）个别值 Y_f 的区间预测

对被解释变量预期的个别值 Y_f 进行区间预测，必须明确点预测值 $\hat{Y}_f$ 与预测其个别值 Y_f 的关系，并获得其概率分布特征。如果记

$$\varepsilon_f = Y_f - \hat{Y}_f \tag{3-62}$$

称 ε_f 为预测误差（残差）。可见 ε_f 为一随机变量，由于 $\hat{Y}_f$ 服从正态分布，因此 e_f 也服从正态分布。并且有

$$\begin{aligned} E(\varepsilon_f) &= E\left[\hat{Y}_f - Y_f\right] = E\left[\boldsymbol{X}_f\boldsymbol{\beta} + \mu_f - \boldsymbol{X}_f\hat{\boldsymbol{\beta}}\right] \\ &= E\left[\boldsymbol{X}_f\boldsymbol{\beta} + \mu_f - \boldsymbol{X}_f\hat{\boldsymbol{\beta}}\right] \\ &= 0 \end{aligned} \tag{3-63}$$

可以证明，$\operatorname{var}(\varepsilon_f) = \sigma_\mu^2\left(1 + \boldsymbol{X}_f\left(\boldsymbol{X}'\boldsymbol{X}\right)^{-1}\boldsymbol{X}_f'\right)$，即

$$\varepsilon_f \sim N\left(0, \sigma_\mu^2\left(1 + \boldsymbol{X}_f\left(\boldsymbol{X}'\boldsymbol{X}\right)^{-1}\boldsymbol{X}_f'\right)\right) \tag{3-64}$$

同理，由于 σ_μ^2 一般未知，用其估计值 $\hat{\sigma}_\mu^2$ 代替，则得以下统计量

$$t = \frac{\varepsilon_f - 0}{SE(e_f)} = \frac{\hat{Y}_f - Y_f}{\hat{\sigma}(e_f)} = \frac{\hat{Y}_f - Y_f}{\hat{\sigma}_\mu\sqrt{1 + \boldsymbol{X}_f\left(\boldsymbol{X}'\boldsymbol{X}\right)^{-1}\boldsymbol{X}_f'}} \sim t(n-k) \tag{3-65}$$

则预测值 Y_f 的置信度为的置信区间为

$$\hat{Y}_f - t_{\alpha/2}\hat{\sigma}_\mu\sqrt{1 + \boldsymbol{X}_f\left(\boldsymbol{X}'\boldsymbol{X}\right)^{-1}\boldsymbol{X}_f'} < Y_f < \hat{Y}_f + t_{\alpha/2}\hat{\sigma}_\mu\sqrt{1 + \boldsymbol{X}_f\left(\boldsymbol{X}'\boldsymbol{X}\right)^{-1}\boldsymbol{X}_f'} \tag{3-66}$$

比较 $E(Y_f)$ 与 Y_f 的预测区间可知，在相同样本容量 n、解释变量个数 k 以及显著性水平 α 的条件下，个别值 Y_f 的预测区间比均值 $E(Y_f)$ 的预测区间宽。

第五节　多元线性回归分析应用实例

农业是国民经济的最主要物质生产部门，是人类生存和发展的基础。农业在我国经济中占有举足轻重的地位，是人民生活和经济发展的重要基础保障。

农、林、牧、渔业总产值是以货币表现的农、林、牧、渔业全部产品和对生产活动进行的各种支付性服务活动的价值总量。农业总产值反映了一定时期内农业生产总规模和总成果。农业总产值会受哪些因素影响？各影响因素的影响程度如何？要回答此类问题可以利用多元线性回归模型分析。

一、设定模型

通常认为，影响农业总产值的主要因素包括人力投入和物力投入两个方面。物力投入主要包括农作物播种面积和农业机械总动力；人力投入主要指第一产业就业人数。因此，可以建立如下多元线性回归模型

$$Y_i=\beta_1+\beta_2X_{2i}+\beta_3X_{3i}+\beta_4X_{4i}+\mu_i$$

式中：μ_i 为除以上因素以外，影响农作物总产量的其他因素，如降雨量、灌溉量、施肥量等。

二、估计参数

搜集 1985—2018 年的相关农业数据，见表 3-3。基于所搜集的数据，使用 Stata 软件并采用 OLS 法估计以上模型的未知参数，在该过程中使用 1985—2017 年的数据进行分析，使用 2018 年的数据用作预测。

表 3-3　1985—2018 年我国农业总产值及其影响因素

年份	农业总产值 Y（亿元）	农作物播种面积 X_2（千公顷）	农业机械总动力 X_3（万千瓦）	第一产业就业人数 X_4（万人）
1985	2 506.4	143 625.9	20 912.5	31 130.0
1986	2 771.8	144 204.0	22 950.0	31 254.0
1987	3 160.5	144 956.5	24 836.0	31 663.0
1988	3 666.9	144 866.0	26 575.0	32 249.0
1989	4 100.6	146 553.9	28 067.0	33 225.0
1990	4 954.3	148 362.3	28 707.7	38 914.2
1991	5 146.4	149 585.8	29 388.6	39 098.1
1992	5 588.0	149 007.1	30 308.4	38 698.9
1993	6 605.1	147 740.7	31 816.6	37 679.7
1994	9 169.2	148 240.6	33 802.5	36 628.1
1995	11 884.6	149 879.3	36 118.1	35 529.9
1996	13 539.8	152 380.6	38 546.9	34 819.8
1997	13 852.5	153 969.2	42 015.6	34 840.2
1998	14 241.9	155 705.7	45 207.7	35 177.2
1999	14 106.2	156 372.8	48 996.1	35 768.4
2000	13 873.6	156 299.9	52 573.61	36 042.5

续表

年份	农业总产值 Y（亿元）	农作物播种面积 X_2（千公顷）	农业机械总动力 X_3（万千瓦）	第一产业就业人数 X_4（万人）
2001	14 462.8	155 707.9	55 172.1	36 398.5
2002	14 931.5	154 635.5	57 929.9	36 640.0
2003	14 870.1	152 415.0	60 386.5	36 204.4
2004	18 138.4	153 552.6	64 027.9	34 829.8
2005	19 613.4	155 487.7	68 397.9	33 441.9
2006	21 522.3	152 149.0	72 522.1	31 940.6
2007	24 444.7	151 068.2	76 589.6	30 731.0
2008	27 679.9	154 245.1	82 190.4	29 923.3
2009	29 983.8	156 094.8	87 496.1	28 890.5
2010	35 909.1	157 349.7	92 780.5	27 930.5
2011	40 339.6	160 360.4	97 734.7	26 594.2
2012	44 845.7	162 071.3	102 559.0	25 773.0
2013	48 943.9	163 702.3	103 906.8	24 171.0
2014	51 851.1	165 183.3	108 056.6	22 790.0
2015	54 205.3	166 829.3	111 728.1	21 919.0
2016	55 659.9	166 939.0	97 245.6	21 496.0
2017	58 059.8	166 331.9	98 783.4	20 944.0
2018	61 452.6	165 902.4	100 371.7	20 258.0

数据来源：《中国统计年鉴 2019》。

在 Stata 软件命令行输入下列命令：

```
. reg y x2 x3 x4 if year<=2017
```

可得到回归结果，如图 3-2 所示。

```
. reg y x2 x3 x4 if year <=2017

      Source |       SS           df       MS      Number of obs   =        33
-------------+----------------------------------   F(3, 29)        =    556.55
       Model |  9.6734e+09         3  3.2245e+09   Prob > F        =    0.0000
    Residual |   168017549        29  5793708.58   R-squared       =    0.9829
-------------+----------------------------------   Adj R-squared   =    0.9812
       Total |  9.8414e+09        32   307543869   Root MSE        =      2407

------------------------------------------------------------------------------
           y |      Coef.   Std. Err.      t    P>|t|     [95% Conf. Interval]
-------------+----------------------------------------------------------------
          x2 |   1.054583    .144687     7.29   0.000     .7586648    1.350501
          x3 |   .1865508   .0383124     4.87   0.000     .1081932    .2649084
          x4 |  -1.118357   .1336742    -8.37   0.000    -1.391751   -.8449624
       _cons |  -116663.6   21185.41    -5.51   0.000    -159992.7   -73334.61
------------------------------------------------------------------------------
```

图 3-2　参数估计结果

可见，模型估计的结果为

$$\hat{Y}_i = -116\ 663.6 + 1.054\ 6X_{2i} + 0.186\ 6X_{3i} - 1.118\ 4X_{4i}$$

$$(21\ 185.41)\ (0.144\ 7)\ (0.038\ 3)\ (0.133\ 7)$$

$$t = (-5.51)\quad (7.29)\quad (4.87)\quad (-8.37)$$

$$R^2 = 0.982\ 9,\ \bar{R}^2 = 0.981\ 2,\ F = 556.55$$

三、模型检验

（一）经济意义检验

由回归结果可得，在其他因素不变的条件下，农作物播种面积X_2每增加1千公顷，农业总产值平均增加1.054 6亿元；农业机械总动力X_3每增加1万千瓦，农业总产值平均增加0.186 6亿元；第一产业就业人数X_4每减少1万人，农业总产值平均增加1.118 4亿元。以上系数大小及符号符合实际。劳动力投入与农业总产值的负向关系体现了随着农业生产技术的提高，大批人工劳动力越来越被机械劳动力所代替。

（二）统计检验

1. 拟合优度检验

由于$R^2 = 0.982\ 9,\ \bar{R}^2 = 0.981\ 2$，可见拟合程度很好，说明样本回归函数对实际观测值的拟合程度较高。

2. 方程显著性检验

方程的显著性检验按照如下步骤进行。

第一步，提出原假设和备择假设。

$$\text{H}_0: \beta_2 = \beta_3 = \beta_4 = 0$$

$$\text{H}_1: \beta_j \text{不全为}0,\ j = 2,3,4$$

第二步，获取检验统计量。由以上回归结果可知，方程整体显著性检验$F = 556.55,\ P = 0$。

第三步，做出判读。在0.01的显著性水平下拒绝原假设，即认为方程整体上显著线性成立，或三个解释变量对被解释变量的联合线性影响显著，线性回归模型的设定是正确的。

3. 参数的显著性检验

方程的显著性检验拒绝了原假设，接受了备择假设，那就意味着$\beta_j (j = 2,3,4)$不全为

0，那么进一步需要检验这些系数哪些为 0，哪些不为 0，因此需要分别对回归模型中的参数是否为 0 进行显著性检验，即设定如下假设。

$$H_0: \beta_j = 0, j = 1,2,3,4$$

$$H_1: \beta_j \neq 0, j = 1,2,3,4$$

由图 3-2 可知，用于检验各参数显著性的 t 统计量及其 P 值分别为

$$t(\hat{\beta}_1) = -5.51,\ P_1 = 0;\ t(\hat{\beta}_2) = 7.29,\ P_2 = 0;$$

$$t(\hat{\beta}_3) = 4.87,\ P_3 = 0;\ t(\hat{\beta}_4) = -8.37,\ P_4 = 0。$$

可见，P 值全部都小于显著性水平 0.01，因此可以认为在 0.01 的显著性水平下，模型中的四个参数全部显著不为零，即农作物播种面积、农业机械总动力和第一产业就业人数对农业总产值的影响显著。且由以上分析可知，土地始终是农业增产增收的最重要保障，其对农业总产值的影响程度最大；农业机械化程度对农业总产值有显著的影响，因此促进科技兴农，提高农业机械化程度是农业发展的重要助推器；农业劳动力对农业总产值的负向影响看似不合理，然而却恰恰体现了我国农村劳动力锐减和农作物总产值持续增加并存的现状，同时也表明，农村劳动力仍然有进一步释放的空间。

四、模型预测

给定 2018 年农作物播种面积、农业机械总动力、第一产业就业人数分别为 165 902.38 千公顷，100 371.74 万千瓦和 20 258 万人，对 2018 年农业总产值进行预测。

分别将 2018 年的上述数据代入样本回归方程，可得：

$$\hat{Y}_{2008} = -116\ 663.6 + 1.054\ 6X_2 + 0.186\ 6X_3 - 1.118\ 4X_4 = 54\ 362.95\ （亿元）$$

在 Stata 软件中，输入“predict yhat”命令即可得到 1985—2018 年被解释变量（农业总产值）的预测值。

为了将实际值、预测值以及残差合并作图，可输入如下命令：

```
. predict e,r
```

其中：r 为预测命令 predict 的选择项，表示预测残差。默认情况下预测的是被解释变量，可输入如下命令：

```
. line y yhat e year
```

对图形稍加编辑得到图 3-3。由图可见实际观测值（y）与预测值（Fitted value）的走势非常接近；二者之差即为残差（Residuals），其在 0 附近小幅波动。因此，可以认为该模型的拟合效果很好。

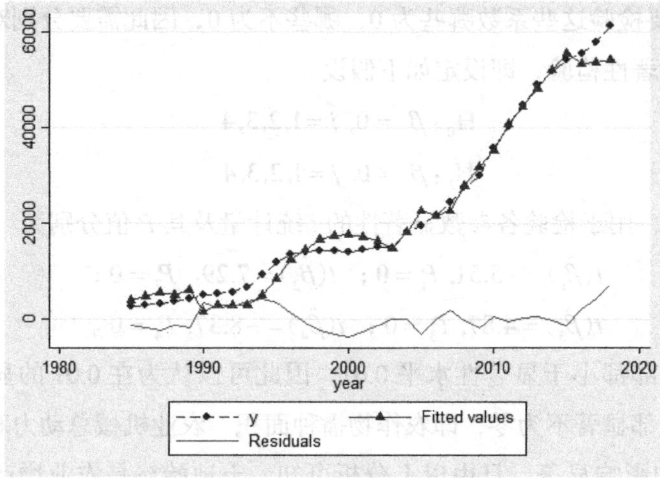

图 3-3 被解释变量实际值与预测值序列图

思考题与练习题

一、思考题

1. 简述多元线性回归模型与一元线性回归模型的区别与联系。

2. 什么是$\bar{R}^2$，它与R^2的关系是什么？

3. 多元线性回归模型的假定条件有哪些？多元线性回归模型与一元回归模型基本假定的区别是什么？

4. 试写出三元线性回归模型的总体回归模型、样本回归模型、总体回归函数、样本回归函数的矩阵形式，并说明它们之间的关系。

5. F检验的内涵是什么，简述其与拟合优度检验和t检验的关系。

二、练习题

1. 改革开放以来，我国经济不断发展，经济总量保持持续中高速增长。我国 GDP 从 1982 年的 5 373.4 亿元增加至 2019 年的 990 865.0 亿元。GDP 的影响因素主要包括投资、消费、出口额等。试建立合适的多元回归模型，并根据以下样本数据，估计 GDP 与固定资产投资完成额、社会消费品零售总额、出口总额以及居民消费价格指数（当年消费额与上年值的比率）的数量关系。

表 3-4　1982—2019 年我国 GDP 及其部分影响因素

指标	GDP（亿元）	固定资产投资完成额（亿元）	社会消费品零售总额（亿元）	出口总额（亿元）	居民消费价格指数（%）
1982	5 373.4	1 230.4	2 570.0	413.8	102.0
1983	6 020.9	1 430.1	2 849.4	438.3	102.0
1984	7 278.5	1 832.9	3 376.4	580.5	102.7
1985	9 098.9	2 543.2	4 305.0	808.9	109.3
1986	10 376.2	3 120.6	4 950.0	1 082.1	106.5
1987	12 174.6	3 791.7	5 820.0	1 470.0	107.3
1988	15 180.4	4 753.8	7 440.0	1 766.7	118.8
1989	17 179.7	4 410.4	8 101.4	1 956.1	118.0
1990	18 872.9	4 517.0	8 300.1	2 985.8	103.1
1991	22 005.6	5 594.5	9 415.6	3 827.1	103.4
1992	27 194.5	8 080.1	10 993.7	4 676.3	106.4
1993	35 673.2	13 072.3	14 270.4	5 284.8	114.7
1994	48 637.5	17 042.1	18 622.9	10 421.8	124.1
1995	61 339.9	20 019.3	23 613.8	12 451.8	117.1
1996	71 813.6	22 913.6	28 360.2	12 576.4	108.3
1997	79 715.0	24 941.1	31 252.9	15 160.7	102.8
1998	85 195.5	28 406.2	33 378.1	15 223.6	99.2
1999	90 564.4	29 854.7	35 647.9	16 159.8	98.6
2000	100 280.1	32 917.7	39 105.7	20 634.4	100.4
2001	110 863.1	37 213.5	43 055.4	22 024.4	100.7
2002	121 717.4	43 499.9	48 135.9	26 947.9	99.3
2003	137 422.0	55 566.6	52 516.3	36 287.9	101.2
2004	161 840.2	70 477.4	59 501.0	49 103.3	103.9
2005	187 318.9	88 773.6	67 176.6	62 648.1	101.8
2006	219 438.5	109 998.2	76 410.0	77 597.2	101.5
2007	270 232.3	137 323.9	89 210.0	93 627.1	104.8
2008	319 515.5	172 828.4	114 830.1	100 394.9	105.9
2009	349 081.4	224 598.8	132 678.4	82 029.7	99.3
2010	413 030.3	251 683.8	156 998.4	107 022.8	103.3
2011	489 300.6	311 485.1	183 918.6	123 240.6	105.4
2012	540 367.4	374 694.7	210 307.0	129 359.3	102.7
2013	595 244.4	446 294.1	242 842.8	137 131.4	102.6
2014	643 974.0	512 020.7	271 896.1	143 883.8	102.0
2015	685 505.8	561 999.8	300 930.8	141 166.8	101.4
2016	746 395.1	606 465.7	332 316.3	138 419.3	102.0

续表

指标	GDP（亿元）	固定资产投资完成额（亿元）	社会消费品零售总额（亿元）	出口总额（亿元）	居民消费价格指数（%）
2017	832 035.9	641 238.4	366 261.6	153 309.4	101.6
2018	919 281.1	645 675.0	380 986.9	164 127.8	102.1
2019	990 865.0	560 874.0	411 649.0	172 342.0	102.9

数据来源：中国经济信息网。

2. 房地产在家庭资产中占据重要的地位，直接影响居民家庭生活水平。房地产业也是国民经济的重要组成部分，对国民经济的发展有着非常重要的作用。影响房地产价格的因素有人口因素、消费偏好、经济发展因素和财政金融因素等。搜集的房地产价格、人口数量、物价水平、货币供应量、GDP 等数据，见表 3-5。试建立合适的计量模型，研究年末人口总数 X_1（万人）、GDP X_2（亿元）、广义货币供给 X_3（亿元）、城镇居民家庭恩格尔系数 X_4（%）和城镇人口占总人口比重 X_5（%）等几个方面对房地产开发企业商品房平均销售价格 Y（元 / 平方米）的定量影响。

表 3-5　1988—2018 年影响我国房地产开发企业商品房平均销售价格的各因素

年份	Y	X_1	X_2	X_3	X_4	X_5
1988	502.92	111 026	15 180.4	7 425.8	51.36	25.81
1989	573.48	112 704	17 179.7	10 786.2	54.50	26.21
1990	702.86	114 333	18 872.9	15 293.4	54.24	26.41
1991	786.19	115 823	22 005.6	19 349.9	53.82	26.94
1992	994.66	117 171	27 194.5	25 402.2	53.04	27.46
1993	1 291.46	118 517	35 673.2	34 879.8	50.32	27.99
1994	1 408.64	119 850	48 637.5	46 923.5	50.04	28.51
1995	1 590.86	121 121	61 339.9	60 750.5	50.09	29.04
1996	1 806.40	122 389	71 813.6	76 094.9	48.76	30.48
1997	1 997.00	123 626	79 715.0	90 995.3	46.60	31.91
1998	2 063.00	124 761	85 195.5	104 498.5	44.66	33.35
1999	2 053.00	125 786	90 564.4	119 897.9	42.07	34.78
2000	2 112.00	126 743	100 280.1	134 610.3	39.44	36.22
2001	2 170.00	127 627	110 863.1	158 301.9	38.20	37.66
2002	2 250.00	128 453	121 717.4	185 006.97	37.68	39.09
2003	2 359.00	129 227	137 422.0	221 222.8	37.10	40.53
2004	2 778.00	129 988	161 840.2	254 107.0	37.70	41.76
2005	3 167.66	130 756	187 318.9	298 755.7	36.70	42.99
2006	3 366.79	131 447	219 438.5	345 577.9	35.80	44.34

续表

年份	Y	X_1	X_2	X_3	X_4	X_5
2007	3 863.90	132 129	270 232.3	403 442.21	36.29	45.89
2008	3 800.00	132 802	319 515.5	475 166.6	37.89	46.99
2009	4 681.00	133 450	349 081.4	610 224.5	36.52	48.34
2010	5 032.00	134 091	413 030.3	725 851.8	35.70	49.95
2011	5 357.10	134 735	489 300.6	851 590.9	36.30	51.27
2012	5 790.99	135 404	540 367.4	974 148.8	36.23	52.57
2013	6 237.00	136 072	595 244.4	1 106 524.9	35.02	53.73
2014	6 324.00	136 782	643 974.0	1 228 374.8	36.00	54.77
2015	6 793.00	137 462	689 052.0	1 392 278.1	37.90	56.10
2016	7 475.55	138 271	744 127.0	1 550 100.0	29.30	57.35
2017	7 892.00	139 008	832 035.9	1 690 235.3	28.63	58.51
2018	8 736.90	139 538	919 281.1	1 826 744.2	27.72	59.58

数据来源：中经网统计数据库。

第四章　多重共线性

引例：就业人口数与经济增长背道而驰吗？

图 4-1 为 1979—2018 年我国的就业人口数量的变化趋势。从图中可以看出，1979—1989 年我国的就业人口总数稳步增长，1989—1990 年就业人口总数出现跃升，1990—2018 年就业人口总数的增速极为缓慢。那么，是什么因素影响我国的就业人口总数呢？

事实上影响我国就业情况的因素纷繁复杂，既包括国内经济增长速度和产业结构的变化、人口年龄结构和生育政策的变化等因素，也包括国际经济环境变化等因素。在这些因素中，既有积极有利的方面，也有消极不利的方面。因此，需要在仔细分析这些影响因素的基础上预测未来我国的就业趋势。

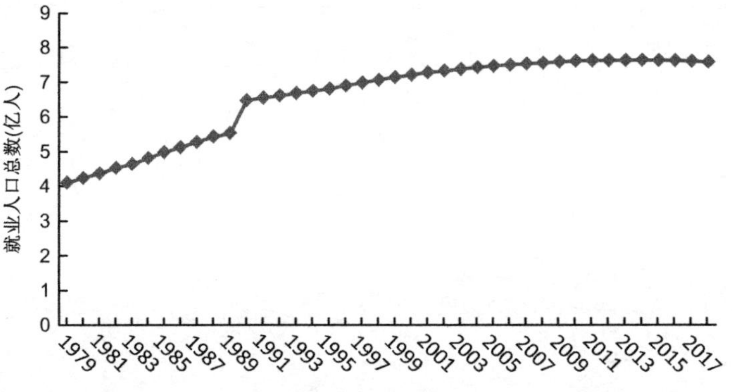

图 4-1　1979—2018 年我国的就业人口总数的变化

数据来源：http ://www.chinairn.com/news/20150105/095303807.shtml

1）国际政治经济环境的影响会通过各种渠道传导到国内，从而对国内的经济和就业产生影响，这种影响可以用净出口总额来反映。

2）与就业情况最为密切相关的因素就是经济情况，这种影响可以用 GDP 来反映。

3）我国人口老龄化的趋势愈发明显，为了应对未来人口老龄化的严峻局面，国家人口政策开始调整，从严格的独生子女政策转变为放开“双独”家庭二胎限制再到允许“单独”家庭生养第二个子女，直到目前国家推出的“三胎”政策。我国对人口生育政策的一系列调整会减少近期育龄妇女的劳动参与率，但将有利于远期劳动力的供给。但是人口政策的影响很难量化（该部分将在本书第七章中进行介绍），所以暂时用人口自然增长率和总人口来反映人口供给的影响。

4）服务业的发展能够比农业和制造业创造更多的就业机会，其影响可以用第三产业对 GDP 的贡献率来反映。

为了分析各种因素对就业人数的影响，建立以就业人数（JYRS）为被解释变量，以总人口（ZRK）、国内生产总值（GDP）、人口自然增长率（RKZZL）、第三产业对 GDP 的贡献率（FWY）、净出口额（JCK）为解释变量的计量模型。数据样本来源为记录有 1979—2018 年相关数据的《中国统计年鉴 2019》。

设定的理论模型为

$$JYRS_i = \beta_0 + \beta_1 ZRK_i + \beta_2 GDP_i + \beta_3 RKZZL_i + \beta_4 FWY_i + \beta_5 JCK_i + \mu_i$$

采用普通最小二乘法得到的估计结果如图 4-2 所示。

Source	SS	df	MS			
				Number of obs	=	40
				F(5, 34)	=	698.78
Model	5.5389e+09	5	1.1078e+09	Prob > F	=	0.0000
Residual	53900871.4	34	1585319.75	R-squared	=	0.9904
				Adj R-squared	=	0.9889
Total	5.5928e+09	39	143405747	Root MSE	=	1259.1

y	Coef.	Std. Err.	t	P>|t|	[95% Conf.	Interval]
ZRK	1.205594	.0403813	29.86	0.000	1.123529	1.287659
GDP	-.0075636	.0015802	-4.79	0.000	-.0107749	-.0043522
RKZZL	205.0971	123.2692	1.66	0.105	-45.41598	455.6102
FWY	-153.0781	36.23781	-4.22	0.000	-226.7222	-79.43406
JCK	-.0539217	.0456857	-1.18	0.246	-.1467662	.0389229
_cons	-75186.01	5700.706	-13.19	0.000	-86771.23	-63600.78

图 4-2　关于就业人口数的多元回归结果

从主要指标分析可见：可决系数为 0.990 4，校正的可决系数为 0.988 9，表明模型的拟合情况很好；F 统计量为 698.78，说明在 $\alpha = 0.05$ 显著性水平下回归方程整体上是显著的；模型对就业人口数的解释程度高达 99.04%；但是 t 检验结果表明，人口自然增长率（RKZZL）和净出口额（JCK）的影响均不显著；更难理解的是国内生产总值（GDP）、第三产业对 GDP 的贡献率（FWY）和净出口额（JCK）这三个变量的回归系数竟然是负数，含义是经济的发展、第三产业的发展和净出口额的增加反而会使就业人口数减少，这显然与理论分析和实践经验不相符。为什么会出现这样的异常结果？如果建立的模型和数据的真实性没有问题，问题出在哪里呢？

在多元线性回归分析的经典假设中，假定模型所包含的解释变量之间不存在线性关系，即无多重共线性。但是由于经济变量本身的固有性质，许多变量之间总是会存在着一定的相关性。例如，以企业截面数据为样本估计的生产函数，作为其解释变量的有资本、劳动、能源等投入要素，这些投入要素都与企业的生产规模有关，显然它们之间存在着明显的相关性。又如，在家庭购买商品时，收入较高的家庭一般会选择质地较好、价格较高的商品；而收入较低的家庭则倾向于购买价格低廉的商品。这样，在以家庭可支配收入和商品价格为解释变量的家庭生活状况分析模型中，两解释变量之间就存在着明显的相关性。

第一节　多重共线性的概念

一、多重共线性的含义

本书第三章，在讨论多元线性回归模型的估计时，强调了假定无多重共线性，即假定各解释变量之间不存在线性关系，或者说各解释变量的观测值之间线性无关。在计量经济学中，所谓的多重共线性（multi-collinearity）不仅包括解释变量之间精确的线性关系，还包括解释变量之间近似的线性关系。

二、多重共线性的类型

从一元回归模型中对统计学中变量之间相关关系的回顾可知，解释变量之间的关系可能表现出三种情形。

1）$r_{X_iX_j}=0$，即解释变量间毫无线性关系，变量间相互正交。此时，不需要做多元回归分析，每个参数 β_j 都可以通过 Y 对 X_j 的一元回归来估计。

2）$\left|r_{X_iX_j}\right|=1$，即解释变量间具有完全共线性。此时，模型参数将无法确定。直观地看，当两个解释变量按同一方式变化时，要区别每个解释变量对被解释变量的影响程度将非常困难。

3）$0<\left|r_{X_iX_j}\right|<1$，即解释变量间存在一定程度的线性关系。实际中，常遇到的就是这种情形。

（一）完全多重共线性

从数学意义上去说明多重共线性，就是对于解释变量 $X_1,X_2,\cdots X_k$，如果存在不全为 0 的数 $\lambda_0,\lambda_1,\lambda_2\cdots,\lambda_k$，能使下式成立：

$$\lambda_0 + \lambda_1 X_{1i} + \lambda_2 X_{2i} + \cdots + \lambda_k X_{ki} = 0 \quad (i = 1, 2, \cdots, n) \tag{4-1}$$

则称解释变量 $X_1, X_2, \cdots, X_k$ 之间存在着完全的多重共线性。如果将式（4-1）中的某个解释变量留在等式的左端，将其他项都移到等式的右端，则可看出，某个解释变量可以由其他解释变量线性表示。

另外根据第三章中的内容，解释变量观察值矩阵可表示为

$$\boldsymbol{X} = \begin{bmatrix} 1 & X_{11} & X_{21} & \cdots & X_{k1} \\ 1 & X_{12} & X_{22} & \cdots & X_{k2} \\ \vdots & \vdots & \vdots & & \vdots \\ 1 & X_{1n} & X_{2n} & \cdots & X_{kn} \end{bmatrix} \tag{4-2}$$

当 $\mathrm{rank}(\boldsymbol{X}) < k$ 时，表明在数据矩阵 $\boldsymbol{X}$ 中，至少有一个列向量可以用其余的列向量线性表示，则说明存在完全的多重共线性。

（二）不完全的多重共线性

在实际经济问题中，完全的多重共线性并不多见。更多的是解释变量 $X_1, X_2, \cdots, X_k$ 之间存在不完全的多重共线性。所谓不完全的多重共线性，是指对于解释变量 $X_1, X_2, \cdots, X_k$，存在不全为 0 的数 $\lambda_0, \lambda_1, \lambda_2, \cdots, \lambda_k$，使：

$$\lambda_0 + \lambda_1 X_{1i} + \lambda_2 X_{2i} + \cdots + \lambda_k X_{ki} + \mu_i = 0 \quad (i = 1, 2, \cdots, n) \tag{4-3}$$

式中：μ_i 为随机变量。

如果将式（4-3）中某个解释变量留在等式的左端，其他项都移到等式的右端，则可看出，某个解释变量也可以由其他解释变量近似地线性表示。

如果 k 个解释变量之间不存在完全或不完全的线性关系，则称无多重共线性。若用矩阵表示，这时 $\boldsymbol{X}$ 仍为满秩矩阵，即 $\mathrm{rank}(\boldsymbol{X}) = k + 1$。

需要强调，解释变量之间不存在线性关系，但可能存在非线性关系，当解释变量间存在非线性关系时，并不违反无多重共线性假定。

二、产生多重共线性的原因

由于经济现象的变化涉及多个影响因素，而影响因素之间常常存在一定的相关性。多重共线性产生的经济背景主要有几种情形。

（一）经济变量之间具有共同变化趋势

引入计量经济学模型中的经济变量基本都是处于一个经济系统中，它们之间常常存在着一定的相关性。例如，对于时间序列数据，如收入、消费、就业率等，其在经济上升时

期均呈现增长的趋势，而在经济收缩期，其又都呈现下降趋势。当这些变量同时作为解释变量被引入模型时，就可能带来多重共线性问题。

（二）模型中包含滞后变量

有时会在建立的模型中引入解释变量的滞后变量，如X_i, X_{i-1}, X_{i-2}等。变量往往与其自身相关性很高，自然常常与其滞后变量呈现高度相关性，于是导致出现多重共线性。

（三）利用截面数据建立模型也可能出现多重共线性

利用截面数据建模时，许多变量变化与发展规模相关，会呈现出共同增长的趋势，例如资本、劳动力、科技、能源等变量的投入与产出规模相关，这时容易出现多重共线性。有时如果出现部分因素的变化与另一部分因素的变化相关程度较高时，也容易出现共线性。例如，将粮食产量作为被解释变量，将化肥用量、水浇地面积、农业投入资金作为解释变量建立回归模型，会发现回归效果较差，原因是农业资金的影响已经通过化肥用量、水浇地面积两个因素得到了体现。

（四）样本数据自身的原因

例如，抽样仅仅限于总体中解释变量取值的一个有限范围，使变量变异不大；或由于总体受限，多个解释变量的样本数据之间存在相关，这时都可能出现多重共线性。

第二节　多重共线性产生的后果

一、完全多重共线性的后果

（一）参数的估计值不确定

完全共线性时，$\boldsymbol{X}$矩阵的秩小于k，此时$|\boldsymbol{X'X}|=0$，正规方程组的解不唯一，$(\boldsymbol{X'X})^{-1}$不存在，回归参数的最小二乘估计表达式不成立。

这里以包含两个解释变量的回归模型$Y_i=\beta_0+\beta_1X_{1i}+\beta_2X_{2i}+\mu_i$为例，说明完全多重共线性的影响。采用离差形式表示的包含两个解释变量的回归模型为

$$\hat{y}_i=\hat{\beta}_1x_{2i}+\hat{\beta}_2x_{3i} \tag{4-4}$$

式中：$x_i = X_i - \bar{X}$；$y_i = Y_i - \bar{Y}$。

由第三章的内容可知，其 OLSE 的表达式为

$$\hat{\beta}_1 = \frac{\left(\sum y_i x_{1i}\right)\left(\sum x_{2i}^2\right) - \left(\sum y_i x_{2i}\right)\left(\sum x_{1i} x_{2i}\right)}{\left(\sum x_{1i}^2\right)\left(\sum x_{2i}^2\right) - \left(\sum x_{1i} x_{2i}\right)^2} \tag{4-5}$$

$$\hat{\beta}_2 = \frac{\left(\sum y_i x_{2i}\right)\left(\sum x_{1i}^2\right) - \left(\sum y_i x_{1i}\right)\left(\sum x_{1i} x_{2i}\right)}{\left(\sum x_{1i}^2\right)\left(\sum x_{2i}^2\right) - \left(\sum x_{1i} x_{2i}\right)^2} \tag{4-6}$$

假定$X_{1i} = \lambda X_{2i}$，这里λ是一非零常数，将其分别代入式（4-5）和式（4-6），可得：

$$\hat{\beta}_1 = \frac{\left(\lambda \sum y_i x_{2i}\right)\left(\sum x_{2i}^2\right) - \left(\sum y_i x_{2i}\right)\left(\lambda \sum x_{2i}^2\right)}{\left(\lambda^2 \sum x_{2i}^2\right)\left(\sum x_{2i}^2\right) - \lambda^2 \left(\sum x_{2i}^2\right)^2} = \frac{0}{0} \tag{4-7}$$

$$\hat{\beta}_2 = \frac{\left(\sum y_i x_{2i}\right)\left(\lambda^2 \sum x_{2i}^2\right) - \left(\lambda \sum y_i x_{2i}\right)\left(\lambda \sum x_{2i}^2\right)}{\left(\lambda^2 \sum x_{2i}^2\right)\left(\sum x_{2i}^2\right) - \lambda^2 \left(\sum x_{2i}^2\right)^2} = \frac{0}{0} \tag{4-8}$$

式（4-7）和式（4-8）都是不定式，这说明当$X_{1i} = \lambda X_{2i}$时，参数的估计值是不确定的。

从回归模型的建模思想看，在回归模型中回归系数$\hat{\beta}_1$的含义是指在保持X_2不变的情况下，当X_1每变动一个单位时Y的平均变化；回归系数$\hat{\beta}_2$的含义是指在保持X_1不变的情况下，当X_2每变动一个单位时Y的平均变化。如果X_1与X_2完全共线性，就没有办法能在保持X_2不变的情况下，分析X_1对Y的影响；或者说，没有办法能从所给的样本中把X_1与X_2对被解释变量Y各自的影响分解开来。

（二）参数估计值的方差无限大

还是以只含两个解释变量的回归模型$Y_i = \beta_0 + \beta_1 X_{1i} + \beta_2 X_{2i} + \mu_i$为例，由第三章中的式（3-28）和式（3-29），已知 OLS 估计参数的方差为$\text{var-cov}(\hat{\boldsymbol{\beta}}) = \sigma^2 (\boldsymbol{X}'\boldsymbol{X})^{-1}$，容易导出这时参数估计式$\hat{\beta}_1$和$\hat{\beta}_2$的方差为

$$\text{var}(\hat{\beta}_1) = \frac{\sum x_2^2}{(\sum x_1^2)(\sum x_2^2) - (\sum x_1 x_2)^2}\sigma^2 \tag{4-9}$$

$$\text{var}(\hat{\beta}_2) = \frac{\sum x_1^2}{(\sum x_1^2)(\sum x_2^2) - (\sum x_1 x_2)^2}\sigma^2 \tag{4-10}$$

在完全共线性情况下$X_{1i} = \lambda X_{2i}$，代入式（4-9）和（4-10）中得

$$\text{var}(\hat{\beta}_1) = \frac{\sum x_2^2}{(\lambda^2 \sum x_2^2)(\sum x_2^2) - (\lambda \sum x_2 x_2)^2}\sigma^2 = \frac{\sum x_2^2}{0}\sigma^2 = \infty$$

同理

$$\text{var}(\hat{\beta}_2) = \frac{\sum x_2^2}{(\lambda^2 \sum x_2^2)(\sum x_2^2) - (\lambda \sum x_2 x_2)^2}\sigma^2 = \frac{\sum x_1^2}{0}\sigma^2 = \infty$$

这表明，在解释变量之间存在完全的共线性时，参数估计值的方差将变成无穷大。

二、不完全多重共线性的后果

完全多重共线性只是一种极端现象。在通常情况下，解释变量之间并不一定是完全的线性关系。如果模型中存在不完全的多重共线性，这时 $(\boldsymbol{X}'\boldsymbol{X})^{-1}$ 也存在，可以得到参数的估计值，但是对计量经济学分析可能会产生一系列的影响。

（一）参数估计值的方差增大

仍然以只含有两个解释变量的回归模型 $Y_i=\beta_0+\beta_1X_{1i}+\beta_2X_{2i}+\mu_i$ 为例，X_1 与 X_2 不完全的共线性的关系为

$$x_{1i}=\lambda x_{2i}+v_i \tag{4-11}$$

式中：λ 为系数，$\lambda\neq 0$；v_i 是具有 $\sum x_{1i}v_i=0$ 性质的随机误差项。

在这种情况下，仍然可以用 OLS 法估计回归系数 β_1 和 β_2。若将式（4-11）带入式（4-6），可得：

$$\hat{\beta}_2=\frac{\left(\sum y_ix_{2i}\right)\left(\lambda^2\sum x_{2i}^2+\sum v_i^2\right)-\left(\lambda\sum y_ix_{2i}+\sum y_iv_i\right)\left(\lambda\sum x_{2i}^2\right)}{\left(\lambda^2\sum x_{2i}^2+\sum v_i^2\right)\left(\sum x_{2i}^2\right)-\lambda^2\left(\sum x_{2i}^2\right)^2} \tag{4-12}$$

式（4-12）利用了关系式 $\sum x_{1i}v_i=0$。因此，在 X_1 与 X_2 近似共线性时，$\hat{\beta}_2$ 还是可以估计的。但是，X_1 与 X_2 共线程度越高，v_i 会充分地小，以至于非常接近于零，此时 $\hat{\beta}_2$ 会愈加趋于不确定。对于 $\hat{\beta}_1$ 也可推出类似的表达式，并得到类似的结论。

在 X_1 与 X_2 的关系为不完全的多重共线性时，X_1 与 X_2 的相关系数的平方用离差形式可表示为

$$r_{12}^2=\frac{(\sum x_1x_2)^2}{\sum x_1^2\sum x_2^2} \tag{4-13}$$

将式（4-13）代入式（4-9）和式（4-10）中，容易证明：

$$\begin{aligned}\text{var}(\hat{\beta}_1)&=\frac{\sum x_2^2}{(\sum x_1^2)(\sum x_2^2)-(\sum x_1x_2)^2}\sigma^2\\&=\sigma^2\frac{1}{\sum x_1^2\left[1-\frac{(\sum x_1x_2)^2}{\sum x_1^2\sum x_2^2}\right]}\\&=\frac{\sigma^2}{\sum x_{1i}^2\left(1-r_{12}^2\right)}\end{aligned} \tag{4-14}$$

同样地，可以得到：

$$\text{var}(\hat{\beta}_2)\frac{\sigma^2}{\sum x_{2i}^2\left(1-r_{12}^2\right)} \tag{4-15}$$

$$\operatorname{cov}(\hat{\beta}_1,\hat{\beta}_2)=\frac{-r_{12}\sigma^2}{\left(1-r_{12}^2\right)\sqrt{\sum x_{1i}^2\sum x_{2i}^2}} \tag{4-16}$$

从式（4-14）和式（4-15）中可以看出，随着共线性程度的增加，r_{12} 趋于 1，两个参数估计量的方差也将增大。同样地，其协方差在绝对值上也增大。由式（4-14）、式（4-15）和式（4-16）可以看出，方差和协方差增大的速度决定于方差扩大因子（Variance Inflation Factor，VIF）。VIF 的表达式为

$$VIF=\frac{1}{\left(1-r_{12}^2\right)} \tag{4-17}$$

因此，参数估计量的方差是由于多重共线性的出现而膨胀起来的。随着共线性的增加，参数估计量的方差也增大，当 r_{12}^2 趋于 1 时，其甚至可以变至无穷大。而当没有共线性时，VIF=1。利用 VIF 的定义，式（4-14）和式（4-15）可分别表示为

$$\operatorname{var}(\hat{\beta}_1)=\frac{\sigma^2}{\sum x_{1i}^2}\cdot VIF \tag{4-18}$$

$$\operatorname{var}(\hat{\beta}_2)=\frac{\sigma^2}{\sum x_{2i}^2}\cdot VIF \tag{4-19}$$

这表明了 $\hat{\beta}_1$和$\hat{\beta}_2$ 的方差同方差扩大因子成正比关系。

（二）对参数区间估计时，置信区间变大

存在多重共线性时，参数估计值的方差增大，其标准误差也增大，导致总体参数的置信区间也随之变大。因为由前面章节可知，β_j 的置信区间是 $\hat{\beta}_j \mp t_{\alpha/2}SE(\hat{\beta}_j)$，参数的方差变大，自然其标准差变大，所以其置信区间也会相应增大，从而导致估计精度下降。

（三）严重多重共线时，假设检验容易做出错误的判断

在对参数的显著性检验中，原假设成立的条件下，其检验统计量为 $t=\hat{\beta}_j\big/SE(\hat{\beta}_j)$。当存在严重共线性时，参数估计值的方差增加较快，会使 t 统计量变小，从而本应落入拒绝域的却落入了接受域，进而导致做出错误的判断。

（四）当多重共线性严重时，可能造成可决系数较高

当多重共线性严重时，可能造成可决系数 R^2 较高，但对各个参数单独的 t 检验却可能不显著，甚至可能使所估计得到的回归系数符号相反，从而得出完全错误的结论。出现这种情况，很可能是因为存在严重的多重共线性。

综上所述，严重的多重共线性常常会导致下列情形出现：①使用普通最小二乘得到的回归参数估计值很不稳定，回归系数的方差随着多重共线性强度的增加而加速增加，对参

数难以做出精确的估计；②造成回归方程高度显著的情况下，有些回归系数通不过显著性检验；③可能出现回归系数的正负号得不到合理的经济解释。

但是应注意，如果研究目的仅在于预测 Y，而各个解释变量 X 之间的多重共线性关系的性质在未来将继续保持，这时虽然无法精确估计个别的回归系数，但可估计这些系数的某些线性组合，因此多重共线性有时并不是一个严重问题。

第三节　多重共线性的检验

由于多重共线性是一种比较普遍的现象，当多重共线性程度较高时，还可以导致许多严重后果。那么如何检验回归模型中的解释变量之间是否存在多重共线性呢？本节介绍几种常用的多重共线性检验方法。

一、简单相关系数检验法

多重共线性的实质是各解释变量之间存在一定的相关性，简单相关系数检验法是利用解释变量之间的线性相关程度去判断是否存在严重的多重共线性的一种简便方法。一般而言，如果每两个解释变量的简单相关系数（零阶相关系数）较高，如其绝对值大于 0.8，则可认为二者存在较严重的多重共线性。但要注意，较高的简单相关系数只是多重共线性存在的充分条件，而不是必要条件。特别是在多于两个解释变量的回归模型中，有时较低的简单相关系数也可能存在多重共线性，这是因为有些回归系数可能是统计上不显著的。在这种情况下，还要看偏相关系数。因此，并不能简单地依据相关系数进行多重共线性的准确判断。

二、方差扩大（膨胀）因子法

根据前面的不完全多重共线性的定义，对于解释变量 $X_1, X_2, \cdots X_k$，存在不全为 0 的数 $\lambda_0, \lambda_1, \lambda_2 \cdots, \lambda_k$，使式（4-3）成立。

如果将式（4-3）中某个解释变量留在等式的左端，则可以得到如下表达式：

$$X_j = \alpha_0 + \alpha_1 X_{1i} + \alpha_2 X_{2i} + \cdots + \alpha_{j-1} X_{j-1i} + \alpha_{j+1} X_{j+1i} + \cdots + \alpha_k X_{ki} + \mu_i \qquad (4\text{-}20)$$

式（4-20）就是一个多元线性回归模型。如果 X_j 与其他解释变量存在多重共线性，那么 X_j 对其他解释变量的辅助线性回归模型的可决系数（用 R_j^2 表示）就较高。

$\hat{\beta}_j$的方差可表示为

$$\mathrm{var}(\hat{\beta}_j)=\frac{\sigma^2}{\sum x_j^2}\cdot\frac{1}{1-R_j^2}=\frac{\sigma^2}{\sum x_j^2}\cdot VIF_j \tag{4-21}$$

定义VIF_j是变量X_j的方差扩大因子，即

$$VIF_j=\frac{1}{\left(1-R_j^2\right)} \tag{4-22}$$

由于R_j^2度量了X_j与其他解释变量的线性相关程度，这种相关程度越强，说明变量间的多重共线性越严重，VIF_j也就越大。反之，X_j与其他解释变量的线性相关程度越弱，说明变量间的多重共线性越弱，VIF_j也就越接近于1。由此可见，VIF_j反映了解释变量之间的多重共线性，可用其来度量多重共线性的严重程度。经验表明，当$R_j^2\geqslant 0.9$，即$VIF_j\geqslant 10$时，说明解释变量与其余解释变量之间有严重的多重共线性，且这种多重共线性可能会过度地影响最小二乘估计结果的可靠性。

三、直观判断法

根据经验，通常以下情况的出现可能提示存在多重共线性的影响。

1）当增加或剔除一个解释变量，或者改变一个观测值时，回归参数的估计值发生较大变化，回归方程可能存在严重的多重共线性。

2）根据定性分析，当一些重要的解释变量的回归系数的标准误差较大，并在回归方程中没有通过显著性检验时，可初步判断可能存在严重的多重共线性。

3）有些解释变量的回归系数所带正负号与定性分析结果违背时，很可能存在多重共线性。

4）解释变量的相关矩阵中，自变量之间的相关系数较大时，可能会存在多重共线性。

第四节　多重共线性的补救措施

诊断出模型出现了多重共线性后，该如何处理？怎样才能降低模型中的多重共线性？本节介绍常用的几种降低多重共线性的方法，以解决上述两个问题。

一、修正多重共线性的经验方法

（一）剔除变量法

剔除变量法是最简单的一种方法。当回归方程中存在严重的多重共线性时，可以删除引起多重共线性的不重要的解释变量。有几个变量方差扩大因子大于10时，可试着把方差扩大因子最大者所对应的解释变量首先剔除，再重新建立回归方程。如果仍然存在严重的多重共线性，则再继续剔除方差扩大因子中的最大者所对应的解释变量，直至回归方程中不再存在严重的多重共线性。

一般而言，在选择回归模型时，可以将回归系数的显著性检验、方差扩大因子的多重共线性检验与解释变量经济含义（通过经济分析确定变量的相对重要性）结合起来考虑，以引进新的变量或剔除不重要的变量。不过，采用该方法时千万要注意，如果剔除的变量是重要变量，有可能引起模型的设定误差。

（二）增大样本容量

多重共线性问题的性质是由于样本信息不充分而导致模型的参数不能被精确估计，因此扩大样本容量可以降低共线性。建立一个反映实际经济问题的回归模型时，如果所收集的样本数据太少，是容易产生多重共线性的。根据方差公式，如果样本容量增加，则$\sum X_{ji}^2$也会增加，结果会减小回归参数的方差，标准误差也同样会减小。因此，尽可能地收集足够多的数据可以改进模型参数的估计。所以在运用回归分析研究经济问题时，要尽量使样本容量远大于解释变量的个数。但是这个方法可能会受到实际情况的限制，如收集不到足够多的数据。

（三）变换模型形式

虽然，许多经济变量之间存在较高的线性相关关系，但是它们的差分序列的线性相关性却往往较低。因此，当数据是时间序列资料时，可以考虑用差分序列进行回归，有可能消除或减弱原模型中解释变量之间的相关关系。例如，可采用差分法将原模型变形为差分模型的形式，进而降低多重共线性。使用该方法的原理如下。

将原模型

$$Y_i = \beta_0 + \beta_1 X_{1i} + \beta_2 X_{2i} + \beta_3 X_{3i} + \cdots + \beta_k X_{ki} + \mu_i \tag{4-23}$$

变形为

$$\Delta Y_i = \beta_1 \Delta X_{1i} + \beta_2 \Delta X_{2i} + \cdots + \beta_k \Delta X_{ki} + \Delta\mu_i \tag{4-24}$$

但是因为差分常常会丢失一些信息，差分模型的误差项可能是序列相关的，可能会违背经典线性回归模型的相关假设，所以在具体运用时要慎重。

（四）利用非样本先验信息

如果通过经济学理论分析能够得到某些参数之间的线性关系，可以将这种线性关系作为约束条件，将此约束条件和样本信息结合起来进行约束最小二乘估计。

例如，考虑以下模型

$$Y_i = \beta_0 + \beta_1 X_{1i} + \beta_2 X_{2i} + \mu_i \tag{4-25}$$

如果依据长期的经验分析可以认为 $\beta_2 = 0.2\beta_1$，这样我们就可以将式（4-25）化简为

$$Y_i = \beta_0 + \beta_1 X_i + \mu_i \tag{4-26}$$

式中：$X_i = X_{1i} + 0.2X_{2i}$。

这样，估计出 $\hat{\beta}_1$，则也估计出了 $\hat{\beta}_2$。

使用这种方法修正多重共线性时，必须先明确知道参数之间的关系式，但是这种明确的关系式是不容易获取的，所以此方法使用起来会受到限制。

（五）截面数据与时间序列数据并用

这是先验信息法的一个变种，该方法将截面数据与时间序列数据组合，称为数据并用（pooling the data）。该方法的基本做法：首先，利用截面数据估计出部分参数；然后，利用时序数据估计出另外的部分参数；最后，得到整个方程参数的估计。这里包含着假设，即参数的截面估计和从纯粹时间序列分析中得到的估计是一样的。

例如，我们要研究中国对冰箱的需求，并收集到了关于冰箱的销售数据 Y_t、平均价格 P_t 和消费者的可支配收入 I_t 的时间序列数据。依据研究目的，建立的模型为

$$\ln Y_t = \beta_0 + \beta_1 \ln P_t + \beta_2 \ln I_t + \mu_t \tag{4-27}$$

目的是要估计价格弹性 β_1 和收入弹性 β_2。

在时间序列分析中，价格和收入变量一般都有高度共线性的趋势。托宾（J. Tobin）提出了解决此问题的一种方法，即如果拥有关于消费者定点追踪的截面数据，如城镇或农村居民住户调查数据，就可能可靠地估计收入弹性 β_2。令收入弹性的截面估计为 $\hat{\beta}_2^*$，就可以将前述时间序列回归写成

$$Y_t^* = \beta_1 + \beta_2 \ln P_t + \mu_t$$

式中：$Y_t^* = \ln Y_t - \hat{\beta}_2^* \ln I_t$。

这样就可以得到价格弹性的估计值。值得注意的是这里包含着假设：收入弹性的截面

估计和从纯粹时间序列分析中得到的估计是一样的。当截面估计在不同截面之间没有大的变化时，这是一个值得考虑的方法。

（六）变量变换

有时通过对模型中变量进行变换能够实现降低共线性的目的。常用的变量变换方式有以下三种。

（1）计算相对指标

如原来的是总量指标，可计算人均指标或结构相对数（比重）指标等。经过这样处理的数据有时可以降低共线性。

（2）将名义数据转换为实际数据

将名义数据剔除价格影响后反映的信息在统计上常常是指纯的物量的变化，不包含价格变动的影响，有助于描述现象之间真实的数量变化关系。因此，在多数经济分析中采用“实际”数据而不是名义数据，有时名义数据转换为实际数据后可降低多重共线性。

（3）将小类指标合并成大类指标

工业增加值、建筑业增加值之间呈现高度线性相关，可将其合并成第二产业增加值。这一合并有助于消除多重共线性。

需要指出，变量数据的变换只是有时可以得到较好的结果，但并不能保证一定可以得到很好的结果。

二、逐步回归法

逐步回归选择变量，是一个“由少到多”的过程，即先从所有解释变量中间选择影响最为显著的变量建立模型，然后再将模型之外的变量逐个引入模型。在此过程中，每引入一个变量，就对模型中的所有变量进行一次显著性检验，并从中剔除不显著的变量，形成“引入—检验—剔除—引入”的循环，直到模型之外所有变量均不显著时为止。许多统计分析软件都有逐步回归的功能，但由计算机软件自动选择的模型往往统计检验结果合理，但经济意义并不理想。因此，在实际应用中一般要根据逐步回归的原理，结合主观分析来筛选变量。

具体步骤如下：首先用被解释变量 Y 对每一个解释变量做简单回归；然后以对 Y 贡献最大的解释变量的回归方程作为基础方程；最后再逐个引入剩余的解释变量。在引入解释变量的过程中会出现如下三种结果。

1）若引入某新变量后，改进了原方程和 F 检验结果，并且其他回归参数的 t 检验结果仍是显著的，则可以考虑在模型中保留该解释变量。

2）若引入某新变量后，不能明显改进原方程和 F 检验结果，且对其余回归参数的 t 检验结果没有显著影响，则可以认为该变量是多余的。

3）若引入某新变量后，不能明显改进原方程和 F 检验结果，但对其余回归参数的 t 检验结果有显著影响，导致某些解释变量的回归参数不能通过 t 检验，则说明出现了严重的多重共线性。此时，需对所有解释变量进行筛选，将不显著的且又引起多重共线性的解释变量从回归模型中剔除。经过对各个引入新解释变量的回归模型的比较，保留能使改进最大，又不影响原有变量的显著性的解释变量。

第五节　案例分析

一、研究的目的要求

影响我国就业形势的因素纷繁复杂，既包括国内经济增长速度和产业结构的变化、人口年龄结构和生育政策的变化等因素，也包括国际经济环境变化等因素。在这些因素中，既有积极有利的，也有消极不利的。因此，在仔细分析这些因素影响的基础上预测我国未来的就业趋势，具有现实意义。

二、模型设定及其估计

考虑到影响国内就业人口数的因素主要有总人口、国内生产总值（GDP），人口自然增长率，第三产业对 GDP 的贡献率和净出口额。设定计量经济学模型，表达式为

$$Y_t = \beta_0 + \beta_1 X_1 + \beta_2 X_2 + \beta_3 X_3 + \beta_4 X_4 + \beta_5 X_5 + \mu_t$$

式中：Y_t 为就业人数（万人）；X_1 为总人口（万人）；X_2 为 GDP（亿元）；X_3 为人口自然增长率（%）；X_4 为第三产业对 GDP 的贡献率（%）；X_5 为净出口额（万元）。

为估计计量经济学的各参数，收集 1979—2018 年中国的就业相关统计数据，见表 4-1。

表 4-1　1979—2018 年中国的就业相关统计数据

年份	总人口 X_1（万人）	国内生产总值 X_2（亿元）	人口自然增长率 X_3（%）	第三产业对 GDP 的贡献率 X_4（%）	净出口额（X_5）	就业人口数（Y）
1979	97 542	4 100.5	11.61	25.6	−20.0	41 024
1980	98 705	4 587.6	11.87	19.2	−14.7	42 361
1981	100 072	4 935.8	14.55	41.8	17.1	43 725
1982	101 654	5 373.4	15.68	32.6	91.1	45 295
1983	103 008	6 020.9	13.29	32.7	50.8	46 436
1984	104 357	7 278.5	13.08	31.7	1.3	48 197
1985	105 851	9 098.9	14.26	34.8	−367.1	49 873
1986	107 507	10 376.2	15.57	36.9	−255.2	51 282
1987	109 300	12 174.6	16.61	34.8	10.8	52 783
1988	111 026	15 180.4	15.73	33.4	−151.2	54 334
1989	112 704	17 179.7	15.04	40.1	−185.5	55 329
1990	114 333	18 872.9	14.39	20	510.3	64 749
1991	115 823	22 005.6	12.98	32.2	617.6	65 491
1992	117 171	27 194.5	11.6	28.7	275.6	66 152
1993	118 517	35 673.2	11.45	28	−679.5	66 808
1994	119 850	48 637.5	11.21	27.4	634.1	67 455
1995	121 121	61 339.9	10.55	28.5	998.6	68 065
1996	122 389	71 813.6	10.42	28.5	1 459.1	68 950
1997	123 626	79 715.0	10.06	34.5	3 550.0	69 820
1998	124 761	85 195.5	9.14	33	3 629.3	70 637
1999	125 786	90 564.4	8.18	37.4	2 536.6	71 394
2000	126 743	100 280.1	7.58	36.2	2 383.0	72 085
2001	127 627	110 863.1	6.95	49	2 324.7	72 797
2002	128 453	121 717.4	6.45	46.5	3 094.2	73 280
2003	129 227	137 422.0	6.01	39	2 964.9	73 736
2004	129 988	161 840.2	5.87	40.8	4 235.6	74 264
2005	130 756	187 318.9	5.89	44.3	10 209.1	74 647
2006	131 448	219 438.5	5.28	45.9	16 654.6	74 978
2007	132 129	270 092.3	5.17	47.3	23 423.1	75 321
2008	132 802	319 244.6	5.08	46.2	24 226.8	75 564
2009	133 450	348 517.7	4.87	43.7	15 037.1	75 828
2010	134 091	412 119.3	4.79	39.0	15 057.1	76 105
2011	134 735	487 940.2	4.79	43.8	11 688.5	76 420
2012	135 404	538 580	4.95	44.9	14 636.0	76 704
2013	136 072	592 963.2	4.92	47.2	14 552.1	76 977

续表

年份	总人口 X_1（万人）	国内生产总值 X_2（亿元）	人口自然增长率 X_3（%）	第三产业对 GDP 的贡献率 X_4（%）	净出口额（X_5）	就业人口数（Y）
2014	136 782	643 563.1	5.21	47.5	13 610.8	77 253
2015	137 462	688 858.2	4.96	55.9	22 346.5	77 451
2016	138 271	746 395.1	5.86	60.0	16 975.6	77 603
2017	139 008	832 035.9	5.32	61.1	14 578.4	77 640
2018	139 538	919 281.1	3.81	61.5	7 054.2	77 586

数据来源:《中国统计年鉴 2019》。

利用 Stata 软件，输入如下命令：

```
. reg y x1 x2 x3 x4 x5
```

执行命令对模型进行 OLS 回归，结果如图 4-3 所示。

```
. reg  y x1 x2 x3 x4 x5

      Source |       SS           df       MS      Number of obs   =        40
-------------+----------------------------------   F(5, 34)        =    698.78
       Model |  5.5389e+09         5  1.1078e+09   Prob > F        =    0.0000
    Residual |  53900871.4        34  1585319.75   R-squared       =    0.9904
-------------+----------------------------------   Adj R-squared   =    0.9889
       Total |  5.5928e+09        39   143405747   Root MSE        =    1259.1

------------------------------------------------------------------------------
           y |      Coef.   Std. Err.      t    P>|t|     [95% Conf. Interval]
-------------+----------------------------------------------------------------
          x1 |   1.205594   .0403813    29.86   0.000     1.123529    1.287659
          x2 |  -.0075636   .0015802    -4.79   0.000    -.0107749   -.0043522
          x3 |   205.0971   123.2692     1.66   0.105    -45.41598    455.6102
          x4 |  -153.0781   36.23781    -4.22   0.000    -226.7222   -79.43406
          x5 |  -.0539217   .0456857    -1.18   0.246    -.1467662    .0389229
       _cons |  -75186.01   5700.706   -13.19   0.000    -86771.23   -63600.78
------------------------------------------------------------------------------
```

图 4-3　关于就业人口数的多元回归结果

由此可见，该模型对统计数据的 $R^2=0.990\,4$，$\bar{R}^2=0.988\,9$，F=698.78。上述结果显示，可决系数很高，拟合很好，而且显著性水平也很高。但是 X_3、X_5 的 t 检验结果不显著（P>0.05），而且 X_2、X_4 和 X_5 的 t 值的符号与预期相反，这表明很可能存在严重的多重共线性。

计算各解释变量的相关系数，选择 X_1、X_2、X_3、X_4、X_5 数据，输入命令：

```
. pwcorr x1 x2 x3 x4 x5,sig star(.05)
```

运行命令，得到带有检验概率的相关系数矩阵，结果如图 4-4 所示。

```
             x1        x2        x3        x4        x5

   x1      1.0000

   x2      0.7841*   1.0000
           0.0000

   x3     -0.9049*  -0.7478*   1.0000
           0.0000    0.0000

   x4      0.7307*   0.8273*  -0.6838*   1.0000
           0.0000    0.0000    0.0000

   x5      0.7545*   0.7436*  -0.7777*   0.6964*   1.0000
           0.0000    0.0000    0.0000    0.0000
```

图 4-4　X_1~X_5 的相关系数矩阵

由相关系数矩阵可以看出，各解释变量相互之间的相关系数较高，证实确实存在严重的多重共线性。

三、消除多重共线性

采用逐步回归的办法检验并解决多重共线性问题。分别做 Y 对 X_1、X_2、X_3、X_4、X_5 的一元回归，结果见表 4-2。

表 4-2　Y 对 X_1~X_5 的一元回归结果

变量	X_1	X_2	X_3	X_4	X_5
参数估计值	0.910 195 3	0.298 379	−2 511.56	701.197 6	1.042 139
t 值	28.08	5.41	−10.32	4.66	5.58
R^2 值	0.954 0	0.435 5	0.736 9	0.363 8	0.450 1

按 R^2 的大小排序为：X_1、X_3、X_5、X_2、X_4。下面以 X_1 为基础，顺次加入变量 X_3、X_5、X_2、X_4，进行逐步回归。

1）加入 X_3 进行回归分析，结果为

$$\hat{Y}_t = -63\,339.07 + 1.028\,376X_1 + 410.052\,8X_3$$

$$t = \qquad (13.87) \qquad (1.76)$$

$$R^2 = 0.957$$

$$F = 417.54$$

X_3 的 t 检验结果为 $P>0.05$，不显著。因此，剔除 X_3。

2）加入 X_5 进行回归分析，结果为

$$\hat{Y}_t = -56\,809.74 + 1.018\,163X_1 - 0.238\,531\,6X_5$$
$$t = \quad (23.04) \quad (-3.24)$$
$$R^2 = 0.964\,2$$
$$F = 497.80$$

结果显示，X_5 的符号与实际不符，予以剔除。

3）加入 X_2 进行回归分析，结果为

$$\hat{Y}_t = -67\,007 + 1.111\,052X_1 - 0.012\,430\,1X_2$$
$$t = \quad (34.66) \quad (-7.99)$$
$$R^2 = 0.983\,1$$
$$F = 1\,078.07$$

结果显示，X_2 的符号与实际不符，予以剔除。

4）加入 X_4 进行回归分析，结果为

$$\hat{Y}_t = -54\,066.72 + 1.017\,09X_1 - 275.749\,6X_4$$
$$t = \quad (33.97) \quad (-7.01)$$
$$R^2 = 0.980\,2$$
$$F = 917.52$$

结果显示，X_4 的符号与实际不符，予以剔除。

5）变量 X_3、X_5、X_2、X_4 均被剔除，仅保留 X_1，进行回归分析，结果为

$$\hat{Y}_t = -45\,090.67 + 0.910\,195\,3X_1$$
$$t = \quad (28.08)$$
$$R^2 = 0.954\,0$$
$$F = 788.33$$

由 Stata 软件得到的回归结果如图 4-5 所示。结果显示，X_1 的 t 检验结果为 $P<0.05$，显著，这是消除了模型的多重共线性的结果。

该结果表明，当总人口数增加 1 万人时，就业人口数将平均增长 0.910 2 万人。

Source	SS	df	MS			
				Number of obs	=	40
				F(1, 38)	=	788.33
Model	5.3356e+09	1	5.3356e+09	Prob > F	=	0.0000
Residual	257193680	38	6768254.75	R-squared	=	0.9540
				Adj R-squared	=	0.9528
Total	5.5928e+09	39	143405747	Root MSE	=	2601.6

y	Coef.	Std. Err.	t	P>|t|	[95% Conf.	Interval]
x1	.9101953	.0324175	28.08	0.000	.8445694	.9758212
_cons	-45090.67	3983.601	-11.32	0.000	-53155.05	-37026.29

图 4-5　回归结果

思考题与练习题

一、思考题

1. 多重共线性的实质是什么？为什么会出现多重共线性？

2. 多重共线性对回归参数的估计有何影响？

3. 多重共线性的典型表现是什么？判断是否存在多重共线性的方法有哪些？

4. 针对出现多重共线性的不同情形，能采取的补救措施有哪些？

5. 在涉及相关的宏观经济总量指标如GDP、货币供应量、物价总水平、国民总收入、就业人口数等时间序列的数据中一般都会怀疑有多重共线性，为什么？

6. 多重共线性的产生与样本容量的个数 n、解释变量的个数 k 有无关系？

7. 具有严重的多重共线性的回归模型能否用来进行预测？

8. 判断以下陈述是否正确并说明理由。

1）在高度多重共线性的情形中，要评价一个或多个偏回归系数的单个显著性是不可能的。

2）尽管有完全的多重共线性，OLS 估计量仍然是 BLUE。

3）如果有某一辅助回归显示出高的 R_j^2 值，则高度共线性的存在是肯定无疑的。

4）变量的两两高度相关并不表示高度多重共线性。

5）如果其他条件不变，VIF 值越高，OLS 估计量的方差越大。

6）如果在多元回归中，根据通常的 t 检验，全部偏回归系数分别是统计上不显著的，就不会得到一个高的 R^2 值。

7）如果分析的目的仅仅是预测，则多重共线性是无害的。

二、练习题

1. 假设在模型 $Y_i=\beta_0+\beta_1X_{1i}+\beta_2X_{2i}+\mu_i$ 中，X_1与X_2之间的相关系数为零，于是有人建议你进行如下回归：

$$Y_i=\alpha_0+\alpha_1X_{1i}+\mu_{1i}$$
$$Y_i=\gamma_0+\gamma_1X_{2i}+\mu_{2i}$$

1）是否存在 $\hat{\alpha}_1=\hat{\beta}_1$且$\hat{\gamma}_2=\hat{\beta}_2$？为什么？

2）$\hat{\beta}_0$会等于$\hat{\alpha}_0$或$\hat{\gamma}_0$，或两者的某种线性组合吗？

3）是否有$\text{var}(\hat{\beta}_1)=\text{var}(\hat{\alpha}_1)$且$\text{var}(\hat{\beta}_2)=\text{var}(\hat{\gamma}_2)$？

2. 在决定一个回归模型的“最优”解释变量集时，人们常用逐步回归的方法。在逐步回归中既可采取每次引进一个解释变量的方法（逐步向前回归），也可以先把所有可能的解释变量都放在一个多元回归模型中，然后逐一地将它们剔除（逐步向后回归）。加进或剔除一个变量，通常是根据F检验看其对ESS的贡献而判断的。根据你现在对多重共线性的认识，你赞成这两种逐步回归的程序吗？为什么？

3. 自己找一个经济问题来建立多元线性回归模型，如何选择变量和构造解释变量数据矩阵$\boldsymbol{X}$才能尽可能避免多重共线性的出现？

4. 克莱茵（Klein）与戈德伯格（Goldberg）曾基于1921—1950年（1942—1944年战争期间略去）美国国内的消费Y和工资收入X_1、非工资-非农业收入X_2、农业收入X_3的时间序列数据，利用OLS估计，得出下列回归方程和统计量：

$$\hat{Y}=8.133+1.059X_1+0.452X_2+0.121X_3$$
$$t=(8.92)\ (0.17)\qquad(0.66)\qquad(1.09)$$
$$R^2=0.95$$
$$F=107.37$$

参数X_1、X_2和X_3估计量的标准误，分别为8.92、0.66和1.09。

试对上述模型进行评析，指出其中存在的问题。

5. 为了探究影响社会消费品零售总额的因素，选择社会消费品零售总额Y为被解释变量。根据影响社会消费品零售总额的因素分析，选择国内生产总值X_1、居民消费水平X_2、批发和零售业增加值X_3、各项税收额X_4以及城镇登记失业人数X_5为解释变量，具体数据见表4-3。

表4-3　1980—2015年我国居民消费相关数据

时间	社会消费品零售总额Y（亿元）	国内生产总值X_1（亿元）	居民消费水平X_2（亿元）	批发和零售业增加值X_3（亿元）	各项税收额X_4（亿元）	城镇登记失业人数X_5（万人）
1980	2 140.0	4 587.6	238	193.8	571.70	541.5
1981	2 350.0	4 935.8	264	231.1	629.89	439.5
1982	2 570.0	5 373.4	284	171.4	700.02	379.4
1983	2 849.4	6 020.9	315	198.7	775.59	271.4
1984	3 376.4	7 278.5	356	363.5	947.35	235.7
1985	4 305.0	9 098.9	440	802.4	2 040.79	238.5
1986	4 950.0	10 376.2	496	852.6	2 090.73	264.4
1987	5 820.0	12 174.6	558	1 059.6	2 140.36	276.6
1988	7 440.0	15 180.4	684	1 483.4	2 390.47	296.2

续表

时间	社会消费品零售总额 Y（亿元）	国内生产总值 X_1（亿元）	居民消费水平 X_2（亿元）	批发和零售业增加值 X_3（亿元）	各项税收额 X_4（亿元）	城镇登记失业人数 X_5（万人）
1989	8 101.4	17 179.7	785	1 536.2	2 727.40	377.9
1990	8 300.1	18 872.9	831	1 268.9	2 821.86	383.2
1991	9 415.6	22 005.6	916	1 834.6	2 990.17	352.2
1992	10 993.7	27 194.5	1 057	2 405.0	3 296.91	363.9
1993	14 270.4	35 673.2	1 332	2 816.6	4 255.30	420.1
1994	18 622.9	48 637.5	1 799	3 773.4	5 126.88	476.4
1995	23 613.8	61 339.9	2 330	4 778.6	6 038.04	519.6
1996	28 360.2	71 813.6	2 765	5 599.7	6 909.82	552.8
1997	31 252.9	79 715.0	2 978	6 327.4	8 234.04	576.8
1998	33 378.1	85 195.5	3 126	6 913.2	9 262.80	571.0
1999	35 647.9	90 564.4	3 346	7 491.1	10 682.58	575.0
2000	39 105.7	100 280.1	3 721	8 158.6	12 581.51	595.0
2001	43 055.4	110 863.1	3 987	9 119.4	15 301.38	681.0
2002	48 135.9	121 717.4	4 301	9 995.4	17 636.45	770.0
2003	52 516.3	137 422.0	4 606	11 169.5	20 017.31	800.0
2004	59 501.0	161 840.2	5 138	12 453.8	24 165.68	827.0
2005	68 352.6	187 318.9	5 771	13 966.2	28 778.54	839.0
2006	79 145.2	219 438.5	6 416	16 530.7	34 804.35	847.0
2007	93 571.6	270 232.3	7 572	20 937.8	45 621.97	830.0
2008	114 830.1	319 515.5	8 707	26 182.3	54 223.79	886.0
2009	133 048.2	349 081.4	9 514	29 001.5	59 521.59	921.0
2010	158 008.0	413 030.3	10 919	35 904.4	73 210.79	908.0
2011	187 205.8	489 300.6	13 134	43 730.5	89 738.39	922.0
2012	214 432.7	540 367.4	14 699	49 831.0	100 614.28	917.0
2013	242 842.8	595 244.4	16 190	56 284.1	110 530.70	926.0
2014	271 896.1	643 974.0	17 778	62 423.5	119 175.31	952.0
2015	300 930.8	689 052.1	19 397	66 186.7	124 922.20	966.0

资料来源：《中国统计年鉴 2016》。

1）建立对数线性多元回归模型。

2）如果决定用表中全部变量作为解释变量，会出现多重共线性的问题吗？为什么？

3）如果有多重共线性，应该怎样解决这个问题？明确所有假设并列出全部计算过程。

第五章　异方差性

引例：中国人的边际消费倾向到底有多低？

以 Keynes 理论为代表的古典消费理论认为，消费者支出的主要决定因素是家庭收入。Keynes 认为普遍存在这样一条消费规律：消费者支出与其收入成正相关关系，即消费者的收入越高其支出越多，反之亦然。通常，将消费者的收入与支出的这种关系称为消费函数或消费倾向。根据 2018 年中国家庭追踪调查的数据，可用一回归模型描述中国家庭过去一年的收入 X 和消费 Y 的关系。

$$\hat{Y}_i = 55\ 740.68 + 0.327\ 853X_i$$
$$t = \quad (17.39) \qquad (14.65)$$
$$R^2 = 0.396\ 2$$
$$F = 302.56(P = 0.000)$$

从上面的回归结果可以看出，收入对消费的影响具有显著性（$t>2$），边际消费倾向为 0.327 853，说明家庭收入每增加 1 元，家庭消费将平均增加 0.327 853 元。作为最喜欢储蓄的中国人，约 32.8% 的边际消费倾向可靠吗？有没有更加充分的理由说明这个结果不可靠？那更为真实的结论是什么？

在进行多元线性回归时，需要假定随机扰动项满足古典（高斯）假定。但对现实经济问题进行分析时，可能有部分条件不满足。本章主要探讨如果违背古典假定中的异方差假定，即随机扰动项的方差并不是常数时，如何构建多元线性回归模型。本章将讨论异方差的实质、异方差产生的原因、异方差导致的后果，并介绍对异方差的检验和修正方法。

第一节　异方差性的概念

一、异方差性的实质

在对多元线性模型进行回归时，其中古典假定中的一个基本假定是所有的随机误差项的方差均相等，即针对所有的 $i\ (i=1,2,\cdots,n)$ 都有：

$$\operatorname{var}(\mu_i)=\sigma^2 \tag{5-1}$$

此时，称随机误差项 μ_i 具有同方差性，也就是说随着 i $(i=1,2,\cdots,n)$ 取值的不同，所对应的 μ_i 方差 $\operatorname{var}(\mu_i)$ 为一常数 σ^2。在古典假定中，假定 μ_i 的均值为 0，即 $E(\mu_i)=0$，而 μ_i 的方差 $\operatorname{var}(\mu_i)$ 是度量随机扰动项 μ_i 的离散程度。同方差是指以被解释变量 Y 为观测值的多元线性回归模型 $E(Y_i)=\beta_0+\beta_1X_{1i}+\cdots+\beta_kX_{ki}$ 的离散程度相同，这里记为一常数 σ^2。

设该多元线性回归模型为

$$Y_i=\beta_0+\beta_1X_{1i}+\cdots+\beta_kX_{ki}+\mu_i \quad (i=1,2,\cdots,n) \tag{5-2}$$

如果其他假定均不变，但模型中随机误差项 μ_i 的方差为

$$\operatorname{var}(\mu_i)=\sigma_i^2\neq\text{常数} \quad (i=1,2,\cdots,n) \tag{5-3}$$

则称 μ_i 具有异方差性（heteroscedasticity），其矩阵形式为

$$\operatorname{var}(\boldsymbol{\mu})=\begin{pmatrix}\sigma_1^2 & 0 & \cdots & 0\\ 0 & \sigma_2^2 & \cdots & 0\\ \vdots & \vdots & \ddots & \vdots\\ 0 & 0 & \cdots & \sigma_n^2\end{pmatrix}$$

因此，异方差性是指被解释变量观测值的离散程度并不是一个常数，会随着解释变量取值的变化而变化，如图 5-1 所示。因此，进一步的分析可以将异方差看成是由于某个解释变量的变化而引起的，则记为

$$\operatorname{var}(\mu_i^2)=\sigma_i^2=\sigma^2 f(X_i) \tag{5-4}$$

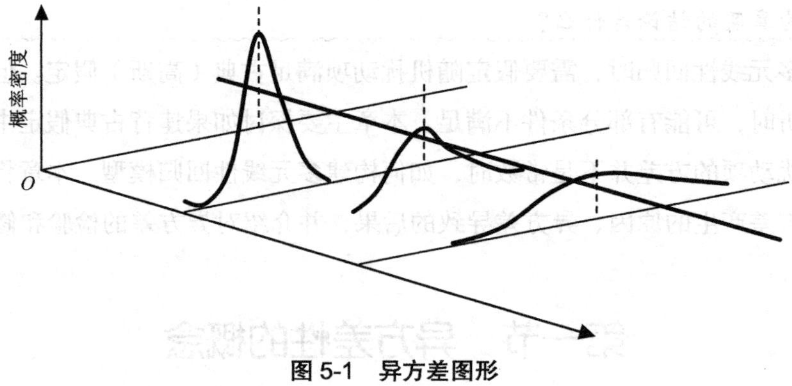

图 5-1　异方差图形

二、产生异方差的原因

由于现实经济活动的复杂性，一些经济现象的变动与同方差性的假定经常是相悖的，很多情况下会产生异方差。例如，在使用截面数据估计一个企业或住户关系时，误差项

μ_i可能产生于大企业或高收入的住户，而小误差则与小企业或低收入住户有关。这种情况意味着μ_i具有不同的方差，即为异方差。由此可见，异方差经常来源于截面数据。在计量经济学分析中，往往会出现某些因素随其观测值的变化而对被解释变量产生不同的影响，导致随机误差项的方差相异。通常产生异方差有以下几个主要原因。

（一）模型中省略了某些重要的解释变量

异方差性表现在随机误差项上，但它的产生却与解释变量的变化有紧密的关系。如果计量模型本来应当为$Y_i = \beta_0 + \beta_1 X_{1i} + \beta_2 X_{2i} + \mu_i$，假如略去了$X_{2i}$，其变为

$$Y_i = \beta_0 + \beta_1 X_{1i} + \mu_i^* \tag{5-5}$$

当被略去的X_{2i}与X_{1i}的变化趋势同方向或反方向时，X_{2i}随X_{1i}的有规律变化会体现在式（5-5）中的μ_i^*项中。如果将某些未在模型中出现的重要影响因素归入随机误差项，而且这些影响因素的变化具有差异性，则会对被解释变量产生不同的影响，从而导致误差项的方差随之变化，即产生异方差性。在第四章已经讨论过，可以通过剔除变量的方法去避免多重共线性的影响，但是如果删除了重要的变量又有可能引起异方差性。这是在建模过程中应当注意的问题。

（二）模型设定误差

模型的设定主要包括变量的选择和模型数学形式的确定。如果模型中略去了重要的解释变量，常常导致异方差，实际就是模型的设定出现了问题。除此以外，模型的函数形式不正确，如把变量间本来为非线性的关系设定为线性，也可能导致异方差。

（三）测量误差的变化

随机误差项中包含样本数据的观测误差，产生这个问题有两方面的原因：一方面，样本数据的观测误差常常会随着时间的推移在一定范围内逐渐累积，引起随机误差项的方差增大；另一方面，由于样本观测技术的改进，数据处理技术提高也可能使得样本数据的观测误差逐步减小，从而引起随机误差项的方差不同。

（四）截面数据中总体各单位的差异

通常认为，截面数据较时间序列数据更容易产生异方差。例如，运用截面数据研究消费和收入之间的关系时，如果采取不同家庭收入组的数据，低收入组的家庭用于购买生活必需品的比例相对较大，消费的分散程度不大，组内各家庭消费的差异也较小；高收入组的家庭有更多可自由支配的收入，其家庭消费有更广泛的选择范围，消费的分散程度较

大，组内各家庭消费的差异也较大。这种不同收入组家庭的消费偏离均值程度的差异，最终反映为随机误差项偏离其均值的程度有变化，而出现异方差。异方差性在截面数据中比在时间序列数据中可能更常出现，这是因为同一时点不同对象的差异，一般说来这种差异会大于同一对象不同时间的差异。不过，时间序列数据也不是不会产生异方差，在时间序列数据发生较大变化的情况时，也可能出现异方差，而且是产生比截面数据更严重的异方差。

以上仅是对产生异方差原因的经验总结，在建立计量经济学模型的过程中，如要确定具体是什么原因产生异方差，应对变量的经济意义和数据所表现出的特征进行认真的分析。

第二节 异方差性的后果

在计量经济学分析中，设计量模型为

$$\boldsymbol{Y}=\boldsymbol{X\beta}+\boldsymbol{U}$$

式中：$\boldsymbol{X}$ 为 $T\times(k+1)$ 阶矩阵；$\boldsymbol{Y}$ 为 $T\times 1$ 阶矩阵；$\boldsymbol{\beta}$ 为 $(k+1)\times 1$ 阶矩阵；$\boldsymbol{U}$ 为 $T\times 1$ 阶随机误差项矩阵。

因此，这四个参数矩阵的表达式如下：

$$\boldsymbol{X}=\begin{pmatrix}1 & X_{11} & \cdots & X_{1k}\\ 1 & X_{21} & \cdots & X_{2k}\\ \vdots & \vdots & \ddots & \vdots\\ 1 & X_{T1} & \cdots & X_{Tk}\end{pmatrix},\ \boldsymbol{Y}=\begin{pmatrix}Y_1\\ \vdots\\ Y_T\end{pmatrix},$$

$$\boldsymbol{\beta}=\begin{pmatrix}\beta_0\\ \beta_1\\ \vdots\\ \beta_k\end{pmatrix},\ \boldsymbol{U}=\begin{pmatrix}u_1\\ \vdots\\ u_T\end{pmatrix}$$

此外，$\mathrm{var}(\boldsymbol{U})=E(\boldsymbol{UU'})=\sigma^2\boldsymbol{\Psi}\neq\sigma^2\boldsymbol{I}_T$，其中 $\boldsymbol{\Psi}$ 为对角线上元素各不相同的对角矩阵，因而该计量模型存在异方差。因此，使用普通最小二乘（OLS）法得到回归系数 $\boldsymbol{\beta}$ 的估计量：

$$\hat{\boldsymbol{\beta}}=(\boldsymbol{X'X})^{-1}\boldsymbol{X'Y}$$

如果模型存在异方差，但依然使用 OLS 法估计模型参数，则会对模型产生以下后果。

一、异方差对参数估计量统计特性的影响

（一）参数的 OLS 估计仍然具有线性性和无偏性

由参数估计量的公式（见第二章）可知，参数的 OLS 估计的无偏性仅依赖于基本假定中随机误差项的零均值假定，即 $E(\mu_i)=0$，以及解释变量的非随机性，异方差的存在并不影响参数估计公式的无偏性。

这里，由于 $\hat{\boldsymbol{\beta}}=(\boldsymbol{X'X})^{-1}\boldsymbol{X'Y}$ 是 $\boldsymbol{Y}$ 的一次函数，显然 $\hat{\boldsymbol{\beta}}$ 关于 $\boldsymbol{Y}$ 是线性的。

其次，由于：

$$\begin{aligned}E(\hat{\boldsymbol{\beta}})&=E\left[(\boldsymbol{X'X})^{-1}\boldsymbol{X'Y}\right]=E\left[(\boldsymbol{X'X})^{-1}\boldsymbol{X'}(\boldsymbol{X\beta}+\boldsymbol{U})\right]\\&=E\left[(\boldsymbol{X'X})^{-1}\boldsymbol{X'X\beta}+(\boldsymbol{X'X})^{-1}\boldsymbol{X'XU}\right]\\&=E(\boldsymbol{\beta})+(\boldsymbol{X'X})^{-1}\boldsymbol{X'}E(\boldsymbol{U})\\&=\boldsymbol{\beta}\end{aligned}$$

式中：$E(\boldsymbol{U})=0$。

因此，$\hat{\boldsymbol{\beta}}=(\boldsymbol{X'X})^{-1}\boldsymbol{X'Y}$ 是 $\boldsymbol{\beta}$ 的无偏估计。

（二）参数 OLS 估计量的方差不再是最小的

存在异方差时，参数 OLS 估计量的方差不再是最小的，即 OLS 估计量不再是有效估计量。

现在计算 $\hat{\boldsymbol{\beta}}$ 的协方差矩阵。

$$\begin{aligned}E(\hat{\boldsymbol{\beta}}-\boldsymbol{\beta})(\hat{\boldsymbol{\beta}}-\boldsymbol{\beta})'&=E[(\boldsymbol{X'X})^{-1}\boldsymbol{X'Y}-\boldsymbol{\beta}][(\boldsymbol{X'X})^{-1}\boldsymbol{X'Y}-\boldsymbol{\beta}]'\\&=E[(\boldsymbol{X'X})^{-1}\boldsymbol{X}'(\boldsymbol{X\beta}+\boldsymbol{U})-\boldsymbol{\beta}][(\boldsymbol{X'X})^{-1}\boldsymbol{X}'(\boldsymbol{X\beta}+\boldsymbol{U})-\boldsymbol{\beta}]'\\&=E[\boldsymbol{\beta}+(\boldsymbol{X'X})^{-1}\boldsymbol{X'U}-\boldsymbol{\beta}][\boldsymbol{\beta}+(\boldsymbol{X'X})^{-1}\boldsymbol{X'U}-\boldsymbol{\beta}]'\\&=E[(\boldsymbol{X'X})^{-1}\boldsymbol{X'U}][(\boldsymbol{X'X})^{-1}\boldsymbol{X'U}]'\\&=E[(\boldsymbol{X'X})^{-1}\boldsymbol{X'U}][\boldsymbol{U'X}(\boldsymbol{X'X})^{-1}]\\&=(\boldsymbol{X'X})^{-1}\boldsymbol{X'}E(\boldsymbol{UU'})\boldsymbol{X}(\boldsymbol{X'X})^{-1}\\&=\sigma^2(\boldsymbol{X'X})^{-1}\boldsymbol{X'\Psi X}(\boldsymbol{X'X})^{-1}\end{aligned}$$

因此，当计量经济学模型具有同方差时，$\hat{\boldsymbol{\beta}}$ 的协方差矩阵可表示为

$$E(\hat{\boldsymbol{\beta}}-\boldsymbol{\beta})(\hat{\boldsymbol{\beta}}-\boldsymbol{\beta})'=\sigma^2(\boldsymbol{X'X})^{-1}$$

所以，当随机误差项具有异方差时，$\sigma^2(\boldsymbol{X'X})^{-1}$ 便不再是 $\hat{\boldsymbol{\beta}}$ 的协方差矩阵的正确估计式。在模型参数的所有线性估计式中，OLS 估计方差最小的重要前提条件之一是随机误差项为同方差，如果随机误差项存在异方差，将不再保证最小二乘估计的方差最小。也就

是说，在异方差存在时，虽然 OLS 估计量仍保持线性无偏性和一致性，但已失去了有效性，即参数的 OLS 估计量不再具有最小方差。（具体证明过程略）

二、异方差对参数显著性检验的影响

在 μ_i 存在异方差时，OLS 估计量不再具有最小方差，如果仍然用不存在异方差性时的 OLS 法估计其方差（如在一元回归时仍用 $\text{var}(\hat{\beta}_1)=\sigma^2/\sum X_i^2$ 去估计参数估计式的方差），将会低估存在异方差时的真实方差，从而低估 $SE(\hat{\beta}_1)$，这将导致夸大用于参数显著性检验的 t 统计量；如果仍用夸大的 t 统计量进行参数的显著性检验，可能造成本应接受的原假设被错误地拒绝，从而夸大所估计参数的统计显著性。

三、异方差对预测的影响

对于存在异方差的模型，其参数的 OLS 估计量仍然无偏，并且基于此条件的预测也是无偏的，但是由于参数估计量不是有效的，从而对 Y 的预测也将不是有效的。在 μ_i 存在异方差时，σ_i^2 与 X_i 的变化有关，$\text{var}(\hat{\beta}_k)$ 不能唯一确定，Y 预测区间的确立将发生困难。而且 $\text{var}(\hat{\beta}_k)$ 会增大，Y 预测值的精确度也将会下降。

异方差性的存在，会给回归模型的正确建立和统计推断带来严重后果，因此在计量经济学分析中，有必要检验模型是否存在异方差。

第三节 异方差性的检验

由于异方差的存在使得 OLS 估计量不再是最佳线性无偏估计量（BLUE），同时给模型的参数估计带来诸多不良的后果，为此许多计量经济学研究者对异方差性进行了广泛研究。由前面的分析可知，通常样本的截面数据、时间序列数据等均可能具有异方差性，有时由于抽样技术的原因也容易产生异方差。为检验模型中是否存在异方差，需要了解随机误差项 μ_i 的概率分布。由于随机误差项很难直接观测，只能对随机误差项的分布特征进行某种推测，因此对异方差性的检验还没有完全可靠的准则，只能针对产生异方差不同原因的假设，提出一些检验异方差的经验办法。本节只介绍一些常用的方法。

一、图示检验法

（一）相关图形分析

检验异方差最简单、最原始的方法就是图示法。方差描述的是随机变量的取值相对于其均值的离散程度，由于随机误差项是无法观测的，其方差更是无法测度。而被解释变量 Y 与随机误差项 μ 有相同的方差，所以可以分析被解释变量 Y 与解释变量 X 的相关图形，通过观察 Y 的离散程度与 X 之间是否有相关关系来判断是否存在异方差。如果随着解释变量 X 的增加，被解释变量 Y 的离散程度有逐渐增大（或减小）的趋势，则认为存在递增型（或递减型）的异方差。例如，根据中国家庭追踪调查得到的 30 组家庭年收入与家庭消费支出的数据，绘制出散点图，如图 5-2 所示。可以看出，随着 X 的增加，Y 的离散程度也在增加，存在递增性的异方差。

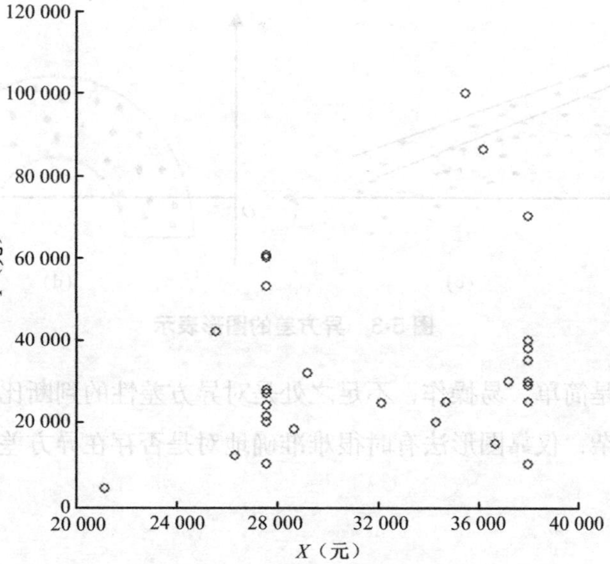

图 5-2　递增性的异方差

（二）残差图形分析

假设一元线性回归方程为 $Y_i=\beta_0+\beta_1X_i+\mu_i$，基于样本资料并采用普通最小二乘法对模型进行估计，得 $\hat{Y}_i=\hat{\beta}_0+\hat{\beta}_1X_i$。此时，可以得到残差：

$$\varepsilon_i=Y_i-\hat{Y}_i=Y_i-\hat{\beta}_0-\hat{\beta}_1X_i=\hat{\mu}_i\quad(i=1,2,\cdots,n)\tag{5-6}$$

若残差项 ε_i 随着 X_i 的变化而变化，那么 μ_i 可能存在异方差。虽然随机误差无法观测，但样本回归的残差一定程度上反映被解释变量围绕着回归线的波动情况，所以可通过残差的图形对异方差性进行观察。例如，一元线性回归模型 $Y_i = \beta_0 + \beta_1 X_{1i} + \mu_i$，在 OLS 估计基础上得到残差的平方 ε_i^2，然后绘制出 ε_i^2 对 X_i 的散点图，如果 ε_i^2 不随 X_i 而变化，如图 5-3（a）所示，则表明 μ_i 不存在异方差；如果 ε_i^2 随 X_i 而变化，如图 5-3（b）所示，则代表着存在递增性的异方差；图 5-3（c）反映递减型的异方差；图 5-3（d）反映复杂型的异方差。

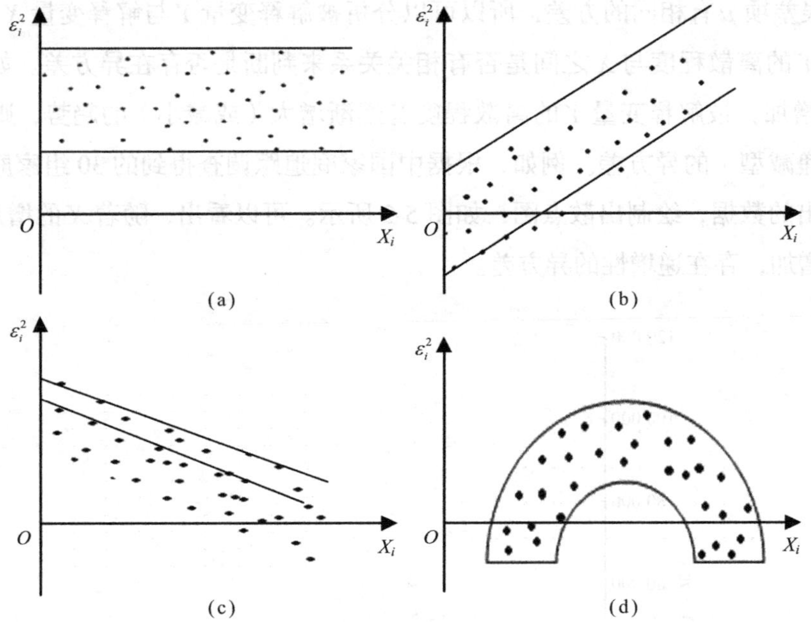

图 5-3 异方差的图形表示

图形法的特点是简单、易操作，不足之处是对异方差性的判断比较粗糙，由于引起异方差的原因错综复杂，仅靠图形法有时很难准确地对是否存在异方差下结论，还需要采用其他统计检验方法。

二、戈德菲尔德 - 夸特检验

戈德菲尔德 - 夸特（Goldfeld-Quanadt）检验法是戈德菲尔德和夸特于 1965 年提出的，可用于检验递增性或递减性异方差。戈德菲尔德 - 夸特检验的基本思想是将样本分为两部分，然后分别对两个部分进行回归，并计算比较两个回归的残差平方和是否有明显差异，以此判断是否存在异方差。

（一）戈德菲尔德－夸特检验的前提条件

1）该检验只适用于大样本。

2）除了同方差假定不成立外，其他假定均满足。

（二）戈德菲尔德－夸特检验的具体做法

1. 排序

将观测值按解释变量 X_i 的大小排序。

2. 划分样本

将排列在中间的 c 个（约样本容量的 1/4）观察值删除，再将剩余的观测值分为前后两个部分，每部分的观察值个数为 $(n-c)/2$。

3. 提出假设

原假设 $H_0: \sigma_1^2 = \sigma_2^2 = \cdots = \sigma_T^2$（同方差）

备择假设 $H_1: \sigma_1^2 \leqslant \sigma_2^2 \leqslant \cdots \leqslant \sigma_T^2$（存在递增或递减的异方差）

4. 构造 *F* 统计量

分别对上述两个部分的观察值做回归分析，由此得到两个部分的残差平方和，以 $\sum \varepsilon_{1i}^2$ 表示前一部分样本回归产生的残差平方和，以 $\sum \varepsilon_{2i}^2$ 表示后一部分样本回归产生的残差平方和，它们的自由度均为 $[(n-c)/2]-k$。其中，k 为参数的个数。在原假设成立的条件下，因 $\sum \varepsilon_{1i}^2$ 和 $\sum \varepsilon_{2i}^2$ 分别服从自由度均为 $[(n-c)/2]-k$ 的 χ^2 分布，可导出

$$F^* = \frac{\sum \varepsilon_{2i}^2 \Big/ \left[\dfrac{n-c}{2}-k\right]}{\sum \varepsilon_{1i}^2 \Big/ \left[\dfrac{n-c}{2}-k\right]} = \frac{\sum \varepsilon_{2i}^2}{\sum \varepsilon_{1i}^2} \sim F\left(\frac{n-c}{2}-k, \frac{n-c}{2}-k\right) \tag{5-7}$$

5. 判断

给定显著性水平 α，查 F 分布表，得临界值 $F_{(\alpha)} = F_{(\alpha)}\left(\dfrac{n-c}{2}-k, \dfrac{n-c}{2}-k\right)$。计算统计量 F^*，如果 $F^* > F_{(\alpha)}$，则拒绝原假设，不拒绝备择假设，即认为模型中的随机误差存在异方差。反之，如果 $F^* < F_{(\alpha)}$，则不拒绝原假设，认为模型中随机误差项不存在异方差。这里请注意，需要用大的残差平方和比小的残差平方和，如果大的残差平方和出现在解释变量值较大的区域，则在拒绝了原假设的情况下，存在递增型的异方差；如果是大的残差平方出现在解释变量值较小的区域，则在拒绝了原假设的情况下，存在递减型的异方差。

戈德菲尔德－夸特检验的检验结果与两个方面有关：一是与对观测值的正确排序有关；二是与删除数据的个数 c 的大小有关。但是，c 的最优选择不明显。c 取大的数值时，一般 F 统计量会增大，有可能增加检验的功效，但自由度的减少又会降低检验的功效。

经验认为，当 n=30 时，可以取 c=4；当 n=60 时，取 c=10 为宜。该方法得到的结果只能判断异方差为递增型或递减型，而且在多个解释变量的情况下，对判断是哪一个变量引起异方差还存在局限。如果异方差与解释变量之一或者可能未包含在方程中的某个外生变量直接相关，那么这种排序是合理的，此检验可能证明是有效的。当观测值没有正确排序时，此检验的功效就值得怀疑。此外，值得注意的是，戈德菲尔德－夸特检验是一种精确检验，不依赖于渐进特性。

三、怀特检验

根据前面的介绍可知，异方差的存在是由于某个解释变量的变化所引起的。1980 年，怀特（White）提出了一种关于异方差的检验办法，其基本思想是，如果存在异方差，其方差 σ_i^2 与某一解释变量有关系，可以通过做一个由方差作为被解释变量，解释变量、解释变量的平方、解释变量的交叉乘积作为解释变量的辅助回归模型来判断模型的异方差性。但是 σ_i^2 一般是未知的，可用 OLS 法估计的残差平方 ε_i^2 作为其估计值。

假设二元线性回归模型为

$$Y_i = \beta_0 + \beta_1 X_{1i} + \beta_2 X_{2i} + \mu_i \tag{5-8}$$

因此，检验模型是否存在异方差，相当于检验如下原假设：

$$\mathrm{H}_0 : E\left(\mu_i^2 \mid X\right) = \sigma_i^2$$

此时，模型仍满足 $E\left(\mu_i \mid X\right) = 0$；$E\left(\mu_i \mu_s \mid X\right) = 0$，$s \neq i$，那么随机误差项的协方差阵是一个对角矩阵，但不一定是标准对角矩阵。

假设残差与解释变量 X_{1i}, X_{2i} 具有线性关系，在此基础上，假设在残差与解释变量存在线性关系的基础上再加入解释变量的平方项与交叉项，因此得到辅助回归模型，以原回归模型含有两个解释变量为例写出辅助回归模型的一般形式为

$$\varepsilon_i^2 = \alpha_0 + \alpha_1 X_{1i} + \alpha_2 X_{2i} + \alpha_3 X_{1i}^2 + \alpha_4 X_{2i}^2 + \alpha_6 X_{1i} X_{2i} + v_i \tag{5-9}$$

式中：v_i 为随机误差项。

怀特检验的基本步骤如下。

1）用 OLS 法估计式（5-9），计算残差 $\varepsilon_i = Y_i - \hat{Y}_i$，并求残差平方 ε_i^2。

2）用残差平方 ε_i^2 作为异方差 σ_i^2 的估计，并作 ε_i^2 对 $X_{1i}, X_{2i}, X_{1i}^2, X_{2i}^2, X_{1i}X_{2i}$ 的辅助回归，即

$$\hat{\varepsilon}_i^2 = \hat{\alpha}_0 + \hat{\alpha}_1 X_{1i} + \hat{\alpha}_2 X_{2i} + \hat{\alpha}_3 X_{1i}^2 + \hat{\alpha}_4 X_{1i}^2 + \hat{\alpha}_5 X_{1i} X_{2i} \tag{5-10}$$

式中：$\hat{\varepsilon}_i^2$ 表示 ε_i^2 的估计。

3）计算统计量 nR^2，其中 n 为样本容量，R^2 为辅助回归的可决系数。

4）在 $H_0:\alpha_1=\cdots=\alpha_5=0$ 和 $H_1:\alpha_j\ (j=1,2,\cdots,5)$ 中至少有一个不为零的原假设下，可证明，nR^2 渐近地服从自由度为 5 的 χ^2 分布。给定显著性水平 α，查 χ^2 分布表得临界值 $\chi_\alpha^2(5)$，如果 $nR^2>\chi_\alpha^2(5)$，则拒绝原假设 H_0，表明模型中随机误差项存在异方差。

怀特检验的特点是不仅能够检验异方差的存在，同时还能在存在多个变量的情况下，判断出是哪个变量引起的异方差；此方法不需要异方差的先验信息，但要求观测值为大样本。

四、自回归条件异方差性检验

通常，截面数据相对容易产生异方差，但是时间序列数据也会产生异方差。恩格尔（Engel）于 1982 年提出了在时间序列背景下也有可能出现异方差，并从理论上提出了一种观测时间序列数据方差变动的方法，这就是所谓的自回归条件异方差性（Auto Regressive Conditional Heteroscedasticity，ARCH）检验方法。ARCH 检验的思想是，在时间序列数据中，异方差性不是由解释变量引起的，而是由方差的滞后项所引起的。

（一）ARCH 检验过程

设 ARCH 检验模型为

$$\sigma_t^2=\alpha_0+\alpha_1\sigma_{t-1}^2+\cdots+\alpha_p\sigma_{t-p}^2+v_t \tag{5-11}$$

式中：p 为 ARCH 检验过程的阶数，并且 $\alpha_0>0,\ \alpha_i\geqslant 0\ (i=1,2,\cdots,p)$；$v_t$ 为随机误差项。

（二）ARCH 检验的基本步骤

1. 提出假设

设原假设 H_0 和备择假设 H_1。

$$H_0:\alpha_1=\alpha_2=\cdots=\alpha_p=0$$

$$H_1:\alpha_j\ (j=1,2,\cdots,p)\text{中至少有一个不为零}$$

2. OLS 估计

对原模型进行 OLS 估计，求出残差 ε_t，并计算残差平方序列 $\varepsilon_t^2,\varepsilon_{t-1}^2,\cdots,\varepsilon_{t-p}^2$，以分别作为对 $\sigma_t^2,\sigma_{t-1}^2,\cdots,\sigma_{t-p}^2$ 的估计。

3. 辅助回归

建立辅助回归模型为

$$\hat{\varepsilon}_t^2=\hat{\alpha}_0+\hat{\alpha}_1\varepsilon_{t-1}^2+\cdots+\hat{\alpha}_p\varepsilon_{t-p}^2 \tag{5-12}$$

式中：$\hat{\varepsilon}_t^2$ 表示 ε_t^2 的估计。

4. 计算可决系数

计算辅助回归模型（式（5-12））的可决系数 R^2 。可以证明，在 H_0 成立下，基于大样本，有 $(n-p)R^2$ 渐近服从 $\chi^2(p)$，p 为自由度，亦即式（5-11）中变量的滞后期数。给定显著性水平 α，查 χ^2 分布表得临界值 $\chi_\alpha{}^2(p)$，如果 $(n-p)R^2>\chi_\alpha{}^2(p)$，则拒绝原假设，表明模型中的随机误差项存在异方差。

ARCH 检验的特点是要求变量的观测值为大样本，并且是时间序列数据。但 ARCH 检验只能判断模型中是否存在异方差，不能诊断出是哪一个变量引起的异方差。

五、戈里瑟检验

1969 年，戈里瑟（H. Glejser）提出了一种异方差检验方法，其不仅可以检验异方差的存在性，而且可以近似探测随机误差项的方差是怎样随着解释变量的变化而变化的。戈里瑟检验的基本思想是假设方差与解释变量之间存在某种幂关系，是积性异方差的一种表现形式。假设 $\sigma_i^2=f(X_i)$ 是 X_i 的幂函数，$\operatorname{var}(\mu_i)=\sigma_i^2$ 以 $Y_i=\beta_0+\beta_1X_i+\mu_i$ 为例，其具体检验步骤如下。

1）用普通最小二乘法估计上述线性回归模型的系数，求出随机误差项 μ_i 的估计值 $\varepsilon_i\ (i=1,2,\cdots,n)$。

2）用 $|\varepsilon_i|$ 与解释变量 X_i 的不同幂次进行回归模拟，例如：

$$|\varepsilon_i|=\beta X_i+v_i$$

$$|\varepsilon_i|=\beta\sqrt{X_i}+v_i$$

$$|\varepsilon_i|=\beta\frac{1}{X_i}+v_i$$

$$|\varepsilon_i|=\beta\frac{1}{\sqrt{X_i}}+v_i$$

$$\vdots$$

$$|\varepsilon_i|=\alpha+\beta X_i\cdot p+v_i$$

式中：v_i 是误差项；p 是可以确定的常数。

用普通最小二乘法估计上述各回归模型，利用样本可决系数 R^2 、t 统计量进行显著性检验。若有通过检验的模型，则说明原模型存在该种形式的异方差。

3）用 $|\varepsilon_i|$ 与可能产生异方差的多个解释变量进行回归模拟，如：

$$|\varepsilon_i|=\alpha_0+\alpha_1X_{i1}+\alpha_2X_{i2}+\alpha_3X_{i3}+v_i$$

利用可决系数 R^2 、t 统计量、F 统计量检验回归式是否显著。若显著，说明随机误差项存在异方差。

戈里瑟检验的优点是不仅检验了异方差性是否存在，同时也给出了异方差存在时的具

体表现形式，为克服异方差提供了方便。但是，由于构造$|\varepsilon_i|$与解释变量的回归是探测性的，如果试验模型选得不好，则检验不出是否存在异方差。

第四节　异方差性的补救措施

在计量经济学模型中，异方差是经常发生的。由于异方差的出现必然会给模型的估计带来影响，因此必须寻找合理的解决方法，通过对原计量模型进行变换，使变换后的模型具有同方差性，满足普通最小二乘法的基本假定。异方差可以导致出现参数的显著性检验失效等问题，所以当模型检验出存在异方差时，需要采取措施对异方差性进行修正，基本思想是采用适当的估计方法，消除或减小异方差对模型的影响。

一、模型变换法

当可以确定异方差的具体形式时，将模型做适当变换有可能消除或减轻异方差的影响。以一元线性回归模型为例，其表达式为

$$Y_i = \beta_0 + \beta_1 X_i + \mu_i \tag{5-13}$$

经检验μ_i存在异方差，并已知$\text{var}(\mu_i) = \sigma_i^2 = \sigma^2 f(X_i)$。其中$\sigma^2$为常数，$f(X_i)$为$X_i$的某种函数。显然，当$f(X_i)$是常数时，$\mu_i$为同方差；当$f(X_i)$不是常数时，$\mu_i$为异方差。为了对模型进行变换，用$\sqrt{f(X_i)}$除以式（5-13）的两端，得

$$\frac{Y_i}{\sqrt{f(X_i)}} = \frac{\beta_0}{\sqrt{f(X_i)}} + \beta_1 \frac{X_i}{\sqrt{f(X_i)}} + \frac{\mu_i}{\sqrt{f(X_i)}} \tag{5-14}$$

记$Y_i^* = \dfrac{Y_i}{\sqrt{f(X_i)}}$；$X_i^* = \dfrac{X_i}{\sqrt{f(X_i)}}$；$\beta_0^* Z_i = \dfrac{\beta_0}{\sqrt{f(X_i)}}$；$v_i = \dfrac{\mu_i}{\sqrt{f(X_i)}}$，则有

$$Y_i^* = \beta_0^* Z_i + \beta_1 X_i^* + v_i \tag{5-15}$$

式中：v_i为随机误差项，其方差为

$$\text{var}(v_i) = \text{var}(\frac{\mu_i}{\sqrt{f(X_i)}}) = \frac{1}{f(X_i)} \text{var}(\mu_i) = \sigma^2 \tag{5-16}$$

可见，经变换后的式（5-15）的随机误差项$v_i = \dfrac{\mu_i}{\sqrt{f(X_i)}}$已是同方差。

根据图示法所得到的相应信息，可以对$f(X_i)$的函数形式做出各种假定，常见的$f(X_i)$形式有以下几种：①$f(X_i) = X_i$，②$f(X_i) = X_i^2$，③$f(X_i) = (a_0 + a_1 X_i)^2$。

1）设$f(X_i) = X_i$，即$\text{var}(\mu_i) = \sigma^2 X_i$，这时对式（5-13）两端同除$\sqrt{X_i}$，得

$$\frac{Y_i}{\sqrt{X_i}} = \frac{\beta_0}{\sqrt{X_i}} + \beta_1 \frac{X_i}{\sqrt{X_i}} + \frac{\mu_i}{\sqrt{X_i}} \tag{5-17}$$

令 $v_i=\frac{\mu_i}{\sqrt{X_i}}$，则 $\mathrm{var}(v_i)$ 为同方差。因为

$$\mathrm{var}(v_i)=\mathrm{var}(\frac{\mu_i}{\sqrt{X_i}})=\frac{1}{X_i}\mathrm{var}(\mu_i)=\sigma^2 \tag{5-18}$$

2）设 $f(X_i)=X_i^2$，则 $\mathrm{var}(\mu_i)=\sigma^2X_i^2$，同理有

$$\frac{Y_i}{X_i}=\beta_0\frac{1}{X_i}+\beta_1\frac{X_i}{X_i}+\frac{\mu_i}{X_i} \tag{5-19}$$

令 $v_i=\frac{\mu_i}{X_i}$，则 $\mathrm{var}(v_i)$ 为同方差。因为

$$\mathrm{var}(v_i)=\mathrm{var}(\frac{\mu_i}{X_i})=\frac{1}{X_i^2}\mathrm{var}(\mu_i)=\sigma^2 \tag{5-20}$$

3）设 $f(X_i)=(a_0+a_1X_i)^2$，则 $\mathrm{var}(\mu_i)=\sigma^2(a_0+a_1X_i)^2$。同理有

$$\frac{Y_i}{a_0+a_1X_i}=\beta_0\frac{1}{a_0+a_1X_i}+\beta_1\frac{X_i}{a_0+a_1X_i}+\frac{\mu_i}{a_0+a_1X_i} \tag{5-21}$$

令 $v_i=\frac{\mu_i}{a_0+a_1X_i}$，则 $\mathrm{var}(v_i)$ 为同方差。因为

$$\mathrm{var}(v_i)=\mathrm{var}(\frac{\mu_i}{a_0+a_1X_i})=\frac{1}{(a_0+a_1X_i)^2}\mathrm{var}(\mu_i)=\sigma^2 \tag{5-22}$$

二、加权最小二乘法

加权顾名思义就是引入权数，那么权数该如何引？为了便于说明问题，仍以一元线性回归模型为例：

$$Y_i=\beta_0+\beta_1X_{1i}+\mu_i \tag{5-23}$$

该模型的异方差形式为

$$\mathrm{var}(\mu_i)=\sigma_i^2=\sigma^2f(X_i)$$

式中：σ^2 为常数；$f(X_i)$ 为 X_i 的某种函数。

对式（5-20）按照最小二乘法的基本原则，使残差平方和 $\sum\varepsilon_i^2=\sum(Y_i-\hat{\beta}_0-\hat{\beta}_1X_i)^2$ 为最小。在同方差性假定下，普通最小二乘法是把每个残差平方 $\varepsilon_i^2(i=1,2,\cdots,n)$ 都同等看待，都赋予相同的权数 1。但是，当存在异方差性时，方差 σ_i^2 越小，其样本值偏离均值的程度越小，其观测值越应受到重视。方差 σ_i^2 越小，在确定回归线时的作用应当越大；反之方差 σ_i^2 越大，其样本值偏离均值的程度越大，其观测值所起的作用应当越小。也就是说，在拟合存在异方差的模型的回归线时，对不同的 σ_i^2 应该区别对待。从样本的角度，对较小的 ε_i^2 给予较大的权数，对较大的 ε_i^2 给予较小的权数，从而使 $\sum\varepsilon_i^2$ 更好地反映 σ_i^2 对残差平方和的影响。通常可将权数取为 $w_i=1/\sigma_i^2\ (i=1,2,\cdots,n)$。由此，当 σ_i^2 越小时，w_i 越大；当 σ_i^2 越大时，w_i 就越小。将权数与残差平方相乘以后再求和，得

$$\sum w_i\varepsilon_i^2 = \sum w_i(Y_i - \beta_0^* - \beta_1^* X_i)^2 \tag{5-24}$$

式（5-24）是加权的残差平方和的表达式。根据最小二乘原理，若使得加权的残差平方和最小，即

$$\min\sum w_i\varepsilon_i^2 = \min\sum w_i(Y_i - \beta_0^* - \beta_1^* X_i)^2 \tag{5-25}$$

可得

$$\begin{cases} \hat{\beta}_0^* = \bar{Y}^* - \hat{\beta}_1^* \bar{X}^* \\ \hat{\beta}_1^* = \dfrac{\sum w_i(X_i - \bar{X}^*)(Y_i - \bar{Y}^*)}{\sum w_i(X_i - \bar{X}^*)^2} \end{cases} \tag{5-26}$$

式中：$\bar{X}^* = \dfrac{\sum w_i X_i}{\sum w_i}$；$\bar{Y}^* = \dfrac{\sum w_i Y_i}{\sum w_i}$。

这样估计的参数 β_1^* 和 β_2^* 称为加权最小二乘估计。这种求解参数估计式的方法称为加权最小二乘（Weighted Least Square，WLS）法。

容易证明，对原模型变换的方法与加权最小二乘法实际上是等价的。例如，以式（5-23）的一元线性模型为例，如果已知存在异方差，且 $\mathrm{var}(\mu_i) = \sigma_i^2 = \sigma^2 f(X_i)$，则变换后的模型为

$$\frac{Y_i}{\sqrt{f(X_i)}} = \frac{\beta_0}{\sqrt{f(X_i)}} + \beta_1\frac{X_i}{\sqrt{f(X_i)}} + \frac{\mu_i}{\sqrt{f(X_i)}} \tag{5-27}$$

由前面的讨论知，式（5-27）的随机误差项 $\mu_i/\sqrt{f(X_i)}$ 已是同方差的。用 OLS 法估计式（5-27）的参数，其残差平方和为

$$\sum \varepsilon_i^2 = \sum\left(\frac{Y_i}{\sqrt{f(X_i)}} - \frac{\hat{\beta}_0}{\sqrt{f(X_i)}} - \hat{\beta}_1\frac{X_i}{\sqrt{f(X_i)}}\right)^2 = \sum\frac{1}{f(X_i)}(Y_i - \hat{\beta}_0 - \hat{\beta}_1 X_i)^2 \tag{5-28}$$

当对式（5-23）采用加权最小二乘法时，其权数为

$$w_i = \frac{1}{\sigma_i^2} = \frac{1}{\sigma^2 f(X_i)} \quad (i = 1, 2, \cdots, n)$$

残差平方和为

$$\sum\left(\frac{\varepsilon_i^{*2}}{\sigma_i^2}\right) = \sum\frac{1}{\sigma_i^2}(Y_i - \beta_0^* - \beta_1^* X_i)^2 = \sum\frac{1}{\sigma^2 f(X_i)}(Y_i - \beta_0^* - \beta_1^* X_i)^2 \tag{5-29}$$

将式（5-28）模型变换的残差平方和与式（5-29）加权最小二乘的残差平方和加以对比，可以看出二者的残差平方和只相差常数因子 σ^2，能使其中一个最小时必能使另一个最小。对模型变换后用 OLS 估计其参数，实际与应用加权最小二乘法估计的参数是一致的。这也间接证明了加权最小二乘法可以消除异方差。只是对原模型变换后的模型拟合优度有可能变小，这是对样本观测值加权的结果。

三、模型的对数变换

在经济意义成立的情况下，如果对式（5-13）的模型做对数变换，其变量 Y_i 和 X_i 分别用 $\ln Y_i$ 和 $\ln X_i$ 代替，即

$$\ln Y_i = \beta_0 + \beta_1 \ln X_i + \mu_i \tag{5-30}$$

多模型进行对数变换通常可以降低异方差性的影响，体现在以下两方面。

首先，运用对数变换能使测定变量值的尺度缩小。它可以将两个数值之间原来 10 倍的差异缩小到只有 2 倍的差异。例如，100 是 10 的 10 倍，但在常用对数情况下，lg100=2 是 lg10=1 的两倍；再例如，80 是 8 的 10 倍，但在自然对数情况下，ln80=4.382 0 是 ln8=2.079 4 的两倍多。

其次，经过对数变换后的线性模型，其残差 ε 表示相对误差，而相对误差间的差异往往比绝对误差间的差异小。

但是特别要注意的是，对变量取对数虽然能够减少异方差对模型的影响，但应注意取对数后变量的经济意义。如果变量之间在经济意义上并非呈对数线性关系，则不能简单地对变量取对数，这时只能用其他方法对异方差进行修正。

第五节　案例分析

一、问题的提出和模型设定

根据本章引例提出的问题，建立可支配收入 - 消费模型，分析反映可支配收入和消费之间数量关系的回归方程。根据中国家庭追踪调查的数据建立的模型如下：

$$Y_i = \beta_0 + \beta_1 X_i + \mu_i \tag{5-31}$$

式中：Y_i 为过去一年的家庭消费，X_i 为过去一年的家庭可支配收入。

采用 2018 年中国家庭追踪调查获得的 2017 年各省区市的家庭可支配收入和家庭消费数据，去除缺省数据，共得到 463 个样本。

二、参数估计

（一）数据审视与绘图

打开 Stata 软件后，单击“Data Editor”（数据编辑器）之后，将过去一年的家庭消费和家庭可支配收入数据粘贴到“Data Editor”中。其中，家庭消费（支出）和家庭可支配收入数据分别存储在变量“fexp”和变量“fo”中。

1）绘制“fexp”和“fo”的散点图，命令为

```
. scatter fexp fo
```

运行命令后，得到的结果如图 5-4 所示。

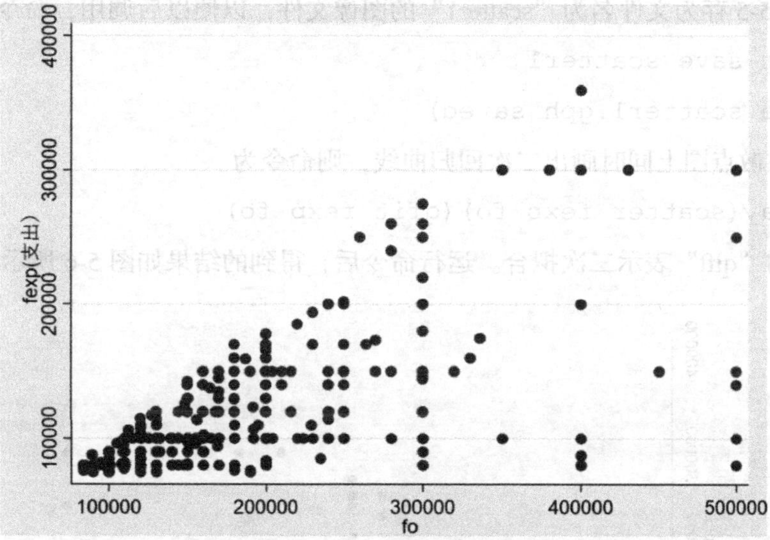

图 5-4　fexp-fo 模型的散点图

2）为研究可支配收入与消费之间是否满足线性方程，于是在散点图中绘制线性回归线，命令为

```
. twoway(scatter fexp fo)(lfit fexp fo)
```

命令中的“lift”表示线性拟合。运行命令后，得到的结果如图 5-5 所示，其中“Fitted values”为拟合值。

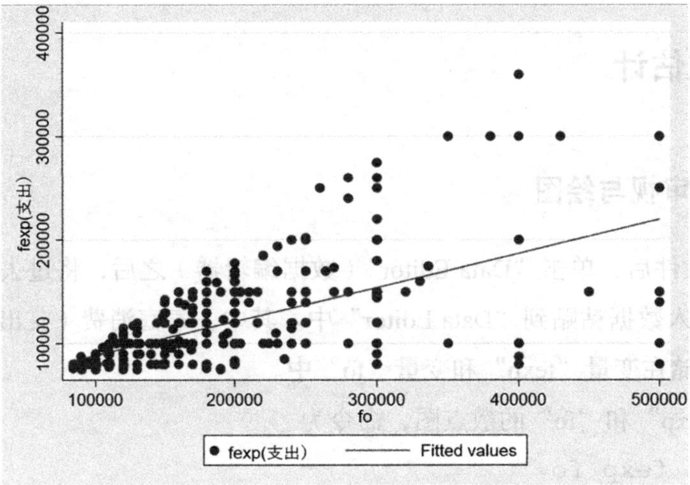

图 5-5 fexp-fo 模型散点图和线性回归线

3）将图 5-5 存为文件名为“scatter1”的图像文件，以便以后调用，命令为

```
. graph save scatter1
. (file scatter1.gph saved)
```

如果想在散点图上同时画出二次回归曲线，则命令为

```
. twoway(scatter fexp fo)(qfit fexp fo)
```

命令中的“qift”表示二次拟合。运行命令后，得到的结果如图 5-6 所示。

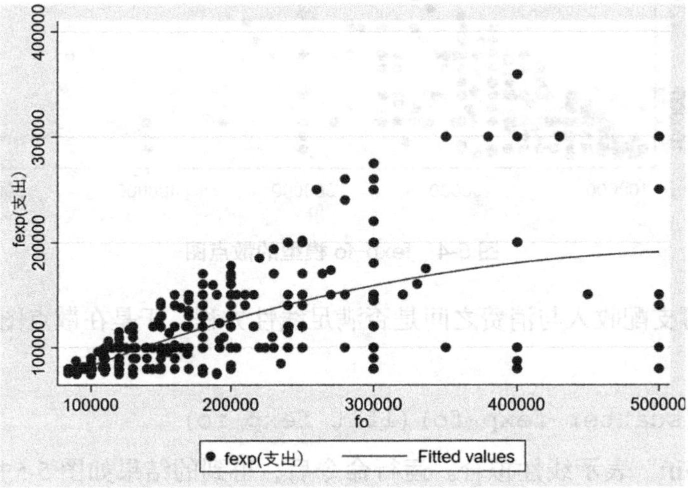

图 5-6 fexp-fo 模型散点图和二次回归线

4）将图 5-6 存为文件名为“scatter2”的图像文件，以便以后调用，命令为

```
. graph save scatter2
. (file scatter2.gph saved)
```

5）下面将“scatter1”和“scatter2”并排放在一个图上，命令为

```
. graph combine scatter1.gph scatter2.gph
```

运行命令后，得到的结果如图 5-7 所示。

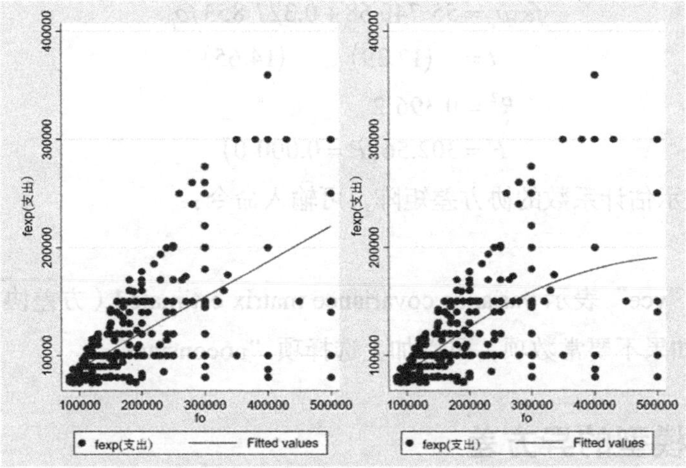

图 5-7　合并放置的 fexp-fo 模型的散点图和两种回归线

（二）构建线性回归方程

1）使用最小二乘（OLS）法对 fexp（家庭消费）和 fo（家庭可支配收入）构建线性回归方程，命令为

```
. regress fexp fo
```

运行命令后，得到的回归结果如图 5-8 所示。

```
. regress fexp fo

      Source |       SS           df       MS      Number of obs   =       463
-------------+----------------------------------   F(1, 461)       =    302.56
       Model |  3.5193e+11         1  3.5193e+11   Prob > F        =    0.0000
    Residual |  5.3623e+11       461  1.1632e+09   R-squared       =    0.3962
-------------+----------------------------------   Adj R-squared   =    0.3949
       Total |  8.8817e+11       462  1.9224e+09   Root MSE        =     34106

------------------------------------------------------------------------------
        fexp |      Coef.   Std. Err.      t    P>|t|     [95% Conf. Interval]
-------------+----------------------------------------------------------------
          fo |    .327853   .0188485    17.39   0.000     .2908134    .3648926
       _cons |   55740.68   3804.818    14.65   0.000     48263.74    63217.61
------------------------------------------------------------------------------
```

图 5-8　回归结果

在图 5-8 中：_cons 为常数项；R-squared 为 R^2，$R^2=0.396\ 2$；Adj R-squared 为 $\bar{R}^2$，$\bar{R}^2=0.394\ 9$；Prob>F 为检验整个方程显著性的 F 统计量的 P 值，P=0.000 0。

结果显示：所得回归方程具有高度的显著性；变量 fo 的 t 统计量为 17.39（p=0.000），因此变量 fo 显著；残差平方和 $\sum_{i=1}^{n}\varepsilon_i^2 = 5.362\ 3\times10^{11}$；回归方程的标准误差（Root MSE）为 34 106；回归估计方程的表达式为

$$\widehat{fexp_i} = 55\ 740.68 + 0.327\ 853 fo_i$$
$$t = \quad (17.39) \qquad (14.65)$$
$$R^2 = 0.396\ 2$$
$$F = 302.56(P = 0.000\ 0)$$

2）如果要显示估计系数的协方差矩阵，可输入命令：

```
. vce
```

该命令中的“vce”表示 variance covariance matrix estimated（方差协方差矩阵估计）；在进行回归时，如果不要常数项，可以加上选择项“noconstant”。

三、检验模型的异方差

本例用的是 2018 年中国家庭追踪调查结果中，不同家庭在过去一年的消费与可支配收入数据。低收入组的家庭用于购买生活必需品的比例相对较大，消费的分散程度不大，组内各家庭消费的差异也较小。如前所述，高收入组的家庭有更多的可支配收入，其消费有更广泛的选择范围，消费的分散程度较大，组内各家庭消费的差异也较大。这种不同收入组家庭的消费偏离均值程度的差异，最终反映为随机误差项偏离其均值的程度有变化，进而出现异方差。为此，必须对该模型是否存在异方差进行检验。

（一）图形法检验

完成回归分析后，可得到残差与拟合值的散点图，命令为

```
. rvfplot
```

运行命令后，得到的结果如图 5-9 所示。

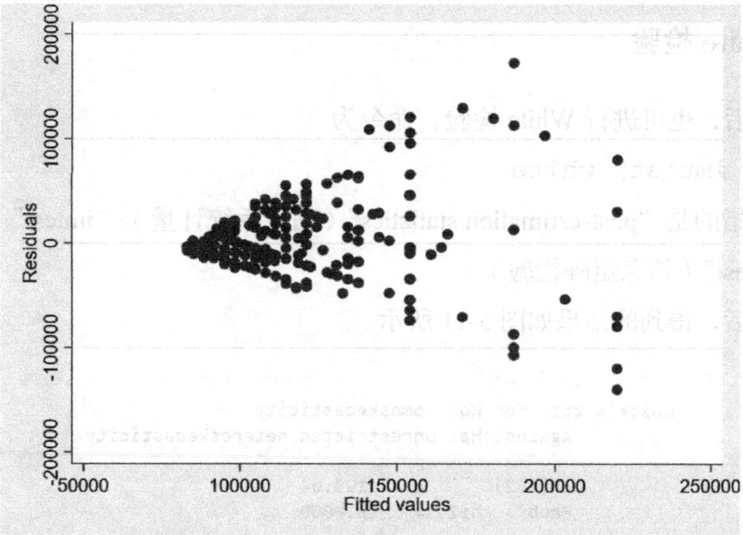

图 5-9　fexp–fo 模型的残差（Residuals）与拟合值（Fitted values）的散点图

从图 5-9 可以大致看出，当 $\widehat{fexp_i}$（即 *fo* 的拟合值）较小时，扰动项的方差较大。进一步考察残差与解释变量 *fo* 的散点图，可输入如下命令：

```
. rvpplot fo
```

运行命令后，得到的结果如图 5-10 所示。

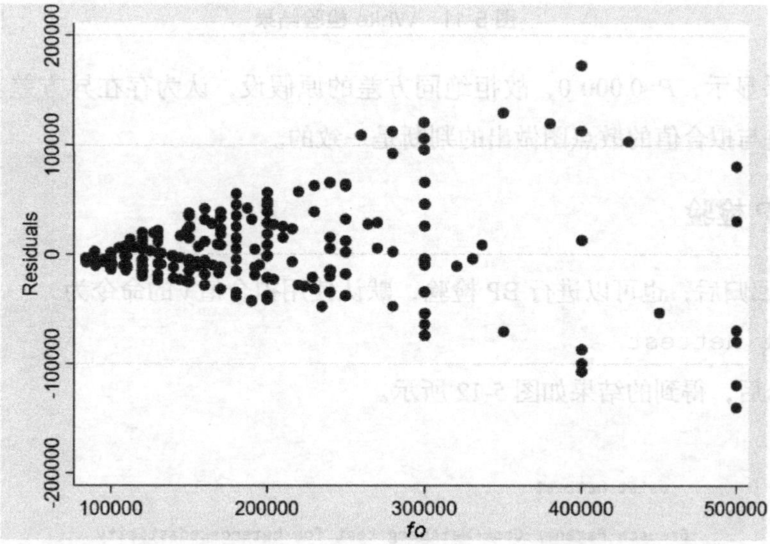

图 5-10　fexp–fo 模型的残差（Residuals）与解释变量 *fo* 的散点图

图 5-9 和图 5-10 的图形轮廓大致一致，表明很可能存在异方差，即扰动项的方差随着观测值而变化。

（二）White 检验

完成回归后，也可进行 White 检验，命令为

```
. estat imtest, white
```

其中："estat" 指的是 "post-estimation statistics"（估计后统计量）；"imtest" 指的是 "information matrix test"（信息矩阵检验）。

运行命令后，得到的结果如图 5-11 所示。

```
White's test for Ho: homoskedasticity
         against Ha: unrestricted heteroskedasticity

         chi2(2)      =    193.04
         Prob > chi2  =    0.0000

Cameron & Trivedi's decomposition of IM-test
```

Source	chi2	df	p
Heteroskedasticity	193.04	2	0.0000
Skewness	3.15	1	0.0760
Kurtosis	-51311.96	1	1.0000
Total	-51115.76	4	1.0000

图 5-11 White 检验结果

检验结果显示，P=0.000 0，故拒绝同方差的原假设，认为存在异方差。这个检验结果与根据残差与拟合值的散点图做出的判断是一致的。

（三）BP 检验

1）完成回归后，也可以进行 BP 检验，默认使用拟合值$\hat{y}$的命令为

```
. estat hettest
```

运行命令后，得到的结果如图 5-12 所示。

```
. estat hettest

Breusch-Pagan / Cook-Weisberg test for heteroskedasticity
         Ho: Constant variance
         Variables: fitted values of fexp

         chi2(1)      =    570.75
         Prob > chi2  =    0.0000
```

图 5-12 BP 检验结果 1

2）用回归方程右边的解释变量，而不是$\hat{y}$时，可以输入如下命令：

. estat hottest, rhs

运行命令后，得到的结果如图 5-13 所示。

```
. estat hettest

Breusch-Pagan / Cook-Weisberg test for heteroskedasticity
         Ho: Constant variance
         Variables: fitted values of fexp

         chi2(1)      =   570.75
         Prob > chi2  =   0.0000

. estat hettest,rhs

Breusch-Pagan / Cook-Weisberg test for heteroskedasticity
         Ho: Constant variance
         Variables: fo

         chi2(1)      =   570.75
         Prob > chi2  =   0.0000
```

图 5-13　BP 检验结果 2

3）指定使用某些解释变量时，可以输入如下命令：

. estat hettest[varlist]

运行命令后，得到的结果如图 5-14 所示。

```
. estat hettest fo

Breusch-Pagan / Cook-Weisberg test for heteroskedasticity
         Ho: Constant variance
         Variables: fo

         chi2(1)      =   570.75
         Prob > chi2  =   0.0000
```

图 5-14　BP 检验结果 3

4）最初的 BP 检验假设随机扰动项 μ_i 服从正态分布，有一定的局限性。科恩克（R. Koenker）将此假定减弱为独立同分布（iid），在实际中较多采用，其对应的命令为

. estat hottest, iid

. estat hottest, rhs iid

. estat hettest[varlist], iid

对于本例，在默认使用拟合值$\hat{y}$时，输入的命令为

. estat hottest, iid

运行命令后，得到的结果如图 5-15 所示。

```
. estat hettest,iid

Breusch-Pagan / Cook-Weisberg test for heteroskedasticity
         Ho: Constant variance
         Variables: fitted values of fexp

         chi2(1)      =   177.04
         Prob > chi2  =   0.0000
```

图 5-15 BP 检验结果 4

5）独立同分布假定下，用回归方程右边的解释变量进行 BP 检验时，输入的命令为

```
. estat hottest, rhs iid
```

运行命令后，得到的结果如图 5-16 所示。

```
. estat hettest, rhs iid

Breusch-Pagan / Cook-Weisberg test for heteroskedasticity
         Ho: Constant variance
         Variables: fo

         chi2(1)      =   177.04
         Prob > chi2  =   0.0000
```

图 5-16 BP 检验结果 5

6）独立同分布假定下，进行 hettest 异方差检验时，输入的命令为

```
. estat hettest fo, iid
```

运行命令后，得到的结果如图 5-17 所示。

```
. estat hettest fo,iid

Breusch-Pagan / Cook-Weisberg test for heteroskedasticity
         Ho: Constant variance
         Variables: fo

         chi2(1)      =   177.04
         Prob > chi2  =   0.0000
```

图 5-17 BP 检验结果 6

对于以上各种形式的 BP 检验，均有 P=0.000，故同样拒绝同方差的原假设，这个结果与 White 检验的结果一致。

四、异方差性的修正

在得到扰动项方差的估计值 $\left\{\hat{\sigma}_i^2\right\}_{i=1}^n$ 后，可以使用加权最小二乘（WLS）法来估计原回归方程。假设，已把 $\left\{\hat{\sigma}_i^2\right\}_{i=1}^n$ 存储在变量“var”上，则可进行 WLS 估计，所用命令为

```
. reg fexp fo[aw=1/var]
```

其中:“aw”表示“analytical weight”(分析权重),为扰动项方差(而不是标准差)的倒数。

对于本例,假设$\ln\hat{\sigma}_i^2=\delta fo_i+\mu_i$。

首先,计算残差(记为“e11”),所用命令为

```
. reg fexp fo
. predict e11, res
```

注:可用“quietly”命令不显示命令运行的结果。

其次,生成残差的平方(记为“e22”),输入命令为

```
. g e22=e11^2
```

然后,取对数,再进行辅助回归,所用命令为

```
. g lne22=log(e22)
. reg lne22 fo, noc
```

运行上述命令后,得到的结果如图 5-18 所示。

```
. g lne22=log(e22)

. reg lne22 fo,noc

      Source |       SS           df       MS      Number of obs   =       463
-------------+----------------------------------   F(1, 462)       =   2994.47
       Model |  146480.657         1  146480.657   Prob > F        =    0.0000
    Residual |  22599.6864       462  48.9170701   R-squared       =    0.8663
-------------+----------------------------------   Adj R-squared   =    0.8660
       Total |  169080.344       463  365.184328   Root MSE        =    6.9941

------------------------------------------------------------------------------
       lne22 |      Coef.   Std. Err.      t    P>|t|     [95% Conf. Interval]
-------------+----------------------------------------------------------------
          fo |   .0000881   1.61e-06    54.72   0.000     .0000849    .0000913
------------------------------------------------------------------------------
```

图 5-18　加权最小二乘法结果 1

如图 5-18 所示,$R^2=0.866\,3$,即解释变量 *fo* 可以解释$\ln\varepsilon_i^2$接近 87% 的变动,残差平方的变动与 *fo* 高度相关。

接下来计算辅助回归的拟合值(记为“lne2f”),所用命令为

```
. predict lne22f
(option xb assumed; fitted values)
```

去掉对数,即得到 WLS 所要使用的权重的倒数,所用命令为

```
. g e2f=exp(lne2f)
```

然后进行 WLS 回归,所用命令为

```
. reg fexp fo [aw=1/e2f]
```

运行上述命令后,得到的结果如图 5-19 所示。

```
. reg fexp fo [aw=1/e22f]
(sum of wgt is .0193031994550103)

      Source |       SS           df       MS      Number of obs   =       463
-------------+----------------------------------   F(1, 461)       =    309.64
       Model |  9.0121e+09         1  9.0121e+09   Prob > F        =    0.0000
    Residual |  1.3418e+10       461  29105422.9   R-squared       =    0.4018
-------------+----------------------------------   Adj R-squared   =    0.4005
       Total |  2.2430e+10       462  48549230.3   Root MSE        =    5394.9

------------------------------------------------------------------------------
        fexp |      Coef.   Std. Err.      t    P>|t|     [95% Conf. Interval]
-------------+----------------------------------------------------------------
          fo |   .3616143   .0205503    17.60   0.000     .3212304    .4019982
       _cons |   47726.54   1988.714    24.00   0.000     43818.47    51634.61
------------------------------------------------------------------------------
```

图 5-19　加权最小二乘法结果 2

WLS 回归的结果显示，*fo* 的系数为 0.020 6，且 R^2 变为 0.401 8。由此可知，本例存在明显的异方差性，故使用 WLS 修正后会提高估计效率。

此外，也可以使用外部命令“wls0”进行加权最小二乘法修正，下载方法为输入“net install wls0.pkg”（或者输入命令“findit wls0”寻找下载地址）。

思考题与练习题

一、思考题

1. 简述什么是异方差？为什么异方差的出现总是与模型中某个解释变量的变化有关？

2. 试归纳检验异方差各方法的基本思想，并指出这些方法的异同。

3. 什么是加权最小二乘法，它的基本思想是什么？

4. 产生异方差的原因是什么？试举例说明经济现象中的异方差性。

5. 如果模型存在异方差性，其对模型有什么影响？这时候还能应用模型进行分析吗？

6. 对数变换的作用是什么？进行对数变换时应注意什么？进行对数变换后，模型的经济意义有什么变化？

7. 怎样确定加权最小二乘法中的权重？

二、练习题

1. 设消费函数为

$$Y_i = \beta_0 + \beta_1 X_{1i} + \beta_2 X_{2i} + \mu_i$$

式中：Y_i为消费支出；X_{1i}为个人可支配收入；X_{2i}为个人的流动资产；μ_i为随机误差项，并且$E(\mu_i)=0$，$\text{var}(\mu_i)=\sigma^2 X_{2i}^2$，其中$\sigma^2$为常数。

试完成下列工作：

1）选用适当的变换修正异方差，要求写出变换过程；

2）写出修正异方差后的参数估计量的表达式。

2. 根据本章第四节中对数变换的内容，可以知道对变量取对数通常能降低异方差性，但需要对随机误差项的性质给予足够的关注。例如，设模型为$Y=\beta_0 X^{\beta_1}\mu$，对该模型中的变量取对数后得如下形式：

$$\ln Y=\ln\beta_0+\beta_1\ln X+\ln\mu$$

1）如要$\ln\mu$有零期望值，μ的分布应该是什么？

2）如果$E(\mu)=1$，会不会$E(\ln\mu)=0$？为什么？

3）如果$E(\ln\mu)$不为零，怎样才能使它等于零？

3. 表5-1给出我国2018年部分省区市的住宅商品房平均销售价格Y（元/平方米），地区生产总值X_1（亿元）、居民人均可支配收入X_2（元）、人口密度X_3（人/平方千米）、房屋造价X_4（元/平方米）、土地购置费X_5（亿元）数据。

试完成下列工作：

1）试建立线性回归模型；

2）选用适当的方法检验模型中是否存在异方差；

3）如果存在异方差，采用适当的方法加以修正。

表5-1　2018年我国部分省区市的住宅商品房平均销售价格及主要影响因素

地区	住宅商品房平均销售价格Y（元/平方米）	地区生产总值X_1（亿元）	居民人均可支配收入X_2（元）	人口密度X_3（人/平方千米）	房屋造价X_4（元/平方米）	土地购置费X_5（亿元）
北京	22 300	23 014.59	48 457.99	1 541	3 669	2 052.92
天津	9 931	16 538.19	31 291.36	3 492	3 051	319.02
河北	5 530	29 806.11	18 118.09	2 646	3 104	405.93
山西	4 742	12 766.49	17 853.67	3 920	2 702	163.27
内蒙古	3 939	17 831.51	22 310.09	1 629	2 709	87.62
辽宁	5 486	28 669.02	24 575.58	1 590	2 811	308.16
吉林	5 213	14 063.13	18 683.70	3 193	2 391	150.29
黑龙江	4 818	15 083.67	18 592.65	5 504	2 309	99.50
上海	21 501	25 123.45	49 867.17	3 809	5 622	1 004.41
江苏	7 177	70 116.38	29 538.85	2 034	3 402	1 505.17
浙江	10 755	42 886.49	35 537.09	1 914	3 906	2 510.48

续表

地区	住宅商品房平均销售价格 Y（元 / 平方米）	地区生产总值 X_1（亿元）	居民人均可支配收入 X_2（元）	人口密度 X_3（人 / 平方千米）	房屋造价 X_4（元 / 平方米）	土地购置费 X_5（亿元）
安徽	5 067	22 005.63	18 362.57	2 458	2 707	641.99
福建	8 565	25 979.82	25 404.36	2 704	2 732	1 072.93
江西	5 107	16 723.78	18 437.11	4 822	2 652	210.54
山东	5 290	63 002.33	22 703.19	1 452	2 307	1 035.67
河南	4 317	37 002.16	17 124.75	5 155	2 003	362.68
湖北	5 663	29 550.19	20 025.56	2 430	2 867	665.36
湖南	3 974	28 902.21	19 317.49	3 261	3 077	243.42
广东	9 495	72 812.55	27 858.86	3 060	3 734	1 711.53
广西	4 587	16 803.12	16 873.42	1 823	2 808	282.07
海南	9 226	3 702.76	18 978.97	2 045	4 812	345.50
重庆	5 012	15 717.27	20 110.11	1 904	3 446	733.81
四川	5 034	30 053.10	17 220.96	1 902	2 836	846.96
贵州	3 629	10 502.56	13 696.61	2 396	3 449	118.20
云南	4 800	13 619.17	15 222.57	2 943	2 904	323.51
西藏	3 605	1 026.39	12 254.30	1 750	3 324	0.36
陕西	5 082	18 021.86	17 394.98	4 031	2 757	226.76
甘肃	4 613	6 790.32	13 466.59	4 049	2 539	53.95
青海	4 241	2 417.05	15 812.70	2 692	2 649	50.64
宁夏	4 010	2 911.77	17 329.09	1 336	2 494	54.58
新疆	4 176	9 324.80	16 859.11	2 557	2 300	88.21

第六章 自相关

引例：统计学检验就一定可靠吗？

测定我国城镇居民的可支配收入对消费的影响，可以为相关部门制定相关政策和决策提供参考。构建模型为

$$Y_t = \beta_0 + \beta_1 X_t + \mu_t$$

选取1978—2016年我国城镇居民消费与收入数据，用消费价格指数进行调整，之后使用OLS法估计参数，得到的回归方程和统计量为

$$\hat{Y}_t = 143.227\,0 + 0.661\,6X_t$$
$$SE = (8.045\,3) \quad (0.003\,7)$$
$$t = (17.802\,6) \quad (178.068\,2)$$
$$R^2 = 0.998\,8$$
$$F = 31\,708.30$$

估计检验结果表明，回归系数的标准误差很小，t统计量较大，说明居民可支配收入X对消费的影响非常显著；同时，可决系数R^2非常高，说明回归方程的拟合优度很好；统计量F=31 708.3，表明回归方程显著。

有人质疑：回归方程描述的结果一定可靠吗？虽然样本数据真实可信，但是F检验统计量和t统计量的值被虚假夸大，因此结果也是不可信的。那么为什么会出现这样的问题？

在经济学研究中，自相关（autocorrelation）或序列相关是一种常见现象，是指随机误差项序列相邻期之间存在相关关系。自相关主要表现在时间序列中，为描述方便，用$t, t-1, t-2, \cdots$表示观察数据的时期，作为变量的下标，因此自相关表示为

$$\mathrm{cov}(\mu_s, \mu_t) \neq 0 \quad (s \neq t)$$

显然，自相关违反了经典线性回归模型无自相关的古典假定。

第一节 自相关的产生及后果

一、自相关的含义

对于线性回归模型：

$$Y_t = \beta_0 + \beta_1 X_{1t} + \cdots + \beta_k X_{kt} + \mu_t \quad (t = 1, 2, \cdots, T) \tag{6-1}$$

古典假定要求随机误差项之间不存在相关性，即

$$\mathrm{cov}(\mu_s, \mu_t) = 0 \quad (s \neq t) \tag{6-2}$$

但现实模型回归分析中，随机误差项之间可能存在相关关系，即

$$\mathrm{cov}(\mu_s, \mu_t) \neq 0 \quad (s \neq t) \tag{6-3}$$

这时，称随机误差项之间存在序列相关或自相关。由于通常假定随机误差项均值为零且同方差，则序列相关性又可以表示为

$$E(\mu_s, \mu_t) \neq 0 \quad (s \neq t) \tag{6-4}$$

随机误差项的自相关性有多种形式，其中最常见的是随机误差项之间存在一阶自相关，即随机误差项只与其前一期相关，即

$$\mathrm{cov}(\mu_t, \mu_{t-1}) = E(\mu_t, \mu_{t-1}) \neq 0$$

一阶自相关性可以表示为

$$\mu_t = \rho \mu_{t-1} + \varepsilon_t \tag{6-5}$$

式中：ρ是μ_t与μ_{t-1}之间的自相关系数；ε_t是满足回归模型所有基本假定的随机误差项。

二、自相关产生的原因

随机误差项之间存在序列相关性的原因很多，但主要是由经济变量自身特点、数据处理、变量选择及模型形式选择所引起的。

（一）经济惯性引起随机误差项序列相关

任何一种经济现象都有其历史的延续性与继承性，现在的状况是在过去基础上演进而来的，过去的发展水平、速度、特征都会对现在的状况产生重要影响。对于同一经济变量，在前期与后续时期总存在一定的相关性，不可能互不相关。大多数经济数据的时间序列都有一个明显的特点，就是惯性，如国内生产总值、价格指数、就业和失业、消费和投

资等。当经济复苏，宏观经济从谷底开始上升时，大多数经济变量一般会持续上升，在向上移动的过程中，序列中的某一点的值会大于其前期值。这种向上的“动力”存在，直到经济开始衰退。当宏观经济从高涨的顶峰开始紧缩下降时，这类经济变量一般会持续减小，其值可能会小于前期值。这种“阻力”存在，直到经济开始复苏。因此，利用时间序列资料建立模型时，经济发展的惯性使模型存在序列相关性。随机误差项作为模型中的一个特殊经济变量，它虽然包含的具体内容很多，不具有单一的经济含义，但它与模型中独立出现的解释变量相类似，不同观测期的取值也不可能完全互不相关，总存在一定的相关性。

此外，经济变量的运行往往表现在时间前后期的相互关联上所形成的惯性。例如，一个企业的固定资产的形成，不仅与当期固定资产投资有关，还与前期多年固定资产投资相关。农作物的单位面积产量，不仅取决于当年投入的生产要素的数量与质量，而且还与往年投入物的数量与质量有关。如果模型忽略了这些前后相关联因素的影响，误差项的系统性影响就会在模型中体现出来，产生序列相关问题。

（二）回归模型中省略了带有自相关的重要解释变量引起随机误差项序列相关

在现实经济活动中，某一经济现象的发展变化往往是多种因素综合作用的结果。利用计量经济学模型研究经济变量的变化规律或者测度经济变量之间的数量依存关系时，只能将重要的影响因素作为独立的解释变量在模型中列示，而将那些次要的影响因素予以舍弃。但这些被略去的次要因素的影响力在模型中并不会消失，它们的综合影响会在随机误差项中反映出来。进入模型随机误差项的次要因素的影响在不同观测期可能是高度相关的，这就会带来随机误差项的序列相关。例如，在商品需求函数中，如果解释变量只有收入和商品自身的价格，则随机误差项中将包含其他商品价格对该商品需求的影响，价格变量一般是逐期相关的，从而使模型产生了序列相关性。

（三）模型数学形式设定偏误引起随机误差项序列相关

在对实际经济问题的研究中，用于分析与测度经济变量之间数量依存关系的模型，是研究者根据一定的经济学理论、实践经验确定的。研究对象自身的复杂性、经济学理论的局限性及研究者对研究对象认识的片面性，可能导致对模型形式选择的失准。如果模型形式不能正确反映经济变量之间真实的内在数量依存关系，就会造成随机误差项的序列相关。比如，边际成本与产量之间的函数关系式为

$$Y_t = \beta_0 + \beta_1 X_t + \beta_2 X_t^2 + \mu_t$$

式中：Y_t为边际成本；X_t为产量。

由于认识上的偏误，模型设成了线性形式，表达式变为

$$Y_t = \beta_0 + \beta_1 X_t + \mu_t^*$$

这时，由于$\mu_t^* = \beta_2 X_t^2 + \mu_t$中包含了$X_t^2$，因此带有对边际成本的系统影响，$\mu_t$之间很可能出现序列相关。

（四）观测数据的处理引起随机误差项序列相关

在计量经济学分析中使用时间序列资料时，因多种原因在代表性上存在某些缺陷，为增强数据的代表性或弥补其他方面的缺陷，往往需要对原始观测数据进行内插或平滑处理。经这样处理后的时间序列资料与原始的时间序列资料之间的差异便会在随机误差项中反映出来，并引起随机误差项的序列相关。比如，在回归分析建模中，我们经常要对原始数据进行一些处理，如在使用具有季节性的时间序列资料进行建模过程中，必须消除季节性的影响，对数据做修匀处理。但如果采用了不恰当的数据变换，就会带来序列的自相关性。

三、自相关的后果

当一个线性回归模型的随机误差项存在自相关时，就违背了线性回归方程设定的基本假定，如果直接用普通最小二乘法估计未知参数，将会造成严重后果。

（一）模型参数估计值不具最优性

当模型存在序列相关性时，OLS 法估计仍然是无偏估计，但不再具备有效性。这与存在异方差性时的情况一样，说明存在其他的参数估计方法，其估计误差小于 OLS 法估计的误差。也就是说，对于存在序列相关的模型，可以考虑使用其他方法估计模型中的参数。

1. 参数估计值仍然是无偏的

以一元线性回归模型为例，其模型为

$$Y_t = \beta_0 + \beta_1 X_t + \mu_t \quad (t = 1, 2, \cdots, T)$$

设随机误差项μ_t具有零均值、齐性方差，且与X_t独立，但存在自相关性。在普通最小二乘法下计算得到$\hat{\beta}_0$和$\hat{\beta}_1$，且有

$$E(\hat{\beta}_1) = E\left[\beta_1 + \left(\sum_{t=1}^{T} X_t \mu_t \middle/ \sum_{t=1}^{T} X_t^2\right)\right] = \beta_1 + \left(\sum_{t=1}^{T} X_t E(\mu_t) \middle/ \sum_{t=1}^{T} X_t^2\right) = \beta_1 \quad (6\text{-}6)$$

这表明$\hat{\beta}_1$满足无偏性。同理，也可以证明$\hat{\beta}_0$是β_0的无偏估计量。这个结果说明只要随机误差项μ_t与解释变量X_t相互独立，无论各随机误差项μ_t之间是否存在自相关性，对

参数的最小二乘估计值的无偏性都没有影响。

2. 参数估计值不再具有最小方差性

下面以一元线性回归模型中参数 β_1 的最小二乘估计值 $\hat{\beta}_1$ 的方差为例给予说明，其表达式为

$$\operatorname{var}(\hat{\beta}_1)=E\left[(\hat{\beta}_1-\beta)^2\right]=E\left[\left(\frac{\sum_{t=1}^{T}x_t\mu_t}{\sum_{t=1}^{T}x_t^2}\right)^2\right]=\left(\frac{1}{\sum_{t=1}^{T}x_t^2}\right)^2 E\left(x_1\mu_1+x_2\mu_2+\cdots+x_T\mu_T\right)^2$$

$$=\left(\frac{1}{\sum_{t=1}^{T}x_t^2}\right)^2 E\left[x_1^2\mu_1^2+x_2^2\mu_2^2+\cdots+x_T^2\mu_T^2+2\left(x_1x_2\mu_1\mu_2+x_1x_3\mu_1\mu_3+\cdots x_{T-1}x_T\mu_{T-1}\mu_T\right)\right] \tag{6-7}$$

$$=\sum_{t=1}^{T}\left(\frac{x_T}{\sum_{t=1}^{T}x_t^2}\right)^2 E\left(\mu_t^2\right)+2\sum_{t<s}\frac{x_tx_s}{\left(\sum_{t=1}^{T}x_t^2\right)^2}E\left(\mu_t\mu_s\right)$$

$$=\frac{\operatorname{var}\left(\mu_t\right)}{\sum_{t=1}^{T}x_t^2}+2\sum_{t<s}\frac{x_tx_s}{\left(\sum_{t=1}^{T}x_t^2\right)^2}\operatorname{cov}\left(\mu_t,\mu_s\right)$$

在随机误差项 μ_t 不存在序列相关的假定下，$\operatorname{cov}\left(\mu_t,\mu_s\right)=0\ (s>t)$，参数 β_1 的估计值 $\hat{\beta}_1$ 的方差为

$$\operatorname{var}(\hat{\beta}_1)=\sigma_\mu^2\Big/\sum_{t=1}^{T}x_t^2 \tag{6-8}$$

在随机误差项 μ_t 具有一阶自回归形式时，令参数 β_1 的估计值用 $\hat{\beta}_1^*$ 表示，则

$$\operatorname{var}(\hat{\beta}_1^*)=\frac{\sigma_\varepsilon^2}{\sum_{t=1}^{T}x_t^2}+2\sigma_\mu^2\sum_{t<s}\frac{x_tx_s}{\left(\sum_{t=1}^{T}x_t^2\right)^2}\rho^{s-t}\quad (s>t) \tag{6-9}$$

式中：$x_t=X_t-\bar{X}$。

比较式（6-8）和式（6-9），当随机误差项 μ_t 和 μ_s 存在正相关时，$\operatorname{var}(\hat{\beta}_1^*)\geqslant\operatorname{var}(\hat{\beta}_1)$。大多数时间序列数据由于受到经济波动规律的影响，一般随着时间的推移有向上或向下的变动趋势，所以往往表现出正自相关性。因而，$\hat{\beta}_1^*$ 的方差也往往会大于 $\hat{\beta}_1$ 的方差，此时参数估计的最小方差性将不再能得到保证。如果随机误差项 μ_t 存在自相关性，仍然用普通最小二乘法估计参数，就很有可能低估了参数估计值的真实方差。同理，可以证明 $\hat{\beta}_0$ 也有类似结果。

（二）模型参数的统计检验失效

在随机误差项 μ_t 存在自相关性的情形下，如果仍然用普通最小二乘法来估计模型参数，则会低估了参数估计值的真实方差，从而低估了参数估计值的标准误差，即

$$s(\hat{\beta}_1) = \sqrt{\frac{\sigma^2}{\sum (X - \bar{X})^2}} \tag{6-10}$$

而 $s(\hat{\beta}_1)$ 的低估将直接导致参数显著性检验的 t 统计量过高估计（因为 $t = \hat{\beta}_1 / s(\hat{\beta}_1)$），因而得出回归参数统计检验为显著的结论，从而把不重要的解释变量保留在模型中，使参数显著性检验失去意义。

（三）模型的预测及经济分析功能失效

在随机误差项 μ_t 存在自相关性的情形下，用普通最小二乘法估计模型参数，其估计值不再具有最小方差性，失去了最优性，使模型的样本估计式失准。估计值真实方差的低估，将导致统计检验的失效以及预测区间的可信度降低，用此模型进行预测和结构分析将会带来较大的偏差，甚至错误的解释。

第二节　自相关的检验

如果回归模型的随机误差项之间存在自相关性，将对模型的参数估计、统计检验以及模型预测的可靠性带来严重的影响。因此，在采用最小二乘法对模型进行估计之前，必须检验模型是否存在自相关性。下面介绍检验自相关的方法。

一、图示法检验

图示法是一种很直观的检验方法，它通过分析残差散点图来判断随机误差项的自相关性。将残差 ε_t 作为随机误差项 μ_t 的估计值，故随机误差项 μ_t 的性质也应能在残差 ε_t 中反映出来。

（一）按时间顺序绘制残差图

对给定回归模型使用 OLS 法估计，计算残差 ε_t，绘 t-ε_t $(t = 1, 2, \cdots, T)$ 的散点图。如果残差 ε_t 随着时间 t 的变化而呈现有规律的变动，则 ε_t 存在相关性，进而可以推断各随机误差项 μ_t 之间存在自相关性。如果随着时间 t 的变化，ε_t 不频繁地改变符号，而是取几个正

值后又连续地取几个负值（或与之相反，几个连续的负值后面紧跟着几个正值），则表明随机误差项 μ_t 存在正的自相关，如图 6-1 所示；如果随着时间 t 的变化，ε_t 不断地改变符号，如图 6-2 所示，那么各随机误差项 μ_t 之间存在负的自相关。

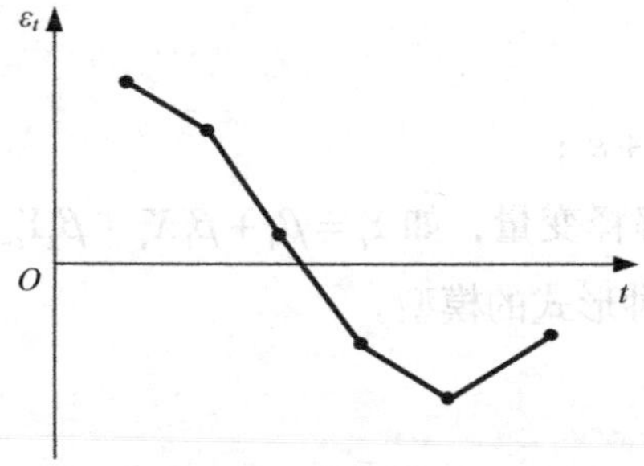

图 6-1　正自相关示意

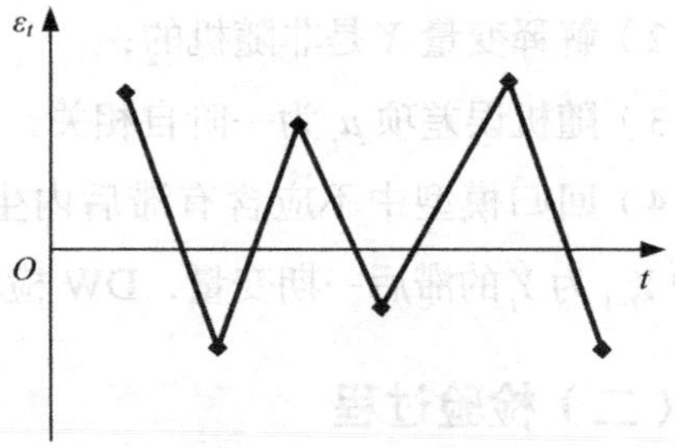

图 6-2　负自相关示意

（二）绘制 ε_{t-1}，ε_t 的散点图

绘制 $\varepsilon_{t-1}-\varepsilon_t\ (t=1,2,\cdots,T)$ 的散点图。如果大部分点落在散点图的第 1、3 象限，表明随机误差项 μ_t 存在正的序列相关，如图 6-3 所示；如果大部分点落在第 2、4 象限，表明随机误差项 μ_t 存在负的序列相关，如图 6-4 所示。

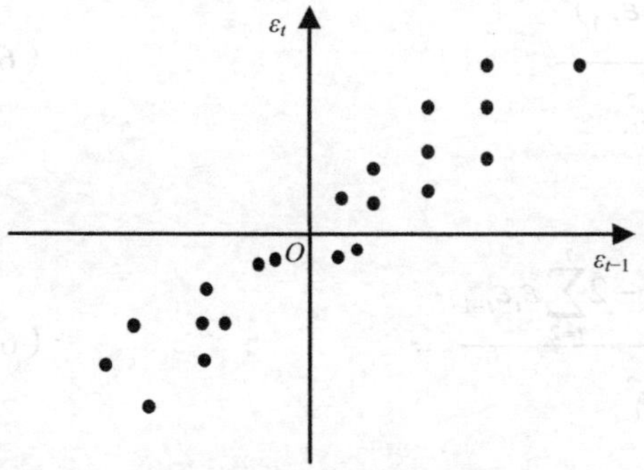

图 6-3　正序列相关示意

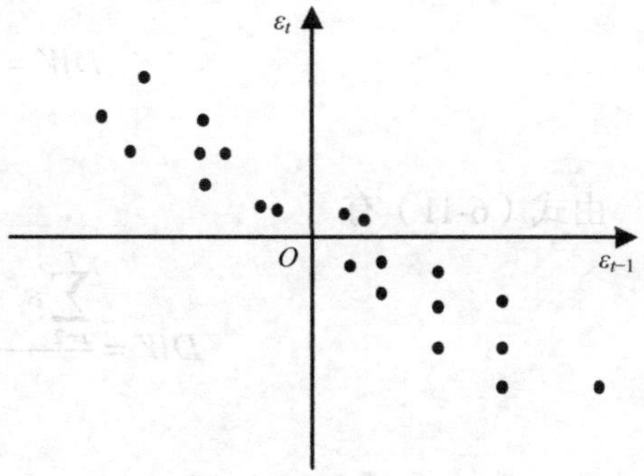

图 6-4　负序列相关示意

二、DW 检验

DW 检验是 J. Durbin 和 G. S. Watson 于 1951 年提出的。DW 检验利用残差 ε_t 构成的统计量推断随机误差项 μ_t 是否存在自相关的经验方法。DW 检验是目前检验序列相关性最为常用的方法，但它只适用于检验随机误差项具有一阶自回归形式的序列相关问题。

（一）适用条件

在使用DW检验时，应首先满足以下四个条件：

1）回归模型含有截距项，即截距项不为零；

2）解释变量X是非随机的；

3）随机误差项μ_t为一阶自相关，即$\mu_t = \rho\mu_{t-1} + \varepsilon_t$；

4）回归模型中不应含有滞后内生变量作为解释变量，如$Y_t = \beta_0 + \beta_1 X_t + \beta_2 Y_{t-1} + \mu_t$，其中$Y_{t-1}$为$Y_t$的滞后一期变量，DW检验不适用这种形式的模型。

（二）检验过程

1. 提出假设

原假设$H_0: \rho = 0$，即不存在序列相关

备择假设$H_1: \rho \neq 0$，即存在自相关性

2. 构造DW检验统计量

构造DW检验统计量首先要求出回归估计式的残差$\varepsilon_t = Y_t - \hat{Y}_t$，定义DW统计量（$DW$值）为

$$DW = \frac{\sum_{t=2}^{n}(\varepsilon_t - \varepsilon_{t-1})^2}{\sum_{t=1}^{n}\varepsilon_t^2} \tag{6-11}$$

由式（6-11）有

$$DW = \frac{\sum_{t=2}^{T}\varepsilon_t^2 + \sum_{t=2}^{T}\varepsilon_{t-1}^2 - 2\sum_{t=2}^{T}\varepsilon_t\varepsilon_{t-1}}{\sum_{t=1}^{T}\varepsilon_t^2} \tag{6-12}$$

由于$\sum_{t=2}^{n}\varepsilon_t^2$与$\sum_{t=2}^{n}\varepsilon_{t-1}^2$只有一次观测之差，故可认为近似相等，则由式（6-12）得

$$DW \approx \frac{2\sum_{t=2}^{T}\varepsilon_{t-1}^2 - 2\sum_{t=2}^{T}\varepsilon_t\varepsilon_{t-1}}{\sum_{t=2}^{T}\varepsilon_t^2} = 2\left[1 - \frac{\sum_{t=2}^{T}\varepsilon_t\varepsilon_{t-1}}{\sum_{t=2}^{T}\varepsilon_{t-1}^2}\right] = 2(1-\hat{\rho}) \tag{6-13}$$

随机误差序列$\mu_2, \mu_3, \cdots, \mu_T$的自相关系数定义为

$$\rho = \frac{\sum_{t=2}^{T}\mu_t\mu_{t-1}}{\sqrt{\sum_{t=2}^{T}\mu_t^2}\sqrt{\sum_{t=2}^{T}\mu_{t-1}^2}} \tag{6-14}$$

在实际应用中，随机误差序列的真实值是未知的，需要用估计值e_t代替，得到自相关系数的估计值为

$$\hat{\rho}=\frac{\sum_{t=2}^{T}\varepsilon_t\varepsilon_{t-1}}{\sqrt{\sum_{t=2}^{T}\varepsilon_t^2}\sqrt{\sum_{t=2}^{T}\varepsilon_{t-1}^2}} \tag{6-15}$$

在认为$\sum_{t=2}^{T}\varepsilon_t^2$与$\sum_{t=2}^{T}\varepsilon_{t-1}^2$近似相等的假定下，则式（6-15）可简化为

$$\hat{\rho}=\frac{\sum_{t=2}^{T}\varepsilon_t\varepsilon_{t-1}}{\sum_{t=2}^{T}\varepsilon_t^2} \tag{6-16}$$

3. 检验自相关性

因为自相关系数的估计值$\hat{\rho}$取值范围为$[-1,1]$，所以DW值的取值范围为$[0,4]$。DW值与$\hat{\rho}$的对应关系如表6-1所示。

表6-1 DW值与$\hat{\rho}$的对应关系表

$\hat{\rho}$值	DW值	随机误差项的自相关性
-1	4	完全负自相关
(-1, 0)	(2, 4)	负自相关
0	2	无自相关
(0, 1)	(-1, 0)	正自相关
1	0	完全正自相关

由表6-1可知，当DW值显著地接近于0或者4时，则存在自相关性；而接近于2时，则不存在自相关性。这样只要知道DW统计量的概率分布，在给定的显著性水平下，根据临界值的位置就可以对原假设进行检验。但是DW统计量的概率分布很难确定，作为一种变通的处理方法，Durbin和Watson在5%和1%的显著性水平下，找到了上限临界值d_U和下限临界值d_L，并编制了DW检验的上、下限表。这里的上、下限只与样本数n和解释变量数k有关，而与解释变量的取值无关。具体的判别规则为：

1）$0\leqslant DW\leqslant d_L$，拒绝$H_0$，表明随机误差项$\mu_t$之间存在正自相关；

2）$4-d_L\leqslant DW\leqslant 4$，拒绝$H_0$，表明随机误差项$\mu_t$之间存在正自相关；

3）$d_U\leqslant DW\leqslant 4-d_U$，接受$H_0$，即认为随机误差项$\mu_t$之间不存在自相关性；

4）$d_L<DW<d_U$或$4-d_U<DW<4-d_L$，不能判定是否存在自相关性。

上述四条判别规则可用图形表示，如图6-5所示。

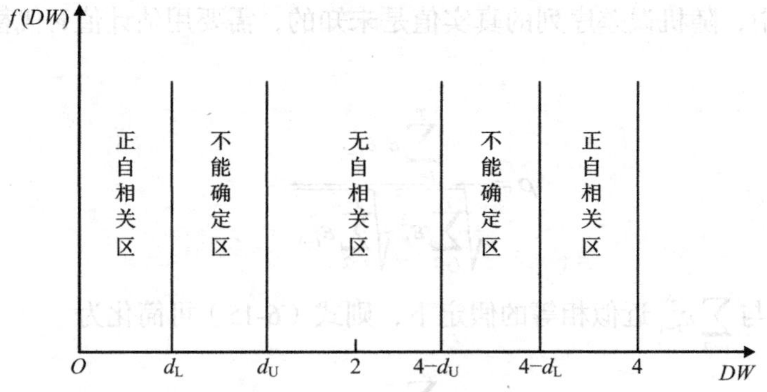

图 6-5　DW 检验的判别规则

（三）DW 检验的特点

DW 检验的优点在于其计算简单、应用方便，因此已成为最常用的自相关性检验方法。有些软件在输出回归分析结果中直接给出了 *DW* 值，并且人们也习惯将 *DW* 值作为常规的检验统计量，连同 R^2 值、t 值等一起在回归分析的计算结果中列出。

但 DW 检验也存在很大的局限性，在应用时应予以重视。DW 检验不适用于随机误差项具有高阶序列相关的检验；DW 检验有两个无法判别的区域，一旦 *DW* 值落入这两个区域，必须调整样本容量或采取其他的检验方法；DW 检验不适用于对联立方程模型中各单一方程随机误差项序列相关性的检验；DW 检验不适用于模型中含有滞后的被解释变量的情况。

三、LM 检验

DW 检验只适用于对一阶自相关进行检验，而对高阶自相关的检验并不适用。为此，布罗斯（T. S. Breusch）和戈弗雷（L. G. Godfrey）提出一种利用拉格朗日乘数（Lagrange multiplier，LM）的检验自相关的方法，即 Breusch-Godfrey 检验法（或 LM 检验法）。该方法既可检验一阶自相关，也可检验高阶自相关，是一种适应性更强的检验方法。下面具体进行介绍。

考虑线性回归模型为

$$Y_t = \beta_0 + \beta_1 X_{1t} + \cdots + \beta_k X_{kt} + \mu_t \quad (t = 1,2,\cdots,T) \tag{6-17}$$

考虑随机误差项为 m 阶自回归形式，即

$$\mu_t = \rho_1 \mu_{t-1} + \cdots + \rho_m \mu_{t-m} + \varepsilon_t \tag{6-18}$$

式中：ε_t 为式（6-18）的随机误差项，且满足各种古典假定。

LM 检验的原假设为

$$H_0: \rho_1 = \rho_2 = \cdots = \rho_m = 0$$

这表明 v_t 不存在 m 阶自相关。建立辅助回归式：

$$\mu_t = \rho_1\mu_{t-1} + \cdots + \rho_m\mu_{t-m} + \beta_0 + \beta_1 X_{1t} + \cdots + \beta_k X_{kt} + \varepsilon_t \tag{6-19}$$

利用对式（6-17）估计残差 ε_t 作为 μ_t 的估计值，选择 OLS 方法对式（6-19）进行回归分析，得到样本的可决系数 R^2，从而构造 LM 统计量：

$$LM = T \cdot R^2$$

式中：T 是式（6-19）的样本容量。

在原假设 H_0 成立条件下，LM 统计量渐进服从 $\chi^2(m)$，其中 m 为式（6-18）中自回归阶数，如果原假设成立，LM 统计量的值将很小。因此，判断规则为：若 $LM = TR^2 > \chi^2_\alpha(m)$，则拒绝 H_0。

在线性回归模型中，对随机误差项自相关性的检验，在计量经济学的研究中是一个很重要的问题。但目前应用的检验方法都存在一些缺陷和局限，还不能对所有自相关问题进行完全有效的检验，更为完善的检验方法有待于进一步研究。

第三节　自相关的修正方法

如果检验发现随机误差项之间存在序列相关性，应当分析序列相关产生的原因。引起序列相关的原因有很多，修正序列相关的方法也不同。如果是回归模型变量选用不当，则应对模型中包含的解释变量进行调整，选择引入重要的解释变量；如果是模型的形式选择不当，则应重新确定正确的模型形式；如果以上两种方法都不能消除序列相关性，则需要采用其他数学方法进行处理以消除序列相关性，然后再对模型中的未知参数进行估计。

一、广义差分法

考虑线性回归模型（式（6-17））为

$$Y_t = \beta_0 + \beta_1 X_{1t} + \cdots + \beta_k X_{kt} + \mu_t \quad (t = 1, 2, \cdots, T)$$

对于式（6-17），如果随机误差项存在一阶自相关，即 $\mu_t = \rho\mu_{t-1} + \eta_t$，其中 ρ 为随机误差项 μ_t 的自相关系数，且有 $|\rho| < 1$，则 μ_t 不存在序列相关性。

若 ρ 已知，将式（6-17）滞后一期，并将左右两边同时乘 ρ，可得

$$\rho Y_{t-1} = \rho\beta_0 + \rho\beta_1 X_{1(t-1)} + \rho\beta_2 X_{2(t-1)} + \cdots + \rho\beta_k X_{k(t-1)} + \rho\mu_{t-1} \tag{6-20}$$

将式（6-17）减去式（6-20），得

$$\begin{aligned}Y_t-\rho Y_{t-1}=\beta_0(1-\rho)+\beta_1(X_{1t}-\rho X_{1(t-1)})+\beta_2(X_{2t}-\rho X_{2(t-1)})+\\ \cdots+\beta_k(X_{kt}-\rho X_{k(t-1)})+(\mu_t-\rho\mu_{t-1})\end{aligned} \tag{6-21}$$

在ρ已知的情况下，可以对式（6-21）进行如下变换

$$\begin{gathered}Y_t^*=Y_t-\rho Y_{t-1}\\ X_{1t}^*=X_{1t}-\rho X_{1(t-1)}\\ X_{2t}^*=X_{2t}-\rho X_{2(t-1)}\\ \vdots\\ X_{1t}^*=X_{1t}-\rho X_{k(t-1)}\\ \varepsilon_t=\mu_t-\rho\mu_{t-1}\end{gathered} \tag{6-22}$$

便可得到一个新的模型表达式：

$$Y_t^*=\beta_0(1-\rho)+\beta_1X_{1t}^*+\beta_2X_{2t}^*+\cdots+\beta_kX_{kt}^*+\varepsilon_t\quad(t=2,3,\cdots,T) \tag{6-23}$$

我们把上述变换过程称为广义差分变换，把通过广义差分变换得到的模型称为广义差分模型。应该注意，这一变换过程所构建的新变量Y_t^*和X_{it}^*，由于差分变换要损失一个观测值，样本个数由n个减少到$n-1$个。为了避免损失自由度，可采用普莱斯－温斯登（Prais-Winsten）变换，将第一个观测值做如下变换：

$$Y_1^*=Y_1\sqrt{1-\rho^2},X_1^*=X_1\sqrt{1-\rho^2}$$

将其补充到差分序列$Y_t^*,X_{1t}^*,X_{2t}^*,\cdots,X_{kt}^*$中，再使用OLS法估计参数。

当$\rho=1$时，可得一阶差分模型，式（6-21）变成：

$$\Delta Y_t=\beta_1\Delta X_{1t}+\beta_2\Delta X_{2t}+\cdots+\beta_k\Delta X_{kt}+\varepsilon_t \tag{6-24}$$

式中：$\Delta Y_t=Y_t-Y_{t-1}$；$\Delta X_{1t}=X_{1t}-X_{1(t-1)}$；$\Delta X_{2t}=X_{2t}-X_{2(t-1)}$；$\Delta\varepsilon_t=\mu_t-\mu_{t-1}$。

当$\rho=-1$时，可得移动平均模型，式（6-21）变成：

$$Y_t^*=\beta_0+\beta_1X_{1t}^*+\beta_2X_{2t}^*+\cdots+\beta_kX_{kt}^*+\varepsilon_t^* \tag{6-25}$$

式中：$Y_t^*=\dfrac{Y_t-Y_{t-1}}{2}$；$X_{1t}^*=\dfrac{X_{1t}-X_{1(t-1)}}{2}$；$X_{2t}^*=\dfrac{X_{2t}-X_{2(t-1)}}{2}$；$\varepsilon_t^*=\dfrac{\mu_t-\mu_{t-1}}{2}$。

通过对原模型进行广义差分变换，我们可以得到广义差分模型，广义差分模型中的随机误差项满足线性回归的经典假定，对广义差分模型进行OLS法估计，得到的参数估计值仍然是最佳估计量。

二、Cochrane-Orcutt 迭代法

广义差分法要求自相关系数ρ已知，但是在实际应用中，ρ往往是未知的，必须通过一定的方法去估计ρ，不同的估计方法形成不同的自相关修正方法。最简单的方法是依据

DW 统计量去估计 ρ。由式（6-13）可知：

$$\hat{\rho}=1-\frac{DW}{2} \tag{6-26}$$

但是，式（6-25）得到的只是一个粗略的结果，这样得到的 $\hat{\rho}$ 只是对 ρ 精度不高的估计，原因在于其是通过对有自相关的回归模型使用 OLS 得到的。这里选择通过科克伦－奥科特（Cochrane-Orcutt）迭代法得到 ρ 更为精确的估计值。

Cochrane-Orcutt 迭代法的基本思想是通过逐次迭代去寻求更为满意的 ρ 的估计值，然后再采用广义差分法。对于一元线性回归模型 $Y_t=\beta_0+\beta_1 X_t+\mu_t$，假定 μ_t 为一阶自回归形式，即

$$\mu_t=\rho\mu_{t-1}+\varepsilon_t \tag{6-27}$$

Cochrane-Orcutt 迭代法估计 ρ 的步骤如下。

第一步，使用 OLS 法估计模型 $Y_t=\beta_0+\beta_1 X_t+\mu_t$，并计算残差 $\varepsilon_t^{(1)}$，即

$$\varepsilon_t^{(1)}=Y_t-\hat{Y}_t=Y_t-(\hat{\beta}_0+\hat{\beta}_1 X_t) \tag{6-28}$$

第二步，利用残差 $\varepsilon_t^{(1)}$ 作为 μ_t 值的替代对式（6-27）进行回归，得到 ρ 的初次估计值 $\hat{\rho}^{(1)}$，则

$$\hat{\rho}^{(1)}=\frac{\sum\varepsilon_t^{(1)}\varepsilon_{t-1}^{(1)}}{\sum\left(\varepsilon_{t-1}^{(1)}\right)^2} \tag{6-29}$$

第三步，用 $\hat{\rho}^{(1)}$ 对原模型进行广义差分变换做一次迭代，得到广义差分模型

$$Y_t^{(1)}=\beta_0+\beta_1 X_t^{(1)}+\varepsilon_t^{(1)} \tag{6-30}$$

使用 OLS 法估计式（6-30），得到残差序列 $\varepsilon_t^{(2)}$，进行自相关检验。如果无自相关，迭代结束，求得参数估计值 $\hat{\beta}_0$ 和 $\hat{\beta}_1$。如果存在自相关，进行第四步。

第四步，利用残差 $\varepsilon_t^{(2)}$ 作为 μ_t 值的替代对式（6-27）进行回归，得到 ρ 的二次估计 $\hat{\rho}^{(2)}$，则

$$\hat{\rho}^{(2)}=\frac{\sum\varepsilon_t^{(2)}\varepsilon_{t-1}^{(2)}}{\sum\left(\varepsilon_{t-1}^{(2)}\right)^2} \tag{6-31}$$

第五步，用 $\hat{\rho}^{(2)}$ 对原模型进行广义差分变换做第二次迭代，得到广义差分模型

$$Y_t^{(2)}=\beta_0+\beta_1 X_t^{(2)}+\varepsilon_t^{(2)} \tag{6-32}$$

同样的过程可重复进行，反复迭代。可求得一系列残差序列 $\hat{\rho}_i$（$i=1,2,\cdots$），直到 $\hat{\rho}_i$ 收敛或迭代次数达到预定上限。Cochrane-Orcutt 迭代法的长处是可以得到较精确的 $\hat{\rho}$ 值。

三、Durbin 两步法

Durbin 两步法仍是先估计 ρ 值，再做差分变换，然后使用 OLS 法估计参数。其步骤

如下。

仍以一元线性回归模型为例，对于模型

$$Y_t = \beta_0 + \beta_1 X_t + \mu_t \tag{6-33}$$

第一步，将原方程的差分方程写成

$$Y_t = \beta_0(1-\rho) + \beta_1 X_t + \rho\beta_1 X_{t-1} + \rho Y_{t-1} + \varepsilon_t \tag{6-34}$$

使用 OLS 法对式（6-34）进行回归，得到ρ的估计值$\hat{\rho}$。

第二步，用$\hat{\rho}$对原模型进行广义差分变换得到广义差分模型，进而使用 OLS 法对差分模型估计参数。

此方法也适用于多元线性回归模型，Durbin 两步法的优点是可以方便地推广运用到高阶自回归场合，其不足之处是对ρ的估计精度不高。

第四节 案例分析

一、研究目的

截至 2018 年年末，我国城市数量已达 672 个，常住人口城镇化率为 59.58%。2018 年，我国居民的可支配收入稳步增长，居民消费进一步改善。按常住地分，2018 年我国城镇居民的人均可支配收入为 39 250.84 元，为农村居民的人均可支配收入的 2.7 倍，但农村居民人均收入名义增速和实际增速分别高于城镇居民 1.0 和 3.9 个百分点。城乡居民可支配收入比由上年同期的 2.71 下降为 2.69，表明城乡居民的收入差距正在缩小。本节研究将通过分析中国城镇居民消费模型来判断城镇居民的边际消费倾向，预测城镇居民的消费水平。

二、模型设定

影响居民消费支出（被解释变量）的影响因素很多，但通常情况下只引入居民可支配收入这一个变量作为解释变量。从历年的《中国统计年鉴》和前瞻数据库中收集整理中国城镇居民 1978—2018 年的可支配收入和消费支出数据，包括人均年可支配收入（元）、人均年消费支出（元）、消费价格指数（%）。为了消除价格变动因素对城镇居民可支配收入和消费支出的影响，不宜直接采用历年现价人均可支配收入和人均消费性支出的数据，因此需要将其用消费价格指数进行消除调整，即将统计数据中的人均年可支配收入、人均消费支出除以当年的消费价格指数，分别得到人均实际可支配收入和人均实际消费支出，见表 6-2。其中，消费价格指数为以 1978 年为 100% 的百分数。

将消减得到的人均实际年可支配收入（X_t）和人均实际年消费支出（Y_t）数据用于线性回归分析。回归分析使用 Stata 软件。

表 6-2　1978—2018 年中国城镇居民的人均年可支配收入和消费支出　（元）

年份	人均年可支配收入（元）	人均年消费支出（元）	消费价格指数（%）	人均实际年可支配收入 X_t	人均实际年消费支出 Y_t
1978	343.40	311.00	100.0	343.40	311.00
1979	410.42	338.85	101.9	402.76	332.53
1980	477.60	412.44	109.5	436.16	376.65
1981	458.80	456.84	112.2	408.91	407.16
1982	495.00	471.00	114.4	432.69	411.71
1983	526.00	505.92	116.7	450.72	433.52
1984	608.00	559.44	119.9	507.08	466.58
1985	739.08	673.20	134.2	550.73	501.63
1986	900.00	798.96	143.6	626.74	556.37
1987	1 002.00	884.40	156.2	639.84	564.75
1988	1 181.00	1 103.98	188.5	626.52	585.66
1989	1 376.00	1 211.00	219.2	627.73	552.46
1990	1 510.00	1 278.89	222.0	680.18	576.07
1991	1 701.00	1 453.81	233.3	729.10	623.15
1992	2 027.00	1 671.73	253.4	799.92	659.71
1993	2 577.00	2 110.81	294.2	875.93	717.47
1994	3 496.00	2 851.34	367.8	950.51	775.24
1995	4 283.00	3 537.57	429.6	996.97	823.45
1996	4 838.90	3 919.47	467.4	1 035.28	838.56
1997	5 160.32	4 185.64	481.9	1 070.82	868.57
1998	5 425.05	4 331.61	479.0	1 132.57	904.30
1999	5 854.02	4 615.91	472.8	1 238.15	976.29
2000	6 279.98	4 998.00	476.6	1 317.66	1 048.67
2001	6 859.58	5 309.01	479.9	1 429.37	1 106.27
2002	7 702.80	6 029.88	475.1	1 621.30	1 269.18
2003	8 472.20	6 510.94	479.4	1 767.25	1 358.14
2004	9 421.61	7 182.10	495.2	1 902.58	1 450.34
2005	10 493.03	7 942.88	503.1	2 085.67	1 578.78
2006	11 759.45	8 696.55	510.6	2 303.06	1 703.20

续表

年份	人均年可支配收入（元）	人均年消费支出（元）	消费价格指数（%）	人均实际年可支配收入 X_t	人均实际年消费支出 Y_t
2007	13 785.81	9 997.47	533.6	2 583.54	1 873.58
2008	15 780.76	11 242.85	563.5	2 800.48	1 995.18
2009	17 174.65	12 264.55	558.4	3 075.68	2 196.37
2010	19 109.44	13 471.45	576.3	3 315.88	2 337.57
2011	21 809.78	15 160.89	606.8	3 594.22	2 498.49
2012	24 564.72	16 674.32	623.2	3 941.71	2 675.59
2013	26 467.00	18 487.50	639.4	4 139.34	2 891.38
2014	28 843.90	19 968.10	652.8	4 418.48	3 058.83
2015	31 194.80	21 392.40	662.6	4 707.93	3 228.55
2016	33 616.00	23 079.00	676.5	5 028.57	3 452.35
2017	36 396.19	24 444.95	688.0	5 290.14	3 553.04
2018	39 250.84	26 112.31	650.9	6 030.24	4 011.72

资料来源：历年《中国统计年鉴》。

三、统计分析

（一）导入数据

在操作系统桌面上，双击 Stata 软件的图标，进入 Stata 软件主界面。因为数据来源为 Excel 格式的数据文件，因此依次单击工具栏中的“FILE”→“FILE_IMPORT”→“-FILE_IMPORT_EXCEL_DLG”，如图 6-6 所示。之后软件会弹出“IMPORT_EXCEL_TITLE_IMPORT_EXCEL”对话框。如图 6-7 所示。

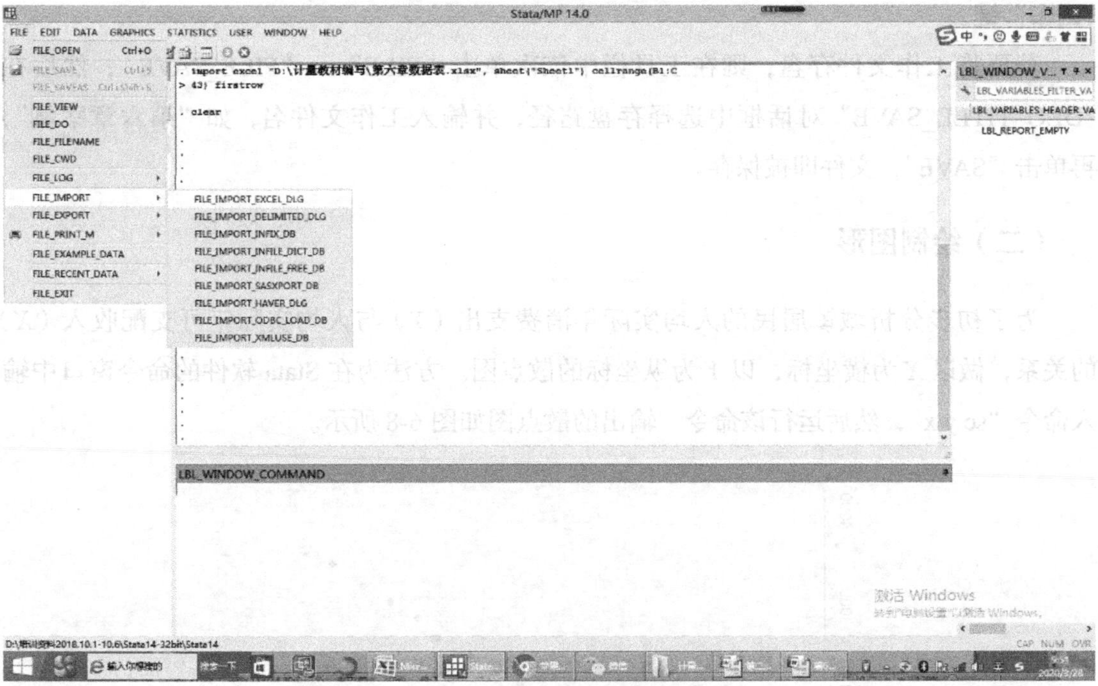

图 6-6　导入 Excel 数据文件

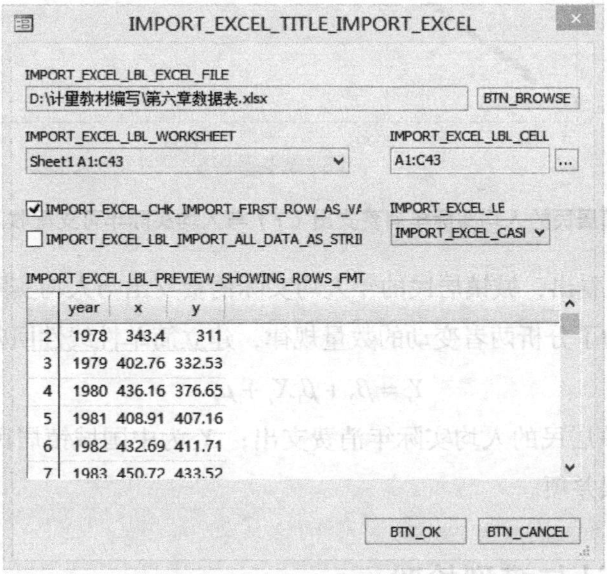

图 6-7　数据导入对话框

在对话框的“IMPORT_EXCEL_LBL_EXCEL_FILE”中选择数据文件路径，并选中“IMPORT_EXCEL_CHK_IMPORT_FIRST_ROW_AS_VARNAMES”，单击“BTN_OK”。这样，就完成了数据导入。

因为是时间序列数据，需要设置时间变量，在命令窗口中输入“tsset year”，然后按

"回车"键。

若要将工作文件存盘，则在工具栏中依次单击"FILE"→"FILE_SAVE"；然后在"DLG_TITLE_SAVE"对话框中选择存盘路径，并输入工作文件名，如"第六章案例"，再单击"SAVE"，文件即被保存。

（二）绘制图形

为了初步分析城镇居民的人均实际年消费支出（Y）与人均实际年可支配收入（X）的关系，做以 X 为横坐标，以 Y 为纵坐标的散点图。方法为在 Stata 软件的命令窗口中输入命令"sc y x"，然后运行该命令。输出的散点图如图 6-8 所示。

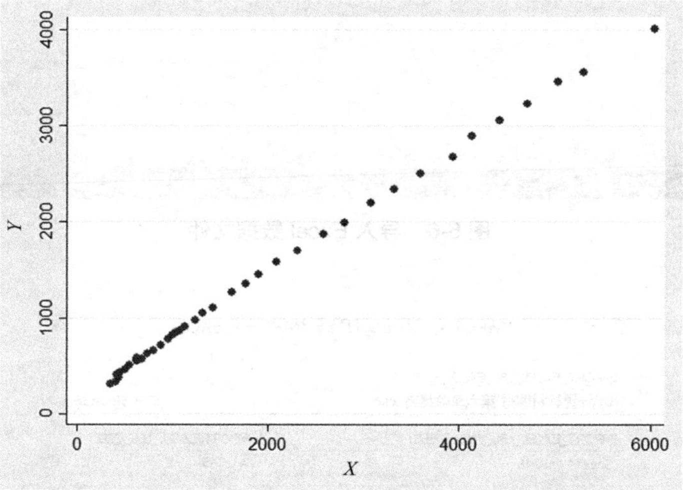

图 6-8 中国城镇居民的人均实际年消费支出（Y）与人均实际年可支配收入（X）的散点图

从图 6-8 中可以看出，城镇居民的年人均实际消费支出与人均实际可支配收入间呈现正相关线性关系。为了分析两者变动的数量规律，建立简单性线性回归模型，表达式为

$$Y_t = \beta_0 + \beta_1 X_t + \mu_t \tag{6-35}$$

式中：Y_t 为中国城镇居民的人均实际年消费支出；X_t 为中国城镇居民的人均实际年可支配收入；μ_t 为随机误差项。

四、参数估计与模型检验

（一）参数估计

根据表 6-2 中消减后的人均实际年可支配收入和人均实际年消费支出数据，使用普通

最小二乘法进行回归估计，得到的回归模型和统计量为

$$\begin{aligned}\hat{Y}_t &= 152.87 + 0.654X_t \\ SE &= (8.87)\quad(0.0036) \\ t &= (17.23)\quad(180.92) \\ R^2 &= 0.998\,8 \\ F &= 31\,731.99\end{aligned} \tag{6-36}$$

估计结果如图 6-9 所示，可见回归系数的标准误差很小，t 统计量较大，说明人均实际年可支配收入 X 对人均实际年消费支出的影响非常显著；同时，可决系数 R^2 也很高，说明回归方程的拟合优度很好；统计量 F=31 731.99，表明回归方程显著。

```
. reg y x

      Source |       SS           df       MS      Number of obs   =        41
-------------+----------------------------------   F(1, 39)        =  32731.99
       Model |  43979091.3         1  43979091.3   Prob > F        =    0.0000
    Residual |  52400.8632        39  1343.61188   R-squared       =    0.9988
-------------+----------------------------------   Adj R-squared   =    0.9988
       Total |  44031492.1        40   1100787.3   Root MSE        =    36.655

------------------------------------------------------------------------------
           y |      Coef.   Std. Err.      t    P>|t|     [95% Conf. Interval]
-------------+----------------------------------------------------------------
           x |   .6537341   .0036134   180.92   0.000     .6464253    .6610429
       _cons |   152.8676   8.872534    17.23   0.000     134.9212     170.814
------------------------------------------------------------------------------
```

图 6-9　OLS 法估计结果

（二）模型检验

1. DW 检验

采用 DW 检验判断模型是否存在自相关，方法如下。

在 Stata 软件的命令窗口中输入“estate dwatson”命令，执行命令后，软件输出“DW=0.518”。根据样本量 n=41、一个解释变量的模型、5% 的显著性水平，查 DW 统计表可知，d_L=1.442，d_U=1.544。因此，模型 $DW<d_L$ 的，显然该模型中随机误差项存在着正自相关。

也可由残差图来判断模型是否存在自相关。可在 Stata 软件得命令窗口中输入“predict e，residual”，按“回车”键执行命令；再输入“line e year”，执行命令后的结果如图 6-10 所示。显然，残差图的变动连续为正和连续为负，表明残差误差项存在一阶正自相关。

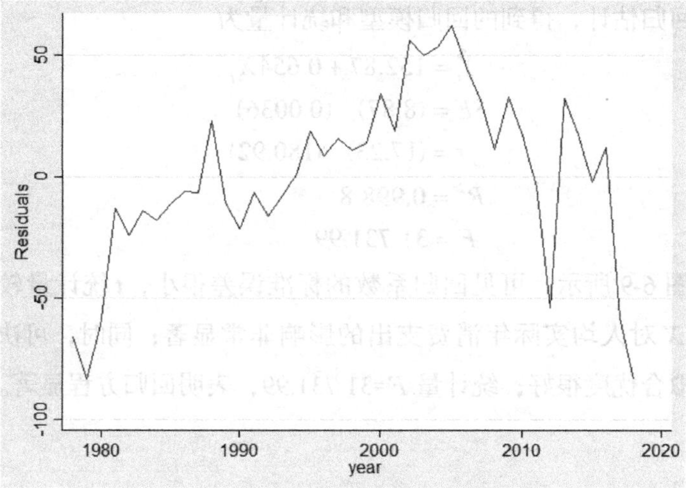

图 6-10　年份残差（Residuals）图

2. BG 检验

再用 BG 检验法进行自相关检验，在命令窗口中输入“estate bgodfrey”，执行命令后的结果如图 6-11 所示。

可见计算统计量 $LM=TR^2=19.596$，$P=0.000\ 0$，表明模型存在自相关。说明原模型（式（6-35））中使用 t 统计量和 F 统计量得出的结论不太可信，因此需进一步对模型进行修正。

```
. estat bgodfrey

Breusch-Godfrey LM test for autocorrelation
```

lags(p)	chi2	df	Prob > chi2
1	19.596	1	0.0000

```
H0: no serial correlation
```

图 6-11　BG 自相关检验结果

五、自相关问题的处理

为解决自相关问题，可采用广义差分法。

由式（6-36）中回归结果生成残差序列 ε_t，用 ε_t 进行滞后一期的自回归，以估计自相关系数 ρ，在 Stata 软件的命令窗口中输入“e1=l.e”，即命令 e1 为残差滞后一期的变量，然后在命令窗口中输入“reg e e1 , noc”得到回归方程：

$$\varepsilon_t = 0.729\ 2\varepsilon_{t-1} \tag{6-37}$$

由式（6-37）可知自相关系数 $\rho = 0.729\,2$，对原模型进行广义差分回归，回归模型为

$$Y_t - 0.729\,2Y_{t-1} = \beta_0(1 - 0.729\,2) + \beta_1(X_t - 0.729\,2X_{t-1}) + v_t$$

在 Stata 软件的命令窗口中输入“gen ystar=y−0.729 2*1.y”，按“回车”键执行；输入“gen xstar=x−0.729 2*1.x”，执行；再输入“reg ystar xstar”，执行后得到广义差分回归的输出结果，如图 6-12 所示。

```
. reg ystar xstar

      Source |       SS           df       MS      Number of obs   =        40
-------------+----------------------------------   F(1, 38)        =    443.59
       Model |  283770.009         1  283770.009   Prob > F        =    0.0000
    Residual |  24308.8104        38  639.705538   R-squared       =    0.9211
-------------+----------------------------------   Adj R-squared   =    0.9190
       Total |   308078.82        39  7899.45691   Root MSE        =    25.292

------------------------------------------------------------------------------
       ystar |      Coef.   Std. Err.      t    P>|t|     [95% Conf. Interval]
-------------+----------------------------------------------------------------
       xstar |   .5942857   .0282164    21.06   0.000     .5371645    .6514068
       _cons |   8.027812   5.664383     1.42   0.165    -3.439132    19.49476
------------------------------------------------------------------------------
```

图 6-12 广义差分输出结果

图 6-12 中对应的回归方程和统计量为

$$\hat{Y}_t^* = 8.03 + 0.594X_t^*$$
$$SE = (5.66) \quad (0.028)$$
$$t = (1.42) \quad (0.000)$$
$$R^2 = 0.921\,1$$
$$F = 443.59$$
$$DW = 2.73$$

式中：$\hat{Y}_t^* = Y_t - 0.729\,2Y_{t-1}$，$X_t^* = X_t - 0.729\,2X_{t-1}$。

因使用广义差分数据，还需对其进行自相关检验，再用 BG 检验法进行检验，在命令窗口中输入“estate bgodfrey”，按“回车”键执行，结果如图 6-13 所示。结果表明，模型存在序列相关。

```
. estat bgodfrey

Breusch-Godfrey LM test for autocorrelation
---------------------------------------------------------------------------
    lags(p)  |          chi2               df                 Prob > chi2
-------------+-------------------------------------------------------------
       1     |          5.979               1                   0.0145
---------------------------------------------------------------------------
                        H0: no serial correlation
```

图 6-13 BG 检验法的输出结果

模型还存在自相关可能与 ρ 的取值不够精确有关，现选择使用 Cochrane−Orcutt 迭代

法修正自相关。在命令窗口中输入“prais y x，corc”，按“回车”键执行命令，得到的结果如图 6-14 所示。结果显示，DW=2.34，查 DW 统计表可知，d_L=1.442，d_U=1.544，$d_U < DW < 4 - d_U$，表明模型的 DW 值落入了无自相关的区间。

```
Cochrane-Orcutt AR(1) regression -- iterated estimates

      Source |       SS           df       MS      Number of obs   =        40
-------------+----------------------------------   F(1, 38)        =   5988.38
       Model |  3487545.6          1   3487545.6   Prob > F        =    0.0000
    Residual |  22130.6306        38  582.385015   R-squared       =    0.9937
-------------+----------------------------------   Adj R-squared   =    0.9935
       Total |  3509676.23        39  89991.6982   Root MSE        =    24.133

------------------------------------------------------------------------------
           y |      Coef.   Std. Err.      t    P>|t|     [95% Conf. Interval]
-------------+----------------------------------------------------------------
           x |   .6393094   .0082614    77.38   0.000      .622585    .6560339
       _cons |   187.6489   25.92094     7.24   0.000     135.1747    240.1231
-------------+----------------------------------------------------------------
         rho |   .7720287
------------------------------------------------------------------------------
Durbin-Watson statistic (original)    0.518228
Durbin-Watson statistic (transformed) 2.343029
```

图 6-14 自相关修正后结果

由此最终得到的中国城镇居民消费支出模型为

$$\hat{Y}_t = 187.65 + 0.639\,3X_t$$
$$SE = (25.92) \quad (0.008\,3)$$
$$t = (0.000\,0) \quad (0.000\,0)$$
$$R^2 = 0.993\,7$$
$$F = 5\,988.38$$
$$DW = 2.343$$

由中国城镇居民消费支出的广义差分模型可知，中国城镇居民的边际消费倾向 $\hat{\beta}_2 = 0.639\,3$，即中国城镇居民人均实际可支配收入每增加 1 元，人均实际消费支出增加 0.639 3 元。

思考题与练习题

一、思考题

1. 简述自相关产生的原因。
2. 简述 DW 检验的步骤，并写出判断自相关问题是否存在的准则。
3. 简述广义差分法修正自相关的基本步骤。

二、练习题

1. 某地区城市的计划部门用 OLS 方法得到如下双对数方程：

$$\hat{LH}_t = 1.12 + 1.141LY_t + 0.961LP_t$$
$$t = (0.8)\quad(10.7)\qquad(1.5)$$
$$R^2 = 0.98$$
$$n = 27$$
$$DW = 0.65$$

式中：LH 为独栋房屋数量的对数；LY 为城市总收入的对数；LP 为城市人口的对数。

1）根据 DW 统计值，对于模型残差，能得出什么结论？

2）解释下列各项含义：①预测值和估计值的有偏性；②标准差、拟合优度和 t 统计值；③检验的有效性。

3）如果有必要，给出其他一种模型估计方法，并说明为什么模型在估计值和估计值的性质方面更优，解释更优的含义是什么？

2. 设 C_t 为 t 时间某地区的实际人均消费（元），Y_t 为实际人均可支配收入（元）；根据 32 年的年度数据并用 OLS 方法得到如下的回归方程：

$$\hat{C}_t = -21\,151 + 2\,989.9LY_t$$
$$t = (-39.3)\qquad(45.0)$$
$$R^2 = 0.985$$
$$DW = 0.207$$

式中：LY 为实际人均可支配收入 Y 的对数。

检验模型是否存在一阶序列相关，并说明随机误差项的假定和零假设以及备择假设。根据检验结果，判断回归模型的拟合优度，以及回归系数的显著性水平，并说明判断依据。

3.（泰尔－纳格尔）Theil–Nagar 认为，在小样本中不应用$(1-d/2)$来估计 ρ，而是

$$\hat{\rho} = \frac{n^2(1-d/2)+k^2}{n^2-k^2}$$

式中：n 为样本数；d 为 DW 统计量；k 为估计的参数个数。

证明对于较大的 n 而言，这一 ρ 的估计值 $\hat{\rho}$ 等于以简单公式$(1-d/2)$所得的 ρ。

4. 表 6-3 给出了内蒙古自治区 2000—2016 年的地区生产总值（Y）和固定资产投资额（X）的数据。

1）观察该数据的时序图和残差散点图，判断是否存在自相关现象；

2）采用对数线性模型 $\ln Y_t = \beta_1 + \beta_2 X_t + \mu_t$ 进行回归，检验回归模型的自相关性；

3）用广义差分法处理模型的自相关问题；

4）令 $X_t^* = X_t / X_{t-1}$，$Y_t^* = Y_t / Y_{t-1}$，若继续采用对数线性模型进行回归估计，结果会怎样？

表 6-3 内蒙古自治区 2000—2016 年地区生产总值和固定资产投资额 （亿元）

年份	地区生产总值 Y	固定资产投资额 X	年份	地区生产总值 Y	固定资产投资额 X
1993	537	217.40	2005	3 905	2 687.84
1994	695	250.99	2006	4 944	3 406.35
1995	857	273.06	2007	6 423	4 404.75
1996	1 023	275.54	2008	8 496	5 604.67
1997	1 153	317.50	2009	9 740	7 535.15
1998	1 262	350.16	2010	11 672	8 971.63
1999	1 379	383.37	2011	14 359	10 899.79
2000	1 539	430.42	2012	15 880	13 112.01
2001	1 713	496.43	2013	16 916	15 109.82
2002	1 940	715.09	2014	17 770	11 304.85
2003	2 388	1 209.44	2015	17 831	13 653.10
2004	3 041	1 808.91	2016	18 600	14 893.96

5. 某劳动经济学者利用 OLS 方法对一家上市公司的雇员数量进行回归分析，回归模型为

$$\ln \hat{E} = 7.71 + 0.094S + 0.023N - 0.000\,325N^2$$

$$t = (6.8) \qquad (18.8) \qquad (2.6) \qquad (-1.7)$$

$$R^2 = 0.337$$

$$n = 60$$

$$DW = 0.53$$

式中：$\ln E$ 为收入 E 的对数；S 为所受教育年限；N 为工作经验。

有观点认为：由于 DW 检验拒绝零一阶序列相关的零假定，t 检验是无效的，以上 R^2 值大于实际 R^2 值。你同意该观点吗？为什么？

6. 表 6-4 给出了福建省 2001—2018 年地区生产总值 Y 和科研与试验发展（R&D）经费支出 X 的数据，其可以反映科研经费与地区经济运行情况之间的关系。

表 6-4 福建省 2001—2018 年地区生产总值和科研与试验发展经费支出数据 （亿元）

年份	地区生产总值 Y	R&D 经费支出 X	年份	地区生产总值 Y	R&D 经费支出 X
2001	4 072	22.6	2010	14 737	170.9
2002	4 467	24.4	2011	17 560	221.5

续表

年份	地区生产总值 Y	R&D 经费支出 X	年份	地区生产总值 Y	R&D 经费支出 X
2003	4 983	37.5	2012	19 701	271.0
2004	5 763	45.9	2013	21 868	314.1
2005	6 554	53.6	2014	24 055	355.0
2006	7 583	67.4	2015	25 979	392.9
2007	9 248	82.2	2016	28 519	454.3
2008	10 823	101.9	2017	32 182	543.1
2009	12 236	170.9	2018	35 804	642.8

数据来源：《全国科技经费投入统计公报》《中国统计年鉴》。

1）估计 R&D 经费支出对地区生产总值的影响程度；

2）检验回归模型是否存在自相关，用广义差分法消除自相关问题；

3）对回归结果进行经济学解释。

7. 表 6-5 是 2001—2018 年我国粮食产量 Y（万吨）与我国粮食播种面积 X（千公顷）的数据。

表 6-5 2001—2018 年我国粮食产量与粮食播种面积数据

年份	粮食产量 Y（万吨）	粮食播种面积 X（千公顷）	年份	粮食产量 Y（万吨）	粮食播种面积 X（千公顷）
2001	45 264	106 080.0	2010	55 911	109 872.0
2002	45 706	103 980.8	2011	58 849	110 570.6
2003	43 070	99 410.4	2012	61 223	111 270.3
2004	46 947	101 606.0	2013	63 048	111 951.4
2005	48 402	104 278.4	2014	63 965	112 738.3
2006	49 804	105 489.1	2015	66 060	113 340.5
2007	50 414	105 640.0	2016	66 044	113 028.2
2008	53 434	106 700.0	2017	66 161	117 989.0
2009	53 941	108 986.0	2018	65 789	117 038.0

1）根据表 6-5 中的数据建立一元线性回归模型。

2）利用图示检验法、DW 检验法、回归检验法和 LM 法及其改进方法检验一元线性回归模型是否存在自相关；如果存在自相关，是几阶自相关？

3）选择合适的消除自相关的方法估计建立的一元线性回归模型。

4）如果建立双对数模型 $\ln y_t = \alpha_0 + \alpha_1 \ln x + \mu_t$，比较估计结果和上述一元线性回归模型的异同，并检验该模型是否存在自相关。

8. 为了分析我国城镇居民人均可支配收入对商品零售价格的影响程度，取商品零售价格指数（Retail Price Index，RPI）与城镇居民人均可支配收入数据开展讨论，相关数据见表 6-6。

表 6-6 2001—2018 年我国商品零售价格指数与城镇居民人均可支配收入数据

年份	*RPI*	城镇居民人均可支配收入（现价）（元）	年份	*RPI*	城镇居民人均可支配收入（现价）（元）
2001	351.6	6 859.58	2010	406.3	19 109.44
2002	347.0	7 702.80	2011	426.2	21 809.78
2003	346.7	8 472.20	2012	434.7	24 564.72
2004	356.4	9 421.61	2013	440.8	26 467.00
2005	359.3	1 0493.03	2014	445.2	28 843.90
2006	362.9	1 1759.45	2015	445.6	31 194.80
2007	376.7	13 785.81	2016	448.7	33 616.00
2008	398.9	15 780.76	2017	453.6	36 396.19
2009	394.1	17 174.65	2018	462.2	39 250.84

1）将城镇居民人均可支配收入转化成以 1978 年为基期的实际人均可支配收入；将商品零售价格指数转化成以 1978 年为基期（1978 年的 RPI 设为 100%）的百分数。使用转换后的数据建立回归模型。用 LM 检验法，在 5% 的显著性水平下，检验回归模型是否存在序列相关。

2）用适当的方法消除自相关后，相关系数是否产生明显变化？

3）若建立双对数模型进行估计，请解释哪种估计方法更好些。

9. 表 6-7 给出了 2000—2015 年美元兑换人民币的汇率和进出口差额的数据，可用于分析人民币汇率与中国进出口差额的关系，

表 6-7 2000—2015 年美元兑换人民币的汇率和中国进出口差额数据

年份	中国进出口差额（亿元）	每 100 美元汇率（元）	年份	中国进出口差额（亿元）	每 100 美元汇率（元）
2003	2 092.3	827.70	2011	36 418.6	645.88
2004	2 667.5	827.68	2012	38 671.2	631.25
2005	8 374.4	819.17	2013	41 589.9	619.32
2006	14 220.3	797.18	2014	43 015.3	614.28
2007	20 263.5	760.40	2015	39 530.3	622.84
2008	20 868.4	694.51	2016	36 855.6	664.23
2009	13 411.3	683.10	2017	41 071.4	657.18
2010	12 323.5	676.95	2018	46 224.2	661.74

1）估计回归模型 $Y_t = \beta_1 + \beta_2 X_t + \mu_t$，用 DW 检验法对模型的自相关性进行检验，发现什么问题？

2）用适当的办法解决存在的问题。若用取对数法对数据进行处理，影响程度会有明显变化吗？

3）对于汇率对进出口差额的影响，有什么评价？

第七章　线性回归模型的扩展

引例：厂商在生产过程中的投入对产出的影响有多大？

从古到今，厂商生产的目标是实现利润最大化，那么在生产过程中，能否实现以最少的投入得到最大的产出呢？这个影响因素的大小如何测定？为此，美国数学家柯布（C. W. Cobb）和经济学家道格拉斯（P. H. Douglas）共同探讨投入和产出关系时创造了柯布-道格拉斯生产函数（C-D 生产函数），函数的基本形式为

$$Y = A(t)L^{\alpha}K^{\beta}\mu$$

式中：Y 为工业总产值；$A(t)$ 为综合技术水平；L 为投入的劳动力数（单位是万人或人）；K 为投入的资本，一般指固定资产净值（单位是亿元或万元，但必须与劳动力数的单位相对应，如劳动力用万人作单位，固定资产净值就用亿元作单位）；α 为劳动力产出的弹性系数；β 是资本产出的弹性系数；μ 表示随机扰动的影响。

柯布-道格拉斯生产函数主要用于测定生产过程中资本投入量和劳动投入量对产出的影响；亦可测定科技进步、资本增长、劳动增长对产出增长的贡献率。

那么，在已知投入和产出的情况下，如何测定资本投入和劳动投入对产出的影响呢？也即 α、β 如何估计？而前面所学的用线性回归模型进行估计的方法已不适用，我们如何估计这样的模型呢？

第一节　非线性回归模型

目前，前面几章主要讲的被解释变量 Y 和解释变量 X_i 之间的关系都被假设为线性关系，即

$$Y = \beta_0 + \beta_1 X_1 + \beta_2 X_2 + \cdots + \beta_k X_k + \mu$$

该模型具有如下两个特点：

1）被解释变量 Y 和参数 β_i 呈线性关系；

2）被解释变量 Y 和解释变量 X_i 也呈线性关系。

上述模型被称为标准线性回归模型。但在实际社会经济运用中，很多模型都不具备上

述两个特点。例如，我们想对企业的平均成本曲线进行估计，根据经济学理论，平均成本曲线呈U形，显然变量之间的线性假设就不成立了，而这种现象在现实中比比皆是。当被解释变量与解释变量之间呈非线性关系时，该如何建立和估计模型。此外，有的非线性回归模型是可线性化的，有的是不可线性化的。本节将从非标准线性回归模型的标准化与非线性回归模型的标准化两方面展开讨论。

一、非标准线性回归模型的标准化

非标准线性回归模型具有两个特点：①被解释变量与解释变量不呈线性关系；②被解释变量与回归参数呈线性关系。这类模型可通过直接变量代换法使其线性化，从而利用前面所讲的回归分析工具进行分析。下面引用直接代换法介绍几种典型的非标准线性回归模型。

（一）多项式回归模型

模型的设定形式为

$$Y=\beta_0+\beta_1 X+\beta_2 X^2+\cdots+\beta_k X^k+\mu \quad (7\text{-}1)$$

令$Z_1=X, Z_2=X^2,\ldots, Z_k=X^k$，则式（7-1）可化为

$$Y=\beta_0+\beta_1 Z_1+\beta_2 Z_2+\cdots+\beta_k Z_k+\mu \quad (7\text{-}2)$$

式（7-2）是式（7-1）的标准线性回归模型。

这类模型较多运用于生产与成本函数、税收与税率关系的拉弗曲线，分别用三阶、二阶多项式回归模型来拟合。

特别地，通常应尽量避免使用阶数大于二的多项式模型，原因有两方面：一是因为每增加一个多项式的项就意味着额外损失一个自由度，而自由度的丢失会导致估计参数的精度和检验效力下降；二是因为X, X^2, X^3之间可能存在高度相关性，会使单个系数的可靠性下降。

（二）双曲模型

模型的设定形式为

$$Y=\alpha+\beta\frac{1}{X}+\mu \quad (7\text{-}3)$$

令$z=1/X$，则式（7-3）化为标准线性回归模型，表达式为

$$Y=\alpha+\beta Z+\mu \quad (7\text{-}4)$$

该模型的特征是，随着X的无限增大，Y将逐渐逼近极限值α。图7-1是双曲模型的

图形，其可用来考察平均固定成本－产量间的关系；图 7-2 的重要用途是描绘了恩格尔消费曲线，反映了对某一商品的支出－总收入间的关系。

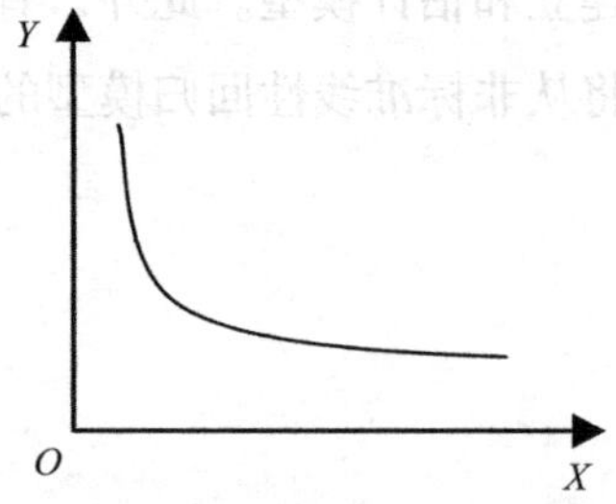

图 7-1 平均固定成本－产量曲线

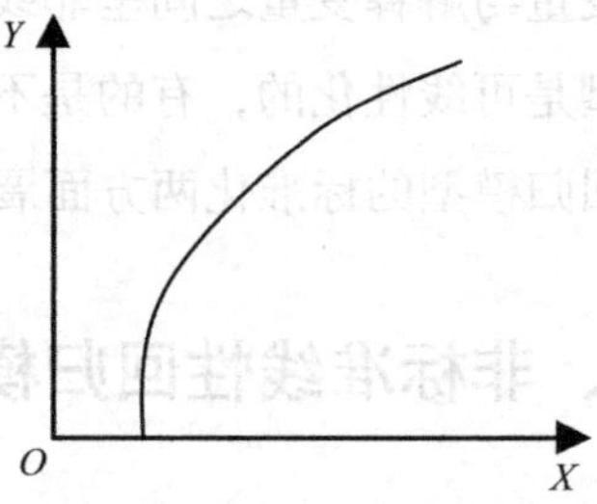

图 7-2 支出－总收入曲线

（三）对数模型

对数模型用来测度和解决与增长率有关的问题，分为半对数模型和双对数模型。

1. 半对数模型

半对数模型有两种表现形式，下面以一元回归模型为例进行说明。

（1）第一种形式

$$\ln Y = \alpha + \beta X + \mu \tag{7-5}$$

令 $Z=\ln Y$，则式（7-5）化为标准线性回归模型为

$$Z = \alpha + \beta X + \mu \tag{7-6}$$

式中：β 用于测定 Y 的恒定的相对增长率，其经济含义是 X 每增加 1 个单位，Y 将增长（或降低）$\beta\%$ 个单位。

（2）第二种形式

$$Y = \alpha + \beta \ln X + \mu \tag{7-7}$$

令 $Z=\ln Y$，则式（7-7）化为标准线性回归模型为

$$Y = \alpha + \beta Z + \mu \tag{7-8}$$

式中：β 用于测定 X 的相对改变所引起的 Y 的绝对变动量，经济其含义是 X 每增长 1%，Y 平均将会增加（或降低）$\beta\%$ 个单位。

2. 双对数模型

$$\ln Y = \alpha + \beta \ln X + \mu \tag{7-9}$$

令 $Y^{*}=\ln Y$，$X^{*}=\ln X$，则式（7-9）可化为标准线性回归模型为

$$Y^{*} = \alpha + \beta X^{*} + \mu \tag{7-10}$$

式中：β 度量了 Y 关于 X 的弹性，称作弹性系数，表示 X 每增长 1%，Y 将平均增长或下降 $\beta\%$ 个单位。

二、非线性回归模型的标准化

非线性回归模型具有如下两个特点：①被解释变量与解释变量不呈线性关系；②被解释变量与回归参数也不呈线性关系。这类模型通过直接变量代换法是无法实现线性化的，它需要先通过方程形式的变形后再进行变量代换，转化为线性形式，这种代换方法称为间接代换法。进行变量间接代换时，应用最广泛的模型是指数函数与幂函数模型。

（一）指数函数模型

例如：

$$Y=\beta_0 X^{\beta_1}\mathrm{e}^{\mu} \tag{7-11}$$

由于$\beta_1=\dfrac{\mathrm{d}Y}{Y}\Big/\dfrac{\mathrm{d}X}{X}$，所以$\beta_1$称为$Y$对$X$的弹性系数，它表示$X$变化1%所引起的$Y$变化的百分比。

首先，对式（7-11）取对数，则有：

$$\ln Y=\ln\beta_0+\beta_1\ln X+\mu \tag{7-12}$$

然后，进行变量代换，令$Y^*=\ln Y, X^*=\ln X, \beta_0^*=\ln\beta_0$，则有：

$$Y^*=\beta_0^*+\beta_1 X^*+\mu \tag{7-13}$$

由于该模型同时对X和Y做对数变换，所以称该模型为双对数线性模型。

对上述变换后的模型，利用OLS估计可得到参数估计值$\hat{\beta}_0^*, \hat{\beta}_1$。由此可得到原模型的样本回归方程为

$$\hat{Y}=\hat{\beta}_0 X^{\hat{\beta}_1}=\mathrm{e}^{\hat{\beta}_0^*}X^{\hat{\beta}_1} \tag{7-14}$$

（二）幂函数模型

幂函数模型常用于分析人口增长、产值或利润增长、劳动生产率以及就业等问题。这类模型的一般形式为

$$Y=\alpha_0\alpha_1^X\mathrm{e}^{\mu} \tag{7-15}$$

对上述模型两边同时取对数，则有：

$$\ln Y=\ln\alpha_0+X\ln\alpha_1+\mu \tag{7-16}$$

令$Y^*=\ln Y, \beta_0=\ln\alpha_0, \beta_1=\ln\alpha_1$，则变换后有：

$$Y^*=\beta_0+\beta_1 X\ +\mu \tag{7-17}$$

由于该模型只对Y做对数变换而X不变，所以称该模型为半对数线性模型。

因此，结合前面学过的线性回归模型拟合过程，以及非标准线性回归模型的标准化、

非线性模型的标准化方法，最后可得非线性回归模型拟合过程，具体步骤如下：

1）根据有关理论或变量之间的散点图判断回归模型形式；

2）根据模型本身特点对模型或数据进行直接或间接的变量变换，使变换后的模型或数据具有线性回归模型形式；

3）对变换后的线性模型进行拟合，并进行回归检验；

4）检验后，对符合要求的模型用原变量写出回归模型，并用于预测或控制。

【例 7.1】本例研究中国工业总产值、劳动力人数和固定资产净值的关系。原始数据如表 7-1 所示。

表 7-1　1994—2018 年中国工业总产值、劳动力人数和固定资产净值数据

年份	工业总产值 Y（亿元）	劳动力数 L（万人）	固定资产净值 K（亿元）	年份	工业总产值 Y（亿元）	劳动力数 L（万人）	固定资产净值 K（亿元）
1994	19 546.9	67 199	17 042	2007	111 693.9	78 645	137 324
1995	25 023.9	67 947	20 019	2008	131 727.6	79 243	172 828
1996	29 529.8	68 850	22 914	2009	138 095.5	79 812	224 599
1997	33 023.5	69 600	24 941	2010	165 126.4	78 388	251 684
1998	34 134.9	69 957	28 406	2011	195 142.8	78 579	311 485
1999	36 015.4	70 586	29 855	2012	208 905.6	78 894	374 695
2000	40 259.7	73 992	32 918	2013	222 337.6	79 300	446 294
2001	43 855.6	74 432	37 214	2014	233 856.4	79 690	512 021
2002	47 776.3	75 360	43 500	2015	236 506.3	80 091	562 000
2003	55 363.8	76 075	55 567	2016	247 877.7	80 694	606 466
2004	65 776.8	76 823	70 477	2017	278 328.2	80 686	641 238
2005	77 960.5	77 877	88 774	2018	305 160.2	80 567	645 675
2006	92 238.4	78 244	109 998				

在 Stata 软件中输入以下程序：

```
. gen lnl=log(l)
. gen lnk=log(k)
. reg y lnl lnk
```

运行程序后，结果如图 7-3 所示。

Source	SS	df	MS			
				Number of obs	=	25
				F(2, 22)	=	427.81
Model	1.9979e+11	2	9.9894e+10	Prob > F	=	0.0000
Residual	5.1371e+09	22	233503501	R-squared	=	0.9749
				Adj R-squared	=	0.9727
Total	2.0493e+11	24	8.5386e+09	Root MSE	=	15281

y	Coef.	Std. Err.	t	P>|t|	[95% Conf.	Interval]
lnl	-661047.1	123176.8	-5.37	0.000	-916500.1	-405594.2
lnk	98643.19	5803.113	17.00	0.000	86608.27	110678.1
_cons	6404736	1323352	4.84	0.000	3660273	9149200

图 7-3　输出结果

第二节　滞后变量模型

前面各章讨论的回归模型属于静态模型，即认为被解释变量的变化仅仅依赖于解释变量的当期影响，没有考虑变量之间的前后联系。事实上，在现实的经济活动中，经济主体的活动和决策是一个长期延续的过程，加上技术工艺客观条件的限制以及制度政策、生活习惯、心理预期等因素的影响，使经济变化呈现出普遍的滞后现象。因此，为了探索受时滞因素影响的经济变量的变化规律，需要在回归模型中引入滞后变量进行分析。本节主要介绍经济分析中较为常用的分布滞后模型和自回归模型，讨论它们的产生背景、特点及估计方法。

一、滞后效应与滞后变量

一般来讲，解释变量对被解释变量的影响是一个长期的过程，它往往会延续几个统计时期。在这一过程中，通常都存在时间滞后，也是说解释变量需要通过一段时间才能完全作用于被解释变量，另外，由于经济活动存在惯性，一个经济指标以前的变化态势会延续到本期，从而使被解释变量的当期变化受到自身过去取值水平的影响，这种被解释变量受自身或其他经济变量前几期值影响的现象即为滞后效应。用来表示前几期影响的变量被称为滞后变量。为了便于加深理解，下面给出了经济生活中常见的几个滞后效应例子。

（一）经济活动的滞后现象

1. 消费滞后

消费者的消费水平不仅依赖于当期的收入，还受到以前收入水平的影响。一般来讲，消费者不会选择在短时间内消费当期新增的收入，而是将其分散到后期消费中去，如消费者可能将每一年收入的 40% 用于当年花费，30% 用于第二年花费，20% 用于第三年花费，其余的作为长期储蓄，这样消费函数可以表示为

$$Y_t = \alpha_0 + 0.4X_t + 0.3X_{t-1} + 0.2X_{t-2} + \mu_t$$

式中：Y_t、X_t 分别为第 t 年的消费和收入；α_0 为常数；μ 为随机误差。

2. 通胀滞后

经济学理论认为，通货膨胀是一种基本的金融现象，因为在持续的经济增长中，货币的供给量总会超出实际需求。由于多种影响因素的存在，当前投放市场的货币并没有立即影响市场价格，而是一个持续的过程，这样货币供给量对通货膨胀有一个多期滞后的影响，研究显示二者之间大致滞后 3~9 个季度。

3. 存款创生

假如央行给银行系统注入 1 000 亿元，那么银行的储蓄总额最终可达多少呢？如果法律要求银行必须留下其中的 20% 作为保证金，那么银行第一次可以贷出 800 亿元，这 800 亿元在银行外流通一段时间后，又被存回银行，银行对这 800 亿元新到的存款除留下 20% 作为保证金外，可将其余的 640 亿元再贷出去，这贷出去的存款又会被人存回银行，如此循环。最终，根据乘数法则，银行储蓄总额会达到

$$1\,000 \times \frac{1}{1-0.8} = 5\,000\ (\text{亿元})$$

用滞后模型描述是

$$\begin{aligned} Y_t &= X_t + \beta X_t + \beta X_{t-1} + \beta X_{t-2} + \cdots + \beta X_{t-k} + \cdots \\ &= X_t + \beta X_t + \beta^2 X_t + \beta^3 X_t + \cdots + \beta^{k-1} X_t + \cdots \end{aligned}$$

这里，$X_t = 1\,000$ (亿元)，$\beta = 0.8$，当然，这个 5 000 亿元是需要经过一段时间产生出来的。

（二）滞后效应产生的原因

在建立计量经济学模型时，滞后效应可否忽略，要看滞后变量对经济主体（通常由被解释变量表征经济主体的特征或指标）的影响是否是主要原因，如果是主要原因，那么其在建模时是不可忽略的。

总结起来，引起滞后效应的主要原因有三个。

1. 心理预期因素

在社会经济这个复杂的系统中，人的心理因素对经济变量的变化有很大影响。由于人们的心理定势及社会习惯的作用，适应新的经济条件和经济环境需要一个过程，从而表现为决策的滞后性。经济主体的大多数行为都会受到预期心理的影响。以消费为例，人们对某种商品的消费量不仅受商品当前价格影响，而且还受预期价格影响，当人们预期价格上涨时，就会加快当期的购买，而当人们预期价格要下降时，则会持币观望，减少当期的购买。由于对将来的预期要依据过去的经验，因此在一定条件下，这种“预期”因素的影响可转化为滞后效应。

2. 技术因素

在国民经济运行中，从生产到流通再到消费，每一个环节都需要一段时间，从而形成时滞。例如，农产品产量对价格信息的反应总是滞后的，其原因就在于农产品的生产需要一个较长的时间过程；又如，在工业生产中，当年的产出量会在某种程度上依赖于过去若干期内投资形成的固定资产规模；再如，货币投放量的增减对物价水平会产生影响，但这种影响并不会全部在当期内反映，总会滞后一段时期。这些滞后效应都是因为经济活动的技术因素所致。

3. 制度因素

契约、管理制度等因素也会引起一定程度的滞后。例如，企业要改变它的产品结构或产量，会受到供货合同的制约；拥有一定数量定期存款的消费者，要调整自己的消费水平，会受到银行契约制度的限制；此外，管理层次过多、管理的低效率也会造成滞后效应。这些现象表明，当一个变量发生变化时，由于制度方面的原因，另一个变量需经过一定时期才能做出相应的变化，从而形成滞后现象。

由上述原因可见，要准确把握经济关系，特别是长期动态关系，并防止预测和决策偏差，就必须重视滞后效应对经济问题的影响。因此，在计量经济学中，要用滞后变量模型表达经济现象的滞后效应，从而更客观地反映经济现象的本质。

二、滞后变量模型的概念及分类

在经济分析中，运用滞后变量模型可以使不同时期的经济现象彼此联系起来，同时也将经济活动的静态分析转化为动态分析，使模型更加符合实际经济的运行状况。

以滞后变量作为解释变量，就得到滞后变量模型，它的一般形式为

$$Y_t = \alpha + \beta_0 X_t + \beta_1 X_{t-1} + \cdots + \beta_s X_{t-s} + \gamma_1 Y_{t-1} + \gamma_2 Y_{t-2} + \cdots + \gamma_q Y_{t-q} + \mu_t \tag{7-18}$$

式中：s、q 分别为滞后解释变量（外生滞后变量）和滞后被解释变量（内生滞后变量）

的滞后期长度。

若滞后期长度有限，则称该模型为有限分布滞后变量模型（Finite Distributed Lag Model，FDLM）；若滞后期长度无限，则称该模型为无限分布滞后变量模型（Infinite Distributed Lag Model，IDLM）。由于式（7-18）中既包含解释变量的滞后变量，也包含被解释变量的滞后变量，因此一般称之为自回归分布滞后模型（Autoregressive Distributed Lag Model，ADLM）。

对经济主体产生影响的经济现象和政策一般会有多种，那么比较分析成为一种需求，但是由式（7-18）可知，当外生滞后变量不止一个且每个滞后变量都有自己的分布滞后结构时，问题就会变得复杂，那么如何进行模型的构建和估计成为一个难点，原则上我们倾向于简单的线性模型。

用滞后变量模型表述一种经济现象或决策的滞后影响，可能是无限期的。比如，一种政策变化对经济发展的滞后影响可能是永久性的；经济危机对经济发展的影响，可能是有限长时期的。对于前者我们可以采用无限滞后变量模型来描述，对于后者，我们可以采用有限滞后变量模型来表达。但是，任何经济现象和政策的影响都是随时间推移而越来越弱，因为远期解释变量信息对被解释变量的影响能力显然不如近期解释变量信息。因而，常常是有限滞后变量模型运用得更为广泛。

（一）分布滞后模型

如果被解释变量只受解释变量的影响，且这种影响分布在解释变量不同时期的滞后值上，我们称这种具有滞后结果的模型为外生滞后变量模型，也称为分布滞后模型（distributed lag model），表达式为

$$Y_t = \alpha + \beta_0 X_t + \beta_1 X_{t-1} + \beta_2 X_{t-2} + \cdots + \beta_s X_{t-s} + \mu_t \tag{7-19}$$

式中：s 为滞后长度，在分布滞后模型中，各系数体现了解释变量的各个滞后值对被解释变量的不同影响程度，即通常所说的乘数效应；β_0 为短期乘数（short-run multiplier）或即期乘数（impact multiplier），它表示解释变量 X 变化一个单位对同期被解释变量 Y 产生的影响大小；β_i $(i=1,2,\dots,s)$ 称为延迟乘数（intermediate multiplier）或动态乘数（dynamic multiplier），它表示解释变量 X 的各个过去值变动一个单位对被解释变量 Y 的滞后影响。

$\sum_{i=0}^{s}\beta_i$ 为长期乘数（long-run multiplier）或总分布乘数（total multiplier），它表示 X 变动一个单位时，因为滞后效应而形成的对 Y 总影响的大小。

（二）自回归模型

如果滞后变量模型的解释变量仅包括解释变量 X 的当期值和被解释变量的若干期滞

后值，这类模型的形式为

$$Y_t = \alpha + \beta_0 X_t + \beta_1 X_{t-1} + \cdots + \gamma_q Y_{t-q} + \mu_t \quad (7\text{-}20)$$

式中：q 为自回归模型的阶数。

式（7-20）这类模型称为自回归模型（autoregressive model），如果 q=1，则模型称为一阶自回归模型，其形式为

$$Y_t = \alpha + \beta_0 X_t + \gamma_1 Y_{t-1} + \mu_t \quad (7\text{-}21)$$

三、分布滞后模型的估计

因为分布滞后模型的被解释变量只受解释变量的影响，所以外生变量是确定的，外生滞后变量间是无关的，不违背古典线性回归模型的任何假定，对于外生滞后变量模型的估计，原则上可以使用最小二乘法。但是，具体应用中还是存在一些实际问题。

第一，滞后期长会导致自由度的减少，导致模型估计不准或无法估计。

第二，外生变量滞后长度的确定没有事先指导和确定，无限分布外生滞后变量模型实际上无法估计，因为要估计的参数无穷多，但样本有限。

第三，即使大样本情形不用考虑自由度，也可能遇到滞后解释变量观测值之间存在多重共线性问题，如果按以往处理多重共线性问题的方法进行处理，可能导致放弃重要的滞后解释变量，即在我们估计模型后，发现滞后变量的 t 检验不显著，但是我们无法确知是事实不显著还是多重共线性的影响。

因此，直接利用普通最小二乘法获得的估计量可能不再是最佳无偏估计量，为了弥补这些缺陷，人们进行了广泛研究，提出了一系列的修正方法，下面具体介绍。

（一）有限分布外生滞后模型

对于有限分布滞后变量模型，估计的困难包括解释变量滞后长度无法确定、损失自由度以及滞后解释变量的多重共线问题，下面给出三种估计方法。

1. 经验权数法

经验加权估计法简称经验权数法，是根据实际经济问题的特点及经验判断，形成相应的约束，对解释变量的系数赋予一定的权数，利用这些权数构成各滞后变量的线性组合，以形成新的变量，再应用最小二乘法进行估计。

设分布滞后变量模型为

$$Y_t = \alpha + \beta_0 X_t + \beta_1 X_{t-1} + \beta_2 X_{t-2} + \cdots + \beta_s Y_{t-s} + \mu_t \quad (7\text{-}22)$$

式中：μ_t 满足经典假定；s 为一个确定的有限数。

权数的确定取决于模型滞后结构的不同类型，常见的滞后结构类型如下。

（1）递减滞后结构

递减滞后结构的权数是递减的，认为滞后解释变量对被解释变量的影响随着时间的推移越来越小，即遵循“远小近大”的原则。这种滞后结构在现实经济活动中较为常见，比较典型的例子是消费函数，现期收入对消费的影响较大，越滞后，影响越小。

一个滞后期为 3 的一组权数可取值如下：

$$\frac{1}{2},\ \frac{1}{4},\ \frac{1}{6},\ \frac{1}{8}$$

因此，有：

$$\begin{aligned} Y_t &= \alpha + \beta_0\left(\frac{1}{2}X_t\right) + \beta_0\left(\frac{1}{4}X_{t-1}\right) + \beta_0\left(\frac{1}{6}X_{t-2}\right) + \beta_0\left(\frac{1}{8}X_{t-3}\right) + \mu_t \\ &= \alpha + \beta_0\left(\frac{1}{2}X_t + \frac{1}{4}X_{t-1} + \frac{1}{6}X_{t-2} + \frac{1}{8}X_{t-3}\right) + \mu_t \end{aligned} \tag{7-23}$$

令

$$W_t = \frac{1}{2}X_t + \frac{1}{4}X_{t-1} + \frac{1}{6}X_{t-2} + \frac{1}{8}X_{t-3} \tag{7-24}$$

则有

$$Y_t = \alpha + \gamma_1 W_t + \mu_t \tag{7-25}$$

此时，分布滞后方程变成了一个一元回归方程，且随机扰动项未发生变化，可以使用 OLS 法对该方程进行估计。最后，把估计结果 $\hat{\alpha}$，$\hat{\gamma}_1$ 代入后得：

$$\hat{Y}_t = \hat{\alpha} + \frac{1}{2}\hat{\gamma}_1 X_t + \frac{1}{4}\hat{\gamma}_1 X_{t-1} + \frac{1}{6}\hat{\gamma}_1 X_{t-2} + \frac{1}{8}\hat{\gamma}_1 X_{t-3} + \mu_t \tag{7-26}$$

因此

$$\hat{\beta}_0 = \frac{1}{2}\hat{\gamma}_1,\ \hat{\beta}_1 = \frac{1}{4}\hat{\gamma}_1,\ \hat{\beta}_2 = \frac{1}{6}\hat{\gamma}_1,\ \hat{\beta}_3 = \frac{1}{8}\hat{\gamma}_1$$

（2）不变滞后结构

不变滞后结构的权数不变，即认为滞后解释变量对被解释变量的影响不随时间而变化。一个滞后期为 3 的一组权数可取值如下：

$$\frac{1}{4},\frac{1}{4},\frac{1}{4},\frac{1}{4}$$

同样地，我们可以得到一个新的变量：

$$W_t = \frac{1}{4}X_t + \frac{1}{4}X_{t-1} + \frac{1}{4}X_{t-2} + \frac{1}{4}X_{t-3} \tag{7-27}$$

此时，方程也可以变成一个满足经典假定的一元线性回归方程。

（3）“∧”形滞后结构

“∧”形滞后结构的权数先递增后递减呈“∧”形。这类滞后结构适合于前后期滞后解释变量对被解释变量的影响不大，而中期滞后解释变量对被解释变量的影响较大的分布滞后模型。如投资对产出的影响，即认为在一个投资周期里，期中的投资对本期产出贡献最大，因此可选择"∧"形滞后结构。

一个滞后期为5的一组权数可取值如下：

$$\frac{1}{6},\frac{1}{4},\frac{1}{2},\frac{1}{3},\frac{1}{5}$$

同样地，我们可以得到一个新的变量：

$$W_t=\frac{1}{6}X_t+\frac{1}{4}X_{t-1}+\frac{1}{2}X_{t-2}+\frac{1}{3}X_{t-3}+\frac{1}{5}X_{t-4} \tag{7-28}$$

此时，方程也可以变成一个满足经典假定的一元线性回归方程。

经验加权法具有简单易行、不损失自由度、避免多重共线性干扰及参数估计具有一致性等优点。缺点是设置权数的主观随意性较大，要求分析者对实际问题的特征有比较透彻的了解。通常的做法是，依据先验信息，多选几组权数分别估计多个模型，然后根据可决系数、F检验值、t检验值、估计标准误差以及DW统计值，选出最佳估计方程。

2. 阿尔蒙多项式法

为了消除多重共线性的影响，阿尔蒙（A1mon）提出利用多项式来迫近滞后参数的变化结构，从而减少待估参数的数目。假设回归模型为

$$Y_t=\alpha+\beta_0X_t+\beta_1X_{t-1}+\beta_2X_{t-2}+\cdots+\beta_sX_{t-s}+u_t$$

在有限分布滞后模型滞后长度s已知的情况下，滞后项系数可以看成是相应滞后期i的函数。再以滞后期i为横轴、滞后系数为纵轴绘制图形，如果这些滞后系数落在一条光滑曲线上，或近似落在一条光滑曲线上，则可以由一个关于i的次数较低的m次多项式很好地逼近，即

$$\beta_i=\alpha_0+\alpha_1i+\alpha_2i^2+\cdots+\alpha_mi^m\quad(i=0,1,2,\cdots,s;\ m<s) \tag{7-29}$$

该式称为阿尔蒙多项式变换。

将阿尔蒙多项式变换具体列出来，即为

$$\begin{cases}\beta_0=\alpha_0+\alpha_1 0+\alpha_2 0^2+\cdots+\alpha_m 0^m\ (i=0)\\ \beta_1=\alpha_0+\alpha_1 1+\alpha_2 1^2+\cdots+\alpha_m 1^m\quad(i=1)\\ \beta_2=\alpha_0+\alpha_1 2+\alpha_2 2^2+\cdots+\alpha_m 2^m\ (i=2)\\ \vdots\\ \beta_s=\alpha_0+\alpha_1 s+\alpha_2 s^2+\cdots+\alpha_m s^m\ (i=s)\end{cases} \tag{7-30}$$

代入式（7-23）并整理各项，模型变为以下形式：

$$\begin{aligned}Y_t=\alpha&+\alpha_0(X_t+X_{t-1}+X_{t-2}+\cdots+X_{t-s})+\\ &\alpha_1(X_{t-1}+2X_{t-2}+3X_{t-3}+\cdots+sX_{t-s})+\\ &\alpha_2(X_{t-1}+2^2X_{t-2}+3^2X_{t-3}+\cdots+s^2X_{t-s})+\cdots+\\ &\alpha_m(X_{t-1}+2^mX_{t-2}+3^mX_{t-3}+\cdots+s^mX_{t-s})+\mu_t\end{aligned}$$

即

$$Y_t = \alpha + \alpha_0 Z_{0t} + \alpha_1 Z_{1t} + \alpha_2 Z_{2t} + \cdots + \alpha_m Z_{mt} + \mu_t \tag{7-31}$$

式中：

$$\begin{cases} Z_{0t} = X_t + X_{t-1} + X_{t-2} + \cdots + X_{t-s} \\ Z_{1t} = X_{t-1} + 2X_{t-2} + 3X_{t-3} + \cdots + sX_{t-s} \\ Z_{2t} = X_{t-1} + 2^2 X_{t-2} + 3^2 X_{t-3} + \cdots + s^2 X_{t-s} \\ \vdots \\ Z_{mt} = X_{t-1} + 2^m X_{t-2} + 3^m X_{t-3} + \cdots + s^m X_{t-s} \end{cases} \tag{7-32}$$

为滞后变量的线性组合变量。

对于式（7-31），在 μ_t 满足古典假定的条件下，可用最小二乘法进行估计。将估计的参数 $\hat{\alpha}_0, \hat{\alpha}_1, \hat{\alpha}_2, \cdots, \hat{\alpha}_m$ 代入式（7-30），就可以求出原分布滞后模型参数的估计值。

在实际应用中，阿尔蒙多项式的次数 m 通常取值较低，一般取 2 或 3，很少超过 4。如果 m 取得过大则达不到通过阿尔蒙多项式变换来减少变量个数的目的。

从上面的分析可以看出，通过阿尔蒙多项式变换，新模型中的变量个数少于原分布滞后模型中的变量个数，从而自由度得到保证，并在一定程度上缓解了多重共线性问题。

对于有限外生滞后变量模型，其基本思想是对滞后模型中系数施加某种约束，设法有目的地减少需要直接估计的模型参数的个数，以缓解多重共线性，保证自由度。

（二）无限分布滞后模型的估计

对于无限分布滞后模型，由于滞后项无限多而样本观测总是有限的，因此不能直接对其进行估计。一般有以下两类方法。

1. 采用截断法

根据经济学理论或经验，将某期之后的所有系数给予零约束，转变成有限外生滞后变量模型进行估计。

2. 变量替换法

利用经验和调查给出系数的合理约束，进行变量替换，将无限分布滞后模型转化为有限分布滞后模型进行估计，这样就解决了估计问题。

因此，无限分布滞后模型主要是通过适当的模型变换，使其转化为只需估计有限个参数的自回归模型，这在实际建模中需要有以一定的经验为基础的技巧。

四、自回归模型的构建

在处理实际经济问题中，经常会把外生滞后模型或其他模型转化为自回归模型进行分析。通常有两条途径，一是对无限分布滞后模型的滞后结构做出某种假定，通过变换而形成，如库伊克（Koyck）模型；另一条途径是在模型中考虑了预期因素，然后基于经济原理对“期望模型”做出某种假定而导出。

（一）库伊克（Koyck）模型

许多经济变量的滞后效应都在相当长的时期内存在。例如，消费水平受收入的影响，可以追溯到较远的过去时期的收入水平；经济政策对经济效益的影响有一个逐步扩散的过程，目前的经济效益除了受不久前经济政策的影响外，还要受很久以前经济政策的影响，尽管这种影响可能很微弱。对于这种滞后现象，如果采用截尾的办法忽略某滞后期以前滞后解释变量对被解释变量的影响，建立有限分布滞后模型来进行分析，则存在滞后长度难以确定的问题。为了回避这一难点，可使用无限分布滞后模型来处理。

但是，无限分布滞后模型中滞后项无限多，而样本观测总是有限的，因此不可能对其直接进行估计。显然，要使模型估计能够顺利进行，必须施加一些约束或假定条件，将模型的结构做某种转化。库伊克（Koyck）变换是其中较具代表性的方法。

库伊克认为，对于如下无限分布滞后模型：

$$Y_t = \alpha + \beta_0 X_t + \beta_1 X_{t-1} + \beta_2 X_{t-2} + \cdots + \mu_t \tag{7-33}$$

式中：μ_t满足经典假定。

库伊克提出了两个假定。

假定 1：模型中所有参数的符号都是相同的。

假定 2：模型中参数是按几何数列衰减的，即

$$\beta_i = \beta_0 \lambda^i \ (0 < \lambda < 1;\ i = 0,1,2,\cdots) \tag{7-34}$$

式中：β_0为常数；λ为公比，是分布滞后衰减率，称$1-\lambda$为调整速度，λ值越小，衰减速度越快，X滞后的远期值对当期Y值的影响就越小。

将式（7-34）代入式（7-33），得

$$\begin{aligned} Y_t &= \alpha + \beta_0 X_t + \beta_0 \lambda X_{t-1} + \beta_0 \lambda^2 X_{t-2} + \cdots + \mu_t \\ &= \alpha + \beta_0 (X_t + \lambda X_{t-1} + \lambda^2 X_{t-2} + \cdots) + \mu_t \qquad (7\text{-}35) \\ &= \alpha + \beta_0 \sum_{i=0}^{\infty} \lambda^i X_{t-i} + \mu_t \end{aligned}$$

将式（7-35）滞后一期，有

$$Y_{t-1}=\alpha+\beta_0\sum_{i=0}^{\infty}\lambda^i X_{t-1-i}+\mu_{t-1}=\alpha+\beta_0\sum_{i=0}^{\infty}\lambda^{i-1}X_{t-i}+\mu_{t-1} \tag{7-36}$$

对式（7-36）两边同乘 λ 并与式（7-35）相减，得

$$\begin{aligned}Y_t-\lambda Y_{t-1}&=\left(\alpha+\beta_0\sum_{i=0}^{\infty}\lambda^i X_{t-i}+\mu_t\right)-\left(\lambda\alpha+\beta_0\sum_{i=0}^{\infty}\lambda^i X_{t-i}+\lambda\mu_{t-1}\right)\\&=\alpha(1-\lambda)+\beta_0 X_t+(\mu_t-\lambda\mu_{t-1})\end{aligned} \tag{7-37}$$

即

$$Y_t=\alpha(1-\lambda)+\beta_0 X_t+\lambda Y_{t-1}+(\mu_t-\lambda\mu_{t-1}) \tag{7-38}$$

这是库伊克模型。上述变换过程也叫库伊克变换。

令 $\alpha^*=\alpha(1-\lambda),\ \beta_0^*=\beta_0,\ \beta_1^*=\lambda,\ \mu_t^*=\mu_t-\lambda\mu_{t-1}$，则库伊克模型式（7-38）变为

$$Y_t=\alpha^*+\beta_0^* X_t+\beta_1^* Y_{t-1}+\mu_t^* \tag{7-39}$$

显然，这是一个一阶自回归模型。

由此可见，利用库伊克变换，可以将一个无限分布滞后模型变成只有一个本期解释变量 X_t 和一个滞后一期被解释变量 Y_{t-1} 的自回归模型。该模型以一个滞后被解释变量 Y_{t-1} 代替了，大量的滞后解释变量 $X_{t-i}\ (i=1,2,\cdots)$ 使模型结构得到了极大简化，而且最大限度地保证了自由度，解决了滞后长度难以确定的问题；同时，滞后一期的被解释变量 Y_{t-1} 与 X_t 的线性相关程度低于 X 的各滞后值之间的相关程度，从而在很大程度上克服了多重共线性。

当然，尽管库伊克变换具有上述优点，但也存在一些缺陷。

1）它假定无限滞后分布呈几何滞后结构，即滞后影响按某固定比例递减，解释变量当期值对被解释变量影响最大，滞后一期次之，依此类推。这种假定对某些经济变量可能不适用。例如，固定资产投资对总产出影响的滞后结构就不是这种类型。

2）库伊克模型的随机扰动项形如，$\mu_t^*=\mu_t-\lambda\mu_{t-1}$，说明新模型的随机扰动项 μ_t^* 存在一阶自相关，且与解释变量 Y_{t-1} 相关。

3）将随机变量 Y_{t-1} 作为解释变量引入了模型，不一定符合基本假定。

4）库伊克变换是纯粹的数学运算过程，缺乏经济学理论依据。

这些缺陷，特别是第 2 条所述的缺陷，将给模型的参数估计带来一定困难。

（二）自适应预期模型

在经济活动中，经济活动主体经常根据他们对某些经济变量未来走势的“预期”来改变自己的行为决策。例如，一家公司的价值在过去稳步增长，投资者就可能会预期这种情况会持续下去，并依据这种预期做出投资决策。又如，企业会根据对产品未来价格走势的预期，决定现期的生产量以及是否对新设备进行投资。同样，为了确定种植哪种农作物最有前景，农民往往要对各种农作物的未来价格进行预测。消费者在决定是否购买房产、汽

车或家用电器时，也需要对这些消费品的未来价格进行预测。再如，当期居民的消费水平，在一定程度上取决于对未来收入水平的预计，即取决于预期的收入水平。

这些例子表明，某些经济变量的变化会或多或少地受到另一些经济变量预期值的影响。为了处理这种经济现象，我们可以将解释变量预期值引入模型，建立“期望模型”。例如，包含一个预期解释变量的“期望模型”可以表示为

$$Y_t = \alpha + \beta X_t^* + \mu_t \tag{7-40}$$

式中：Y_t为被解释变量；X_t^*为解释变量预期值；μ_t为随机扰动项。

在回归分析中，如何获取解释变量预期值，是上述模型的难点。预期是对未来的判断，在大多数情况下，预期值是不可观测的。因此，实际应用中需要对预期的形成机理做出某种假定，自适应预期假定是其中之一，这种假定比较切合实际，具有一定代表性。

自适应预期假定认为，经济活动主体对某经济变量的预期，是通过一种简单的学习过程而形成的，其机理是，经济活动主体会根据自己过去在做预期时所犯错误的程度，来修正他们以后每一时期的预期，即按照过去预测偏差的某一比例来对当前期望进行修正，使其适应新的经济环境。用数学式表示的表达式为

$$X_t^* = X_{t-1}^* + \gamma(X_t - X_{t-1}^*) \tag{7-41}$$

式中：参数γ为调节系数，也称为适应系数。

式（7-41）表明，本期预期值X_t^*等于前一期预期值X_{t-1}^*加上一个修正量，该修正量$\gamma(X_t - X_{t-1}^*)$是前一期预期误差$(X_t - X_{t-1}^*)$的一部分。这一调整过程叫做自适应过程。

可将式（7-41）改写为

$$X_t^* = \gamma X_t + (1-\gamma)X_{t-1}^* \tag{7-42}$$

这表明本期预期值是前一期预期值和本期实际值的加权平均，权数分别为γ和$1-\gamma$。如果γ等于0，说明本期实际值被忽略，预期没有进行修正。如果γ等于1，则以本期实际值作为预期值，本期预期与前一期预期无关。在一般情况下，$0 \leqslant \gamma \leqslant 1$。

通常，将解释变量预期值满足自适应调整过程的期望模型，称为自适应预期模型（adaptive expectation model）。根据自适应预期假定，自适应预期模型可转化为自回归形式。

将式（7-42）代入式（7-40），得

$$Y_t = \alpha + \beta[\gamma X_t + (1-\gamma)X_{t-1}^*] + \mu_t \tag{7-43}$$

同时，将式（7-40）滞后一期，并乘以$1-\gamma$，得

$$(1-\gamma)Y_{t-1} = \alpha(1-\gamma) + \beta(1-\gamma)X_{t-1}^* + (1-\gamma)\mu_{t-1} \tag{7-44}$$

将式（7-44）减去式（7-43），整理得

$$Y_t = \gamma\alpha + \gamma\beta X_t + (1-\gamma)Y_{t-1} + [\mu_t - (1-\gamma)\mu_{t-1}] \tag{7-45}$$

令

$$\alpha^* = \gamma\alpha,\ \beta_0^* = \gamma\beta,\ \beta_1^* = 1-\gamma,\ \mu_t^* = \mu_t - (1-\gamma)\mu_{t-1} \tag{7-46}$$

则式（7-45）变为

$$Y_t = \alpha^* + \beta_0^* X_t + \beta_1^* Y_{t-1} + \mu_t^* \tag{7-47}$$

显然，这是一个一阶自回归模型。如果能得到该模型参数 α^*，β_0^*，β_1^* 的估计值，代入式（7-46）即可求得自适应预期模型式（7-40）的参数估计值。

（三）局部调整模型

在实际问题中，会遇到为了适应解释变量的变化，被解释变量有一个预期的最佳值与之对应的现象。例如，企业为了确保生产或供应，必须保持一定的原材料储备，对应于一定的产量或销售量，存在着预期最佳库存量；为了确保一国经济健康发展，中央银行必须保持一定的货币供应，对应于一定的经济总量水平，应该有一个预期的最佳货币供应量。也就是说，解释变量的现值影响着被解释变量的预期值，即存在以下关系：

$$Y_t^* = \alpha + \beta X_t + \mu_t \tag{7-48}$$

式中：Y_t^* 为被解释变量的预期最佳值；X_t 为解释变量的现值。

由于技术、制度、市场以及管理等各方面的限制，被解释变量的预期水平在单一周期内一般不会完全实现，而只能得到部分调整。局部调整假设认为，被解释变量的实际变化仅仅是预期变化的一部分，即

$$Y_t - Y_{t-1} = \delta(Y_t^* - Y_{t-1}) \tag{7-49}$$

式中：δ 为调整系数，它代表调整速度。

δ 越接近 1，表明调整到预期最佳水平的速度越快。若 $\delta = 1$，则 $Y_t = Y_t^*$，表明实际变动等于预期变动，调整在当期完全实现。若 $\delta = 0$，则 $Y_t = Y_{t-1}$，表明本期值与上期值一样，完全没有调整。一般情况下，$0 < \delta < 1$。

满足局部调整假设的式（7-48），称为局部调整模型（partial adjustment model）。局部调整假设式（7-49）也可写为

$$Y_t = \delta Y_t^* + (1-\delta)Y_{t-1} \tag{7-50}$$

即被解释变量实际值是本期预期最佳值与前一期实际值的加权和，权数分别为 δ 和 $1-\delta$。把式（7-48）代入式（7-50），可得局部调整模型的转化形式

$$\begin{aligned} Y_t &= \delta(\alpha + \beta X_t + \mu_t) + (1-\delta)Y_{t-1} \\ &= \delta\alpha + \delta\beta X_t + (1-\delta)Y_{t-1} + \delta\mu_t \end{aligned} \tag{7-51}$$

令

$$\alpha^* = \delta\alpha,\ \beta_0^* = \delta\beta,\ \beta_1^* = 1-\delta,\ \mu_t^* = \delta\mu_t \tag{7-52}$$

则式（7-51）变为

$$Y_t = \alpha^* + \beta_0^* X_t + \beta_1^* Y_{t-1} + \mu_t^* \tag{7-53}$$

这说明局部调整模型本质上是一个自回归模型。若能得到该模型的参数估计，代入式（7-52）就可求出原模型的参数估计。

从上述分析可以看出，库伊克模型、自适应预期模型与局部调整模型的最终形式，都是一阶自回归形式。这样，对这三类模型的估计就转化为对相应一阶自回归模型的估计。它们的区别有两个方面：一是导出模型的经济背景与思想不同，库伊克模型是在无限分布滞后模型的基础上根据库伊克几何分布滞后假定导出的，自适应预期模型是由解释变量的自适应过程得到的，局部调整模型则是对被解释变量的局部调整得到的；二是，在这三个模型对应的自回归形式中，由于模型的形成机理不同而导致随机误差项的结构有所不同，这个区别也将为模型的估计带来一定影响。

此外，有时需要将局部调整模型与自适应预期模型结合起来对某一经济问题进行研究，即建立局部调整－自适应预期综合模型：

$$Y_t^* = \alpha + \beta X_t^* + \mu_t \tag{7-54}$$

该模型反映了被解释变量的预期水平同解释变量预期值的关联性。对 Y_t^* 做局部调整假设，对 X_t^* 做自适应假设，则局部调整－自适应预期综合模型可转化为以下形式的自回归模型：

$$Y_t = \alpha^* + \beta_0^* X_t + \beta_1^* Y_{t-1} + \beta_2^* Y_{t-2} + \mu_t^* \tag{7-55}$$

总之，无限分布的外生滞后变量模型、局部调整模型、自适应预期模型和局部调整－自适应预期综合模型都可以通过组合变换转化为自回归模型。这也给出了一般滞后变量模型的估计思路：通过线性组合或者其他方式，把各个滞后变量组合起来，形成一个或者多个新变量代入回归方程，以减少直接估计参数的个数，达到增加自由度并避免多重共线性的目的。

五、自回归模型的估计

（一）自回归模型估计的困难

上一节所讨论的库伊克模型、自适应预期模型与局部调整模型，其模型结构上有一个共性，即最终都可表示为一阶自回归形式

$$Y_t = \alpha^* + \beta_0^* X_t + \beta_1^* Y_{t-1} + \mu_t^* \tag{7-56}$$

因此，对这三个模型的估计就转化为对一阶自回归模型的估计。但是，上述一阶自回归模型的解释变量中含有滞后被解释变量 Y_{t-1}，Y_{t-1} 是随机变量，它可能与随机扰动项相

关；而且随机扰动项还可能自相关。也是说，模型可能违背古典假定，从而给模型的估计带来一定困难。为了说明这一点，我们考察三个模型对应的一阶自回归模型中的随机扰动项的特征。

$$库伊克模型：\mu_t^* = \mu_t \ \lambda\mu_{t-1}$$

$$自适应预期模型：\mu_t^* = \mu_t - (1-\lambda)\mu_{t-1}$$

$$局部调整模型：\mu_t^* = \delta\mu_t$$

假定原模型中随机扰动项 μ_t 满足古典假定，即

$$E(\mu_t) = 0$$

$$\operatorname{var}(\mu_t) = \sigma^2$$

$$\operatorname{cov}(\mu_i, \mu_j) = 0,\ i \neq j$$

1）对于库伊克模型，有

$$\begin{aligned}
\operatorname{cov}(\mu_t^*, \mu_{t-1}^*) &= E(\mu_t - \lambda\mu_{t-1} - E(\mu_t - \lambda\mu_{t-1}))[\mu_{t-1} - \lambda\mu_{t-2} - E(\mu_{t-1} - \lambda\mu_{t-2})] \\
&= E(\mu_t\mu_{t-1}) - \lambda E\mu_{t-1}^2 - \lambda E(\mu_t\mu_{t-2}) + \lambda^2 E(\mu_{t-1}\mu_{t-2}) \\
&= -\lambda E\mu_{t-1}^2 \\
&= -\lambda\sigma^2 \neq 0
\end{aligned}$$

$$\begin{aligned}
\operatorname{cov}(Y_{t-1}, \mu_t^*) &= \operatorname{cov}(Y_{t-1}, \mu_t - \lambda\mu_{t-1}) \\
&= \operatorname{cov}(Y_{t-1}, \mu_t) - \lambda\operatorname{cov}(Y_{t-1}, \mu_{t-1}) \\
&= -\lambda\operatorname{cov}(Y_{t-1}, \mu_{t-1}) \neq 0
\end{aligned}$$

2）同理可证，自适应预期模型也有

$$\operatorname{cov}(\mu_t^*, \mu_{t-1}^*) \neq 0$$

$$\operatorname{cov}(Y_{t-1}, \mu_t^*) \neq 0$$

3）对于局部调整模型，有

$$\operatorname{cov}(\mu_t^*, \mu_{t-1}^*) = E[\delta\mu_t - E(\delta\mu_t)][\delta\mu_{t-1} - E(\delta\mu_{t-1})] = \delta^2 E(\mu_t\mu_{t-1}) = 0$$

$$\operatorname{cov}(Y_{t-1}, \mu_t^*) = \operatorname{cov}(Y_{t-1}, \delta\mu_t) = \delta\operatorname{cov}(Y_{t-1}, \mu_t) = 0$$

由此可见，对自回归模型的估计存在两个主要问题：一是出现了随机解释变量 Y_{t-1}，而 Y_{t-1} 可能与 μ_i 相关；二是随机扰动项 μ_i 可能自相关，库伊克模型和自适应预期模型的随机扰动项都会导致自相关，只有局部调整模型的随机扰动项无自相关。如果用最小二乘法直接估计自回归模型，则估计可能是有偏的，而且不是一致估计。因此，估计自回归模型需要解决两个问题：一是设法消除 Y_{t-1} 与 μ_i 的相关性；二是检验 μ_i 是否存在自相关。

为了缓解解释变量 Y_{t-1} 与随机扰动项 μ_i 存在相关带来的估计偏倚，可采用工具变量法；诊断一阶自回归模型扰动项是否存在自相关，可用德宾 h 检验法。而对于扰动项自相关的处理，问题比较复杂，涉及动态回归模型的深入内容，在此从略。

（二）工具变量法

所谓工具变量法，是在进行参数估计的过程中选择适当的工具变量，代替回归模型中同随机扰动项存在相关性的解释变量。工具变量的选择应满足如下条件：

1）与所代替的解释变量高度相关；

2）与随机扰动项不相关；

3）与其他解释变量不相关，以免出现多重共线性。

可以证明，利用工具变量法所得到的参数估计是一致估计。

在实际应用中，工具变量有多种选择方式，如可选用 $\hat{Y}_{t-1}$ 作为工具变量，去代替滞后被解释变量 Y_{t-1} 进行估计，这样一阶自回归模型就变为如下形式：

$$Y_t = \alpha^* + \beta_0^* X_t + \beta_1^* \hat{Y}_{t-1} + \mu_t^* \tag{7-57}$$

式中：$\hat{Y}_{t-1}$ 是 $\hat{Y}_t$ 的滞后值，$\hat{Y}_t$ 是 Y 对 X 的滞后值的回归，即由如下回归方程得到：

$$\hat{Y}_t = \hat{c}_0 + \hat{c}_1 X_{t-1} + \hat{c}_2 X_{t-2} + \cdots + \hat{c}_s X_{t-s} \tag{7-58}$$

滞后期 s 适当选取，一般取 2 或 3。由于 X_t 与 μ_t^* 不相关，$\hat{Y}_t$ 作为对 X 滞后值的回归，也与 μ_t^* 不相关，进而 $\hat{Y}_{t-1}$ 也与 μ_t^* 不相关，因此，对模型（7-57）应用最小二乘法，可以得到参数的一致估计。

（三）德宾 h 检验

关于随机扰动项是否存在自相关的诊断，前面我们曾介绍过 DW 检验法，但这一检验法不适合于方程中含有滞后被解释变量的情况（详见 DW 检验法的假设条件）。在自回归模型中，滞后被解释变量是随机变量，已有研究表明，如果用 DW 检验法，则 DW 统计量总是趋近于 2。也是说，在一阶自回归中，当随机扰动项存在自相关时，DW 检验却倾向于得出无自相关的结论。为此，德宾提出了检验一阶自相关的 h 统计量检验法，简称德宾 h 检验。

h 统计量的定义为

$$h = \hat{\rho}\sqrt{\frac{n}{1 - n\text{var}(\hat{\beta}_1^*)}} = \left(1 - \frac{d}{2}\right)\sqrt{\frac{n}{1 - n\text{var}(\hat{\beta}_1^*)}} \tag{7-59}$$

式中：$\hat{\rho}$ 为随机扰动项一阶自相关系数 ρ 的估计量；d 为 DW 统计量；n 为样本容量；$\text{var}(\hat{\beta}_1^*)$ 为滞后被解释变量 Y_{t-1} 的回归系数的估计方差。

德宾证明了在 $\rho = 0$ 的假定下，h 统计量的极限分布为标准正态分布。因此，在大样本情况下，可以用 h 统计量值判断随机扰动项是否存在一阶自相关。具体做法如下。

1）对一阶自回归方程 $Y_t = \alpha^* + \beta_0^* X_t + \beta_1^* Y_{t-1} + \mu_t^*$ 直接进行最小二乘估计，得到

$\mathrm{var}(\hat{\beta}_1^*)$及DW统计量。

2）将$\mathrm{var}(\hat{\beta}_1^*)$、DW统计量$d$及样本容量$n$代入式（7-59）计算$h$值。

3）给定显著性水平α，查标准正态分布表得临界值h_α。若$|h|>h_\alpha$，则拒绝原假设$\rho=0$，说明自回归模型存在一阶自相关；若$|h|<h_\alpha$，则接受原假设$\rho=0$，说明自回归模型不存在一阶自相关。

例如，假设对下列模型进行估计：

$$Y_t=\alpha^*+\beta_0^*X_t+\beta_1^*Y_{t-1}+\mu_t^*$$

得到$d=1.9$，$\mathrm{var}(\hat{\beta}_1^*)=0.005$，如果样本容量$n$=100，则有：

$$\begin{aligned}h&=\left(1-\frac{d}{2}\right)\sqrt{\frac{n}{1-n\mathrm{var}(\hat{\beta}_1^*)}}\\&=\left(1-\frac{1}{2}\times1.9\right)\sqrt{\frac{100}{1-100\times0.005}}\\&=0.707\,1\end{aligned}$$

取显著性水平$\alpha=0.05$，查标准正态分布表得临界值1.96，由于$|h|<0.707\,1<1.96$，则接受原假设$\rho=0$，说明自回归模型不存在一阶自相关。

值得注意的是，该检验法可适用任意阶数的自回归模型，对应的h统计量的计算式（7-59）仍然成立，即只用到Y_{t-1}回归系数的估计方差。此外，该检验法是针对大样本的，用于小样本时效果较差。

【例 7.2】已知1993—2018年某地区制造业库存量Y和销售额X的统计资料，如表7-3所示。设定有限分布滞后模型为

$$Y_t=\alpha+\beta_0X_t+\beta_1Y_{t-1}+\beta_2Y_{t-2}+\beta_3Y_{t-3}+\mu_t$$

运用经验加权法，选择下列三组权数分别对应模型1、模型2和模型3：①（1，1/2，1/4，1/8）；②（1/4，1/2，2/3，1/4）；③（1/4，1/4，1/4，1/4）。分别估计3个模型，并从中选择最佳的模型。

表 7-2 1993—2018 年某地区制造业库存量和销售额的统计资料 （亿美元）

年份	制造业库存量 Y	销售额 X	年份	制造业库存量 Y	销售额 X
1993	45 405.20	302 028.2	2006	60 384.00	501 728.0
1994	46 712.01	324 207.2	2007	64 970.23	532 172.2
1995	50 005.59	348 209.8	2008	69 038.57	544 564.0
1996	51 390.81	358 678.9	2009	62 440.12	444 010.5
1997	52 425.72	383 647.4	2010	63 787.95	482 399.6
1998	53 984.61	389 850.9	2011	71 040.35	538 753.6
1999	54 280.77	403 310.7	2012	72 991.90	568 527.1
2000	56 855.33	420 198.2	2013	75 469.10	584 383.5

续表

年份	制造业库存量 Y	销售额 X	年份	制造业库存量 Y	销售额 X
2001	54 809.90	397 206.6	2014	78 013.00	596 987.1
2002	50 336.82	391 723.2	2015	77 702.80	574 676.1
2003	49 936.68	401 678.9	2016	75 001.25	555 348.7
2004	50 900.55	429 433.5	2017	76 336.64	575 244.1
2005	55 276.42	474 262.5	2018	81 056.34	552 484.5

记新的线性组合变量分别为

$$Z_1 = X_t + \frac{1}{2}X_{t-1} + \frac{1}{4}X_{t-2} + \frac{1}{8}X_{t-3}$$

$$Z_2 = \frac{1}{4}X_t + \frac{1}{2}X_{t-1} + \frac{2}{3}X_{t-2} + \frac{1}{4}X_{t-3}$$

$$Z_3 = \frac{1}{4}X_t + \frac{1}{4}X_{t-1} + \frac{1}{4}X_{t-2} + \frac{1}{4}X_{t-3}$$

在 Stata 软件中，输入 X 和 Y 的数据，根据 X 的数据，由上述公式生成线性组合变量 Z_1、Z_2、Z_3 的数据。然后分别按下式估计经验加权模型

$$Y_t = \alpha + \beta Z_{kt} + \mu_t \quad (k = 1,2,3)$$

程序如下：

```
. tsset year
. gen z1=x+1/2*l1.x+1/4*l2.x+1/8*l3.x
. gen z2=1/4*x+1/2*l1.x+2/3*l2.x+1/4*l3.x
. gen z3=1/4*x+1/4*l1.x+1/4*l2.x+1/4*l3.x
. reg y z1
. reg y z2
. reg y z3
```

运行程序，得到的回归分析结果如图 7-4、图 7-5 和图 7-6 所示。

```
      Source |       SS           df       MS      Number of obs   =        23
-------------+----------------------------------   F(1, 21)        =    254.70
       Model |  2.3091e+09         1  2.3091e+09   Prob > F        =    0.0000
    Residual |   190388497        21  9066118.89   R-squared       =    0.9238
-------------+----------------------------------   Adj R-squared   =    0.9202
       Total |  2.4995e+09        22   113613356   Root MSE        =      3011

------------------------------------------------------------------------------
           y |      Coef.   Std. Err.      t    P>|t|     [95% Conf. Interval]
-------------+----------------------------------------------------------------
          z1 |   .0694984   .0043548    15.96   0.000     .0604422    .0785546
       _cons |   1434.501   3933.795     0.36   0.719    -6746.274    9615.276
------------------------------------------------------------------------------
```

图 7-4　模型 1 的估计结果

```
      Source |       SS           df       MS      Number of obs   =        23
-------------+----------------------------------   F(1, 21)        =    157.20
       Model |  2.2049e+09         1  2.2049e+09   Prob > F        =    0.0000
    Residual |   294549780        21    14026180   R-squared       =    0.8822
-------------+----------------------------------   Adj R-squared   =    0.8765
       Total |  2.4995e+09        22   113613356   Root MSE        =    3745.2

------------------------------------------------------------------------------
           y |      Coef.   Std. Err.      t    P>|t|     [95% Conf. Interval]
-------------+----------------------------------------------------------------
          z2 |   .0742131    .005919    12.54   0.000     .0619038    .0865224
       _cons |   5590.648   4677.173     1.20   0.245    -4136.066    15317.36
------------------------------------------------------------------------------
```

图 7-5 模型 2 的估计结果

```
      Source |       SS           df       MS      Number of obs   =        23
-------------+----------------------------------   F(1, 21)        =    185.70
       Model |  2.2456e+09         1  2.2456e+09   Prob > F        =    0.0000
    Residual |   253942603        21  12092504.9   R-squared       =    0.8984
-------------+----------------------------------   Adj R-squared   =    0.8936
       Total |  2.4995e+09        22   113613356   Root MSE        =    3477.4

------------------------------------------------------------------------------
           y |      Coef.   Std. Err.      t    P>|t|     [95% Conf. Interval]
-------------+----------------------------------------------------------------
          z3 |   .1260169   .0092475    13.63   0.000     .1067857    .1452482
       _cons |    4460.28   4386.267     1.02   0.321    -4661.461    13582.02
------------------------------------------------------------------------------
```

图 7-6 模型 3 的估计结果

从上述回归分析结果综合判断可决系数、F 检验值、t 检验值，可以认为，最佳的方程是模型 1，即权数为（1，1/2，1/4，1/8）的分布滞后模型。

【**例 7.3**】表 7-3 给出了河南省城乡居民 1978—2018 年人均消费支出 Y 和人均可支配收入 X 的关系。

表 7-3 河南省城乡居民 1978—2018 年人均消费支出与人均可支配收入统计量 （元）

年份	人均消费支出 Y	人均可支配收入 X	年份	人均消费支出 Y	人均可支配收入 X
1978	274.00	315.00	1999	3 497.53	4 532.36
1979	302.98	361.04	2000	3 830.71	4 766.26
1980	335.02	365.00	2001	4 110.17	5 267.42
1981	363.23	395.00	2002	4 504.68	6 245.40
1982	382.47	429.00	2003	4 941.60	6 926.12
1983	405.00	452.5	2004	5 294.19	7 704.90
1984	431.68	497.49	2005	6 038.02	8 667.97
1985	556.72	600.59	2006	6 685.18	9 810.26

续表

年份	人均消费支出 Y	人均可支配收入 X	年份	人均消费支出 Y	人均可支配收入 X
1986	653.83	724.21	2007	7 826.72	11 477.05
1987	711.27	814.20	2008	8 837.46	13 231.11
1988	896.55	946.10	2009	9 566.99	14 371.56
1989	963.97	1 111.46	2010	10 838.49	15 930.26
1990	1 067.67	1 267.73	2011	12 336.47	18 194.80
1991	1 199.95	1 384.81	2012	13 732.96	20 442.62
1992	1 342.58	1 608.03	2013	14 821.98	22 398.03
1993	1 609.26	1 962.75	2014	15 726.12	24 391.45
1994	2 155.15	2 618.55	2015	17 154.3	25 575.61
1995	2 673.95	3 299.46	2016	27 232.92	18 087.79
1996	3 009.35	3 755.44	2017	29 557.86	19 422.27
1997	3 378.02	4 093.62	2018	31 874.19	20 989.15
1998	3 415.65	4 219.42			

数据来源：《河南统计年鉴 2019》。

借助于 Stata 软件，对人均消费支出和人均可支配收入进行回归，输入如下命令：

```
. tsset year
. reg y x l1.y
```

执行命令后，得到的回归结果如图 7-7 所示。

```
      Source |       SS           df       MS      Number of obs   =        40
-------------+----------------------------------   F(2, 37)        =    682.96
       Model |  2.5199e+09         2  1.2600e+09   Prob > F        =    0.0000
    Residual |    68260547        37  1844879.65   R-squared       =    0.9736
-------------+----------------------------------   Adj R-squared   =    0.9722
       Total |  2.5882e+09        39  66364211.9   Root MSE        =    1358.3

------------------------------------------------------------------------------
           y |      Coef.   Std. Err.      t    P>|t|     [95% Conf. Interval]
-------------+----------------------------------------------------------------
           x |   .0021347   .0579191     0.04   0.971    -.1152205    .1194899
             |
           y |
         L1. |   1.130348   .0651913    17.34   0.000     .9982578    1.262438
             |
       _cons |   15.31875   301.1771     0.05   0.960    -594.9241    625.5616
------------------------------------------------------------------------------
```

图 7-7 输出结果

因为人均消费支出不仅受当年人均可支配收入的影响，而且还受过往年份消费支出的影响，而且人们决定当期预期消费水平往往需要考察当期可支配收入水平，因此该问题可以引入部分调整模型来研究人均可支配收入与同期人均消费支出达到的最佳预期值之间的关系。

建立局部调整模型为

$$Y_t^* = \alpha + \beta X_t + \mu_t$$

将该模型转化为

$$Y_t = \alpha^* + \beta_0^* X_t + \beta_1^* Y_{t-1} + \mu_t^*$$

直接用 OLS 法估计模型参数，结果显示局部调整模型的拟合程度较好，各参数的 t 统计量均显著的。因此，模型方程为

$$\hat{Y}_t = 15.318\,8 + 0.002\,1\hat{X}_t + 1.130\,3Y_{t-1}$$
$$t = (0.05) \quad (0.04) \quad (17.34)$$
$$R^2 = 0.973\,6$$
$$\bar{R}^2 = 0.972\,2$$
$$F = 682.96$$

根据 $\alpha^* = \delta\alpha,\ \beta_0^* = \delta\beta,\ \beta_1^* = 1-\delta,\ \mu_t^* = \delta\mu_t$，可求得

$$\delta = 1 - 1.130\,3 = -0.130\,3,\ \beta = -0.016\,1,\ \alpha = -117.565\,6$$

即该局部调整模型为

$$\hat{Y}_t^* = -117.565\,6 - 0.016\,1X_t$$

回归结果表示，河南省城乡居民当期人均可支配收入每增加 1 元，平均会有 0.719 9 元用于下期的消费支出；或者说，当期人均可支配收入每增加 1 元，将使下期的消费支出平均增加 0.719 9 元。当然这个结果是否可靠，还需要检验模型的各项假定是否满足。

第三节　虚拟变量模型

一、虚拟变量

（一）虚拟变量的基本概念

在前面章节分析中，主要研究了定量变量对被解释变量的影响，如收入对消费的影响。但现实经济生活中，影响被解释变量变动的因素，除了定量变量外，还包括一些本质上是定性因素（或称属性因素）的影响，如性别、种族、肤色、职业、季节、文化程度、战争、自然灾害、政府经济政策的变动等因素。在实际经济分析中，这些定性变量有时具有不可忽视的作用。例如，研究某企业的销售水平，产业部门（制造业、零售业）、所有

制（私营、非私营）、地理位置（东、中、西部）、管理者素质等都是值得经常考虑的影响因素。这些因素有共同的特征，均表示某种属性，不能直接用数据精确描述。因此，被解释变量的变动经常是定量因素和定性因素共同作用的结果。在计量经济学模型中，应当同时包含定量和定性两种因素对被解释变量的影响作用。

为了在模型中反映定性因素，可以将定性因素转化为虚拟变量去表现。虚拟变量（或称为属性变量、双值变量、类型变量、定性变量、二元型变量等）是人工构造的取值为“0”和“1”的作为属性变量代表的变量，一般用字母 D（或 dummy 的缩写 DUM）表示。属性因素通常具有若干类型或水平，一般虚拟变量的取值为“0”和“1”。当虚拟变量取值为“0”，即 $D=0$ 时，表示某种属性或状态不出现或不存在，即不是某种类型；当虚拟变量取值为“1”，即 $D=1$ 时，表示某种属性或状态出现或存在，即是某种类型。例如，构造政府经济政策人工变量，当经济政策不变时，虚拟变量取值为“0”，当经济政策改变时，虚拟变量取值为“1”。这种做法实际上是一种变换或映射，将不能精确计量的定性因素的水平或状态变换为用“0”和“1”来定量描述。

在计量经济学中，把包含有虚拟变量的模型称为虚拟变量模型。常用的虚拟变量模型有三种类型：①解释变量中只包含虚拟变量，作用是在假定其他因素都不变时，只研究定性变量是否使被解释变量表现出显著差异；②解释变量中既包含定量变量，又包含虚拟变量，用于研究定量变量和虚拟变量同时对被解释变量的影响；③被解释变量本身为虚拟变量的模型，是被解释变量本身取值为“0”或“1”的模型，适于对某社会经济现象进行“是”与“否”的判断研究。

（二）虚拟变量的设置规则

在计量经济学模型中引入虚拟变量，可以同时兼顾定量因素和定性因素的影响和作用。但是，在设置虚拟变量时应遵循一定的规则。

1. 虚拟变量数量的设置规则

虚拟变量个数的设置规则是若定性因素有 m 个相互排斥的类型（或属性、水平），在有截距项的模型中只能引入 m-1 个虚拟变量，否则会陷入所谓的“虚拟变量陷阱”，产生完全多重共线性；在无截距项的模型中，引入 m 个虚拟变量不会导致完全多重共线性，不过这时虚拟变量参数的估计结果，实际上是 $D=1$ 时的样本均值。

例如，城镇居民和农村居民住房消费支出的模型可设定为

$$C_i=\alpha+\beta_1 Y_i+\beta_2 D_i+\mu_i$$

式中：C_i 为居民的住房消费支出；Y_i 为居民的可支配收入；D_i 为虚拟变量。

$$D_i=\begin{cases}1,\ \text{城镇居民}\\0,\ \text{其他}\end{cases}$$

即当 $D_i=1$ 时，为城镇居民；$D_i=0$ 时，为其他（农村居民）。

这里区分城镇居民和农村居民的定性变量的类型 $m=2$，按照虚拟变量的设置规则则应引入 $m-1=2-1=1$ 个虚拟变量。如果引入虚拟变量个数 $m=2$，虚拟变量则为

$$D_{2i}=\begin{cases}1,\text{城镇居民}\\0,\text{其他}\end{cases}$$

$$D_{3i}=\begin{cases}1,\text{农村居民}\\0,\text{其他}\end{cases}$$

则原模型为

$$C_i=\alpha+\beta_1 Y_i+\beta_2 D_{2i}+\beta_3 D_{3i}+\mu_i$$

这时，当 $D_{2i}=1$，$D_{3i}=0$；反之，当 $D_{3i}=1$ 时，$D_{2i}=0$。也是说，对于任何被调查的居民家庭都有 $D_{2i}+D_{3i}=1$，D_{2i} 和 D_{3i} 存在完全共线性，无法利用 OLS 法估计其参数，从而陷入“虚拟变量陷阱”。“虚拟变量陷阱”的实质是出现完全多重共线性。可见，虚拟变量有其积极作用的一面，也有不良影响的一面。引入的虚拟变量适当，则发挥了积极的作用；引入的虚拟变量过度，则会带来负面的影响。

2. 虚拟变量“0”和“1”的选取规则

虚拟变量“0”和“1”的选取原则，应根据具体情况而定。从理论上讲虚拟变量的数值只是表示变量的性质，而不表示变量的数值。虚拟变量取“1”，通常代表基础类型；取“0”，通常表示与基础类型相对立的类型。

例如，表示学历的虚拟变量，引入大学学历对被解释变量的影响时，由于一般的情况是在是否上过大学的基础上进行比较的，所以确定虚拟变量为

$$D_i=\begin{cases}1,\text{大学及以上学历（代表基础类型）}\\0,\text{没有上过大学（代表比较类型）}\end{cases}$$

3. 虚拟变量的作用

在计量经济学模型中，虚拟变量可以发挥多方面的作用。

1）作为属性因素的代表，如性别、所有制等；

2）作为某些非精确计量的数量因素的代表，如受教育程度、管理者素质等；

3）作为某些偶然因素或政策因素的代表，如战争、灾害、经济政策等；

4）还可以作为时间序列分析中季节（月份）的代表；

5）可以实现分段回归，研究斜率、截距的变动，或比较两个回归模型的结构差异。

特别要注意的是，定性或属性变量，通常由 1 个以上的虚拟变量描述。例如，分析区域这样一个定性因素的影响时，若将区域因素划分为东、中、西三种属性时，在有截距项的回归模型中，只能引入 2 个虚拟变量，而这两个虚拟变量只是描述了 1 个定性因素（区域因素），而不是 2 个定性因素。当然，当定性因素为性别因素时，1 个虚拟变量就描述

了1个定性因素。

二、虚拟解释变量的回归

在计量经济学模型中，加入虚拟解释变量的途径有两种基本类型：一是加法类型；二是乘法类型。不同的途径引入虚拟变量有不同的作用，加法类型引入虚拟变量改变的是截距；乘法类型引入虚拟变量改变的是斜率。

（一）用虚拟变量表示不同截距的回归——加法类型

以加法类型引入虚拟解释变量的模型，如：

$$Y_i = \alpha + \beta_1 X_i + \beta_2 D_i + \mu_i \tag{7-60}$$

在式（7-60）所设定的计量经济学模型中，虚拟解释变量与其他解释变量是相加关系。以加法形式引入虚拟解释变量，从计量经济学模型的意义来看，其作用是改变了设定模型的截距水平。

以加法方式引入虚拟变量时，分为四种情况：①解释变量只有一个分为两种相互排斥类型的定性变量而无定量变量；②解释变量包含一个定量变量和一个分为两种类型的定性变量；③解释变量包含一个定量变量和一个两种以上类型的定性变量；④解释变量包含一个定量变量和两个定性变量。

1. 解释变量只有一个分为两种相互排斥类型的定性变量而无定量变量的回归

这种情况的模型又称为方差分析模型，表达式为

$$Y_i = \alpha + \beta_2 D_i + \mu_i \tag{7-61}$$

式中：D_i 为具有两个属性类型的定性变量；Y_i 为居民年可支配收入；D_i 为虚拟变量，其取值表示为 $D_i = 1$ 表示城镇居民，$D_i = 0$ 表示农村居民，即

$$D_i = \begin{cases} 1, & \text{城镇居民} \\ 0, & \text{农村居民} \end{cases}$$

该方程中 $i = 1,2,3,\cdots,n$，该方程的意义在于，在其他因素不变的条件下，分析城镇居民与农村居民的收入是否具有显著性差异。当 μ_i 满足古典假设时，由（7-61）得到如下结论。

城镇居民年平均收入为

$$E(Y_i \mid D_i = 1) = \alpha + \beta_2 \tag{7-62}$$

农村居民年平均收入为

$$E(Y_i \mid D_i = 0) = \alpha \tag{7-63}$$

即在式（7-61）中，截距项 α 给出了农村居民的年平均可支配收入，而另一个系数 β_2

表示城镇居民年平均可支配收入不同于农村居民年平均可支配收入的部分。由式（7-62）和式（7-63）可知，虚拟解释变量的作用是改变设定模型的截距水平。

为了检验城镇居民和农村居民的差异对年平均收入的影响是否具有显著性，可构造如下假设。

$$H_0 : \beta_2 = 0$$
$$H_1 : \beta_2 \neq 0$$

$\beta_2 = 0$ 表示城镇居民和农村居民的年平均可支配收入无差别。对式（7-61）回归，依据 β_2 估计值的 t 检验是否显著，可做出接受或拒绝 H_0 的判断。

2. 解释变量包含一个定量变量和一个分为两种类型的定性变量的回归

设模型形式为

$$Y_i = \alpha + \beta_1 X_i + \beta_2 D_i + \mu_i \tag{7-64}$$

式中：Y_i 为消费支出；X_i 为收入；D_i 为虚拟变量，即

$$D_i = \begin{cases} 1, & 城镇居民 \\ 0, & 农村居民 \end{cases}$$

上述表达式的意义在于，在收入不变的条件下，研究城镇居民和农村居民的消费水平，即判断城乡居民在消费上是否存在显著性差异。当 μ_i 满足古典假设时，由（7-64）得到如下结果。

农村居民年平均消费为

$$E(Y_i \mid X_i, D_i = 0) = \alpha + \beta_1 X_i \tag{7-65}$$

城镇居民年平均消费为

$$E(Y_i \mid X_i, D_i = 1) = (\alpha + \beta_2) + \beta_1 X_i \tag{7-66}$$

可以看出，城镇居民和农村居民两种收入类型的斜率系数一样，但截距不同，如图 7-8 所示。说明两种类型的居民在收入水平上存在 β_2 的规模差异。这一假定也可通过对 β_2 的显著性检验来判断。

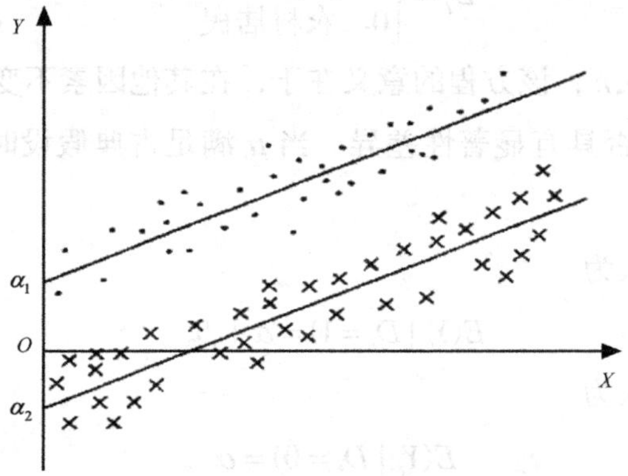

图 7-8　城镇、农村居民消费支出水平的差异

3. 解释变量包含一个定量变量和一个两种以上类型的定性变量的回归

设模型形式为

$$Y_i = \alpha_1 + \alpha_2 D_{2i} + \alpha_3 D_{3i} + \beta X_i + \mu_i \tag{7-67}$$

式中：Y_i 为年平均医疗保健费支出；X_i 为居民年可支配收入。

如果将受教育程度分为三种类型：高中以下、高中、大专及大专以上，则引入两个虚拟变量：

$$D_{2i} = \begin{cases} 1, & \text{高中及高中以上} \\ 0, & \text{其他} \end{cases}$$

$$D_{3i} = \begin{cases} 1, & \text{大专及大专以上} \\ 0, & \text{其他} \end{cases}$$

显然，式（7-67）是描述居民年医疗保健费用支出与居民可支配收入（定量变量）和受教育程度（定性变量）间的关系。这里，定性变量（受教育程度）划分为三种类型：高中以下、高中、大专及大专以上。注意这里的定性变量有三种类型，依据虚拟变量设置规则引入 $m-1=3-1=2$ 个虚拟变量。

式（7-67）满足古典假定时，有以下类型。

（1）基础类型

高中以下教育水平的居民年平均医疗保健费支出为

$$E(Y_i \mid X_i, D_{2i}=0, D_{3i}=0) = \alpha_1 + \beta X_i \tag{7-68}$$

（2）比较类型

1）高中教育水平的居民年平均医疗保健费支出为

$$E(Y_i \mid X_i, D_{2i}=1, D_{3i}=0) = (\alpha_1 + \alpha_2) + \beta X_i \tag{7-69}$$

2）大专及大专以上教育水平的居民年平均医疗保健费支出为

$$E(Y_i \mid X_i, D_{2i}=0, D_{3i}=1) = (\alpha_1 + \alpha_3) + \beta X_i \tag{7-70}$$

以上分析表明，三种不同教育程度的居民医疗保健费用年均支出的起点水平（截距）不同，差异截距为 α_2 和 α_3，对式（7-67）进行回归，检验 $\mathrm{H}_0: \alpha_2 = 0$ 和 $\mathrm{H}_0: \alpha_3 = 0$ 的 t 检验可以发现与比较基准组（高中以下教育水平）相比，另两种类型截距的差异在统计上是否存在显著差异。关于 $\alpha_2 = \alpha_3 = 0$ 的联合假设检验，也可由方差分析或 F 检验完成。

4. 解释变量包含一个定量变量和两个定性变量的回归

以加法形式引入虚拟解释变量的做法，很容易扩展到处理一个以上定性变量的情形。例如，依据某地区家庭调查资料所建立的描述卷烟需求的模型为

$$Q_i = \alpha_1 + \alpha_2 D_{2i} + \alpha_3 D_{3i} + \beta Y_i + \mu_i \tag{7-71}$$

式中：Q_i 为卷烟需求量；Y_i 为居民可支配收入。

考虑 Q_i 和 Y_i 均存在两种不同属性：不同区域的居民，即城镇居民与农村居民；不同

性别，即男与女。因此，各引入一个虚拟变量为

$$D_{2i}=\begin{cases}1, & \text{城镇居民}\\0, & \text{农村居民}\end{cases}$$

$$D_{3i}=\begin{cases}1, & \text{男性}\\0, & \text{女性}\end{cases}$$

一般认为，城镇居民卷烟消费量高于农村居民，同时，男性居民卷烟消费量大于女性居民。为了分析城乡差别和性别差别对卷烟需求的影响，式（7-71）以加法形式引入了两个虚拟变量。注意，有两个定性变量选用了两个虚拟变量来表示，这并不会出现“虚拟变量陷阱”，对比前面一个定性变量有三种类型时也用了两个虚拟变量，二者性质是不同的。并且，D_{2i}和D_{2i}是代表不同定性变量的虚拟变量，可以同时为 0，也可以同时为 1，因为不同定性变量间没有“非此即彼”的关系。

当式（7-71）满足古典假设时，有以下两种类型。

（1）基础类型

农村女性居民：

$$E(Q \mid Y, D_2=0, D_3=0)=\alpha_1+\beta Y_i \tag{7-72}$$

（2）比较类型

农村男性居民：

$$E(Q \mid Y, D_2=0, D_3=1)=(\alpha_1+\alpha_3)+\beta Y_i \tag{7-73}$$

城镇女性居民：

$$E(Q \mid Y, D_2=1, D_3=0)=(\alpha_1+\alpha_2)+\beta Y_i \tag{7-74}$$

城镇男性居民：

$$E(Q \mid Y, D_2=1, D_3=1)=(\alpha_1+\alpha_2+\alpha_3)+\beta Y_i \tag{7-75}$$

显然，式（7-71）是以农村女性居民为基础类型，并假设各种类型居民卷烟需求函数有不同的截距，且相对于收入的斜率系数β相同。用t检验分别检验α_2和α_3的统计显著性，可验证两个定性变量对截距是否有显著影响。

上述讨论的结果，可以推广到解释变量有多个定量变量和多个定性变量的情形。在推广过程中需要注意引入虚拟变量的个数应遵从前述的设置规则。例如，在考虑季节因素对冷饮消费量的影响时，有春、夏、秋、冬四个季节，依据设置规则，可引入三个虚拟解释变量。

【例 7.4】表 7-4 给出了澳大利亚从 1977 年的第一季度到 1980 年的第四季度的个人消费支出Y和个人可支配收入X的季度数据。试建立个人消费支出与个人可支配收入之间的函数关系式。

表 7-4　澳大利亚 1977—1980 年个人消费支出与个人可支配收入统计数据　（万美元）

参数	1977 年				1978 年			
	第一季度	第二季度	第三季度	第四季度	第一季度	第二季度	第三季度	第四季度
个人消费支出 Y	16.63	19.91	19.41	24.01	17.55	21.97	20.90	25.61
个人可支配收入 X	136.5	132.1	157.5	177.7	152.4	150.7	173.0	199.8
参数	1979 年				1980 年			
	第一季度	第二季度	第三季度	第四季度	第一季度	第二季度	第三季度	第四季度
个人消费支出 Y	19.46	22.72	22.14	27.42	21.42	25.41	25.49	32.07
个人可支配收入 X	179.1	167.4	191.6	227.0	187.3	185.0	219.2	261.5

在 Stata 软件中操作，可按如下步骤进行分析。

1）生成虚拟变量，可输入下列命令

```
. tabulate jd, generate(Dt)
```

其中："tabulate" 表示将变量按取值列表；"generate（Dt）" 表示根据此变量不同取值生成 Dt 开头的虚拟变量；此条命令的完整含义为生成 Dt 开头的虚拟变量将按照变量 jd 数值顺序排序。

执行上述命令，可生成季度虚拟变量排序图，如图 7-9 所示。

jd	Freq.	Percent	Cum.
1	4	25.00	25.00
2	4	25.00	50.00
3	4	25.00	75.00
4	4	25.00	100.00
Total	16	100.00	

图 7-9　季度虚拟变量排序图

2）回归分析，可输入下列命令：

```
. reg y x Dt2-Dt4
```

为避免虚拟变量陷阱，回归时略去第一个季度的虚拟变量 D_{t1}。

本例的回归分析结果，如图 7-10 所示。

Source	SS	df	MS			
Model	230.470189	4	57.6175474	Number of obs	=	16
Residual	3.04313562	11	.276648693	F(4, 11)	=	208.27
				Prob > F	=	0.0000
				R-squared	=	0.9870
				Adj R-squared	=	0.9822
Total	233.513325	15	15.567555	Root MSE	=	.52597

y	Coef.	Std. Err.	t	P>|t|	[95% Conf.	Interval]
x	.0945787	.0054738	17.28	0.000	.0825309	.1066265
Dt2	4.212758	.3729355	11.30	0.000	3.391933	5.033584
Dt3	1.186559	.3900956	3.04	0.011	.3279638	2.045153
Dt4	3.530569	.470596	7.50	0.000	2.494794	4.566343
_cons	3.270646	.9345163	3.50	0.005	1.21379	5.327503

图 7-10 个人消费支出与个人可支配收入的回归结果

根据上面所给资料进行模型估计，得到的回归结果为

$$Y_t = 3.270\,6 + 0.094X_t + 4.212\,8D_{t2} + 1.186\,6D_{t3} + 3.530\,6$$

$$t = (3.499\,8)\ (17.278\,4)(11.296\,2)\ \ (33.041\,7)\ \ \ (7.50)$$

$$R^2 = 0.987\,0$$

$$\bar{R}^2 = 0.982\,2$$

$$F = 208$$

$$DW = 1.070\,2$$

由估计结果可知，所有统计量都了通过检验，因此引入反映季节变动的虚拟变量的回归模型能够很好地解释季节变动对消费支出的影响。

（二）用虚拟变量表示不同斜率的回归——乘法类型

以乘法形式引入虚拟解释变量，是在所设定的计量经济学模型中，将虚拟解释变量与其他解释变量相乘作为解释变量，以表示模型中斜率系数的差异。以乘法形式引入虚拟解释变量的主要作用在于：①用于两个回归模型的比较；②进行因素间的交互影响分析；③提高模型对现实经济现象的描述精度。

1. 回归模型的比较——结构变化检验

以加法方式引入虚拟解释变量，定性因素仅影响不同类型模型的平均水平，而不会影响不同类型模型的相对变化。但是在现实经济生活中，定性因素也可能导致模型的斜率系数发生变化。例如，随着可支配收入的提高，城乡居民的消费结构将出现较大的差异，这种差异会表现在定性因素对斜率的影响上。又如，研究我国改革开放前后储蓄 - 收入总量间关系是否发生了变化时，也存在着经济结构变化而导致模型斜率发生变化的问题。这类问题可归结为两个回归模型的比较。例如，在研究改革开放前后储蓄 - 收入总量关系时，

所建立的模型如下。

描述改革开放前的模型为

$$Y_t = \lambda_1 + \lambda_2 X_t + \mu_{1t} \ (t = 1950, 1951, \cdots, 1977) \qquad (7\text{-}76)$$

描述改革开放后的模型为

$$Y_t = \gamma_1 + \gamma_2 X_t + \mu_{2t} \ (t = 1978, 1980, \cdots, 2004) \qquad (7\text{-}77)^*$$

式中：Y_t为储蓄总额（亿元）；X_t为收入总额（亿元）；μ_{1t}和μ_{2t}为随机扰动项。

如果分别对式（7-76）和式（7-77）在不同的时间区间内回归，则可能得到以下四种结果。

1）$\lambda_1 = \gamma_1, \lambda_2 = \gamma_2$，表明这两个回归模型是相同的，或称为重合回归；

2）$\lambda_1 \neq \gamma_1, \lambda_2 = \gamma_2$，表明这两个回归模型仅在位置水平上（即截距水平上）存在差异，或称为平行回归；

3）$\lambda_1 = \gamma_1, \lambda_2 \neq \gamma_2$，表明这两个回归模型具有相同的位置水平（或起点相同）而变化速率不等，或称为共点回归；

4）$\lambda_1 \neq \gamma_1$，$\lambda_2 \neq \gamma_2$，表明这两个回归模型完全不相同，或称为不同的回归。

以上四种情形可用图示法描述，如图 7-11 所示。

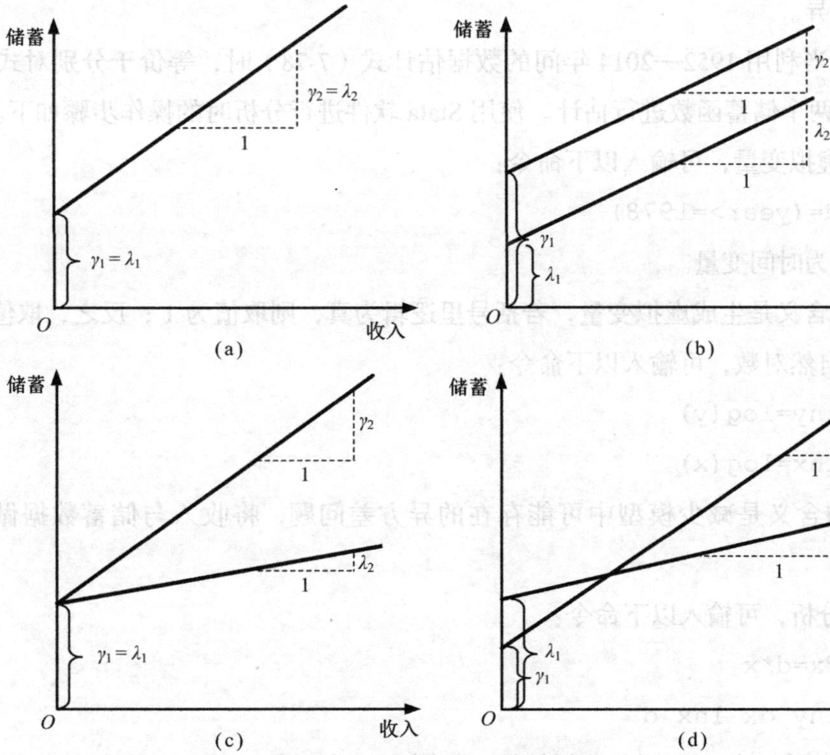

图 7-11　储蓄－收入回归模型

（a）重合回归　（b）平行回归　（c）共点回归　（d）不同的回归

* 注：按惯例将 1978 年数据归入改革开放后。

现在的问题是，当运用样本数据对式（7-76）和式（7-77）进行回归后，如何界定所得结果在统计意义上属于哪一种类型呢？这时可采用以乘法形式引入虚拟变量的方法。例如，对于改革开放前后储蓄 - 收入模型，可设定为

$$Y_t = \alpha_1 + \alpha_2 D_t + \beta_1 X_t + \beta_2 (D_t X_t) + \mu_t \tag{7-78}$$

式中：Y_t为储蓄；X_t为收入；D_t为虚拟变量，改革开放前$D_t = 0$，改革开放后$D_t = 1$。

显然在式（7-78）中，以乘法形式引入了虚拟变量所形成的解释变量为$D_t X_t$，以加法形式引入虚拟变量所形成的解释变量是D_t。

事实上，当式（7-78）满足古典假设时，函数如下。

描述改革开放前的函数为

$$E\{Y_t \mid D_t = 0, X_t\} = \alpha_1 + \beta_1 X_t \tag{7-79}$$

描述改革开放后的函数为

$$E\{Y_t \mid D_t = 1, X_t\} = (\alpha_1 + \alpha_2) + (\beta_1 + \beta_2) X_t \tag{7-80}$$

式（7-79）和式（7-80）分别是改革开放前和改革开放后的平均储蓄函数。与式（7-76）及式（7-77）相比，有 $\lambda_1 = \alpha_1$、$\lambda_2 = \beta$；$\gamma_1 = \alpha_1 + \alpha_2$、$\gamma_2 = \beta_1$。在式（7-78）中，$\alpha_2$称为截距差异系数，$\beta_2$称为斜率差异系数，分别代表改革开放前后储蓄函数截距与斜率所存在的差异。

【例 7.5】当利用 1952—2014 年间的数据估计式（7-78）时，等价于分别对式（7-76）和式（7-77）两个储蓄函数进行估计。使用 Stata 软件进行分析时的操作步骤如下。

1）生成虚拟变量，可输入以下命令：

```
. gen d=(year>=1978)
```

其中："year" 为时间变量。

该命令的含义是生成虚拟变量，若括号里逻辑为真，则取值为 1；反之，取值为 0。

2）计算自然对数，可输入以下命令：

```
. gen lny=log(y)
. gen lnx=log(x)
```

该命令的含义是减少模型中可能存在的异方差问题，将收入与储蓄数据做取对数处理。

3）回归分析，可输入以下命令：

```
. gen dx=d*x
. reg lny dx lnx d
```

执行上述命令，得到的回归分析结果，如图 7-12 所示。

Source	SS	df	MS			
Model	775.922607	3	258.640869	Number of obs	=	63
Residual	1.83012571	59	.03101908	F(3, 59)	=	8338.12
				Prob > F	=	0.0000
				R-squared	=	0.9976
				Adj R-squared	=	0.9975
Total	777.752733	62	12.5443989	Root MSE	=	.17612

lny	Coef.	Std. Err.	t	P>|t|	[95% Conf.	Interval]
dx	-2.40e-06	2.80e-07	-8.55	0.000	-2.96e-06	-1.84e-06
lnx	1.655842	.0304978	54.29	0.000	1.594816	1.716868
d	.6838973	.0886233	7.72	0.000	.5065625	.8612322
_cons	-8.405562	.2278126	-36.90	0.000	-8.861415	-7.94971

图 7-12　改革开放前后储蓄 - 收入的回归结果

由图 7-12，得到的回归模型为

$$
\begin{aligned}
\ln\hat{Y}_t &= -8.405\,6 + 0.683\,9D_t + 1.655\,8\ln\hat{X}_t - 0.000\,002\,4D_tX_t \\
SE &= (0.227\,8) \quad (0.088\,6) \quad (0.305\,0) \quad (0.000\,000\,28) \\
t &= (-36.90) \quad (7.72) \quad (54.29) \quad (-8.55)
\end{aligned}
$$

结果表明，截距和斜率差异系数 α_2、β_2 在统计意义下均是显著的，说明改革开放前后的储蓄 - 收入行为的确是不相同的。

改革开放前：$\ln\hat{Y}_t = -8.405\,6 + 1.655\,8\ln\hat{X}_t$

改革开放后：$\ln\hat{Y}_t = (-8.405\,6 + 0.683\,9) + (1.655\,8 - 0.000\,002\,4)\ln\hat{X}_t$

$= -7.721\,7 + 1.655\,8\ln\hat{X}_t$

以乘法形式引入虚拟变量做回归模型的比较和结构变化检验有一些优点：①用一个回归替代了多个回归，简化了分析过程；②可以方便地对模型结构的差异做各种假设检验；③合并了的回归增加了自由度，提高了参数估计的精确性。但是，也应注意合并后模型的 μ_i 应服从基本假定，特别是所比较的方程的方差应相同，否则会出现异方差。

2. 交互效应分析

当分析解释变量对被解释变量的影响时，大多数情形只是分析了解释变量自身变动对被解释变量的影响作用，而没有深入分析解释变量间的相互作用对被解释变量的影响。前面讨论分析两个定性变量对被解释变量影响的虚拟变量模型中，暗含着一个假定：两个定性变量是分别独立地影响被解释变量的。但是在实际经济活动中，两个定性变量对被解释变量的影响可能存在一定的交互作用，即一个解释变量的边际效应有时可能要依赖于另一个解释变量。为描述这种交互作用，可以把两个虚拟变量的乘积以加法形式引入模型。

考虑下列模型：

$$Y_i = \alpha_1 + \alpha_2 D_{2i} + \alpha_3 D_{3i} + \beta X_i + \mu_i \tag{7-81}$$

式中：Y_i 为农副产品生产总收益；X_i 为农副产品生产投入；D_{2i} 代表油菜籽生产虚拟变

量；D_{3i}代表养蜂生产虚拟变量。

$$D_{2i}=\begin{cases}1，发展油菜籽生产\\0，其他\end{cases}$$

$$D_{3i}=\begin{cases}1，发展养蜂生产\\0，其他\end{cases}$$

显然式（7-81）描述了是否发展油菜籽生产与是否发展养蜂生产的差异对农副产品总收益的影响。虚拟解释变量D_{2i}和D_{3i}是以加法形式引入的，那么暗含着假设：油菜籽生产和养蜂生产分别独立地影响农副产品生产总收益。但是，在发展油菜籽生产时，同时也发展养蜂生产，所取得的农副产品生产总收益可能会高于不发展养蜂生产的情况，即在是否发展油菜籽生产与养蜂生产的虚拟变量D_{2i}和D_{3i}间，很可能存在着一定的交互作用，且这种交互影响对被解释变量农副产品生产总收益会有影响。

为了描述交互作用对被解释变量的影响效应，在式（7-81）中以加法形式引入两个虚拟解释变量的乘积，即

$$Y_i=\alpha_1+\alpha_2D_{2i}+\alpha_3D_{3i}+\alpha_4(D_{2i}D_{3i})+\beta X_i+\mu_i \tag{7-82}$$

式（7-82）中各变量的含义与式（7-81）相同。

1）基础类型：不发展油菜籽生产，也不发展养蜂生产时农副产品生产总收益的平均支出为

$$E(Y_i\mid D_2=0,D_3=0,X_i)=\alpha_1+\beta X_i \tag{7-83}$$

2）对比类型：同时发展油菜籽生产和养蜂生产时，农副产品生产总收益的平均支出为

$$E(Y_i\mid D_2=1,D_3=1,X_i)=(\alpha_1+\alpha_2+\alpha_3+\alpha_4)+\beta X_i \tag{7-84}$$

这里的截距水平由四项组成，除第1项外：① α_2为是否发展油菜籽生产对农副产品生产总收益的截距差异系数；② α_3为是否发展养蜂生产对农副产品生产总收益的截距差异系数；③ α_4为同时发展油菜籽生产和养蜂生产时对农副产品生产总收益的交互效应系数。

关于交互效应是否存在，可借助于交互效应虚拟解释变量系数的显著性检验来加以判断。如果t检验表明交互效应虚拟变量$D_{2i}D_{3i}$在统计意义上是显著时，说明交互效应对Y_i存在显著影响。

3. 分段线性回归

有的社会经济现象的变动，会在解释变量达到某个临界值时发生突变，为了区分不同阶段的截距和斜率可利用虚拟变量进行分段回归。

例如，某公司为了激励公司销售人员，按其销售额的一定比例计提奖励，但是销售额在某一目标水平X^*以下和以上时计提奖励的方法不同。当销售额高于X^*时，计提奖励额与销售额的比例要高于销售额低于X^*时的比例，即高于X^*时，奖励额与销售额的线性关

系更为陡峭，如图 7-13 所示。为了确切地描述奖励额 Y 与销售额 X 间的关系，需要分两段进行回归。这种分段回归可以用虚拟变量来实现。

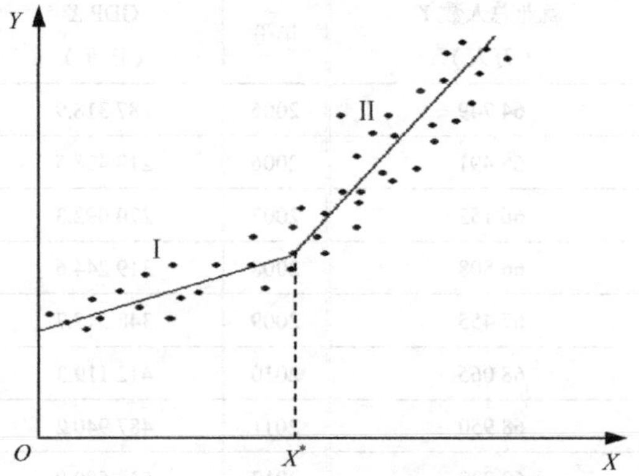

图 7-13　奖励额与销售额的关系

设虚拟变量 D 为

$$D=\begin{cases}1, & X \geqslant X^* \\ 0, & X < X^*\end{cases}$$

则奖励额 Y_t 和销售额 X_t 间的关系式可以统一地表示为

$$Y_t=\alpha_0+\beta_1 X_t+\beta_2 (X_t-X^*)D_t+\mu_t \qquad (7\text{-}85)$$

式中：Y_t 为奖励额；X_t 为销售额；X^* 为已知的销售目标临界水平。

利用统计资料估计式（7-85）的参数，就可以得到不同斜率和截距的回归方程。

销售额低于 X^* 时：

$$E(Y_t|X_t,D=0,X^*)=\hat{\alpha}_0+\hat{\beta}_1 X_t \qquad (7\text{-}86)$$

销售额不低于 X^* 时：

$$E(Y_t|X_t,D=1,X^*)=(\hat{\alpha}_0+\hat{\beta}_1 X^*)+(\hat{\beta}_1+\hat{\beta}_2)(X_t-X^*) \qquad (7\text{-}87)$$

整理得：

$$E(Y_t|X_t,D=1,X^*)=(\hat{\alpha}_0-\hat{\beta}_2 X^*)+(\hat{\beta}_1+\hat{\beta}_2)X_t \qquad (7\text{-}88)$$

显然，$\hat{\beta}_1$ 是图 7-13 中第一段回归直线的斜率，而 $\hat{\beta}_1+\hat{\beta}_2$ 则是第二段回归直线的斜率。只要检验 $\hat{\beta}_2$ 的统计显著性，就可以判断在所设定的临界水平 X^* 处是否存在着“突变”。

应当注意，在分段回归中，第一、二段回归不仅截距不同，而且斜率也不同。在分为两段回归时，使用了一个虚拟变量，容易推广，分为 K 段回归时，可用 $K-1$ 个虚拟变量。

【例 7.6】就业依赖于经济发展水平，反过来经济发展对就业有积极的促进作用。使用中国的 GDP X 描述经济发展水平，使用就业人数 Y 描述就业情况，建立模型以研究就业对经济发展水平的依赖作用。表 7-5 为 1990—2018 年中国的 GDP 与就业总人数的统计数据。

表 7-5 1990—2018 年中国 GDP 与就业总人数

年份	GDP X（亿元）	就业总人数 Y（万人）	年份	GDP X（亿元）	就业总人数 Y（万人）
1990	18 872.9	64 749	2005	187 318.9	74 647
1991	22 005.6	65 491	2006	219 438.5	74 978
1992	27 194.5	66 152	2007	270 092.3	75 321
1993	35 673.2	66 808	2008	319 244.6	75 564
1994	48 637.5	67 455	2009	348 517.7	75 828
1995	61 339.9	68 065	2010	412 119.3	76 105
1996	71 813.6	68 950	2011	487 940.2	76 420
1997	79 715.0	69 820	2012	538 580.0	76 704
1998	85 195.5	70 637	2013	592 963.2	76 977
1999	90 564.4	71 394	2014	641 280.6	77 253
2000	100 280.1	72 085	2015	685 992.9	77 451
2001	110 863.1	72 797	2016	740 060.8	77 603
2002	121 717.4	73 280	2017	820 754.3	77 640
2003	137 422.0	73 736	2018	900 309.5	77 586
2004	161 840.2	74 264			

数据来源:《中国统计年鉴 2019》。

为了研究 1990—2018 年期间中国 GDP 与就业总人数的变化规律是否有变化，绘制 X 与 Y 的散点图，如图 7-14 所示。Stata 软件的命令为

```
. scatter y x
```

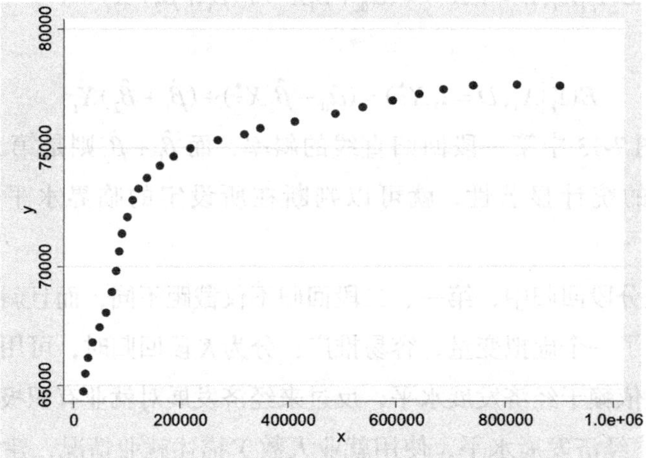

图 7-14 GDP- 就业总人数散点图

从图 7-14 可以看出，X 与 Y 的关系为非线性关系，但是在 2006 年时，即在 $X_{2006}=219\,438.5$ 时，曲线斜率有明显变化。因此，可以考虑以 2006 年以前，即在 $X_t<219\,438.5$ 时，用一条直线对数据进行拟合，而在 $X_t>219\,438.5$ 时，用另一条直线对数据进行拟合。因此建立模型

$$Y_t=\beta_0+\beta_1 X_t+\beta_2\left(X_t-X_{2006}\right)D_t+\mu_t$$

式中：Y_t 为第 t 年就业总人数；X_t 为第 t 年我国 GDP；$D_t=1\ (t\geqslant 2006)$，$D_t=0\ (t<2006)$。

使用 Stata 软件进行回归分析的步骤如下。

1）生成虚拟变量，可输入如下数据：

```
. gen Dt=(t>=2006)
```

2）回归分析，可输入如下数据：

```
. gen z=(x-219 438.5)
. gen d=Dt*z
. reg y x d
```

运行上述命令后，软件的输出结果如图 7-15 所示。

Source	SS	df	MS		
				Number of obs =	29
				F(2, 26) =	235.03
Model	456384086	2	228192043	Prob > F =	0.0000
Residual	25243722.8	26	970912.416	R-squared =	0.9476
				Adj R-squared =	0.9436
Total	481627809	28	17200993.2	Root MSE =	985.35

y	Coef.	Std. Err.	t	P>|t|	[95% Conf.	Interval]
x	.0487237	.0032075	15.19	0.000	.0421307	.0553168
d	-.0468749	.004065	-11.53	0.000	-.0552307	-.0385192
_cons	65615.65	420.1169	156.18	0.000	64752.08	66479.21

图 7-15　GDP-就业总人数模型的回归结果

由图 1-15，可知回归模型和统计量如下。

$$\hat{Y}_t=65\,615.65+0.048\,7X_t-0.046\,9\left(X_t-219\,438.5\right)D_t$$

$$SE=(420.116\,9)(0.003\,207\,5)\ \ (0.004\,065)$$

$$t=\ \ (156.18)\ \ \ \ (-11.53)\ \ \ \ \ (15.19)$$

$$R^2=0.947\,6$$

$$\bar{R}^2=0.943\,6$$

从结果可以看出，回归系数很高，说明回归模型拟合较好。两个阶段的回归模型如下。

2006 年以前：$\hat{Y}_t = 65\ 615.65 + 0.048\ 7X_t$。

2006 年以后：$\hat{Y}_t = 75\ 901.807\ 7 + 0.001\ 8X_t$。

回归结果表明：2006 年以前 GDP 每增加 1 亿元，就业总人数平均增加 0.048 7 万人；在 2006 年以后，GDP 每增加 1 亿元，就业总人数平均增加 0.001 8 万人。此例结果可能与实际经济规律不符，GDP 的增加不可能仅仅带来如此少的就业量，但是此例的重点是学习分段回归模型的建模思想、建模过程及结果解释。

第四节　案例分析

服务业是国民经济的重要组成部分，也是衡量地区经济发展程度的重要指标，其发展的核心是服务业生产效率的增长。进入 21 世纪以来，内蒙古自治区的服务业发展速度较快，2015 年内蒙古服务业增加值为 7 213.5 亿元，比上年增长了 2.7%，但这个成绩未能达成内蒙古政府印发的《内蒙古服务业“十二五”发展规划》中的预期性发展目标：“到 2015 年，全区服务业增加值达到 8 400 亿元”“‘十二五’期间年均增长 14% 以上”。因此，研究如何提升服务业生产效率进而促进内蒙古的服务业发展有较为重要的理论意义和实践价值。

本例为了研究内蒙古的服务业生产效率，在规模报酬不变和希克斯中性技术假设条件下，运用广义柯布－道格拉斯生产函数模型 $Y_t = Ae^{\lambda t}K_t^{\alpha}L_t^{\beta}$ 计算资本和劳动对产出的弹性，进而测算出内蒙古的服务业全要素生产率（Total Factor Productivity，TFP）。表 7-6 所列数据为 1990—2015 年内蒙古服务业增加值和各要素投入数据。在本例中，资本投入用全社会服务业社会固定资本总额（亿元）代替，劳动力投入用服务业年末就业人数（万人）代替。

表 7-6　1990—2015 年内蒙古服务业增加值和各要素投入数据

年份	服务业增加值 Y（亿元）	全社会服务业社会固定资本总额 K（亿元）	服务业年末就业人数 L（万人）
1990	104.31	38.54	207.7
1991	112.10	57.75	216.2
1992	124.45	73.39	227.5
1993	138.96	103.61	252.4
1994	154.46	106.65	271.8
1995	170.13	110.77	267.6
1996	194.60	129.89	268.8

续表

年份	服务业增加值 Y（亿元）	全社会服务业社会固定资本总额 K（亿元）	服务业年末就业人数 L（万人）
1997	215.53	148.22	292.5
1998	238.48	221.67	300.6
1999	259.55	240.25	315.8
2000	287.46	274.63	325.5
2001	318.21	302.78	337.2
2002	360.10	373.49	360.1
2003	424.56	492.67	361.3
2004	511.60	573.46	309.3
2005	633.40	737.36	317.9
2006	754.13	954.61	317.8
2007	899.21	1 344.46	328.6
2008	1 059.47	1 629.77	360.4
2009	1 238.52	1 716.78	391.2
2010	1 424.61	2 121.42	407.5
2011	1 628.97	2 588.97	454.8
2012	1 815.70	3 155.15	485.4
2013	1 979.11	3 702.96	562.7
2014	2 133.48	4 398.84	632.0
2015	2 297.66	5 217.22	641.7

数据来源：内蒙古统计局。

一、模型设定

绘制折线图，查看变量的变化趋势。由图 7-16 可知，线性回归模型无法测算服务业生产效率，因此借助广义柯布－道格拉斯生产函数进行测算，其模型扩展形式为

$$Y_t = A\mathrm{e}^{\lambda T} K_t^{\alpha} L_t^{\beta} \tag{7-89}$$

式中：Y_t 为实际产出；L_t 为劳动投入（服务业年末就业人数）；K_t 为资本存量（全社会服务业社会固定资本总额）；$A\mathrm{e}^{\lambda T}$ 通常指综合科技进步水平，其中 λ 为科技进步使产出增长的部分，称为科技进步率；T 为时间变量；α 和 β 分别为资本产出弹性系数和劳动产出弹性系数。

可以证明，当 $\alpha+\beta=1$ 时，即规模效益不变时，则式（7-89）可变为

$$Y_t = A\mathrm{e}^{\lambda T} K_t^{\alpha} L_t^{\beta} + \mu_t \tag{7-90}$$

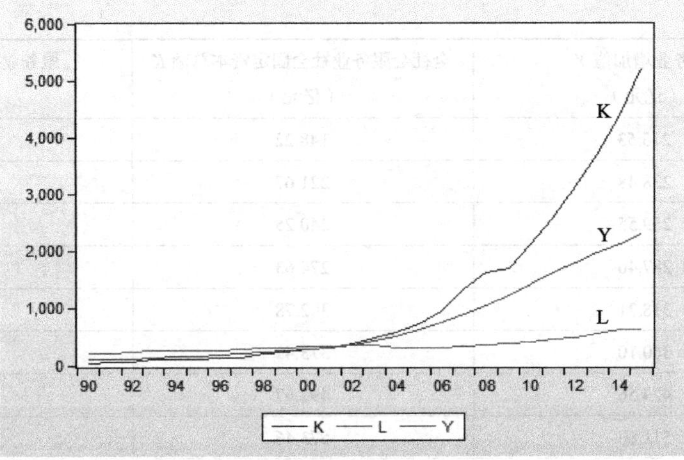

图 7-16 折线图

将式（7-90）线性化，即对模型两端取对数，则有：

$$\ln(Y_t)=\ln(A)+\lambda T+\alpha\ln(K_t)+(1-\alpha)\ln(L_t)+\mu_t$$

即

$$\ln(Y_t/L_t)=\ln(A)+\lambda T+\alpha\ln(K_t/L_t)+\mu_t$$

此模型是一个双对数模型，令 $Y^*=\ln(Y_t/L_t)$， $\alpha=\ln(A)$， $X^*=\ln(K_t/L_t)$，则有：

$$Y^*=A^*+\lambda T+aX^*+\mu$$

因此，柯布－道格拉斯生产函数模型就转化成了一个线性回归模型，只要估计出 A^*、λ、α，就可按照下述公式计算出资本产出弹性 α、劳动产出弹性 β 以及全要素生产率 TFP。

资本产出弹性：α。

劳动产出弹性：$\beta=1-\alpha$。

全要素生产率 TFP ：$\ln A_t=\ln Y_t-\alpha\ln K_t-\beta\ln L_t$。

二、模型估计

对 1990—2015 年内蒙古服务业的相关数据应用普通最小二乘法进行估计，得到如下结果：

$$\ln(Y_t/L_t)=0.496\ 4-0.036\ 2T+0.857\ 2\ln(K_t/L_t)$$

$$t=(2.303\ 2)\ (-1.891\ 6)\qquad(7.027\ 5)$$

$$R^2=0.983\ 9$$

$$\bar{R}^2=0.982\ 4$$

$$F=697.6$$

$$DW=0.913\ 5$$

通过对方程和系数进行检验可发现，模型和系数的显著性水平很高，则原模型的形式为

$$\hat{Y}_t = 1.64\mathrm{e}^{-0.036\,2t} K_t^{0.857\,2} L_t^{0.142\,8}$$

三、结论

$\alpha = 0.857\,2, \beta = 0.142\,8$ 都是正值，且都在 0~1 之间，模型符合经济规律。资本产出弹性指标 $\alpha = 0.857\,2$，表明内蒙古的服务业资本存量的 1% 的增长可以引起内蒙古的服务业增加值的 0.86% 的增长；劳动产出弹性指标 $\beta = 0.142\,8$，表明内蒙古的服务业劳动投入的 1% 的增长可以引起内蒙古的服务业增加值的 0.14% 的增长；技术进步系数为 1.64，说明内蒙古的服务业发展主要靠资本投入驱动，而劳动投入驱动和技术驱动比较薄弱。利用 $\ln A_t = \ln Y_t - 0.857\,2 \ln K_t - 0.142\,8 \ln L_t$ 可估算各年内蒙古服务业的全要素生产效率（TFP），结果如表 7-7 所示。因此，要促进内蒙古的服务业实现快速健康发展，就必须要增加劳动投入和技术进步投入。

表 7-7　1991—2015 年内蒙古服务业全要素生产率　（%）

年份	ln *Y*	ln *K*	ln *L*	*TFP*	年份	ln *Y*	ln *K*	ln *L*	*TFP*
1991	4.72	4.06	5.38	0.47	2004	6.24	6.35	5.73	−0.03
1992	4.82	4.30	5.43	0.37	2005	6.45	6.60	5.76	−0.03
1993	4.93	4.64	5.53	0.17	2006	6.63	6.86	5.76	−0.08
1994	5.04	4.67	5.61	0.24	2007	6.80	7.20	5.79	−0.20
1995	5.14	4.71	5.59	0.30	2008	6.97	7.40	5.89	−0.22
1996	5.27	4.87	5.59	0.30	2009	7.12	7.45	5.97	−0.12
1997	5.37	5.00	5.68	0.28	2010	7.26	7.66	6.01	−0.16
1998	5.47	5.40	5.71	0.03	2011	7.40	7.86	6.12	−0.21
1999	5.56	5.48	5.76	0.04	2012	7.50	8.06	6.18	−0.29
2000	5.66	5.62	5.79	0.02	2013	7.59	8.22	6.33	−0.36
2001	5.76	5.71	5.82	0.03	2014	7.67	8.39	6.45	−0.45
2002	5.89	5.92	5.89	−0.03	2015	7.74	8.56	6.46	−0.52
2003	6.05	6.20	5.89	−0.10					

思考题与练习题

一、思考题

1. 滞后变量模型的作用是什么？

2. 滞后变量模型有哪几种类型？分别可用什么方法估计参数？

3. 什么情况下会产生虚拟变量陷阱？

4. 虚拟变量在模型中有什么作用？

5. 某计量经济学模型为 $Y_t = \alpha + \beta D_t + \mu_t$。其中：$Y_t$ 为大学教授年薪；$D_t = 1$ (男教授)，$D_t = 0$ (女教授)。试解释参数 α、β、$\alpha + \beta$ 的含义。

二、练习题

1. 研究某地区生产总值 Y（亿元）与能源消费总量 X_1（万吨标准煤）和碳排放总量 X_2（万吨）的关系，构建线性模型和双对数模型，并利用 1978—2018 年的数据分别进行最小二乘估计，估计结果分别如图 7-17 和图 7-18 所示。

Source	SS	df	MS			
				Number of obs	=	40
				F(2, 37)	=	1147.72
Model	46.5238638	2	23.2619319	Prob > F	=	0.0000
Residual	.749911786	37	.020267886	R-squared	=	0.9841
				Adj R-squared	=	0.9833
Total	47.2737756	39	1.21214809	Root MSE	=	.14237

y	Coef.	Std. Err.	t	P>|t|	[95% Conf.	Interval]
x1	3.136132	1.173559	2.67	0.011	.7582747	5.513989
x2	-1.625609	1.227064	-1.32	0.193	-4.111876	.8606578
_cons	-1.243222	5.791711	-0.21	0.831	-12.97834	10.4919

图 7-17 某地区生产总值和能源消费总量线性回归估计结果

```
      Source |       SS           df       MS      Number of obs   =        40
-------------+----------------------------------   F(2, 37)        =  11290.57
       Model |  5.2702e+10         2  2.6351e+10   Prob > F        =    0.0000
    Residual |    86353966        37  2333890.97   R-squared       =    0.9984
-------------+----------------------------------   Adj R-squared   =    0.9983
       Total |  5.2788e+10        39  1.3535e+09   Root MSE        =    1527.7

------------------------------------------------------------------------------
         lny |      Coef.   Std. Err.      t    P>|t|     [95% Conf. Interval]
-------------+----------------------------------------------------------------
        lnx1 |   1.159376   .0349485    33.17   0.000     1.088563    1.230188
        lnx2 |  -.0145716   .0005731   -25.43   0.000    -.0157328   -.0134104
       _cons |  -5818.049    572.761   -10.16   0.000    -6978.573   -4657.525
------------------------------------------------------------------------------
```

图 7-18 某地区生产总值和能源消费总量双对数回归估计结果

1）写出生产总值对能源消费总量和碳排放总量的双对数线性回归估计方程。

2）对双对数模型进行经济意义检验和统计意义检验。

3）比较图 7-17 和图 7-18，你会选择哪个模型？为什么？

4）在不考虑国际环境因素的情况下，仅有两种可供选择的措施以提高该地区生产总值，措施 1 为提高能源消费总量，措施 2 为减少碳排放总量，你认为哪个措施的效果更明显？为什么？

2. 有下列回归模型

投资函数：

$$\hat{I}_t = 120 + 0.6X_t + 0.8X_{t-1} + 0.4X_{t-2} + 0.2X_{t-3}$$

消费函数：

$$\hat{Y}_t = 280 + 0.58X_t + 0.12Y_{t-1}$$

式中：$\hat{I}_t$ 为投资；X_t 为收入；$\hat{Y}_t$ 为消费。

1）计算投资的短期乘数和长期乘数，并说明其经济意义。

2）计算消费的短期乘数和长期乘数，并说明其经济意义。

3. 一个由容量为 209 的样本估计的解释首席执行官薪水的方程为

$$\ln Y = 4.59 + 0.257\ln X_1 + 0.011X_2 + 0.158D_1 + 0.181D_2 - 0.283D_3$$

（15.3）（8.03）　（2.75）　（1.775）（2.130）（-2.895）

式中：Y 为年薪水平（万元）；X_1 为年销售收入（万元）；X_2 为公司股票收益（万元）；D_1、D_2、D_3 均为虚拟变量，分别表示金融业、消费品行业、公用事业。假定对比行业为交通运输业。

1）解释三个虚拟变量参数的经济含义。

2）保持 X_1 和 X_2 不变，计算公用事业和交通运输业之间估计薪水的近似百分比差异。

这个差异在 1% 的显著性水平下是统计显著的吗？

3）消费品行业和金融业之间估计薪水的近似百分比差异是多少？写出一个使你能直接检验这个差异是否统计显著的方程。

4. 表 7-8 给出了某地区某行业的库存额 Y 和销售额 X 的统计资料。假定库存额依赖于本年销售额和前三年的销售额，使用 Almon 变换估计下列有限分布滞后模型：

$$Y_t = \alpha + \beta_0 X_t + \beta_1 X_{t-1} + \beta_2 X_{t-2} + \beta_3 X_{t-3} + \beta_4 X_{t-4} + \mu_t$$

表 7-8　某地区某行业的库存额 Y 和销售额 X 的统计数据

年份	库存额 Y（亿元）	销售额 X（万元）	年份	库存额 Y（亿元）	销售额 X（万元）
1980	11 267	8 827	1990	17 053	13 668
1981	12 661	9 247	1991	19 491	15 956
1982	12 968	9 579	1992	21 164	15 483
1983	12 518	9 093	1993	22 719	16 761
1984	13 177	10 073	1994	24 269	17 852
1985	13 454	10 265	1995	25 411	17 620
1986	13 735	10 299	1996	25 611	18 639
1987	14 553	11 038	1997	26 930	20 672
1988	15 011	11 677	1998	30 218	23 799
1989	15 846	12 455	1999	36 784	27 359

5. 表 7-9 中给出了 1962—1995 年某省基本建设新增固定资产 Y 和全省工业总产值 X 按当年价格计算的历史数据资料。

1）设定模型 $Y_t^* = \alpha + \beta X_t + \mu_t$，做局部调整假定，估计参数，并做解释。

2）设定模型 $Y_t = \alpha + \beta X_t^* + \mu_t$，做自适应预期假定，估计参数，并做解释。

3）比较上述两种模型的设定及拟合情况，你觉得哪一种模型较好，为什么？

表 7-9　1962—1995 年某省基本建设新增固定资产 Y 和全省工业总产值 X　　（亿元）

年份	Y	X	年份	Y	X
1962	0.94	4.95	1979	2.06	42.69
1963	1.69	6.63	1980	7.93	51.61
1964	1.78	8.51	1981	8.01	61.50
1965	1.84	9.37	1982	6.64	60.73
1966	4.36	11.23	1983	16.00	64.64
1967	7.02	11.34	1984	8.81	66.67
1968	5.55	19.90	1985	10.38	73.78
1969	6.93	29.49	1986	6.20	69.52

续表

年份	*Y*	*X*	年份	*Y*	*X*
1970	7.17	36.83	1987	7.97	79.64
1971	2.33	21.19	1988	27.33	92.45
1972	2.18	18.14	1989	12.58	102.94
1973	2.39	19.69	1990	12.47	105.62
1974	3.30	23.88	1991	10.88	104.88
1975	5.24	29.65	1992	17.70	113.30
1976	5.39	40.94	1993	14.72	127.13
1977	1.78	33.08	1994	13.76	141.44
1978	0.73	20.30	1995	14.42	173.75

6. 表 7-10 给出了 1970—1995 年美国的储蓄与收入数据。一般情况下建立一个回归模型即可反映储蓄与收入之间的关系，但是由于在 1982 年美国遭受了严重的经济衰退，其中城市失业率达到 9.7%，为自 1948 年以来的最高水平。因此，怀疑 1970—1995 年的储蓄和收入之间关系发生了结构变动。因此请引入虚拟变量来检验美国在 1970—1995 年是否发生了这种结构变动。

表 7-10　1970—1995 年美国的储蓄与收入数据

年份	储蓄	收入	虚拟变量	年份	储蓄	收入	虚拟变量
1970	61.0	727.1	0	1983	167.0	2 522.3	1
1971	68.6	790.2	0	1984	235.7	2 810.0	1
1972	63.6	855.3	0	1985	206.2	3 002.0	1
1973	89.6	965.0	0	1986	196.5	3 187.6	1
1974	97.6	1 054.2	0	1987	168.4	3 363.1	1
1975	104.4	1 159.2	0	1988	189.1	3 640.8	1
1976	96.4	1 273.0	0	1989	187.8	3 894.5	1
1977	92.5	1 401.4	0	1990	208.7	4 166.8	1
1978	112.6	1 580.1	0	1991	246.4	4 343.7	1
1979	130.1	1 769.5	0	1992	272.6	4 613.7	1
1980	161.8	1 973.3	0	1993	214.4	4 790.2	1
1981	199.1	2 200.2	0	1994	189.4	5 021.7	1
1982	205.5	2 347.3	1	1995	249.3	5 320.8	1

第八章 二元选择模型

引例：新的教学方法是否能够提高学生的学习成绩？

课程改革已成为当前我国本科类高等学校教学改革的核心。课程改革聚焦在厘清培养目标定位，构建服务于培养目标的课程体系和变革教学方法上。传统的教学方法是“老师讲，学生听”，这样不利于学生的全面发展。因此，必须改变传统的教学方法，进行课程改革。新的教学方法是否能够满足具有不同发展潜能的学生的需要？能否真正地提高学生的学习成绩？能否促进学生全面而有个性的发展？这些问题需要进行验证。

教学改革的成效取决于教师的教学水平和学生的学习水平。教学成效的高低可以用学生的学习成绩是否有所提高来衡量。因此，教学成效的取值为“提高”和“未提高”。因此，教学成效属于虚拟变量。对于这种因变量为虚拟变量的问题，可以构建离散因变量模型进行分析。

通常，计量经济学模型均假定被解释变量是连续变量，但是在对某些现实的经济社会问题进行决策时，需要在可供选择的有限多个方案中做出某种选择，也就是说被解释变量只能为有限多个的离散值。例如，人们选择旅游目的地时，可选择云南、西藏、山东或青海等；人们进行投资时，可选择存入银行、购买股票或房地产投资等。以这样的决策结果作为被解释变量并建立的计量经济学模型，称为离散选择模型（Discrete Choice Model，DCM）。离散选择模型包括二元选择模型和多元选择模型，本章主要介绍二元选择模型。

第一节 二元选择模型的形式

二元选择模型（binary choice model）是离散因变量模型中最简单的一种情形，被解释变量的取值只有两种，人们需要在这两个可供选择的方案中选择其一，一般情况下用“0”和“1”表示。显然，这与伯努利实验所描述的一种情形是相似的，每次实验结果只有两种可能，要么事件A出现，记为“Y=1”，要么事件A不出现，记为“Y=0”。因此，二元选择模型建立的目的就是研究具有给定特征的个体做某种选择而不做另一种选择的概率。

在现实生活中，人们经常遇到在两者之间进行选择的问题。例如，消费者对某一种商品的选择只能为“买”或“不买”，可将“买”记为“1”，“不买”记为“0”；学生对某门选修课的态度，“选”记为“1”，“不选”记为“0”；求职者对某项工作的态度问题，“接受”记为“1”，“拒绝”记为“0”。对于这些问题，都可以建立二元选择模型进行分析。

一、线性概率模型

线性概率模型的回归形式为

$$Y_i = \beta_1 X_{1i} + \beta_2 X_{2i} + \beta_3 X_{3i} + \cdots + \beta_k X_{ki} + \mu_i \quad (i = 1, 2, \cdots, N) \tag{8-1}$$

式中：Y 为因变量（被解释变量），并且是取值为“0”和“1”的离散型随机变量；$X_1, X_2, \cdots, X_k$ 为 k 个解释变量；μ_i 为相互独立且均值为 0 的随机误差项；N 为样本容量。

线性概率模型的矩阵形式为

$$\boldsymbol{Y} = \boldsymbol{X}'\boldsymbol{\beta} + \boldsymbol{U} \tag{8-2}$$

式中：$\boldsymbol{\beta} = (\beta_1, \beta_2, \cdots, \beta_k)'$；$\boldsymbol{X} = (X_1, X_2, \cdots, X_k)'$；$\boldsymbol{Y} = (Y_1, Y_2, \cdots, Y_N)'$；$\boldsymbol{U} = (u_1, u_2, \cdots, u_N)'$。

令 $P(Y_i = 1 | X_i, \beta_k) = p_i$，则 $P(Y_i = 0 | X_i, \beta) = 1 - p_i$，那么有：

$$\begin{aligned} E(Y_i | X_i, \beta) &= 1 \times P(Y_i = 1 | X_i, \beta) + 0 \times P(Y_i = 0 | X_i, \beta) \\ &= P(Y_i = 1 | X_i, \beta) = p_i \end{aligned} \tag{8-3}$$

又由于 $E(\mu_i) = 0$，对式（8-2）两边同时求期望得 $E(Y_i | X_i, \beta) = X_i' \beta$，则有：

$$E(Y_i | X_i, \beta) = P(Y_i = 1 | X_i, \beta) = X_i' \beta \tag{8-4}$$

由于，$P(Y_i = 1) \in [0,1]$，而 $X_i' \beta$ 并不一定处于 $[0,1]$，因此，只有当 $X_i' \beta \in [0,1]$ 时式（8-4）才成立。为了避免矛盾的发生，线性概率模型常常写成下面的形式：

$$p_i = \begin{cases} X_i' \beta, & 0 < X_i' \beta < 1 \\ 1, & X_i' \beta \geqslant 1 \\ 0, & X_i' \beta \leqslant 0 \end{cases} \tag{8-5}$$

另一方面：

$$U = \begin{cases} 1 - X_i' \beta, \text{当} Y_i = 1 \text{时，其概率为} X_i' \beta \\ -X_i' \beta, \text{当} Y_i = 0 \text{时，其概率为} 1 - X_i' \beta \end{cases}$$

具有这种概率结构的随机误差项具有异方差性。证明如下：

$$\begin{aligned} \operatorname{var}(U) &= E\left[(U - E(U))^2\right] = E(U^2) \\ &= (1 - X_i' \beta)^2 p_i + (-X_i' \beta)^2 (1 - p_i) \\ &= p_i (1 - p_i) \end{aligned}$$

存在异方差问题时，如果仍然采用普通最小二乘法对 LPM 模型进行参数估计，得到的参数估计量虽仍然具有线性性和无偏性，但是不再具有有效性，修正异方差可以利用加权最小二乘法（WLS）进行参数估计，但是WLS方法也不能保证预测值落入[0,1]。

二、二元选择模型

由于不能保证$X_i'\beta$的取值处于合理的概率范围内，以及异方差问题的存在，必须对线性概率模型进行一些变换。假设有一个未被观察到的潜在变量Y_i^*，它与X_i之间具有线性关系，即

$$Y_i^* = X_i'\beta + \mu_i^* \tag{8-6}$$

式中：μ_i^*为随机误差项；Y_i^*为因变量（被解释变量），$Y_i^* = (Y_1^*, Y_2^*, \cdots, Y_N^*)'$；$\beta$为待估参数；$X_i$为解释变量，$X_i = (X_{1i}, X_{2i}, \cdots, X_{ki})'$。

而且Y_i^*与Y_i具有如下关系（为了方便，把临界值设为“0”，因为只要解释变量含有常数项，临界值可以任意选取）：

$$Y_i = \begin{cases} 1, & Y_i^* > 0 \\ 0, & Y_i^* \leqslant 0 \end{cases} \tag{8-7}$$

此时：

$$\begin{aligned} E(Y_i \mid X_i, \beta) &= P(Y_i^* > 0) \\ &= 1 - P(\mu_i^* > -X_i', \beta) \\ &= 1 - P(\mu_i^* \leqslant -X_i', \beta) \\ &= 1 - F(-X_i', \beta) \end{aligned} \tag{8-8}$$

$$\begin{aligned} P(Y_i = 0 \mid X_i, \beta) &= P(Y_i^* \leqslant 0) \\ &= P(\mu_i^* \leqslant -X_i', \beta) \\ &= F(-X_i', \beta) \end{aligned} \tag{8-9}$$

式（8-8）和式（8-9）中，$F(\cdot)$为μ_i^*的分布函数，并且为单调递增的连续函数。由式（8-8）和式（8-9）可知，Y_i的形式取决于μ_i^*的分布。

二元选择模型常用的模型形式有Probit模型、Logit模型和Extreme Value模型，如表8-1所示。

表 8-1　常用的二元选择模型

μ_i^*的分布	分布函数$F(\cdot)$	对应的二元选择模型
标准正态分布	$\Phi(X)$	Probit 模型
逻辑分布	$e^X/(1+e^X)$	Logit 模型
极值分布	$1-\exp(-e^X)$	Extreme Value 模型

根据 μ_i^* 的分布函数，三个常见的二元选择模型的模型形式如下。

1）Probit 模型的形式为

$$P(Y_i=1|X_i,\beta)=1-F\left(-X_i'\beta\right)=\Phi\left(X_i'\beta\right)=\int_{-\infty}^{X_i'\beta}\frac{1}{\sqrt{2\pi}}\exp(-\frac{t^2}{2})\mathrm{d}t \tag{8-10}$$

2）Logit 模型的形式为

$$\begin{aligned}P\left(Y_i=1|X_i,\beta\right)&=1-F\left(-X_i'\beta\right)=F\left(X_i'\beta\right)\\&=\frac{\exp\left(X_i'\beta\right)}{1+\exp\left(X_i'\beta\right)}\end{aligned} \tag{8-11}$$

3）Extreme Value 模型的形式为

$$\begin{aligned}P(Y_i=1|X_i,\beta)&=1-F\left(-X_i'\beta\right)\\&=1-(1-\exp(-\mathrm{e}^{X_i'\beta}))\\&=\exp(-\mathrm{e}^{X_i'\beta})\end{aligned} \tag{8-12}$$

由于，$\mu_i^*=E(Y_i|X_i,\beta)=p_i$，因此，式（8-8）和式（8-9）可以理解为

$$Y_i=E(Y_i|X_i,\beta)+\mu_i=1-F(-X_i'\beta)+\mu_i \tag{8-13}$$

第二节　二元选择模型极大似然估计

一、参数估计

由于二元选择模型的被解释变量不可以直接观测，显然不可以采用普通最小二乘法对其进行参数估计，可以采用极大似然估计法。

当 μ_i^* 服从于标准正态分布或逻辑分布时，其分布函数 $F(\cdot)$ 是对称的，即存在 $F(-X)=F(X)$。则式（8-8）和式（8-9）可以分别改写为

$$P\left(Y_i=1|X_i,\beta\right)=1-F\left(-X_i'\beta\right)=1-F\left(X_i'\beta\right) \tag{8-14}$$

$$P\left(Y_i=0|X_i,\beta\right)=F\left(-X_i'\beta\right)=F\left(X_i'\beta\right) \tag{8-15}$$

似然函数为

$$L=\prod_{Y_i=0}\left[1-F\left(X_i'\beta\right)\right]\prod_{Y_i=1}F\left(X_i'\beta\right) \tag{8-16}$$

即

$$L=\prod_{i=1}^{N}\left[F\left(X_i'\beta\right)\right]^{Y_i}\left[1-F\left(X_i'\beta\right)\right]^{1-Y_i} \tag{8-17}$$

对数似然函数为

$$\ln L=\sum_{i=1}^{N}\left\{Y_i\ln F\left(X_i'\beta\right)+\left(1-Y_i\right)\ln\left[1-F\left(X_i'\beta\right)\right]\right\} \tag{8-18}$$

对数似然函数取得极大值的条件为

$$\frac{\partial\ln L}{\partial\beta}=\sum_{i=1}^{N}\left[\frac{Y_iF'\left(X_i'\beta\right)}{F\left(X_i'\beta\right)}+\frac{\left(1-Y\right)\left[-F'\left(X_i'\beta\right)\right]}{1-F\left(X_i'\beta\right)}\right]X_i=0 \tag{8-19}$$

即

$$\frac{\partial\ln L}{\partial\beta}=\sum_{i=1}^{N}\left[\frac{Y_if_i}{F_i}+\frac{\left(1-Y_i\right)\left(-f_i\right)}{1-F_i}\right]X_i=0 \tag{8-20}$$

式中：f_i为概率密度函数。

在确定了μ_i^*的分布（分布函数或者概率密度函数）和取得样本值后，求解式（8-19）或者式（8-20），就可以得到参数β的极大似然估计量，但是两个式子通常是关于β的非线性函数。此时，可借助迭代法对其进行求解。

二、参数经济含义

二元选择模型中估计的系数不能解释成对因变量的边际影响，对解释变量X_i的条件概率的边际影响为

$$\frac{\partial P\left(Y_i=1|X_i\right)}{\partial X_k}=F'\left(-X_i'\beta\right)\beta_k=f\left(-X_i'\beta\right)\beta_k \tag{8-21}$$

式（8-21）中，f_i表示概率密度函数，为非负值，它与所有的解释变量有关。

以 Logit 模型为例，仍然令$P(Y=1|X,\beta)=p$，则$P(Y=0|X,\beta)=1-p$，又由式（8-11）可知

$$P\left(Y=1|X,\beta\right)=\frac{\exp\left(X'\beta\right)}{1+\exp\left(X'\beta\right)}$$

可知

$$p=\frac{\exp\left(X'\beta\right)}{1+\exp\left(X'\beta\right)},1-p=\frac{1}{1+\exp\left(X'\beta\right)}$$

则有：

$$\frac{p}{1-p}=\exp\left(X'\beta\right) \tag{8-22}$$

称$p/(1-p)$为“概率比”或“机会比”（相对机会），即$Y=1$的概率与$Y=0$的概率比，或者说给定一个事件，它发生与不发生的概率比。对式（8-22）两边同时取自然对数可得

$$\ln\left(\frac{p}{1-p}\right)=X'\beta \tag{8-23}$$

式中：$\ln(\frac{p}{1-p})$ 为对数概率比。

式（8-23）表明 Logit 模型中的对数概率比是解释变量 X 的线性函数。如果 X_j 为连续变量，X_j 的系数 $\hat{\beta}_j$ 表示解释变量 X_j 每变化一个单位，引起对数概率比的边际变化。$\hat{\beta}_j$ 的另一种解释是解释变量 X_j 每变化一个单位，引起概率比变化的百分比。例如，$\hat{\beta}_j = 0.1$ 表示解释变量 X_j 每增加一个单位，概率比增加 10%。如果 X_j 为离散变量，假设 X_j 增加一个单位，概率比 $p/(1-p)$ 变化为 $p^*/(1-p^*)$，将两个概率比相除，可得

$$\frac{\frac{p^*}{1-p^*}}{\frac{p}{1-p}} = \exp(\beta_j) \tag{8-24}$$

式中：$\exp(\beta_j)$ 为解释变量 X_j 增加一个单位，引起概率比的变化倍数，例如 $\hat{\beta}_j = 0.1$，则 $\exp(\hat{\beta}_j) = 1.105\ 2$，表示当解释变量 X_j 增加一个单位时，新概率比是原概率比的 1.105 2 倍，或概率比增加 10.52%。

需要注意的是，Probit 模型的极大似然估计量无法进行类似的解释。

第三节　二元选择模型检验

类似于经典单方程模型，经过估计的二元选择模型同样需要检验，通过检验的二元选择模型才可以进行模型应用。二元选择模型主要的检验包括拟合优度检验、总体显著性检验、变量显著性检验、预测检验等。二元选择模型进行模型检验时构造的检验统计量大多是基于似然函数值构建的。

一、拟合优度检验

由于二元选择模型的因变量 Y_i 只能取“0”和“1”，其预测值表示概率值，使二元选择模型的可决系数 R^2 可能接近于 1。因此，线性回归模型中的可决系数 R^2 不再适用于测度二元选择模型的拟合优度。

二元选择模型用于进行拟合优度检验的指标为麦克法登（McFadden）似然比率指数，其符号仍为 R^2，表达式为

$$R^2 = 1 - \frac{\ln L\left(\hat{\beta}\right)}{\ln L\left(0\right)} \tag{8-25}$$

式中：$\ln L(\hat{\beta})$ 为当前模型的对数似然函数的最大值；$\ln L(0)$ 为只包含了常数项和误差项

的零模型的估计结果的对数似然函数值，即所有解释变量的系数被限制为 0 时的对数似然函数。

由式（8-16）可知，似然函数 L 为 N 个概率值的乘积，因此，似然函数 L 的取值必定介于 0 和 1 之间，则对数似然函数 $\ln L$ 取值为负，又因为 $\ln L(\hat{\beta})$ 的取值大于 $\ln L(0)$，因此有

$$\frac{\ln L\left(\hat{\beta}\right)}{\ln L\left(0\right)} \in \left(0,1\right)$$

则 R^2 的取值也必定介于 0 和 1 之间，即 $R^2 \in (0,1)$。如果极大化过程显示所估计参数的任何变化都不会引起对数似然函数的变化，即解释变量的作用不显著时，$R^2 = 0$；如果所估计的似然函数对样本中每一个因变量的预测是完全准确的，即解释变量的作用显著时，$R^2 = 1$。

二、总体显著性检验

二元选择模型总体显著性检验的原假设和备择假设与经典线性回归模型的一致。先提出原假设和备择假设。

$$\text{原假设 } \mathrm{H}_0: \beta_1 = \beta_2 = \cdots = \beta_k = 0$$

$$\text{备择假设 } \mathrm{H}_1: \beta_1, \beta_2, \cdots, \beta_k \text{不同时为}0$$

接下来，构造检验统计量为

$$R = 2\left(\ln L\left(\hat{\beta}\right) - \ln L\left(0\right)\right) \sim \chi^2\left(k\right) \tag{8-26}$$

式（8-26）中 $\ln L(\hat{\beta})$ 和 $\ln L(0)$ 的含义与式（8-25）中的相同。

给定显著性水平 α，查自由度为 k 的 χ^2 分布的临界值 $\chi^2_\alpha(k)$。如果 $LR > \chi^2_\alpha(k)$，则表明，在该显著性水平下，拒绝原假设，接受备择假设，即认为该模型总体显著性检验通过；如果 $LR < \chi^2_\alpha(k)$，则表明，在该显著性水平下，接受原假设，即认为该模型总体显著性检验没有通过。

三、预测检验

将所有解释变量的数值代入被估计后的二元选择模型中，计算得到每个样本的因变量取得“1”的概率值，并将该数值与因变量的实际观测值进行比较，来进行模型预测效果的检验。

第四节　二元选择模型的 Stata 软件命令与案例分析

一、二元选择模型的 Stata 软件命令

Probit 模型估计的命令如下：

```
. probit y x1 x2,r
```

Logit 模型估计的命令如下：

```
. logit y x1 x2, r or
```

预测的命令如下：

```
. predict yf
```

计算准确预测的百分比的命令如下：

```
. estat class
```

语句中："r" 表示使用稳健标准误；"or" 表示显示概率比，而不显示回归系数；"yf" 表示显示发生概率的预测值。

二、二元选择模型的案例分析

某校经济类专业开设计量经济学课程已经 20 年。这 20 年来，任课教师不断地修改和调整教学方案和教学方法，为了验证采用的新教学方法是否能够提高学生的学习成绩，现选取 40 位同学作为考察对象，搜集相关数据见表 8-2。其中，*MTE* 为其他科目考试平均分数；*NTM* 为表示是否采用新教学方法的虚拟变量，取值为 "0" 表示没有采用新教学方法，"1" 表示采用新教学方法；*SR* 为学生学习成绩是否有所提高的虚拟变量，取值为 "0" 表示学习成绩未提高，"1" 表示学习成绩提高。

根据上述描述可知，因变量只能有两种结果："提高" 和 "未提高"。因此，该案例需要建立二元选择模型。二元选择模型主要形式有 Probit 模型、Logit 模型和 Extreme Value 模型，本案例分别进行基于 Probit 和 Logit 模型的回归，并详细说明二元选择模型如何进行参数估计、预测准确率的计算等。

表 8-2 样本数据

序号	*SR*	*MTE*（分）	*NTM*	序号	*SR*	*MTE*（分）	*NTM*
1	0	80	0	21	0	85	0
2	0	82	0	22	0	79	0
3	0	84	0	23	0	83	1
4	0	72	0	24	1	86	1
5	1	81	0	25	0	82	1
6	0	77	0	26	1	88	1
7	0	77	0	27	0	74	1
8	0	81	0	28	0	76	1
9	0	75	0	29	1	86	1
10	1	80	0	30	1	87	1
11	0	80	0	31	1	87	1
12	0	83	0	32	0	84	1
13	0	83	0	33	1	81	1
14	0	85	0	34	1	83	1
15	0	86	0	35	0	81	1
16	0	79	0	36	0	78	1
17	0	70	0	37	0	76	1
18	1	78	0	38	1	77	1
19	0	68	0	39	0	78	1
20	0	66	0	40	1	72	1

（一）Logit 模型估计

1. 读取数据

打开数据集，可查看原始数据，具体命令如下：

```
. use SR.dta, clear
. list
```

执行命令后，读取的数据集如图 8-1 所示（仅展示了前 15 个样本数据）。

	sr	mte	ntm
1.	0	80	0
2.	0	82	0
3.	0	84	0
4.	0	72	0
5.	1	81	0
6.	0	77	0
7.	0	77	0
8.	0	81	0
9.	0	75	0
10.	1	80	0
11.	0	80	0
12.	0	83	0
13.	0	83	0
14.	0	85	0
15.	0	86	0

图 8-1　前 15 个样本的原始数据

2. 最大似然估计（MLE）

（1）汇报估计系数

汇报估计系数的命令如下：

```
. logit sr mte ntm, nolog r
```

其中："nolog" 表示不显示 MLE 数值计算的迭代过程。

执行上述命令后，估计结果如图 8-2 所示。

```
Logistic regression                          Number of obs     =         40
                                             LR chi2(2)        =       8.99
                                             Prob > chi2       =     0.0112
Log likelihood = -19.941998                  Pseudo R2         =     0.1839
```

sr	Coef.	Std. Err.	z	P>|z|	[95% Conf.	Interval]
mte	.1348284	.0898882	1.50	0.134	-.0413493	.3110061
ntm	1.689483	.8037461	2.10	0.036	.1141699	3.264797
_cons	-12.62258	7.305451	-1.73	0.084	-26.941	1.695838

图 8-2　Logit 模型估计结果

根据 Logit 模型的估计结果可知，准 $R^2=0.183\,9$；LR 统计量 $LR=8.99$，给定显著性水平 $\alpha=0.05$ 下，查自由度为 2 的 χ^2 分布的临界值 $\chi^2_{0.05}(2)=5.991\,47$，可知 $LR>\chi^2_{0.05}(2)$。因此，在显著性水平 $\alpha=0.05$ 下，该模型总体显著。同时，LR 统计量对应的概率值

$P > \chi^2 = 0.011\,2$，其数值小于显著性水平 0.05，也可以认为该模型总体显著。

（2）汇报概率比

汇报概率比的命令如下：

```
. logit sr mte ntm, or nolog
```

执行上述命令，估计结果如图 8-3 所示。

```
Logistic regression                             Number of obs     =         40
                                                LR chi2(2)        =       8.99
                                                Prob > chi2       =     0.0112
Log likelihood = -19.941998                     Pseudo R2         =     0.1839

------------------------------------------------------------------------------
          sr | Odds Ratio   Std. Err.      z    P>|z|     [95% Conf. Interval]
-------------+----------------------------------------------------------------
         mte |    1.14434   .1028627     1.50   0.134     .9594939    1.364798
         ntm |   5.416681   4.353636     2.10   0.036     1.120943    26.17479
       _cons |   3.30e-06   .0000241    -1.73   0.084     1.99e-12     5.45121
------------------------------------------------------------------------------
Note: _cons estimates baseline odds.
```

图 8-3　显示概率比的估计结果

上述回归结果表明，在保持其他解释变量不变的情况下，其他科目考试平均分数每增加 1 分，学习成绩提高的概率比就会增加 14.434%；采用新教学方法提高学习成绩的概率比是不采用新教学方法的 5.416 681 倍，即高出 441.668 1%。

（3）模型预测

根据上述 Logit 模型的回归结果，预测每位同学学习成绩提高的概率，并把预测结果记为“yf”。进行模型预测的命令如下：

```
. predict yf
```
（计算发生概率的预测值）

执行上述命令，预测结果如表 8-3 所示。

表 8-3　预测结果

序号	*SR*	*MTE*（分）	*NTM*	*yf*	序号	*SR*	*MTE*（分）	*NTM*	*yf*
1	0	80	0	0.137 5	21	0	85	0	0.238 3
2	0	82	0	0.172 7	22	0	79	0	0.122 3
3	0	84	0	0.214 7	23	0	83	1	0.564 1
4	0	72	0	0.051 4	24	1	86	1	0.659 7
5	1	81	0	0.154 3	25	0	82	1	0.530 7
6	0	77	0	0.096 1	26	1	88	1	0.717 4
7	0	77	0	0.096 1	27	0	74	1	0.277 7
8	0	81	0	0.154 3	28	0	76	1	0.334 9

续表

序号	SR	MTE	NTM	yf	序号	SR	MTE	NTM	yf
9	0	75	0	0.075 1	29	1	86	1	0.659 7
10	1	80	0	0.137 5	30	1	87	1	0.689 3
11	0	80	0	0.137 5	31	1	87	1	0.689 3
12	0	83	0	0.192 8	32	0	84	1	0.596 9
13	0	83	0	0.192 8	33	1	81	1	0.497 0
14	0	85	0	0.238 3	34	1	83	1	0.564 1
15	0	86	0	0.263 6	35	0	81	1	0.497 0
16	0	79	0	0.122 3	36	0	78	1	0.397 4
17	0	70	0	0.039 7	37	0	76	1	0.334 9
18	1	78	0	0.108 5	38	1	77	1	0.365 6
19	0	68	0	0.030 6	39	0	78	1	0.397 4
20	0	66	0	0.023 6	40	1	72	1	0.227 0

接下来对 Logit 模型的预测准确率进行测算，命令如下：

```
. estat class
```

执行上述命令，结果如图 8-4 所示。

```
Logistic model for sr

              ———————— True ————————
Classified  |       D           ~D  |      Total
————————————+———————————————————————+———————————
     +      |       6            3  |          9
     -      |       6           25  |         31
————————————+———————————————————————+———————————
   Total    |      12           28  |         40

Classified + if predicted Pr(D) >= .5
True D defined as sr != 0
————————————————————————————————————————————————
Sensitivity                     Pr( +| D)   50.00%
Specificity                     Pr( -|~D)   89.29%
Positive predictive value       Pr( D| +)   66.67%
Negative predictive value       Pr(~D| -)   80.65%
————————————————————————————————————————————————
False + rate for true ~D        Pr( +|~D)   10.71%
False - rate for true D         Pr( -| D)   50.00%
False + rate for classified +   Pr(~D| +)   33.33%
False - rate for classified -   Pr( D| -)   19.35%
————————————————————————————————————————————————
Correctly classified                        77.50%
————————————————————————————————————————————————
```

图 8-4　Logit 模型预测准确率

图 8-4 显示，Logit 模型的预测准确率为（6+25）/40=0.775，即 77.5%。从图 8-4 右下

角的“Correctly classified”为77.50%也可得到相同结论。

（二）Probit模型估计

进行Probit模型估计的命令如下：

```
. probit sr mte ntm,nolog
```

执行上述命令后，估计结果如图8-5所示。

```
Probit regression                               Number of obs     =         40
                                                LR chi2(2)        =       8.90
                                                Prob > chi2       =     0.0117
Log likelihood = -19.983602                     Pseudo R2         =     0.1822

------------------------------------------------------------------------------
          sr |      Coef.   Std. Err.      z    P>|z|     [95% Conf. Interval]
-------------+----------------------------------------------------------------
         mte |   .0787333   .0522807     1.51   0.132    -.0237349    .1812015
         ntm |   .9934167     .45879     2.17   0.030     .0942047    1.892629
       _cons |  -7.366916   4.216363    -1.75   0.081    -15.63084    .8970039
------------------------------------------------------------------------------
```

图8-5 Probit模型估计结果

根据Probit模型估计结果可知，$R^2=0.182\ 2$；LR统计量$LR=8.90$，给定显著性水平$\alpha=0.05$下，查自由度为2的χ^2分布的临界值$\chi^2_{0.05}(2)=5.991\ 47$，可知$LR>\chi^2_{0.05}(2)$。因此，在显著性水平$\alpha=0.05$下，该模型总体显著。同时，$LR$统计量对应的概率值$P>\chi^2=0.011\ 7$，其数值小于显著性水平0.05，认为该模型中所有解释变量对被解释变量的联合影响是显著的。

根据上述Probit模型的回归结果，预测每位同学学习成绩提高的概率，并把预测结果记为“$y0$”。进行模型预测的命令如下：

```
. predict y0    （计算发生概率的预测值）
```

运行上述命令，预测结果并与Logit模型的预测结果进行对比，结果见表8-4。

表8-4 Logit模型和Probit模型预测结果对比

序号	Logit预测结果yf	Probit预测结果$y0$	序号	Logit预测结果yf	Probit预测结果$y0$
1	0.137 488	0.142 702 6	21	0.238 273	0.249 968 4
2	0.172 694	0.181 203 3	22	0.122 266	0.125 693 1
3	0.214 671	0.225 628 0	23	0.564 060	0.564 095 4
4	0.051 420	0.044 742 4	24	0.659 741	0.654 523 0
5	0.154 272	0.161 203 8	25	0.530 668	0.532 926 1
6	0.096 146	0.096 039 2	26	0.717 440	0.710 561 9
7	0.096 146	0.096 039 2	27	0.277 720	0.292 107 5

续表

序号	Logit 预测结果 *yf*	Probit 预测结果 *y*0	序号	Logit 预测结果 *yf*	Probit 预测结果 *y*0
8	0.154 272	0.161 203 8	28	0.334 892	0.348 352 6
9	0.075 129	0.071 881 3	29	0.659 741	0.654 523 0
10	0.137 488	0.142 702 6	30	0.689 326	0.683 067 5
11	0.137 488	0.142 702 6	31	0.689 326	0.683 067 5
12	0.192 814	0.202 688 7	32	0.596 881	0.594 871 3
13	0.192 814	0.202 688 7	33	0.497 000	0.501 553 6
14	0.238 273	0.249 968 4	34	0.564 060	0.564 095 4
15	0.263 600	0.275 635 7	35	0.497 000	0.501 553 6
16	0.122 266	0.125 693 1	36	0.397 358	0.408 150 4
17	0.039 750	0.031 756 1	37	0.334 892	0.348 352 6
18	0.108 518	0.110 151 6	38	0.365 560	0.377 885 6
19	0.030 642	0.022 054 4	39	0.397 358	0.408 150 4
20	0.023 570	0.014 983 7	40	0.226 978	0.240 496 9

同样，测算 Probit 模型的预测准确率，命令如下：

```
. estat class
```

执行上述命令，结果如图 8-6 所示。

```
Probit model for sr

              -------- True --------
Classified |         D            ~D  |      Total
-----------+--------------------------+-----------
     +     |         7             4  |         11
     -     |         5            24  |         29
-----------+--------------------------+-----------
   Total   |        12            28  |         40

Classified + if predicted Pr(D) >= .5
True D defined as sr != 0
--------------------------------------------------
Sensitivity                     Pr( +| D)   58.33%
Specificity                     Pr( -|~D)   85.71%
Positive predictive value       Pr( D| +)   63.64%
Negative predictive value       Pr(~D| -)   82.76%
--------------------------------------------------
False + rate for true ~D        Pr( +|~D)   14.29%
False - rate for true D         Pr( -| D)   41.67%
False + rate for classified +   Pr(~D| +)   36.36%
False - rate for classified -   Pr( D| -)   17.24%
--------------------------------------------------
Correctly classified                        77.50%
--------------------------------------------------
```

图 8-6　Probit 模型的预测准确率

图 8-6 显示，Logit 模型的预测准确率为（7+24）/40=0.775，即 77.5%。

对比 Logit 模型和 Probit 模型回归结果，可以发现两个模型的系数估计值虽然有明显的差异，但是估计系数不具有可比性。两个模型的 R^2 基本无差异，预测准确率完全一样。观察 *yf* 和 *y*0 的数值，发现每位同学学习成绩提高的概率差别也不大。

思考题与练习题

一、思考题

1. 二元选择模型为什么不能建立经典回归模型？说明理由。
2. 说明二元选择模型适用的研究对象。
3. 阐述二元选择模型参数估计值的含义。
4. 阐述二元选择模型拟合优度检验原理。

二、练习题

1. 结合自己的专业，选择某一实际问题，设定一个二元选择模型，并利用本章学习的知识对该模型分别进行 Probit 模型和 Logit 模型参数估计、模型检验、模型预测和预测准确率的计算，最后利用 Logit 模型测算概率比。

2. 在某单位进行局长选举时，如果不允许弃权，则投票者只能有两种选择：“同意”和“不同意”。以投票者的态度（用 *Y* 表示）作为因变量，同意为“1”，不同意为“0”，影响投票者态度的主要因素只考虑投票者的月收入（元），样本数据见表 8-5。

表 8-5　投票者态度和月收入数据

序号	月收入 *X*（元）	投票者态度 *Y*	序号	月收入 *X*（元）	投票者态度 *Y*	序号	月收入 *X*（元）	投票者态度 *Y*
1	1 500	0	11	2 500	0	21	3 500	1
2	1 600	0	12	2 600	0	22	3 600	1
3	1 700	0	13	2 700	0	23	3 700	1
4	1 800	0	14	2 800	1	24	3 800	1
5	1 900	0	15	2 900	0	25	3 900	1
6	2 000	0	16	3 000	0	26	4 000	1

续表

序号	月收入 X（元）	投票者态度 Y	序号	月收入 X（元）	投票者态度 Y	序号	月收入 X（元）	投票者态度 Y
7	2 100	0	17	3 100	1	27	4 100	1
8	2 200	0	18	3 200	1	28	4 200	1
9	2 300	0	19	3 300	0	29	4 300	1
10	2 400	0	20	3 400	1	30	4 400	1

1）利用 Probit 模型进行参数估计，并评价模型的显著性与变量的显著性。

2）利用 Logit 模型进行参数估计，并评价模型的显著性与变量的显著性。

3）通过 Logit 模型回归，查看概率比，并解释概率比的含义。

4）分别计算 Probit 模型和 Logit 模型正确预测的百分比，并对其进行对比。

第九章　时间序列计量经济学初步

引例：时间序列回归模型是否可信？

根据前几章内容，如果采用经典线性回归模型分析经济问题，主要思路是根据经济学理论和定性分析找到主要影响因素，摄取样本数据，使用普通最小二乘法（OLS）估计回归模型，然后进行关于经济意义、统计意义、计量经济学意义等的检验。假如这些检验均已通过，便可以应用此模型进行结构分析、政策评价或样本外预测等。

例如，为了分析中国1950—2017年全国公共财政收入和公共财政支出之间的结构关系，进行OLS估计，估计结果为

$$\ln\hat{y} = -0.930\ 999 + 1.017\ 964 \ln x$$
$$t = \quad (382.78) \qquad (-4.19)$$

根据模型估计及检验结果可知，模型拟合效果非常好，回归方程显著，回归系数均通过了显著性检验。但这样的回归结果是否一定可信呢？回归结果有可能会出现“虚假回归”问题。什么是虚假回归，如何鉴定“虚假回归”以及当其出现时如何处理等正是本章的主要内容。

第一节　平稳时间序列的定义

一、时间序列基本概念

下面给出时间序列的三个相关概念。

1）随机过程：由随机变量组成的一个有序序列称为随机过程，简记为 $\{x_t, t\in T\}$。

2）时间序列：随机过程的一次观测结果称为时间序列，也用 $\{x_t, t\in T\}$ 表示，简记为 $\{x_t\}$。

3）观察值序列：如果取 n 个样本数据，$x_1, x_2, \cdots, x_n$ 或 $\{x_t, t\in 1,2,\cdots,n\}$，这个数据集称为序列长度为 n 的观察值序列。

二、时间序列的平稳性

（一）平稳时间序列

设时间序列 $\{x_t\}$ 取自某一随机过程，如果此随机过程的性质不随时间的变化而变化，则称该过程具有平稳性，关于平稳随机过程有两种定义方式：严平稳、弱平稳。

1. 严平稳时间序列

一个随机过程中如果随机变量的任何子集的联合分布函数与时间无关，即任取 $t,t+1,t+2,\cdots,t+m\in T$ 和添加任意整数 k 的 $t+k,t+1+k,t+2+k,\cdots,t+m+k\in T$，有：

$$F\left(x_t,x_{t+1},x_{t+2},\cdots,x_{t+m}\right)=F\left(x_{t+k},x_{t+1+k},x_{t+2+k},\cdots,x_{t+m+k}\right)$$

式中：$F(\cdot)$ 表示 m+1 个随机变量的联合概率分布函数。

则该随机过程为严平稳过程，称时间序列 $\{x_t\}$ 为严平稳时间序列。

严平稳要求时间序列的所有统计性质都不会随着时间的变化而变化，该序列才能被认为平稳，所以说严平稳是一种条件比较苛刻的平稳性定义。在实践中，随机序列的联合分布很难确定，所以严平稳时间序列的定义只具有理论意义，如果放松条件，只要求联合分布的低阶矩稳定，则可以引出弱平稳时间序列的概念。

2. 弱平稳时间序列

由于序列的统计性质主要由它的低阶矩决定，所以只要保证序列低阶矩（二阶）平稳，就能保证序列的主要性质近似稳定。

如果时间序列 $\{x_t\}$ 满足以下条件：

1）任取 $t\in T,\ E(x_t)=\mu,\ \mu$ 为常数；

2）任取 $t\in T$，$\operatorname{var}(x_t)=\sigma^2<\infty$；

3）任取 $t,s,k\in T$，且 $k+s-t\in T$，有

$$\gamma(t,s)=\operatorname{cov}(x_t,x_s)=\operatorname{cov}(x_k,x_{s-t+k})=\gamma(k,k+s-t)$$

则称 $\{x_t\}$ 为弱平稳时间序列。其中，$\gamma(t,s)=\operatorname{cov}(x_t,x_s)$ 表示时间序列 $\{x_t\}$ 的自协方差函数。条件 3 说明自协方差函数不依赖于时间的起点和终点，只与时间的间隔长度有关。

对于实际经济问题中的时间序列，如果不加特殊说明，均指的是弱平稳时间序列。

（二）非平稳时间序列

如果时间序列 $\{x_t\}$ 的统计性质随着时间的变化而发生变化，即生成时间序列数据的随机过程的随机特征随时间的变化而发生变化，则称该时间序列为非平稳时间序列。

在实际经济问题中，大部分时间序列数据都是由非平稳过程产生的。比如，GDP、人均可支配收入等变量都随着时间的推移呈现持续增长的趋势。

（三）白噪声序列

如果时间序列 $\{x_t\}$ 满足如下三个条件：

1）$\forall t \in T, E(x_t) = \mu$；

2）$\forall t \in T, \mathrm{var}(x_t) = \sigma^2$；

3）$\forall t, s \in T, \gamma(t,s) = 0, t \neq s$。

则称 $\{x_t\}$ 为白噪声序列，也称纯随机序列。由定义可知，白噪声序列具有常数均值、常数方差、自协方差和自相关系数为零的性质，所以白噪声序列是一种特殊的弱平稳时间序列。

第二节　时间序列平稳性检验

解决实际问题时，在取得时间序列的样本数据后，先要检验时间序列的平稳性。检验时间序列平稳性的方法有两种：一是图形检验法；二是单位根检验法。

一、图形检验法

图形检验法又细分为时序图检验法和自相关函数图检验法。

（一）时序图检验法

以横轴表示时间，纵轴表示序列观察值，所得图形即为时序图。时序图检验法是根据时序图的特征做出判断的一种图形检验方法。该检验方法来源于弱平稳时间序列的定义，即平稳时间序列具有常数均值和常数方差。也就是说，平稳时间序列 $\{x_t\}$ 的时序图显示该序列具有始终在一个常数值附近做随机波动，而且波动的范围是有界的特点。反之，如果一个时间序列的时序图表现为明显的递增（递减）或周期变动的趋势，则该时间序列通常不平稳。

（二）自相关函数图检验法

平稳时间序列通常具有短期相关性。也就是说，随着滞后期数 k 的增大，平稳时间序

列的自相关系数 $\hat{\rho}_k$ 会很快地衰减向零。相反，如果自相关系数 $\hat{\rho}_k$ 衰减向零的速度比较缓慢，则可判定该时间序列为非平稳时间序列。

图形检验法是一种操作简便、运用广泛的平稳性判别方法。它的缺点是判别结论带有很强的主观色彩。所以最好能用统计检验方法加以判别。

二、单位根检验

目前，检验时间序列平稳性的方法主要是单位根检验法，本节主要介绍两种单位根检验方法：DF 检验（Dickey-Fuller Test）和 ADF 检验（Augmented Dickey-Fuller Test）。

（一）DF 检验

单位根检验法由 Dickey 和 Fuller 提出，因此人们以他们名字的首字母 DF 对此进行命名。

由于经济系统的惯性作用，经济时间序列往往存在前后期的相关性。DF 检验假设当前序列的取值只依赖于其滞后一期的变量，而与其他滞后期变量无关，即时间序列数据由一阶自回归过程生成。

1. DF 检验统计量

为了更好地说明 DF 检验原理，考虑以下三种形式的回归模型。

$$x_t = \beta_1 x_{t-1} + \mu_t \tag{9-1}$$

$$x_t = \beta_0 + \beta_1 x_{t-1} + \mu_t \tag{9-2}$$

$$x_t = \beta_0 + \beta_1 x_{t-1} + \gamma t + \mu_t \tag{9-3}$$

式中：$t(t=1,2,\cdots,T)$和 β_0 为常数；γt 为时间趋势；μ_t 是期望为 0、方差为 σ^2 的白噪声序列。

显然，x_t 序列只有一个特征根 $\lambda=\beta_1$，若 $|\beta_1|<1$，则 x_t 序列平稳。若 $|\beta_1|=1$，x_t 序列是非平稳序列；如果 $|\beta_1|>1$，x_t 序列发散。因此，通过检验 β_1 是否严格小于 1 来间接判断序列 x_t 是否具有平稳性，即提出原假设和备择假设。

$$原假设\ \mathrm{H}_0: \beta_1 = 1$$

$$备择假设\ \mathrm{H}_1: \beta_1 < 1$$

2. DF 检验等价形式

采用参数是否为 0 来进行 DF 检验，可在上述三个方程两边均同时减去 x_{t-1}，可得：

$$\Delta x_t = \delta x_{t-1} + \mu_t \tag{9-4}$$

$$\Delta x_t = \beta_0 + \delta x_{t-1} + \mu_t \tag{9-5}$$

$$\Delta x_t = \beta_0 + \delta x_{t-1} + \gamma t + \mu_t \tag{9-6}$$

式中：$\delta = \beta_1 - 1$。

此时，检验原假设变为 $H_0: \delta = 0$，序列非平稳；备择假设变为 $H_1: \delta < 0$，序列平稳。

对式（9-4）至式（9-6）进行 OLS 估计，可得 $\hat{\delta}$ 以及相应的 DF 检验统计量，Stata 软件中记为 $Z(t)$。$Z(t)$ 的临界值 Z_δ 需要通过蒙特卡罗模拟获得，若 $Z < Z_\delta$，则拒绝原假设，认为 x_t 序列平稳；若 $Z > Z_\delta$，则不能拒绝原假设，即认为 x_t 序列非平稳。因此，DF 检验是左边单侧检验，分布的最左侧为其拒绝域。

注意：DF 检验过程是通过设置一阶自回归模型（*AR*（1））实现的，这便是 DF 检验的局限性，即 DF 检验无法检验存在高阶自相关序列的平稳性。如果序列存在多阶滞后相关，就违背了随机扰动项不存在自相关的假设，此时，需要利用扩展的 DF（Augmented Dickey-Fuller，ADF）检验来检验序列的平稳性。

（二）ADF 检验

ADF 检验是 DF 检验的扩展。因为现实中绝大多数时间序列不会是一个简单的 *AR*（1）过程，如果时间序列是高阶自回归过程，则需要使用 ADF 进行检验。

假设 x_t 序列具有 p 阶滞后相关性，即由 p 阶自回归 *AR*（p）模型表示为

$$x_t = \beta_0 + \phi_1 x_{t-1} + \phi_2 x_{t-2} + \cdots + \phi_p x_{t-p} + \mu_t$$

ADF 检验模型包括三类，分别如下。

第一种类型：有常数项、无时间趋势，表达式为

$$x_t = \beta_0 + \phi_1 x_{t-1} + \phi_2 x_{t-2} + \cdots + \phi_p x_{t-p} + \mu_t \tag{9-7}$$

第二种类型：无常数项、无时间趋势，表达式为

$$x_t = \phi_1 x_{t-1} + \phi_2 x_{t-2} + \cdots + \phi_p x_{t-p} + \mu_t \tag{9-8}$$

第三种类型：同时包含常数项和时间趋势，表达式为

$$x_t = \beta_0 + \beta_1 + \phi_1 x_{t-1} + \phi_2 x_{t-2} + \cdots + \phi_p x_{t-p} + \mu_t \tag{9-9}$$

在三种类型模型的两端同时减去 x_{t-1}，再通过添加项，同时减项的方法可得：

$$\Delta x_t = \beta_0 + \delta x_{t-1} + \sum_{i=1}^{p-1} \lambda_t x_{t-1} + \mu_t \tag{9-10}$$

$$\Delta x_t = \delta x_{t-1} + \sum_{i=1}^{p-1} \lambda_t x_{t-1} + \mu_t \tag{9-11}$$

$$\Delta x_t = \beta_0 + \beta_1 t + \delta x_{t-1} + \sum_{i=1}^{p-1} \lambda_t x_{t-1} + \mu_t \tag{9-12}$$

式中：$\delta = \sum_{i=1}^{p} \phi_t - 1$，$\lambda_t = -\sum_{j=i+1}^{p} \phi_j$。

此时，检验原假设变为 $H_0: \beta_1 = 0$，序列至少存在一个单位根，即序列非平稳；备择

假设变为 $H_1: \beta_1 < 0$，序列不存在单位根，即该序列平稳。

ADF 检验统计量的临界值同样也需要利用蒙特卡罗方法模拟获得。给定显著性水平 α（通常取 0.05），当检验统计量的值大于对应临界值时（此时，统计量对应的概率值大于显著性水平 α），不能拒绝原假设，即认为序列 x_t 非平稳；反之，则拒绝原假设，认为序列 x_t 平稳。

在进行 ADF 检验时，需要注意以下几个问题。

1. 自回归滞后阶数 p 的确定问题

ADF 检验结果对滞后阶数很敏感，施瓦特（Schwert）建议，先取最大滞后阶数为

$$p = \left[12 \cdot (T/100)^{1/4}\right] \tag{9-13}$$

式中：T 为样本容量；[·] 表示取整数部分。

然后使用由大到小的序贯 t 规则，看 ADF 检验中最后一阶回归系数是否显著。也可以采用贝叶斯信息准则（Bayesian Information Criterion，BIC）和赤池信息准则（Akaike Information Criterion，AIC）来确定滞后阶数。但是，在实际检验过程中，需要兼顾模型的拟合效果，系统的稳定性等。

2. 模型形式的选择问题

ADF 检验过程中不同模型对应不同分布表，因此，ADF 检验结果跟模型形式有关。一般情况下可以利用序列的时序图进行模型形式的判断。绘制时序图，考察图形是否具有时间趋势和截距项，从而选择相应的模型形式。另外，在运用 Stata 软件进行 ADF 检验时，使用选择项“regress”，选择显示回归结果，可根据回归结果中常数项和趋势项是否显著来进行判断。

3. 序列 x_t 非平稳的问题

如果单位根检验表明序列 x_t 非平稳，则需要进一步对其差分序列进行平稳性检验，直到拒绝原假设，认为差分序列平稳为止。

第三节　协整和误差修正模型

对于非平稳的时间序列来讲，传统的处理方法是将其进行差分运算，使其转化为平稳时间序列。但是差分序列与原序列的含义不同，差分变量不具有直接的经济意义，而且会造成原序列中所包含的有用信息被浪费。因此，通常的做法还是希望用原序列进行回归。由于原序列的非平稳性，在对其进行回归时可能导致“伪回归”问题。为了避免伪回归问题的出现，1987 年 Engle 和 Granger 提出了协整理论和方法。

一、单整的概念

如果序列 $\{y_t\}$ 必须经过 d 阶差分之后才能变换成平稳时间序列，而 $d-1$ 阶差分序列仍然是非平稳序列，说明序列 $\{y_t\}$ 存在 d 个单位根，则称序列 $\{y_t\}$ 为 d 阶单整序列，记为 $y_t \sim I(d)$。其中，I 表示单整；d 表示单整的次数（阶数）。

例如，如果序列 $\{y_t\}$ 经过一阶差分后平稳，说明序列 $\{y_t\}$ 存在一个单位根，此时称序列 $\{y_t\}$ 是一阶单整序列，记为 $y_t \sim I(1)$；如果 $\{y_t\}$ 差分一次后仍不平稳，二阶差分后才平稳，则称 $\{y_t\}$ 是二阶单整序列，记为 $y_t \sim I(2)$。若 $y_t \sim I(2)$，则其一阶差分序列 $\Delta y_t \sim I(1)$，其二阶差分序列 $\Delta^2 y_t \sim I(0)$，说明 $\{\Delta^2 y_t\}$ 为零阶单整序列，即平稳序列。

（一）原序列的单整阶数不同的情况

若原序列的单整阶数不同：$x_t \sim I(c)$，$y_t \sim I(d)$，则

$$z_t = ax_t + by_t \sim I(\max\{c,d\})$$

若 $c>d$，则 $z_t = ax_t + by_t \sim I(c)$。因为，$\Delta^d x_t \sim I(c-d)$，$\Delta^c x_t \sim I(0)$，$\Delta^d y_t \sim I(0)$。可知，$a\Delta^d x_t \sim I(c-d)$，$a\Delta^c x_t \sim I(0)$，$b\Delta^d y_t \sim I(0)$，则

$$z_{1t} = a\Delta^d x_t + b\Delta^d y_t \sim I(c-d)$$

$$z_{2t} = a\Delta^c x_t + b\Delta^c y_t \sim I(0)$$

即若两个或多个序列非平稳，且其单整阶数不同，则序列线性组合生成的新序列的单整阶数与原序列中单整阶数较高的序列的一致。

（二）原序列的单整阶数相同的情况

若原序列单整阶数相同，在一般情况下，同阶单整的若干序列的线性组合的单整阶数与原序列相同。即若 $x_t \sim I(d)$，$y_t \sim I(d)$，可知 $ax_t \sim I(d)$，$by_t \sim I(d)$，则 $z_t = ax_t + by_t \sim I(d)$。其中 a，b 为任意的非零实数。此时，若 d=0，即 $x_t \sim I(0)$，$y_t \sim I(0)$，则 $z_t = ax_t + by_t \sim I(0)$，即平稳序列的线性组合仍然是平稳序列。但也有例外，即若干个同阶单整序列的线性组合的单整阶数低于原非平稳序列的单整阶数。特别地，当若干个同阶非平稳序列的线性组合为平稳序列，则说明原序列之间存在协整关系。

二、协整的概念

协整是对非平稳经济变量长期均衡关系的统计描述。如果非平稳时间序列的线性组合

是平稳的，则称非平稳时间序列之间存在协整关系。比如，从经济学理论上讲，消费和收入都是非平稳时间序列，但它们具有协整关系；如果不具有协整关系，那么长期消费就有可能比收入高或低，于是消费者会出现非理性的消费或积累储蓄的情况。虽然经济变量经常会偏离均衡点，但内在的均衡机制将不断地消除偏差以维持这种均衡关系。协整理论的提出，使我们能够对现实中非平稳时间序列构建动态回归模型。如果非平稳时间序列具有协整关系，说明序列之间具有长期均衡关系，则残差序列是平稳的，这样将降低虚假回归的可能性。

下面给出协整的定义。

有k维随机向量$\boldsymbol{X}_t=(x_{1t},x_{2t},x_{3t},\cdots,x_{kt})$，若$\boldsymbol{X}_t\sim I(d)$，存在一个$k\times1$阶列向量$\boldsymbol{\beta}$，使$\boldsymbol{\beta}'\boldsymbol{X}_t\sim I(d-b)$，则称变量$x_{1t},x_{2t},x_{3t},\cdots,x_{kt}$存在阶数为$(d,b)$的协整关系，即$\boldsymbol{X}_t\sim CI(d,b)$，$0<b\leqslant d$。其中：$CI$表示协整；$\boldsymbol{\beta}$称为协整向量，其中的每一个元素称为协整系数。

特例：若$b=d=1$，则$\boldsymbol{X}_t\sim I(1)$，$\boldsymbol{\beta}'\boldsymbol{X}_t\sim I(0)$，即$\boldsymbol{X}_t\sim CI(1,1)$，说明尽管各个分量都是非平稳的，但是其线性组合是平稳的。这种（1，1）阶协整关系在经济计量分析中较为常见。

需要注意的是，协整向量不唯一，k维随机向量最多可能存在$k-1$个线性无关的协整向量。

三、协整检验

检验协整关系是否存在的思路主要有两种：一是基于回归系数的协整检验，如约翰森（Johansen）协整检验；二是基于回归残差的协整检验，如 EG 两步法检验。本教材主要介绍 EG 两步法检验。EG 两步法是由 Engle 和 Granger 提出的一种协整检验方法，用于对非平稳时间序列回归方程残差的平稳性进行检验。

（一）EG 两步法检验的假设条件

原假设 H_0：时间序列变量之间不存在协整关系。等价假设：回归残差序列 $\{\varepsilon^t\}$ 非平稳。

备择假设 H_1：时间序列变量之间不存在协整关系。等价假设：回归残差序列 $\{\varepsilon^t\}$ 平稳。

（二）检验步骤

第一步，对回归模型进行 OLS 估计。若序列y_t和$x_{1t},x_{2t},x_{3t},\cdots,x_{kt}$都是一阶单整序列，

建立回归模型，表达式为

$$y_t = \beta_1 + \beta_2 x_{2t} + \beta_3 x_{3t} + \cdots + \beta_k x_{kt} + \mu_t \tag{9-14}$$

采用 OLS 方法估计回归模型参数可得 $\hat{\beta}_1, \hat{\beta}_2, \cdots, \hat{\beta}_k$ 和残差序列 $\{\varepsilon_t\}$ 。

第二步，残差序列的平稳性检验。对残差序列进行 ADF 平稳性检验，如果 $\{\varepsilon_t\}$ 平稳，说明残差序列不含有单位根，即为平稳序列，则可以确定回归模型中的被解释变量和解释变量之间存在协整关系；反之，如果残差序列含有单位根，即不平稳，则说明被解释变量和解释变量之间不存在协整关系。此时，变量之间的回归关系为伪回归。

四、误差修正模型

如果时间序列变量是协整的，则表明他们之间存在长期稳定的均衡关系。虽然，在短期内这种稳定的均衡关系常常被打破，但是这种均衡关系会在短期动态过程的不断调整下加以维持，这种调整过程防止了长期关系偏差的扩大。因此，任何一组协整的序列都存在误差修正机制，来反应短期调节行为。这正是误差修正模型的基本思路。

误差修正的概念最初由 Sargan 提出，误差修正模型（Error Correction Model，ECM）常作为协整回归模型的补充模型出现。由协整模型度量序列之间的长期均衡关系，而由误差修正模型度量序列的短期波动关系。

误差修正模型的基本原理如下。

假设序列 $\{y_t\},\{x_t\} \sim I(1)$ ，并存在协整关系：

$$y_t = \beta_1 + \beta_2 x_t + \mu_t \tag{9-15}$$

则该模型的回归残差序列 $\{\varepsilon_t\}$ 为平稳序列，即 $\{\varepsilon_t\} \sim I(0)$ ，将式（9-15）等号两边同时减去 y_{t-1} ，则有：

$$y_t - y_{t-1} = \beta_1 + \beta_2 x_t - y_{t-1} + \mu_t \tag{9-16}$$

将 $y_{t-1} = \beta_1 + \beta_2 x_{t-1} + \mu_{t-1}$ 代入式（9-16），可得：

$$y_t - y_{t-1} = \beta_2 x_t - \beta_2 x_{t-1} + \mu_t - \mu_{t-1} \tag{9-17}$$

式中：μ_{t-1} 为上一期的误差项，记为 ECM_{t-1} 。

记 $\Delta y_t = y_t - y_{t-1}, \Delta x_t = x_t - x_{t-1}$，则式（9-17）即为

$$\Delta y_t = \beta_2 \Delta x_t + \mu_t - ECM_{t-1} \tag{9-18}$$

式（9-18）说明，$\{y_t\}$ 的短期波动 $\{\Delta y_t\}$ 取决于 $\{x_t\}$ 的短期波动 $\{\Delta x_t\}$ ，随机误差项 $\{\mu_t\}$ 和上一期随机误差项 $\{\mu_{t-1}\}$ 。

基于以上分析，为了定量地测量上一期误差项对 $\{\Delta y_t\}$ 的影响，可构造误差修正模型：

$$\Delta y_t = \beta_2 \Delta x_t + \mu_t + \lambda ECM_{t-1} \tag{9-19}$$

在式（9-19）中，$\{y_t\} \sim I(1)$，$\{x_t\} \sim I(1)$，$\{\mu_t\}$ 为平稳序列，$\{\Delta y_t\} \sim I(0)$，$\{\Delta x_t\} \sim I(0)$，λ 为短期调整系数，表示误差修正项对当期波动的调整力度；$\lambda < 0$，表明误差修正机制应该是一个负反馈过程。

如果影响 y_t 的变量不仅包含 x_t，还包括 x_t 的滞后变量和 y_t 的滞后变量，也就是说构造 $\{y_t\}$ 序列的动态分布滞后模型，则 y_t、x_t 的短期和长期行为的误差修正模型可写为

$$\Delta y_t = \alpha + \sum_{i=0}^{l} \beta_i \Delta x_{t-i} + \sum_{i=0}^{l} \gamma_i \Delta y_{t-i-1} + \mu_t + \lambda ECM_{t-1} \tag{9-20}$$

最常用的 ECM 的估计方法是两步法，其基本思想如下。

第一步，对协整方程 $y_t = \beta_1 + \beta_2 x_t + \mu_t$ 进行 OLS 估计，得到残差序列：

$$\varepsilon_t = y_t - \hat{\beta}_1 - \hat{\beta}_2 x_t \tag{9-21}$$

第二步，利用 OLS 法估计误差修正模型：

$$\Delta y_t = \alpha + \sum_{i=0}^{l} \beta_i \Delta x_{t-i} + \sum_{i=0}^{l} \gamma_i \Delta y_{t-i-1} + \mu_t + \lambda ECM_{t-1}$$

注意，在构建误差修正模型时，将长期关系模型中各变量以一阶差分形式重新加以构造，将长期关系模型所产生的残差序列作为解释变量引入，并对短期动态关系进行逐项检验，根据 t 检验和 F 检验剔除模型中不显著的差分变量，直到找到最合适的表示方法为止。

第四节　案例分析

财政收支问题一直以来都是政府部门及政策制定者关注的热点，为了测度我国公共财政收入和公共财政支出具体结构变动关系，选取 1950—2019 年全国公共财政收入和公共财政支出的年度统计数据，建立时间序列回归模型。表 9-1 为我国 1950—2019 年全国公共财政收入和公共财政支出统计数据，试根据数据的变动关系建立多元时间序列模型，并判断变量序列在样本区间内是否存在协整关系？同时，建立误差修正模型来分析短期修正机制。

表 9-1　1950—2019 年全国公共财政收入和公共财政支出统计数据　（亿元）

年份	公共财政收入 x	公共财政支出 y	年份	公共财政收入 y	公共财政支出 x
1950	62.17	68.05	1985	2 004.82	2 004.25
1951	124.96	122.07	1986	2 122.01	2 204.91
1952	173.94	172.07	1987	2 199.35	2 262.18
1953	213.24	219.21	1988	2 357.24	2 491.21

续表

年份	公共财政收入 x	公共财政支出 y	年份	公共财政收入 y	公共财政支出 x
1954	245.17	244.11	1989	2 664.90	2 823.78
1955	249.27	262.73	1990	2 937.10	3 083.59
1956	280.19	298.52	1991	3 149.48	3 386.62
1957	303.20	295.95	1992	3 483.37	3 742.20
1958	379.62	400.36	1993	4 348.95	4 642.30
1959	487.12	543.17	1994	5 218.10	5 792.62
1960	572.29	643.68	1995	6 242.20	6 823.72
1961	356.06	356.09	1996	7 407.99	7 937.55
1962	313.55	294.88	1997	8 651.14	9 233.56
1963	342.25	332.05	1998	9 875.95	10 798.20
1964	399.54	393.79	1999	11 444.08	13 187.67
1965	473.32	459.97	2000	13 395.23	15 886.5
1966	558.71	537.65	2001	16 386.04	18 902.58
1967	419.36	439.84	2002	18 903.64	22 053.15
1968	361.25	357.84	2003	21 715.25	24 649.95
1969	526.76	525.86	2004	26 396.47	28 486.89
1970	662.90	649.41	2005	31 649.29	33 930.28
1971	744.73	732.17	2006	38 760.20	40 422.73
1972	766.56	765.86	2007	51 321.78	49 781.35
1973	809.67	808.78	2008	61 330.35	62 592.66
1974	783.14	790.25	2009	68 518.30	76 299.93
1975	815.61	820.88	2010	83 101.51	89 874.16
1976	776.58	806.20	2011	103 874.43	109 247.79
1977	874.46	843.53	2012	117 253.52	125 952.97
1978	1 132.26	1 122.09	2013	129 209.64	140 212.10
1979	1 146.38	1 281.79	2014	140 370.03	151 785.56
1980	1 159.93	1 228.83	2015	152 269.23	175 877.77
1981	1 175.79	1 138.41	2016	159 604.97	187 755.21
1982	1 212.33	1 229.98	2017	172 592.77	203 085.49
1983	1 366.95	1 409.52	2018	183 359.84	220 904.13
1984	1 642.86	1 701.02	2019	190 382.00	238 874.00

数据来源：国家统计局。

一、导入数据

执行下面命令，导入年度时间变量。

```
. use public-expenditure.dta, clear
. tsset year（将变量 year 设为时间变量）
```

为了使序列更平滑，对公共财政收入 x 和公共财政支出 y 序列进行取对数处理。

执行以下命令：

```
. gen lny=log(y)
. gen lnx=log(x)
```

二、平稳性检验

先对样本数据进行平稳性检验。平稳性检验方法可选择图形（包括时序图和自相关系数图）检验法和单位根检验法。

（一）时序图检验

1. 对数序列时序图检验

执行以下命令：

```
. tsline lny, xlabel (1950(10)2019)
```

绘制公共财政支出对数序列 $\{\ln y_t\}$ 时序图，如图 9-1 所示。

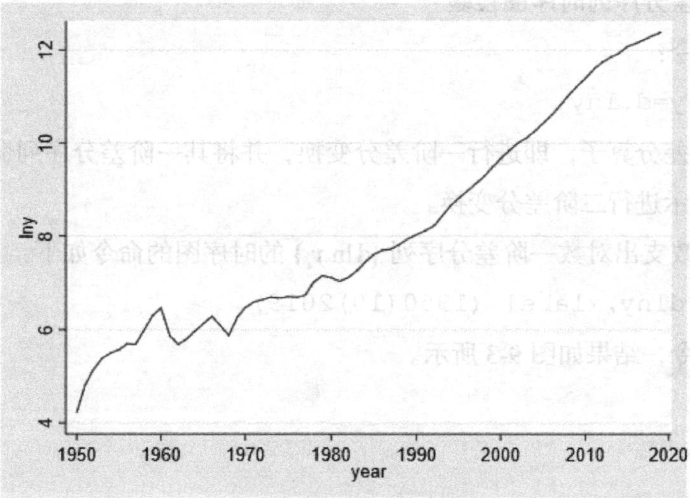

图 9-1 $\{\ln y_t\}$ 时序图

执行以下命令：

```
. tsline lnx, xlabel (1950(10)2019)
```

绘制公共财政收入对数序列 $\{\ln x_t\}$ 时序图，如图 9-2 所示。

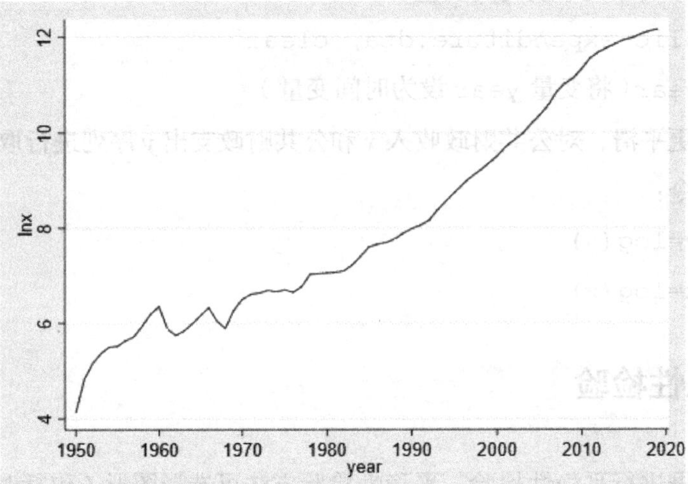

图 9-2　$\{\ln x_t\}$ 时序图

上述软件命令中的“tsline”表示绘制时间趋势图，“xlabel（1950（10）2019）”表示设置横轴并在横轴 1950—2019 年间，每隔 10 年做一个标注。

图 9-1 显示，序列 $\{\ln y_t\}$ 有明显的线性递增趋势，因此，可判断序列 $\{\ln y_t\}$ 非平稳。图 9-2 显示，序列 $\{\ln x_t\}$ 也有明显的线性递增趋势，因此，可判断序列 $\{\ln x_t\}$ 也非平稳。

由于序列 $\{\ln x_t\}$ 和序列 $\{\ln y_t\}$ 均非平稳，需要继续对其进行一阶差分运算，绘制一阶差分序列时序图来观察它们的平稳性。

2. 对数一阶差分序列时序图检验

执行以下命令：

```
. gen dlny=d.lny
```

其中，“d.”表示差分算子，即进行一阶差分变换，并将其一阶差分序列命名为“dlny”序列，而“d2.”表示进行二阶差分变换。

绘制公共财政支出对数一阶差分序列 $\{d\ln y_t\}$ 的时序图的命令如下：

```
. tsline dlny,xlabel (1950(10)2019)
```

执行以上命令，结果如图 9-3 所示。

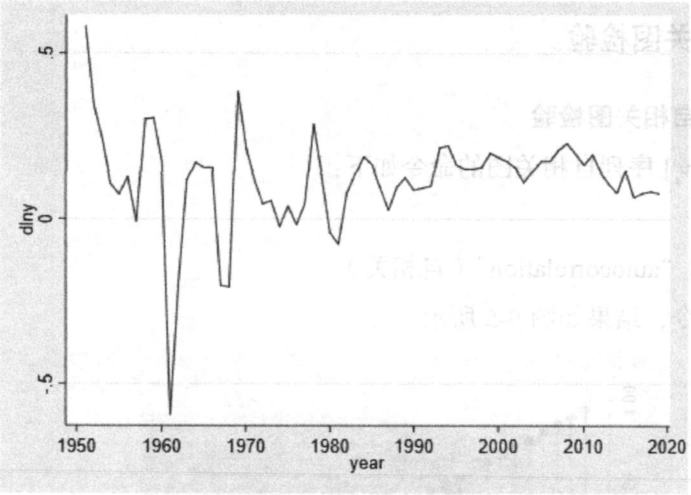

图 9-3　$\{d\ln y_t\}$ 时序图

图 9-3 显示，序列 $\{d\ln y_t\}$ 在某一常数附近做随机波动，波动是有界的，无明显趋势，因此，可判定 $\{d\ln y_t\}$ 序列平稳。

执行以下命令：

```
. gen dlnx=d.lnx
.tsline dlnx, xlabel (1950(10)2019)
```

绘制出的公共财政收入对数一阶差分序列 $\{d\ln x_t\}$ 的时序图，如图 9-4 所示。

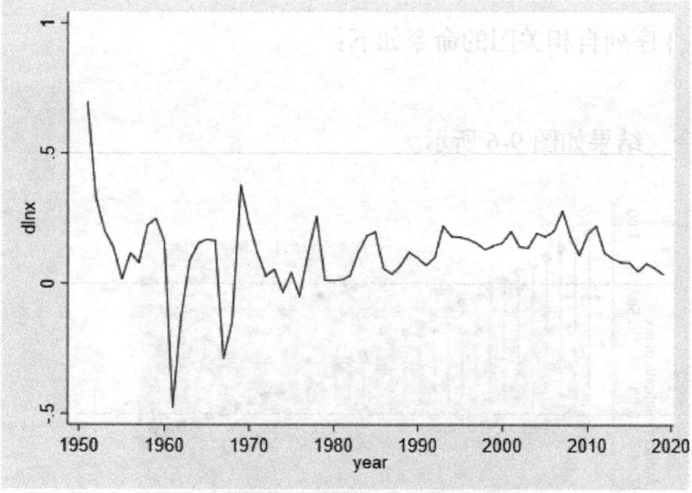

图 9-4　$\{d\ln x_t\}$ 时序图

图 9-4 显示，序列 $\{d\ln x_t\}$ 在某一常数附近做随机波动，波动是有界的，无明显趋势，因此可判定 $\{d\ln x_t\}$ 序列平稳。

（二）自相关图检验。

1. 对数序列自相关图检验

1）绘制 $\{\ln y_t\}$ 序列自相关图的命令如下：

```
. ac lny
```

其中，“ac” 表示 “autocorrelation”（自相关）。

执行上述命令，结果如图 9-5 所示。

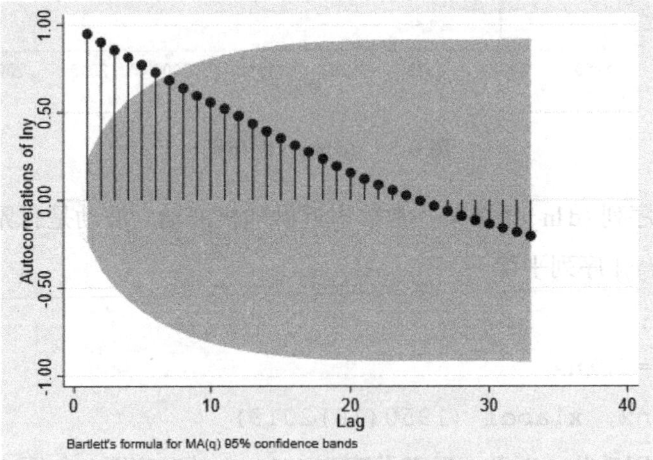

图 9-5　$\{\ln y_t\}$ 序列自相关图

2）绘制 $\{\ln x_t\}$ 序列自相关图的命令如下：

```
.ac lnx
```

执行上述命令，结果如图 9-6 所示。

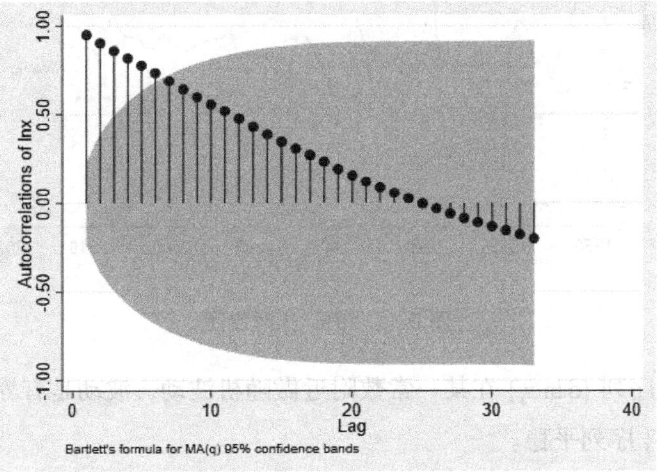

图 9-6　$\{\ln x_t\}$ 序列自相关图

自相关图中阴影部分为 $\{\ln y_t\}$ 序列自相关系数在95%置信水平下的置信区间，横轴表示滞后期数，纵轴为序列自相关系数取值。图9-5显示，$\{\ln y_t\}$ 序列自相关系数衰减向零的速度非常缓慢，因此可判断 $\{\ln y_t\}$ 序列非平稳。图9-6显示，$\{\ln x_t\}$ 序列自相关系数衰减向零的速度非常缓慢，因此可判断 $\{\ln x_t\}$ 序列非平稳。

2. 对数一阶差分序列自相关图检验

1）绘制 $\{d\ln y_t\}$ 序列自相关图的命令如下：

```
. ac dlny
```

执行上述命令，结果如图9-7所示。

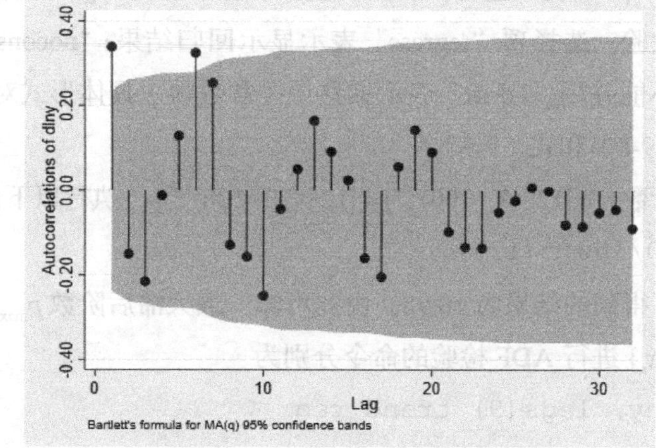

图9-7　$\{d\ln y_t\}$ 序列自相关图

2）绘制 $\{d\ln x_t\}$ 序列自相关图的命令如下：

```
. ac dlnx
```

执行上述命令，结果如图9-8所示。

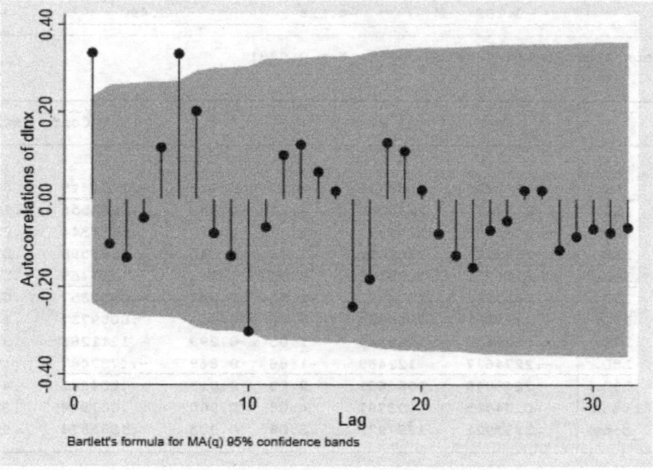

图9-8　$\{d\ln x_t\}$ 序列自相关图

图 9-6 显示，$\{d\ln y_t\}$ 序列自相关系数在零值附近做小值波动，因此，可判断 $\{d\ln y_t\}$ 序列平稳。图 9-7 显示，$\{d\ln x_t\}$ 序列自相关系数在零值附近做小值波动，同理，也可判断 $\{d\ln x_t\}$ 序列平稳。

（三）单位根检验——ADF 检验

分别采用 ADF 检验对序列 $\{\ln y_t\}$ 、$\{\ln x_t\}$ 进行平稳性检验。ADF 检验 Stata 软件操作命令为

```
. dfuller y, lags(p) regress noconstant/drift/trend
```

其中：选择项“lags（p）”表示包含 p 阶滞后差分项，默认为 lags（0），对应于 DF 检验，此时表示进行 DF 检验；选择项“regress”表示显示回归结果；“noconstant/drift/trend”三者最多选择一项，不能并用，“drift”表示漂移项（常数项）具体形式对应 ADF 检验 3 种方程式（9-7）、式（9-8）和式（9-9）。

确定最大滞后阶数 $p=[12\cdot(T/100)^{1/4}]=[12\cdot(70/100)^{1/4}]$，执行以下命令：

```
. di 12* (70/100)^(1/4)
```

执行上述命令，得到的结果为 10.98。由此可知，最大滞后阶数 $p_{\max}=10$，令 $\hat{p}=10$。对 $\{\ln y_t\}$ 和 $\{\ln x_t\}$ 进行 ADF 检验的命令分别为

```
. dfuller lny, lags(9) trend reg
. dfuller lnx, lags(9) trend reg
```

执行上述命令，得到的分析结果分别如图 9-9 和图 9-10 所示。

Augmented Dickey-Fuller test for unit root　　Number of obs = 60

	Test Statistic	1% Critical Value	5% Critical Value	10% Critical Value
		Interpolated Dickey-Fuller		
Z(t)	-3.182	-4.128	-3.490	-3.174

MacKinnon approximate p-value for Z(t) = 0.0881

D.lny	Coef.	Std. Err.	t	P>|t|	[95% Conf.	Interval]
lny						
L1.	-.1077738	.0338739	-3.18	0.003	-.1758819	-.0396657
LD.	.2733436	.1238355	2.21	0.032	.0243556	.5223315
L2D.	-.3041053	.1254973	-2.42	0.019	-.5564344	-.0517762
L3D.	-.2747701	.1304015	-2.11	0.040	-.5369598	-.0125804
L4D.	.116171	.1233182	0.94	0.351	-.1317769	.3641188
L5D.	-.2415282	.1238701	-1.95	0.057	-.4905857	.0075293
L6D.	.2629181	.1263006	2.08	0.043	.0089737	.5168624
L7D.	.1326435	.1262149	1.05	0.299	-.1211286	.3864155
L8D.	-.2274677	.122489	-1.86	0.069	-.4737483	.018813
L9D.	.2669048	.1054601	2.53	0.015	.054863	.4789466
_trend	.0154825	.003797	4.08	0.000	.007848	.0231169
_cons	.3993921	.1297275	3.08	0.003	.1385574	.6602267

图 9-9　$\{\ln y_t\}$ 序列 ADF 检验结果（$\hat{p}=10$）

Augmented Dickey-Fuller test for unit root　　Number of obs = 60

	Test Statistic	Interpolated Dickey-Fuller 1% Critical Value	5% Critical Value	10% Critical Value
Z(t)	-2.963	-4.128	-3.490	-3.174

MacKinnon approximate p-value for Z(t) = 0.1426

D.lnx	Coef.	Std. Err.	t	P>|t|	[95% Conf.	Interval]
lnx						
L1.	-.1065375	.0359521	-2.96	0.005	-.1788241	-.034251
LD.	.301269	.1314965	2.29	0.026	.0368775	.5656605
L2D.	-.3182974	.1383341	-2.30	0.026	-.5964368	-.040158
L3D.	-.0892274	.146501	-0.61	0.545	-.3837873	.2053326
L4D.	.0647124	.1348579	0.48	0.634	-.2064376	.3358623
L5D.	-.1361588	.1368271	-1.00	0.325	-.4112682	.1389505
L6D.	.4072093	.135737	3.00	0.004	.1342918	.6801267
L7D.	.0030548	.1460403	0.02	0.983	-.2905789	.2966885
L8D.	-.027875	.1396581	-0.20	0.843	-.3086765	.2529264
L9D.	.1534197	.1119799	1.37	0.177	-.071731	.3785703
_trend	.0138489	.003939	3.52	0.001	.005929	.0217688
_cons	.4082733	.1381731	2.95	0.005	.1304576	.6860889

图 9-10　$\{\ln x_t\}$ 序列 ADF 检验结果（$\hat{p}=10$）

根据图 9-9 可知，时间趋势项 trend 检验统计量对应的概率值 $P=0.000<0.05$。$P=0.000$，说明时间趋势项非常显著，最后一阶滞后项“L9D.”在 5% 的显著性水平下也显著（$P=0.015<0.005$）。ADF 统计量 $Z(t)=-3.182>-3.490$（5% 显著性水平下临界值）。因此，认为在 5% 的显著性水平下接受序列存在单位根的原假设，即 $\{\ln y_t\}$ 序列非平稳。也可以根据 $Z(t)$ 对应的概率值“麦金农的近似 P 值”（mackinnon approximate P-value）与显著性水平进行大小对比，来判断平稳性，$P=0.142\,6>0.05$，也认为 $\{\ln y_t\}$ 序列非平稳。

根据图 9-10 可知，时间趋势项 trend 检验统计量对应的概率值 $P=0.001<0.05$，说明时间趋势项非常显著，最后一阶滞后项 L9D. 在 5% 的显著性水平下不显著（$P=0.177>0.05$）。依次令 $\hat{p}=9,8,7$ 进行 ADF 检验，最后一阶滞后项仍然不显著。

令 $\hat{p}=7$，再进行 ADF 检验，命令如下：

```
. dfuller lnx, lags(6) trend reg
```

执行上述命令，结果如图 9-11 所示。

根据图 9-11 可知，在 5% 的显著性水平下，时间趋势项 trend 检验统计量对应的概率值 $P=0.005<0.05$，说明时间趋势项非常显著，最后一阶滞后项“L6D.”也显著（$P=0.001<0.05$）。ADF 统计量 $Z(t)=-3.388>-3.487$（5% 显著性水平下临界值）。因此，认为在 5% 的显著性水平下接受序列存在单位根的原假设，即 $\{\ln x_t\}$ 序列非平稳。

```
. dfuller lnx,lags(6) trend reg

Augmented Dickey-Fuller test for unit root          Number of obs   =        63

                               ---------- Interpolated Dickey-Fuller ----------
                  Test         1% Critical       5% Critical      10% Critical
               Statistic           Value             Value             Value
------------------------------------------------------------------------------
 Z(t)             -2.399            -4.121            -3.487            -3.172
------------------------------------------------------------------------------
MacKinnon approximate p-value for Z(t) = 0.3802

------------------------------------------------------------------------------
D.lnx        |      Coef.   Std. Err.      t    P>|t|     [95% Conf. Interval]
-------------+----------------------------------------------------------------
         lnx |
         L1. |  -.0719282   .0299839    -2.40   0.020    -.1320423   -.0118141
         LD. |   .3259936   .1217267     2.68   0.010     .0819464    .5700409
        L2D. |  -.3041714   .1302359    -2.34   0.023    -.5652786   -.0430642
        L3D. |  -.0244027   .1347399    -0.18   0.857      -.29454    .2457346
        L4D. |   .0424562    .133629     0.32   0.752    -.2254539    .3103662
        L5D. |  -.0933319   .1281686    -0.73   0.470    -.3502945    .1636306
        L6D. |   .3577444   .1032461     3.46   0.001     .1507484    .5647405
      _trend |   .0094727    .003248     2.92   0.005     .0029609    .0159846
       _cons |   .3015353   .1223914     2.46   0.017     .0561553    .5469154
------------------------------------------------------------------------------
```

图 9-11　$\{\ln x_t\}$ 序列 ADF 检验结果（$\hat{p}=7$）

接下来，进一步分别检验 $\{\ln y_t\}$、$\{\ln x_t\}$ 一阶差分序列的平稳性。根据序贯 t 规则，选择 $\hat{p}=10$，所用命令如下：

```
. dfuller dlny, lags(9) drift reg
```

执行上述命令，结果如图 9-12 所示。

```
Augmented Dickey-Fuller test for unit root          Number of obs   =        59

                               ---------- Z(t) has t-distribution ----------
                  Test         1% Critical       5% Critical      10% Critical
               Statistic           Value             Value             Value
------------------------------------------------------------------------------
 Z(t)             -2.820            -2.407            -1.677            -1.299
------------------------------------------------------------------------------
p-value for Z(t) = 0.0035

------------------------------------------------------------------------------
      D.dlny |      Coef.   Std. Err.      t    P>|t|     [95% Conf. Interval]
-------------+----------------------------------------------------------------
        dlny |
         L1. |  -.6951392   .2464766    -2.82   0.007    -1.190714   -.1995647
         LD. |   .2121566   .2437213     0.87   0.388    -.2778779    .7021911
        L2D. |  -.1772906   .2343691    -0.76   0.453    -.6485213      .29394
        L3D. |  -.1838692   .2340153    -0.79   0.436    -.6543885    .2866502
        L4D. |   .1893429   .2239682     0.85   0.402    -.2609753    .6396611
        L5D. |  -.0270615   .2047947    -0.13   0.895    -.4388289    .3847058
        L6D. |   .4370974   .1878443     2.33   0.024     .0594111    .8147836
        L7D. |   .4634879   .1521603     3.05   0.004     .1575491    .7694267
        L8D. |    .113397    .124375     0.91   0.366    -.1366757    .3634697
        L9D. |   .4776962    .100132     4.77   0.000     .2763674    .6790251
             |
       _cons |   .0740047   .0295773     2.50   0.016     .0145355    .1334739
------------------------------------------------------------------------------
```

图 9-12　$\{\mathrm{d}\ln y_t\}$ 序列 ADF 检验结果（$\hat{p}=10$）

根据图 9-12 可知，在 5% 的显著性水平下，常数项检验统计量对应的概率值 $P=0.016<0.05$，说明常数项非常显著，最后一阶滞后项“L9D.”也显著（P=0.000）。

ADF 统计量 $Z(t) = -2.820 < -1.677$（5% 显著性水平下临界值）。因此，认为在 5% 的显著性水平下拒绝序列存在单位根的原假设，即 $\{d\ln y_t\}$ 序列平稳。根据 $Z(t)$ 对应的概率值 $P = 0.003\,5 < 0.05$，也认为 $\{d\ln y_t\}$ 序列平稳。

对 $\{d\ln x_t\}$ 进行 ADF 单位根检验的命令如下：

```
. dfuller dlnx, lags(9) drift reg
```

运行上述命令，所得检验结果如图 9-13 所示。

Augmented Dickey-Fuller test for unit root　　Number of obs = 59

	Test Statistic	1% Critical Value	5% Critical Value	10% Critical Value
		Z(t) has t-distribution		
Z(t)	-2.712	-2.407	-1.677	-1.299

p-value for Z(t) = 0.0046

D.dlnx	Coef.	Std. Err.	t	P>|t|	[95% Conf.	Interval]
dlnx						
L1.	-.6541421	.2412412	-2.71	0.009	-1.13919	-.1690943
LD.	.0635451	.2412774	0.26	0.793	-.4215756	.5486658
L2D.	-.2300706	.2361311	-0.97	0.335	-.704844	.2447028
L3D.	-.1881359	.2361202	-0.80	0.430	-.6628873	.2866155
L4D.	.110346	.226695	0.49	0.629	-.3454549	.566147
L5D.	.0159985	.2099227	0.08	0.940	-.4060794	.4380764
L6D.	.485244	.1871831	2.59	0.013	.1088871	.8616008
L7D.	.4340331	.1595745	2.72	0.009	.113187	.7548791
L8D.	.2527928	.1264528	2.00	0.051	-.0014577	.5070432
L9D.	.4490689	.0974274	4.61	0.000	.253178	.6449598
_cons	.0685015	.0285705	2.40	0.020	.0110566	.1259464

图 9-13　$\{d\ln x_t\}$ 序列 ADF 检验结果（$\hat{p} = 10$）

根据图 9-13 可知，在 5% 的显著性水平下，常数项检验统计量对应的概率值 $P = 0.020 < 0.05$，说明常数项非常显著，最后一阶滞后项“L9D.”也显著（P=0.000）。ADF 统计量 $Z(t) = -2.712 < -1.677$（5% 显著性水平下临界值）。因此，认为在 5% 的显著性水平下拒绝序列存在单位根的原假设，即 $\{d\ln x_t\}$ 序列平稳。根据 $Z(t)$ 对应的概率值 $P = 0.004\,6 < 0.05$，也认为 $\{d\ln x_t\}$ 序列平稳。

时序图检验、自相关图检验和 ADF 检验均表明，$\{\ln y_t\}$、$\{\ln x_t\}$ 均为一阶差分平稳序列，即一阶单整序列，属于同阶单整序列。接下来，采用 EG 两步法对 $\{\ln y_t\}$ 和 $\{\ln x_t\}$ 之间的协整关系进行检验。

三、协整检验

第一步，建立一元线性回归模型，对其进行 OLS 估计，并计算其残差序列 $\{\varepsilon_t\}$，命令如下：

```
. regress lny lnx
. predict lnyf
. gen e=lny-lnyf
```

执行上述命令，得到的估计结果如图 9-14 所示。

```
. regress lny lnx

      Source |       SS           df       MS      Number of obs   =        70
-------------+----------------------------------   F(1, 68)        >  99999.00
       Model |  352.738255         1  352.738255   Prob > F        =    0.0000
    Residual |  .163703831        68  .002407409   R-squared       =    0.9995
-------------+----------------------------------   Adj R-squared   =    0.9995
       Total |  352.901959        69  5.11452114   Root MSE        =    .04907

------------------------------------------------------------------------------
         lny |      Coef.   Std. Err.      t    P>|t|     [95% Conf. Interval]
-------------+----------------------------------------------------------------
         lnx |   1.017964   .0026594   382.78   0.000     1.012657     1.02327
       _cons |  -.0930999   .0222226    -4.19   0.000    -.1374444   -.0487555
------------------------------------------------------------------------------
```

图 9-14　OLS 估计及检验结果

根据估计及检验结果，可得回归模型为

$$\ln \hat{y} = -0.930\,999 + 1.017\,964 \ln x \qquad (9\text{-}22)$$
$$t = \quad (382.78) \qquad (-4.19)$$

对式（9-22）进行检验，发现 $R^2 = 0.999\,5$, 说明拟合效果很好。在 5% 显著性水平下，F 检验的统计量对应的概率值为 $p = 0.000\,0 < 0.05$, 说明回归方程显著。t 检验时，$\{\ln x_t\}$ 和常数项 t 统计量对应的概率值均为 $p = 0.000\,0 < 0.05$, 说明 $\{\ln x_t\}$ 和常数项均显著。

第二步，对残差序列进行平稳性检验。

根据序贯 t 规则，选择 $\{\ln x_t\}$ 进行检验，命令如下：

```
. dfuller e,lags(0) drift reg
```

执行上述命令，所得检验结果如图 9-15 所示。

```
Dickey-Fuller test for unit root                   Number of obs   =        69

                               ---------- Interpolated Dickey-Fuller ---------
                  Test         1% Critical       5% Critical      10% Critical
               Statistic           Value             Value             Value
------------------------------------------------------------------------------
 Z(t)             -4.578            -3.553            -2.915            -2.592
------------------------------------------------------------------------------
MacKinnon approximate p-value for Z(t) = 0.0001

------------------------------------------------------------------------------
         D.e |      Coef.   Std. Err.      t    P>|t|     [95% Conf. Interval]
-------------+----------------------------------------------------------------
           e |
         L1. |  -.4711024   .1029107    -4.58   0.000    -.6765129   -.2656918
             |
       _cons |  -.0008049   .0048519    -0.17   0.869    -.0104894    .0088796
------------------------------------------------------------------------------
```

图 9-15　残差序列 $\{\varepsilon_t\}$ 单位根检验

根据图 9-15 可知，在 5% 的显著性水平下，根据在 $Z(t)$ 对应的概率值 P=0.000 1<0.05,

拒绝残差序列 $\{\varepsilon_t\}$ 存在单位根的原假设，即 $\{\varepsilon_t\}$ 序列平稳。

根据上述分析可知，$\{\ln y_t\}$ 和 $\{\ln x_t\}$ 存在协整关系，协整向量为 $(1,-1.017\,964)'$。

四、构建误差修正模型

为了测算均衡系统短期调整速度，建立误差修正模型，并对误差修正模型进行 OLS 估计，命令如下：

```
. gen e1=l.e
. reg dlny dlnx e1
```

执行上述命令，输出结果如图 9-16 所示。

```
. regress dlny dlnx e1

      Source |       SS           df       MS      Number of obs   =        69
-------------+----------------------------------   F(2, 66)        =    436.99
       Model |  1.42217569         2  .711087845   Prob > F        =    0.0000
    Residual |  .107398661        66  .001627252   R-squared       =    0.9298
-------------+----------------------------------   Adj R-squared   =    0.9277
       Total |  1.52957435        68  .02249374    Root MSE        =    .04034

------------------------------------------------------------------------------
        dlny |      Coef.   Std. Err.      t    P>|t|     [95% Conf. Interval]
-------------+----------------------------------------------------------------
        dlnx |   .9875754   .0336532    29.35   0.000     .9203845    1.054766
          e1 |  -.4680477   .1031083    -4.54   0.000    -.6739101   -.2621853
       _cons |   .0027348   .0062428     0.44   0.663    -.0097293    .0151989
------------------------------------------------------------------------------
```

图 9-16　误差修正模型的拟合结果

根据误差修正模型的估计结果，得：

$$\Delta\ln\hat{y}=0.002\,734\,8+0.987\,575\,4\Delta\ln x-0.468\,047\,7ECM_{t-1} \quad (9\text{-}23)$$

$$t=(0.44)\qquad(29.35)\qquad(-4.54)$$

误差修正模型的误差修正项的系数符号为负号且显著，说明系统对非均衡误差的修正速度为 0.468 1，其经济含义是当我国公共财政收入对数和公共财政支出对数偏离均衡状态时，该经济系统的偏离误差将以 0.468 1 倍强度在下一时期朝着均衡点调整。

思考题与练习题

一、思考题

1. 什么是平稳时间序列，检验方法有哪些？

2. 什么是伪回归，如何避免伪回归问题？

3. 协整的定义是什么？简述其与单整的关系。

4. 单位根检验的方法有哪些？阐述具体案例中检验的步骤。

5. 误差修正模型结构是什么？推导其与协整模型的关系。

二、练习题

1. 表 9-2 为我国 1978—2018 年总进口和总出口统计数据表，分别采用时序图和单位根检验方法判断变量的平稳性；如果变量同阶单整，利用 EG 两步法进行协整检验，并确定协整方程，构建误差修正模型，分析短期调整机理。

表 9-2 我国 1978—2018 年总进口和总出口统计数据 （亿美元）

年份	进口金额	出口金额	年份	进口金额	出口金额
1978	108.9	97.8	1999	1 657.0	1 949.3
1979	156.7	136.6	2000	2 250.9	2 492.0
1980	200.2	181.2	2001	2 435.5	2 661.0
1981	220.2	220.1	2002	2 951.7	3 256.0
1982	192.9	223.4	2003	4 127.6	4 382.28
1983	213.9	222.6	2004	5 612.3	5 933.3
1984	274.1	261.4	2005	6 599.5	7 619.5
1985	422.5	273.5	2006	7 914.6	9 689.8
1986	429.1	309.4	2007	9 561.2	12 204.6
1987	432.1	394.4	2008	11 325.7	14 306.9
1988	552.7	475.2	2009	10 059.2	12 016.1
1989	591.4	525.4	2010	13 962.4	15 777.5
1990	533.5	620.9	2011	17 434.8	18 983.8
1991	637.9	719.1	2012	18 184.1	20 487.1
1992	805.9	849.4	2013	19 499.9	22 090.0
1993	1 039.6	917.4	2014	19 592.4	23 422.9
1994	1 156.1	1 210.1	2015	16 795.6	22 734.7
1995	1 320.8	1 487.8	2016	15 879.3	20 976.3
1996	1 388.3	1 510.5	2017	18 437.9	22 633.5
1997	1 423.7	1 827.9	2018	21 357.3	24 866.8
1998	1 402.4	1 837.1			

2. 表 9-3 为 1978—2019 年中国财政决算收入和税收数据，试判断各序列的平稳性及

其对数序列的平稳性。如果变量同阶单整，利用 EG 两步法进行协整检验，并确定协整方程，构建误差修正模型，分析短期调整机理。

表 9-3　1978—2019 年中国财政决算收入和税收数据　（亿元）

年份	国家财政决算收入	各项税收	年份	国家财政决算收入	各项税收
1978	1 132.26	519.28	1999	11 444.08	10 682.58
1979	1 146.40	537.82	2000	13 395.23	12 581.51
1980	1 159.93	571.70	2001	16 386.04	15 301.38
1981	1 175.80	629.89	2002	18 903.64	17 636.45
1982	1 212.30	700.02	2003	21 715.25	20 017.31
1983	1 367.00	775.59	2004	26 396.47	24 165.68
1984	1 642.90	947.35	2005	31 649.29	28 778.54
1985	2 004.82	2 040.79	2006	38 760.20	34 804.35
1986	2 122.00	2 090.73	2007	51 321.78	45 621.97
1987	2 199.40	2 140.36	2008	61 330.35	54 223.79
1988	2 357.20	2 390.47	2009	68 518.30	59 521.59
1989	2 664.90	2 727.40	2010	83 101.51	73 210.79
1990	2 937.10	2 821.86	2011	103 874.43	89 738.39
1991	3 149.48	2 990.17	2012	117 253.52	100 614.28
1992	3 483.37	3 296.91	2013	129 209.64	110 530.70
1993	4 348.95	4 255.30	2014	140 370.03	119 175.31
1994	5 218.10	5 126.88	2015	152 269.23	124 922.20
1995	6 242.20	6 038.04	2016	159 604.97	130 360.73
1996	7 407.99	6 909.82	2017	172 592.77	144 369.87
1997	8 651.14	8 234.04	2018	183 359.84	156 402.86
1998	9 875.95	9 262.80	2019	190 382.00	157 992.00

第十章　面板数据模型初步

引例：消费问题中面板数据模型应用

消费作为人类生产、生存的一个环节，在国民经济中发挥着极其重要的作用。适度的消费是保证经济持久增长的必要条件。同时，消费也是衡量居民生活水平的一个重要标准，因此消费问题一直都是热点研究议题之一。

改革开放已走过40多年的历程，我国的经济得到了前所未有的发展，居民的人均收入有了显著增加，居民人均消费水平得到了明显提高。但由于各个省市的经济条件、地理位置、风俗习惯的差异，消费水平不尽相同，人均消费与人均收入的关系不仅随着时间而发生变化，也随着地域的不同发生着变化，如果想捕捉这种时空上的差异，就需要构建面板数模型来进行定量分析。此外，面板数据模型有助于解决遗漏变量问题。由于面板数据同时有截面与时间两个维度，样本容量通常更大，面板数据模型还可以提高估计精度。

经典线性计量经济学模型中的截面数据和时间序列数据都是一维数据，但在实际进行经济分析时，这种仅利用一维信息的模型在很多时候往往并不能满足人们分析问题的需要。例如，在分析城镇居民消费时，会遇到不同省、区、市的反映居民消费和居民收入的年度时间序列；在分析企业投资需求时，会遇到多个企业若干指标的月度或者季度时间序列。正是基于实际经济分析的需要，作为非经典计量经济学的面板数据模型已经成为近年来计量经济学理论方法的重要发展方向之一。面板数据不仅可以综合利用截面数据和时间序列数据建立计量模型，而且能够更好地识别和度量单方程分析所不能发现的影响因素，并构造和检验更为复杂的行为模型。本章主要介绍面板数据的基本问题、分类、估计以及检验方法。

第一节　面板数据基本问题

一、面板数据的定义

面板数据（panel data），也称为时间序列截面数据（time series and cross section data）

或混合数据（pool data），是同时在时间和截面空间上取得的二维结构数据。面板数据从截面上看，是由若干个体在某一时刻构成的截面观测值，从纵剖面上看是一个时间序列。

面板数据通常用双下标表示，例如：

$$y_{it}(i=1,2,\cdots,N;\ t=1,2,\cdots,T)$$

式中：N 为面板数据中个体数目（如国家、地区、行业、企业或消费者等）；T 为时间序列长度。

若固定 t 不变，$y_i(i=1,2,\cdots,N)$ 表示截面上的 N 个观测值；若固定 i 不变，$y_t(t=1,2,\cdots,N)$ 表示纵剖面上的一个时间序列（个体）。一个 T=3 的面板数据结构见表 10-1。

表 10-1　面板数据结构

个体	y	X_1	X_2	X_3
个体 1 : t=1				
个体 1 : t=2				
个体 1 : t=3				
个体 2 : t=1				
个体 2 : t=2				
个体 2 : t=3				
⋮				
个体 n : t=1				
个体 n : t=2				
个体 n : t=3				

表 10-1 中，共有四个变量，每个变量均由 n 个截面个体、3 个时间单位的数据构成，因此每个变量均有 $3n$ 个观测值，共有 $12n$ 个观测值。固定在某一年份上，如 $t=1$，它是由 n 个个体的四个变量组成的截面数据；固定在某一个体上，如个体 1，则是由 t 个时间单位数据组成的四个时间序列。

二、面板数据的分类

根据不同的分类标准，面板数据可以有以下的分类。

（一）短面板数据与长面板数据

如果个体数量 N 较大，而时间 T 较小，则此类面板数据称为短面板（short panel）数据。反之；如果个体数量 N 较小，而时间 T 较大，则称之为长面板（long panel）数据。

（二）微观面板数据与宏观面板数据

微观面板数据指一段时期内不同个体或者家庭的调查数据，其数据中往往个体单位较多，即 N 较大（通常为几百或者上千），而时期数 T 较短（最短为 2 个时期，最长不超过 20 个时期）。因此，通常微观面板数据属于短面板数据。

宏观面板数据通常为一段时间内不同国家或地区的数据集合，其个体单位数量 N 不大（如全世界的 233 个国家和地区等），而时期数 T 一般较长。

（三）动态面板数据与静态面板数据

在面板数据模型中，如果解释变量包含被解释变量的滞后值，则称为动态面板（dynamic panel）数据模型；反之，则称为静态面板（static panel）数据模型。

（四）平衡面板数据与非平衡面板数据

如果在面板数据中，每个时期在样本中的个体完全一样，则称为平衡面板（balanced panel）数据；然而，有时某些个体的数据可能缺失，或者新的个体后来才加入调查中来，在这种情况下，每个时期观测到的个体不完全相同，则称为非平衡面板（unbalanced panel）数据。例如，对于表 10-1 中的面板数据，如果个体 1 在 $t=3$ 时的数据缺失，则为非平衡面板数据。

三、面板数据的特点

面板数据模型是近年来学术界量化分析中使用频率非常高的一种模型，这是由其良好的性质决定的。

（一）面板数据的优点

1. 增加估计量的抽样精度

由于面板数据同时包含截面和时间两个维度的信息，通常面板数据的样本容量更大，从而可以提高估计的精度。同时，面板数据提供了更加有信息价值的数据，变量之间的共线性被削弱，并且提高了估计的自由度和有效性。

2. 提供更多个体动态行为信息

面板数据可以解决单独的截面数据或时间序列数据所不能解决的问题，对面板数据进行回归既可以像截面数据回归一样捕获个体间的差异变化，又可以研究个体随时间的变化情况。面板数据可以建立动态模型（即自回归模型），从而比单纯截面数据建模获得更多的动态信息。

3. 可以解决遗漏变量问题

遗漏变量偏差是计量经济学中一个普遍存在的问题。虽然可以用工具变量法解决，但在实际研究过程中，有效的工具变量通常很难找。遗漏变量常常是由于不可观测的个体差异或“异质性”造成的，如果这种个体差异“不随时间而改变”，那么面板数据便提供了解决遗漏变量问题的重要利器。比如在研究教育回报率的问题中，除了受教育程度之外，人的能力显然是影响个体收入的重要原因，然而由于人的能力往往很难量化，通常被省略，即遗漏。这种遗漏重要解释变量导致的偏差就可以通过构建面板数据模型，通过适当的估计策略予以消除。

4. 估计量具有较好的统计性质

对于固定效应模型，如果估计方法恰当，便能够得到参数的一致估计量，甚至是有效估计量。

（二）面板数据的局限性

面板数据并非尽善尽美，也存在一些局限性。首先，由于面板数据综合了两种数据类型，使分析方法相对较为复杂；其次，同一个体不同时期的数据一般存在自相关，使样本数据不满足独立同分布的假定；此外，面板数据收集成本较高，通常不易获得。

尽管如此，面板数据的局限性并不影响其使用效率，因为以上局限性完全可以通过适当的方式予以克服。

第二节　面板数据模型的分类

面板数据模型通常分为三类，即混合模型、固定效应模型和随机效应模型。固定效应模型又可以分为个体固定效应模型、时间固定效应模型和个体时间双固定效应模型。而随机效应模型又可以分为个体随机效应模型、时间随机效应模型和个体时间双随机效应模型。在实际应用中个体固定效应模型和个体随机效应模型应用最为广泛。

一、混合模型

假设数据在截面上既无个体的影响，也没有结构的变化，即对于每个个体成员的方程，截距项和系数向量均相同。对于该模型，将各个个体的时间序列数据堆积在一起作为样本数据，这种模型称为混合回归模型（pooled regression model），该模型表达式为

$$y_{it}=\alpha+\boldsymbol{\beta}\boldsymbol{x}_{it}'+z_i'\boldsymbol{\delta}+\varepsilon_{it}\ (i=1,2,\cdots,N;\ t=1,2,\cdots,T) \tag{10-1}$$

式中：y_{it}为被解释变量，α为截距项，是一个常数；$\boldsymbol{x}_{it}'$是随个体和时间变化的解释变量矩阵，如收入、储蓄等；z_i'是随个体变化，而不随时间变化的变量，如性别等；$\boldsymbol{\beta}$和$\boldsymbol{\delta}$分别为解释变量系数向量；ε_{it}为随机误差项。

混合模型的特点是无论对任何个体和截面。回归系数（向量）α、$\boldsymbol{\beta}$和$\boldsymbol{\delta}$都相同。

实际上，混合回归模型假设了解释变量对被解释变量的影响与个体无关。这种假设被广泛地应用，但是在很多实际问题的研究中，由于不同个体或不同截面之间很显然会存在差异，所以用面板数据建立混合模型的情形较为少见。事实上，混合面板数据模型仅仅利用了面板数据模型能够扩充样本的特点，而面板数据模型的其他优势则没有体现出来。

二、固定效应模型

在面板数据中，如果对于不同的截面或不同的时间序列，模型的截距互不相同，这种模型称为固定效应模型（fixed effects regression model）。固定效应模型可分为三种类型，即个体固定效应模型（entity fixed effects regression model）、时间固定效应模型（time fixed effects regression model）和个体时间双固定效应模型（time and entity fixed effects regression model）。

（一）个体固定效应模型

个体固定效应模型是指不同的个体有不同截距的模型。该模型定义为

$$y_{it}=\boldsymbol{x}_{it}'\boldsymbol{\beta}+z_i'\boldsymbol{\delta}+\mu_i+\varepsilon_{it}\quad(i=1,2,\cdots,N;\ t=1,2,\cdots,T) \tag{10-2}$$

模型的扰动项$\mu_i+\varepsilon_{it}$由两部分组成，称为“复合扰动项”，其中μ_i是不可观测的随机变量，随个体变化但不随时间t变化，且与某个解释变量相关，为被遗漏的不可观测的随机变量，描述不同个体截距项的异质性，即个体固定效应。

（二）时间固定效应模型

以上个体固定效应模型解决了不随时间变化，但随个体而异的遗漏变量问题。类似地，如果要解决不随个体而变，但随时间变化的遗漏变量问题，就需要建立时间固定效应模型。例如，研究我国不同省市自治区经济发展时，以国家的宏观经济政策作为重要的影响因素，由于其不可观测而被遗漏，而国家宏观经济政策对于每个个体均相同，但会随时

间而改变。因此，时间固定效应模型就是对于不同的时间单位有不同截距的模型。该模型定义为

$$y_{it} = \boldsymbol{x}_{it}'\boldsymbol{\beta} + \boldsymbol{z}_i'\boldsymbol{\delta} + \lambda_t + \varepsilon_{it} \quad (i=1,2,\cdots,N;\ t=1,2,\cdots,T) \tag{10-3}$$

模型的扰动项 $\lambda_t + \varepsilon_{it}$ 也由两部分组成，构成“复合扰动项”，其中 λ_t 为被遗漏的不可观测的随机变量，且与某个解释变量相关，可将其视为第 t 期的截距项，并将其解释为第 t 期对被解释变量的效应，因此 $\lambda_1,\lambda_2,\cdots,\lambda_T$ 称为“时间固定效应”（time fixed effects）。

（三）个体时间双固定效应模型

个体时间双固定效应模型就是对于不同的个体和不同的时间序列均有不同截距的模型，也即既考虑个体固定效应，也考虑时间固定效应的模型。该模型定义为

$$y_{it} = \boldsymbol{x}_{it}'\boldsymbol{\beta} + \boldsymbol{z}_i'\boldsymbol{\delta} + \mu_i + \lambda_t + \varepsilon_{it} \quad (i=1,2,\cdots,N;\ t=1,2,\cdots,T) \tag{10-4}$$

以上模型的扰动项为 $\mu_i + \lambda_t + \varepsilon_{it}$，$\lambda_t$ 和 μ_i 均为被遗漏的不可观测的随机变量，且与某个解释变量相关。以上模型也被称为“双固定效应模型”。相应地，如果仅考虑个体或者时间固定效应，则称为“单向固定效应模型”。

三、随机效应模型

对于个体效应模型，其表达式为

$$y_{it} = \boldsymbol{x}_{it}'\boldsymbol{\beta} + \boldsymbol{z}_i'\boldsymbol{\delta} + \mu_i + \varepsilon_{it} \quad (i=1,2,\cdots,N;\ t=1,2,\cdots,T) \tag{10-5}$$

如果假设遗漏的随机变量 μ_i 与解释变量 $\{\boldsymbol{x}_{it}, \boldsymbol{z}_i\}$ 均不相关，则最小二乘估计量是一致的，但是由于随机误差项 $\mu_i + \varepsilon_{it}$ 存在同一个体不同时期相关性的问题，因此最小二乘估计量非有效。因此，需要运用可行广义最小二乘法（见本章第二节）估计模型参数，以上模型即为随机效应模型①。

与固定效应模型类似，可以定义时间随机效应模型和个体时间双随机效应模型。

第三节 面板数据模型的估计方法

面板数据模型解决了单纯截面数据或者时间序列数据所难以解决的遗漏变量导致的估计不一致问题，但是相应地，其估计方法也相对较为复杂。估计面板数据模型的两个极端

---

① 固定效应中的“固定”和随机效应中的“随机”是一直以来延续的称呼，事实上与字面本身意义并无关联。区分二者的关键是模型随机扰动项是否与解释变量相关。如果相关，则为固定效应模型；如果不相关，则为随机效应模型。做区分的目的是要用合适的方法估计参数，从而获得有效、一致的估计量。

策略是：第一，将所有个体的时间序列数据堆放在一起进行混合回归，即为前述“混合模型”，这意味着所有个体都拥有完全相同的方程；第二，给每一个个体估计一个单独的回归方程，这意味着所有个体都拥有完全不同的方程。以上第一个极端估计策略忽略了个体间不可观测或者被遗漏的异质性；第二个极端估计策略则忽略了个体的共性。同时，受到样本容量的限制，为每个个体估计一个单独的方程通常不可行。在实践中，通常会采用一个折中的估计策略，即假定个体的回归方程拥有相同的截距，但有不同的斜率，以此来捕捉不可观测的异质性。这种模型即前述的“个体效应模型”。由此可见，不同类型的模型由于其自身特征的不同，从而需要不同的参数估计方法；或者反过来，模型的名称其实来源于其估计方法的特性。

一、混合估计法

混合估计法主要适用于混合模型，就是把$N \times T$个样本混合在一起，运用普通最小二乘法估计模型参数。对于混合模型（式（10-1）），如果模型设定无误，解释变量$\{x_{it}, z_i\}$与随机误差项ε_{it}不相关，那么模型参数的混合最小二乘估计量都是一致估计量。

但使用混合估计时应注意两点。第一，由于面板数据的特点，虽然通常可以假设不同个体之间的扰动项相互独立，但同一个个体在不同时期的扰动项之间往往存在自相关性。此时，对标准差的估计应该使用聚类稳健的标准差（cluster-robust standard error），而所谓聚类就是由每个个体不同时期的所有观测值所组成。同一聚类（个体）的观测值允许存在相关性，而不同聚类（个体）的观测值则不相关。第二，混合回归的基本假设是不存在个体效应，否则混合最小二乘估计的估计量不再具有一致性。对于这个假设，必须进行统计检验。由于个体效应以两种不同的形态（随机效应与固定效应）存在，因此需要分别对其进行检验。

二、离差变换法

离差变换法也称为组内估计法，主要适用于个体固定效应面板数据模型。离差变换法的步骤如下：首先计算面板数据中每个观测值的离差；然后利用离差变换后的数据估计模型参数。

以个体固定效应模型（式（10-2））为例，首先计算每个个体对时间的平均数$\bar{y}_i$、$\bar{x}_i$和平均误差，其表达式分别为

$$\overline{y}_i = \frac{\sum_{t=1}^{T} y_{it}}{T} \quad (i = 1, 2, \cdots, N)$$

$$\overline{x}_i = \frac{\sum_{t=1}^{T} x_{it}}{T} \quad (i = 1, 2, \cdots, N)$$

$$\overline{\varepsilon}_i = \frac{\sum_{t=1}^{T} \varepsilon_{it}}{T} \quad (i = 1, 2, \cdots, N)$$

得到如下均值模型：

$$\overline{y}_i = \overline{\boldsymbol{x}_i'}\boldsymbol{\beta} + \boldsymbol{z}_i'\boldsymbol{\delta} + \mu_i + \overline{\varepsilon}_i \quad (i = 1, 2, \cdots, N) \tag{10-6}$$

将式（10-2）与式（10-6）相减，得：

$$y_{it} - \overline{y}_i = (\boldsymbol{x}_{it} - \overline{\boldsymbol{x}}_i)'\boldsymbol{\beta} + (\varepsilon_{it} - \overline{\varepsilon}_i) \quad (i = 2, \cdots, N;\ t = 1, 2, \cdots, T) \tag{10-7}$$

由于以上模型消去了不可观测的遗漏变量 μ_i，模型扰动项变为 $\varepsilon_{it} - \overline{\varepsilon}_i$。如果第 i 个观测值满足严格外生性，即 $E(\varepsilon_{it} \mid x_{i1}, \cdots, x_{iT}) = 0$，则新模型的扰动项 $\varepsilon_{it} - \overline{\varepsilon}_i$ 与解释变量 $(\boldsymbol{x}_{it} - \boldsymbol{x})'$ 相关。因此对于 μ_i 与解释变量 $\{\boldsymbol{x}_{it}, z_i\}$ 相关的固定效应模型（式（10-2）），对离差变换以后的模型（式（10-7））运用普通最小二乘法估计参数，可得到 $\boldsymbol{\beta}$ 的一致估计量，称为固定效应估计量（fixed effects estimator），记为 $\hat{\boldsymbol{\beta}}_{FE}$。由于 $\hat{\boldsymbol{\beta}}_{FE}$ 主要使用了每个个体的组内离差信息，因此也称为组内估计量（within estimator）。

然而，以上离差变换过程将不随时间变化的 Z_i' 也消掉了，也就无法估计 $\boldsymbol{\delta}$。可见，$\hat{\boldsymbol{\beta}}_{FE}$ 无法估计不随时间而变的变量的影响，这是组内估计的一大缺陷。

三、最小二乘虚拟变量法

组内估计法通过模型的离差形式变换消掉了不可观测的遗漏变量 μ_i，从而解决了遗漏重要解释变量而导致的估计不一致性。但同时也无法捕捉由这种遗漏变量所导致的个体异质性。为了对 μ_i 进行估计，可以在原方程中引入 $N-1$ 个个体虚拟变量（如果模型没有截距项，可引入 N 个）。可以证明，通过加入虚拟变量可得出与上述组内估计相同的估计结果（不可以删去不显著的个体虚拟变量，否则，两种估计结果就不会相同），同时也可估计出个体效应 μ_i。

以上方法称为最小二乘虚拟变量（Least Square Dummy Variable，LSDV）法。该方法的优点是可以估计出个体效应 μ_i；但如果个体数非常多，即 N 很大，则需在方程中引入多个虚拟变量，可能会超出计量软件所允许的解释变量数量范围。

四、一阶差分法

一阶差分法（First Difference，FD）主要适用于个体固定效应模型。在短面板情形下，一阶差分法就是对个体固定效应模型中原变量的差分变量构成的模型参数进行最小二乘估计。对于个体固定效应模型（式（10-2）），取其滞后一期形式为

$$y_{it-1}=\boldsymbol{x}_{it}'\boldsymbol{\beta}+\boldsymbol{z}_i'\boldsymbol{\delta}+\mu_i+\varepsilon_{it-1}\quad (i=1,2,\cdots,N;\ t=1,2,\cdots,T) \tag{10-8}$$

将式（10-2）与式（10-8）相减，得一阶差分模型为

$$y_{it}-y_{it-1}=(\boldsymbol{x}_{it}-\boldsymbol{x}_{it-1})'\boldsymbol{\beta}+(\varepsilon_{it}-\varepsilon_{it-1})\quad (i=1,2,\cdots,N;\ t=1,2,\cdots,T) \tag{10-9}$$

对式（10-9）使用最小二乘法，得到的$\boldsymbol{\beta}$的估计量称为一阶差分估计计量（first difference estimator），简记为$\hat{\boldsymbol{\beta}}_{FD}$。只要保证$\varepsilon_{it}-\varepsilon_{it-1}$与$(\boldsymbol{x}_{it}-\boldsymbol{x}_{it-1})'$不相关，$\hat{\boldsymbol{\beta}}_{FD}$即为一致估计量。可以证明，在$T=2$时，$\hat{\boldsymbol{\beta}}_{FE}=\hat{\boldsymbol{\beta}}_{FD}$；但是对于$T>2$，如果$\varepsilon_{it}$独立同分布，则$\hat{\boldsymbol{\beta}}_{FE}$比$\hat{\boldsymbol{\beta}}_{FD}$更有效。因此，在静态面板数据中，主要使用$\hat{\boldsymbol{\beta}}_{FE}$，而较少使用$\hat{\boldsymbol{\beta}}_{FD}$。

五、可行广义最小二乘法

由上一节内容可知，在随机效应模型$y_i=\boldsymbol{x}_i'\boldsymbol{\beta}+\boldsymbol{z}_i'\boldsymbol{\delta}+\mu_i+\varepsilon_{it}$中，假设不同个体之间的扰动项互不相关，但是由于随机误差项由$\mu_i+\varepsilon_{it}$组成，μ_i的存在，从而同一个体不同时期存在相关性，即

对于$t\neq s$，可证明：

$$\begin{aligned}\operatorname{cov}(\mu_i+\varepsilon_{it},\mu_i+\varepsilon_{is})&=\operatorname{cov}(\mu_i+\mu_i)+\underbrace{\operatorname{cov}(\mu_i,\varepsilon_{is})}_{=0}+\underbrace{\operatorname{cov}(\varepsilon_{it},\mu_i)}_{=0}+\underbrace{\operatorname{cov}(\varepsilon_{it},\varepsilon_{is})}_{=0}\\&=\operatorname{var}(\mu_i)\equiv\sigma_\mu^2\neq 0\end{aligned} \tag{10-10}$$

式中：$\sigma_\mu^2\equiv\operatorname{var}(\mu_i)$为个体效应$\mu_i$的方差。

如果$t=s$，则有：

$$\operatorname{var}(\mu_i,\varepsilon_{is})=\sigma_\mu^2+\sigma_\varepsilon^2 \tag{10-11}$$

式中：$\sigma_\varepsilon^2\equiv\operatorname{var}(\varepsilon_{it})$为$\sigma_{it}$的方差（不随$i$和$t$变化）。

当$t\neq s$时，个体i的扰动项的自相关系数为

$$\rho\equiv\operatorname{corr}(\mu_i+\varepsilon_{it},\mu_i+\varepsilon_{is})\equiv\frac{\operatorname{cov}(\mu_i+\varepsilon_{it},\mu_i+\varepsilon_{is})}{\operatorname{var}(\mu_i+\varepsilon_{it})}=\frac{\sigma_\mu^2}{\sigma_\mu^2+\sigma_\varepsilon^2} \tag{10-12}$$

自相关系数ρ越大，则复合扰动项$\mu_i+\varepsilon_{it}$中个体效应的部分μ_i越重要。Stata 软件记ρ为“rho”。

由于扰动项存在自相关，因此普通最小二乘估计量非有效。处理思路是使用 GLS 转

换模型，使转换之后的模型不存在自相关。

定义：

$$\theta \equiv 1-\frac{\sigma_{\varepsilon}}{(T\sigma_{\mu}^{2}+\sigma_{\varepsilon}^{2})^{1/2}} \tag{10-13}$$

式中：T 为面板数据的时间维度。

显然，$0\leqslant\theta\leqslant1$。

将均值模型（式（10-6））两边同时乘以 θ，得：

$$\theta\overline{y}_i=\theta\overline{x}_i'\boldsymbol{\beta}+\theta z_i'\boldsymbol{\delta}+\theta\mu_i+\theta\overline{\varepsilon}_i \quad (i=1,2,\cdots,N) \tag{10-14}$$

将原模型与式（10-14）相减可得“广义离差”（quasi-demeaned）模型，表达式为

$$y_{it}-\theta\overline{y}_i=(X_{it}-\theta\overline{x}_i)'\beta+(1-\theta)z_i'\delta+\underbrace{(1-\theta)\mu_i+(\varepsilon_{it}-\theta\overline{\varepsilon}_i)}_{\text{扰动项}}$$

广义离差方程的扰动项 $(1-\theta)\mu_i+(\varepsilon_{it}-\theta\overline{\varepsilon}_i)$ 不再有自相关，因此可对此方程进行 OLS 估计，即为 GLS 估计量。

但 θ 通常未知，GLS 不可行，因此须首先估计 $\hat{\theta}$，再进行可行性 GLS（Feasible GLS，FGLS）估计。

$\hat{\theta}$ 可通过下式进行估计：

$$\hat{\theta}\equiv 1-\frac{\hat{\sigma}_{\varepsilon}}{(T\hat{\sigma}_{\mu}^{2}+\hat{\sigma}_{\varepsilon}^{2})^{1/2}} \tag{10-15}$$

式中：$\hat{\sigma}_{\mu}$ 与 $\hat{\sigma}_{\varepsilon}$ 分别为 σ_{μ} 与 σ_{ε} 的样本估计值。

对于随机效应模型，由于 OLSE 是一致估计量，且其扰动项为 $\mu_i+\varepsilon_{it}$，故可用 OLS 的残差估计 $\sigma_{\mu}^{2}+\sigma_{\varepsilon}^{2}$。

另一方面，$\hat{\boldsymbol{\beta}}_{FE}$ 也是一致估计量，且其扰动项为 $\varepsilon_{it}-\overline{\varepsilon}_i$，因此可用固定效应模型的残差作为 σ_{ε}^{2} 估计。

由此得到 $\hat{\theta}$，再用 FGLS 估计原模型，可得“随机效应估计量”（random effects estimator），记为 $\hat{\boldsymbol{\beta}}_{RE}$。

由 $\hat{\theta}$ 的表达式可知，当 $\hat{\theta}=0$ 时，式（10-15）等同于混合模型；当 $\hat{\theta}=1$ 时，式（10-15）即为离差变换模型。

对于随机效应模型，可行广义最小二乘估计量不但是一致估计量，而且是有效估计量，但对于个体固定效应模型，可行广义最小二乘估计量不是一致估计量。

六、均值最小二乘估计

均值最小二乘估计方法也称为组间估计，主要适用于个体随机效应模型。如果个体的

时间序列数据较不准确或噪声较大，可对每个个体取时间平均值，然后用平均值做截面回归，即

$$\bar{y}_i = \bar{\boldsymbol{x}}_i'\boldsymbol{\beta} + \boldsymbol{z}_i'\boldsymbol{\delta} + \mu_i + \bar{\varepsilon}_i \quad (i = 1, 2, \cdots, N) \tag{10-16}$$

式（10-16）称为均值模型，可使用普通最小二乘估计法估计模型参数，其参数估计量称为均值最小二乘估计量，或组间估计量（between estimator），记为 $\hat{\boldsymbol{\beta}}_{BE}$。

均值最小二乘估计法适用于个体随机效应模型。对于个体固定效应模型，由于 μ_i 和 $\{\bar{\boldsymbol{x}}_i', \boldsymbol{z}'\}$ 相关，回归参数的平均数最小二乘估计量是非一致估计量。即使对于个体随机效应模型，由于面板数据被压缩为截面数据，损失较多自由度，因此组间估计法并不常用。

第四节 面板数据模型的设定与检验

在使用面板数据模型做研究时，选择何种类型的模型是首先要考虑的问题。模型选择恰当与否，关系着估计方法的选择，进而决定着估计结果的可靠与否。一般而言，面板数据模型的选择首先要明确的是应该选用混合面板数据模型还是个体效应模型；如果选择个体效应模型，需要判断解释变量是否与随机扰动项相关，也就是说要明确是个体固定效应模型还是个体随机效应模型。对于时间固定效应模型，检验思路类似。通常通过构建 F 统计量来判断应该选择混合模型还是个体效应模型，而通过豪斯曼（Hausman）检验来判断应该建立随机效应模型或固定效应模型。

一、*F* 检验

以个体效应模型为例（时间效应模型类似），面板数据模型的一项重要任务就是判别模型中是否存在个体效应。如前所述，所谓个体效应，就是每个个体的截距项 μ_i 随个体的不同而变化。在运用假设检验进行检验时，可针对原假设 $\mu_1 = \mu_2 = \cdots = \mu_n$，通过构造 F 统计量进行判断。具体检验步骤如下。

第一步，构造原假设和备择假设。

$$\mathrm{H}_0: \mu_1 = \mu_2 = \cdots = \mu_n$$

$$\mathrm{H}_1: \mu_1, \mu_2, \cdots, \mu_n \text{不全相等}$$

第二步，计算检验统计量。

记混合模型（即有约束模型）的残差平方和为 RSS_{r}，个体效应模型（即无约束模型）的残差平方和为 RSS_{u}，构建如下 F 统计量：

$$F=\frac{RSS_{\mathrm{r}}/q}{RSS_{\mathrm{u}}/NT-p}\sim F(q,NT-p) \qquad (10\text{-}17)$$

式中：q 为约束回归的约束个数，对于个体效应模型，$q=N-1$；p 为模型待估计参数个数。

可以证明在约束为真的条件下，该 F 统计量服从 F 分布。

第三步，判断。

给定显著性水平 α，若计算统计量的值 $F\leqslant F_{\alpha}(q,NT-p)$，则不拒绝原假设，应选择混合模型；若计算统计量的值 $F>F_{\alpha}(q,NT-p)$，则拒绝原假设，应选择个体效应模型。

二、Hausman 检验

在确定了选择个体效应模型之后，需要在个体固定效应和个体随机效应模型之间做出选择。Hausman 等研究者认为，应该总是把个体效应处理为随机的，即随机效应模型优于固定效应模型。其主要原因是固定效应模型将个体影响设定为跨截面变化的常数，这使分析过于简单；同时，对于短面板数据，估计固定效应会损失太多自由度。但是相对于固定效应模型，随机效应模型也有其不足之处，即假设随机变化的个体效应与模型解释变量不相关。在实际建模过程中，这一假设很有可能会因为模型省略了重要解释变量而不满足，从而导致估计结果出现不一致性。

因此，在确定使用固定效应模型还是随机效应模型时，通常的做法是，先建立随机效应模型，然后检验该模型是否符合个体效应与解释变量不相关的假设，如果满足就将其确定为随机效应模型，否则确定为固定效应模型。

Hausman 提出了检验个体效应是否与解释变量相关的统计方法——Hausman 检验。

假定面板数据模型的随机误差项满足通常的假定条件，如果真实的模型为随机效应模型，那么 $\boldsymbol{\beta}$ 的离差变换最小二乘估计量 $\hat{\boldsymbol{\beta}}_{FE}$ 和可行广义最小二乘法估计量 $\hat{\boldsymbol{\beta}}_{RE}$ 都具有一致性。如果真实的模型是个体固定效应模型，则参数 $\boldsymbol{\beta}$ 的离差变换最小二乘法估计量 $\hat{\boldsymbol{\beta}}_{FE}$ 是一致估计量，但可行广义最小二乘估计量 $\hat{\boldsymbol{\beta}}_{RE}$ 是非一致估计量。那么，当对一个面板数据模型同时进行离差变换最小二乘估计和可行广义最小二乘估计时，如果回归系数的两种估计结果差别小，共同收敛于真实的参数值，说明应该建立随机效应模型；如果回归系数的两种估计结果差别大，说明应该建立个体固定效应模型。可以通过构建 Hausman 统计量检验 $\hat{\boldsymbol{\beta}}_{FE}-\hat{\boldsymbol{\beta}}_{RE}$ 的非零显著性，检验面板数据模型中是否存在个体固定效应。Hausman 检验的具体步骤如下。

第一步，提出原假设与备择假设。

H_0：个体效应 μ_i 与解释变量无关（个体随机效应模型）

H_1：个体效应μ_i与解释变量相关（个体固定效应模型）

第二步，构造 Hausman 统计量：

$$H=(\hat{\boldsymbol{\beta}}_{FE}-\hat{\boldsymbol{\beta}}_{RE})'\hat{\Sigma}^{-1}(\hat{\boldsymbol{\beta}}_{FE}-\hat{\boldsymbol{\beta}}_{RE}) \tag{10-18}$$

$\hat{\Sigma}$为两类模型中回归系数估计结果方差之差，即

$$\hat{\Sigma}=\widehat{\operatorname{var}\hat{\boldsymbol{\beta}}_{FE}}-\widehat{\operatorname{var}\hat{\boldsymbol{\beta}}_{RE}} \tag{10-19}$$

Hausman 证明，在原假设成立的条件下，上式中的统计量服从自由度为k的χ^2分布，k为模型中解释变量的个数。

第三步，由样本计算 Hausman 值，根据显著性水平查卡方临界值表得临界值$\chi^2_\alpha(k)$，如果$H\leqslant\chi^2_\alpha(k)$，则不拒绝原假设，应该建立个体随机效应模型；若$H>\chi^2_\alpha(k)$，则拒绝原假设，应该建立个体固定效应模型。

此外，在实际应用时，研究者在选择固定效应模型和随机效应模型时，一般的经验做法是：如果预期建立面板数据模型推断样本空间的经济关系，则模型设定为固定效应模型会更合理一些；否则，如果研究样本是从总体随机抽样得到的，并且预期利用模型解释或推断总体的统计性质，则将模型设定为随机效应模型比较合理。

第五节　短面板数据模型的 Stata 软件命令及实例

在劳动经济学中，研究收入影响因素的问题比比皆是。影响职工收入的因素有很多，通常认为，影响职工收入的因素有职工的工龄、受教育程度、所在行业、职业、个人能力等。然而，个人能力作为一项很难量化的指标，往往在此类问题的研究中不得不舍弃，但是个人能力对一个人收入的影响却是毋庸置疑的。因此，如果使用普通回归模型来研究各影响因素对个人收入的影响大小，估计结果由于重要解释变量的遗漏而不可靠。要解决遗漏变量偏差，面板数据模型就是一个很好的方法。

一、面板数据的设定

（一）设定面板数据

设定面板数据的 Stata 软件命令为

```
. xtset panelvar timevar
```

其中：“xtset”表示数据类型为面板数据；“panelvar”表示面板（个体）变量的取值须为整

数且不重复，相当于将样本中每个个体进行编号；“timevar”为时间变量。

如果“panelvar”的值本来是字符串（如国家的名字“country”），可用以下命令转换为数字型变量：

```
. encode country, gen (cntry)
```

其中：“gen（cntry）”表示将新生成的数字型变量记为 cntry，这样变量 cntry 就以“1，2，3，…”来指代不同国家。

（二）显示面板数据

显示面板数据统计特性的 Stata 软件命令的含义如下。

xtdes：显示面板数据的结构，是否为平衡面板。

xtsum：显示组内、组间与整体的统计指标。

xtline varname：绘制每个个体该变量的时间序列图并分别显示；如果希望将所有个体的时间序列图叠放在一起，可加上选择项“overlay”。

以数据集 mus08psidextract.dta 为例，该数据集包含 595 名美国工人 1976—1982 年的以下变量数据：*lwage*（工资对数）、*ed*（教育年限）、*exp*（工龄）、*exp*2（工龄平方）、*wks*（工作周数）、*occ*（职业，如取值为 1，表示属于蓝领职业）、*ind*（行业，如取值为 1，表示在制造行业）等。

现预研究各影响因素对工资收入的影响，所构建模型的表达式为

$$lwage_{it} = \alpha + \beta_1 exp_{it} + \beta_2 exp2_{it} + \beta_3 wks_{it} + \beta_4 ed_{it} + \mu_i + \varepsilon_{it}$$

首先，设定 *id* 与 *t* 分别为个体和时间变量，命令如下：

```
. xtset id t
```

执行上述命令，结果如图 10-1 所示。

```
. xtset id t
       panel variable:  id (strongly balanced)
        time variable:  t, 1 to 7
                delta:  1 unit
```

图 10-1　设定变量

图 10-1 显示，这是一个平衡的面板数据，为了显示数据的结构，可输入如下命令：

```
. xtdes
```

执行上述命令，结果如图 10-2 所示。

```
. xtdes

      id:  1, 2, ..., 595                                  n =        595
       t:  1, 2, ..., 7                                    T =          7
           Delta(t) = 1 unit
           Span(t)  = 7 periods
           (id*t uniquely identifies each observation)

Distribution of T_i:   min      5%     25%       50%       75%     95%     max
                         7       7       7         7         7       7       7

     Freq.  Percent    Cum. |  Pattern
 ---------------------------+---------
      595    100.00  100.00 |  1111111
 ---------------------------+---------
      595    100.00         |  XXXXXXX
```

图 10-2　显示数据结构

图 10-2 显示，$n=595, t=7$，因此属于短面板数据。如要显示以上变量的统计特征，可输入如下命令：

```
. xtsum exp wks ed lwage id t
```

执行上述命令，结果如图 10-3 所示。

```
. xtsum exp wks ed lwage id t

Variable         |      Mean   Std. Dev.       Min        Max |    Observations
-----------------+--------------------------------------------+----------------
exp      overall |  19.85378   10.96637          1         51 |     N =    4165
         between |             10.79018          4         48 |     n =     595
         within  |              2.00024   16.85378   22.85378 |     T =       7
                 |                                            |
wks      overall |  46.81152   5.129098          5         52 |     N =    4165
         between |             3.284016   31.57143   51.57143 |     n =     595
         within  |             3.941881    12.2401   63.66867 |     T =       7
                 |                                            |
ed       overall |  12.84538   2.787995          4         17 |     N =    4165
         between |             2.790006          4         17 |     n=      595
         within  |                    0   12.84538   12.84538 |     T =       7
                 |                                            |
lwage    overall |  6.676346   .4615122    4.60517      8.537 |     N =    4165
         between |             .3942387     5.3364   7.813596 |     n =     595
         within  |             .2404023   4.781808   8.621092 |     T =       7
                 |                                            |
id       overall |       298   171.7821          1        595 |     N =    4165
         between |              171.906          1        595 |     n =     595
         within  |                    0        298        298 |     T =       7
                 |                                            |
t        overall |         4    2.00024          1          7 |     N =    4165
         between |                    0          4          4 |     n =     595
         within  |              2.00024          1          7 |     T =       7
```

图 10-3　显示变量的统计特征

图 10-3 显示各变量的均值（overall）、组内标准差（within）和组间标准差（between）、最小值、最大值等信息。所谓“组”，即每个个体的时间序列，共计 595 组。例如，变量 t

共有 4 165 个取值，最小值为 1，共 595 个；最大值为 7，共 595 个。所以其均值为 4，标准差为 2。对于每个个体而言，变量 *t* 的组内最小值为 1，组内最大值为 7，标准差为 2，因为每一组的 *t* 的平均数均为 4，所以组间标准差为 0。对于变量 *id* 而言，组内标准差为 0，因为每一组的 *id* 都一样。

二、混合回归

作为参照基础，首先进行混合回归，Stata 软件命令的基本格式为

```
. reg y x1 x2 x3,vce (cluster id)
```

其中："id" 指用来确定每个个体的变量，选择项 "vce(cluster id)" 表示以变量 *id* 作为聚类变量来计算聚类稳健的标准误。

本实例中，要估计各变量对工资对数的影响，输入如下命令：

```
. reg lwage exp exp2 wks ed, vce (cluster id)
```

结果如图 10-4 所示。将此结果储存，并记为 "OLS"，命令如下：

```
. estimates store OLS
```

```
. reg lwage exp exp2 wks ed,vce(cluster id)

Linear regression                               Number of obs   =      4,165
                                                F(4, 594)       =      72.58
                                                Prob > F        =     0.0000
                                                R-squared       =     0.2836
                                                Root MSE        =     .39082

                                 (Std. Err. adjusted for 595 clusters in id)
```

lwage	Coef.	Robust Std. Err.	t	P>|t|	[95% Conf.	Interval]
exp	.044675	.0054385	8.21	0.000	.0339941	.055356
exp2	-.0007156	.0001285	-5.57	0.000	-.0009679	-.0004633
wks	.005827	.0019284	3.02	0.003	.0020396	.0096144
ed	.0760407	.0052122	14.59	0.000	.0658042	.0862772
_cons	4.907961	.1399887	35.06	0.000	4.633028	5.182894

图 10-4 估计各变量对工资对数的影响

图 10-4 显示，工龄、工龄平方、工作周数以及受教育年限对工资的对数具有显著性影响。如使用普通标准误，则可输入以下命令：

```
. reg lwage exp exp2 wks ed
```

执行上述命令，结果如图 10-5 所示。

```
. reg lwage exp exp2 wks ed

      Source |       SS           df       MS      Number of obs   =     4,165
-------------+----------------------------------   F(4, 4160)      =    411.62
       Model |  251.491445         4  62.8728613   Prob > F        =    0.0000
    Residual |  635.413457     4,160  .152743619   R-squared       =    0.2836
-------------+----------------------------------   Adj R-squared   =    0.2829
       Total |  886.904902     4,164  .212993492   Root MSE        =    .39082

------------------------------------------------------------------------------
       lwage |      Coef.   Std. Err.      t    P>|t|     [95% Conf. Interval]
-------------+----------------------------------------------------------------
         exp |    .044675   .0023929    18.67   0.000     .0399838    .0493663
        exp2 |  -.0007156   .0000528   -13.56   0.000    -.0008191   -.0006121
         wks |    .005827   .0011827     4.93   0.000     .0035084    .0081456
          ed |   .0760407   .0022266    34.15   0.000     .0716754     .080406
       _cons |   4.907961   .0673297    72.89   0.000     4.775959    5.039963
------------------------------------------------------------------------------
```

图 10-5　使用普通标准误结果

比较聚类稳健标准误与普通标准误可知，前者大于后者。

由于同一个体不同时间的扰动项一般存在自相关，而普通标准误假设扰动项为独立同分布，故普通标准误的估计不准确，不适合用于统计推断。

三、固定效应

由于每个个体的特征不同，可能存在不随时间而变化的遗漏变量，如个人能力，势必是影响个人收入的重要因素，但由于该变量无法量化，因此在构建模型时被遗漏。考虑使用固定效应模型，将这一遗漏变量消去。

使用固定效应模型（组内估计量）的命令为

```
. xtreg y x1 x2 x3, fe r
```

其中：“fe”表示“fixed effects”（固定效应估计量），默认为“re”表示“random effects”（随机效应估计量）；“r”表示使用聚类稳健标准误，如使用选择项“vce（cluster id）”也能达到相同效果。

使用 LSDV 法的命令为

```
. reg y x1 x2 x3 i.id, vce (cluster id)
```

其中：“id”表示用来确定个体的变量；“i.id”则表示根据变量 id 而生成的虚拟变量；“vce（cluster id）”表示使用聚类稳健的标准误。

首先，使用组内估计量，并记其估计结果为“FE_robust”，命令如下：

```
. xtreg lwage exp exp2 wks ed,fe r
. estimates store FE_robust
```

执行上述命令，结果如图 10-6 所示。

```
Fixed-effects (within) regression               Number of obs     =      4,165
Group variable: id                              Number of groups  =        595

R-sq:                                           Obs per group:
     within  = 0.6566                                         min =          7
     between = 0.0276                                         avg =        7.0
     overall = 0.0476                                         max =          7

                                                F(3,594)          =    1059.72
corr(u_i, Xb)  = -0.9107                        Prob > F          =     0.0000

                                  (Std. Err. adjusted for 595 clusters in id)
------------------------------------------------------------------------------
             |               Robust
       lwage |      Coef.   Std. Err.      t    P>|t|     [95% Conf. Interval]
-------------+----------------------------------------------------------------
         exp |   .1137879   .0040289    28.24   0.000     .1058753    .1217004
        exp2 |  -.0004244   .0000822    -5.16   0.000    -.0005858   -.0002629
         wks |   .0008359   .0008697     0.96   0.337    -.0008721    .0025439
          ed |          0  (omitted)
       _cons |   4.596396   .0600887    76.49   0.000     4.478384    4.714408
-------------+----------------------------------------------------------------
     sigma_u |  1.0362039
     sigma_e |  .15220316
         rho |  .97888036   (fraction of variance due to u_i)
------------------------------------------------------------------------------
```

图 10-6　估计结果

输出结果包括常数项（_cons），其是所有个体效应 μ_i 的平均值。最后一行显示，“rho=0.978 9”，故复合扰动项 $\mu_i+\varepsilon_{it}$ 的方差主要来自个体效应 μ_i 的变动。

究竟应该使用混合回归还是个体固定效应模型？

在使用命令“xtreg, fe”时，如不加选择项“r”（将估计结果记为“FE”），则输出结果还包含一个 F 检验，其原假设为 $\mu_i=0$，即可以接受混合回归，命令如下：

```
. xtreg lwage exp exp2 wks ed, fe
. estimates store FE
```

执行上述命令，结果如图 10-7 所示。

```
Fixed-effects (within) regression               Number of obs     =      4,165
Group variable: id                              Number of groups  =        595

R-sq:                                           Obs per group:
     within  = 0.6566                                         min =          7
     between = 0.0276                                         avg =        7.0
     overall = 0.0476                                         max =          7

                                                F(3,3567)         =    2273.74
corr(u_i, Xb)  = -0.9107                        Prob > F          =     0.0000

------------------------------------------------------------------------------
       lwage |      Coef.   Std. Err.      t    P>|t|     [95% Conf. Interval]
-------------+----------------------------------------------------------------
         exp |   .1137879   .0024689    46.09   0.000     .1089473    .1186284
        exp2 |  -.0004244   .0000546    -7.77   0.000    -.0005315   -.0003173
         wks |   .0008359   .0005997     1.39   0.163    -.0003399    .0020116
          ed |          0  (omitted)
       _cons |   4.596396   .0389061   118.14   0.000     4.520116    4.672677
-------------+----------------------------------------------------------------
     sigma_u |  1.0362039
     sigma_e |  .15220316
         rho |  .97888036   (fraction of variance due to u_i)
------------------------------------------------------------------------------
F test that all u_i=0: F(594, 3567) = 53.12                  Prob > F = 0.0000
```

图 10-7　输出结果

对于原假设“所有 $\mu_i = 0$”，最后一行 F 检验的 $P = 0.000\ 0$，故拒绝原假设，认为 FE 优于混合回归。

由于未使用聚类稳健标准误，此 F 检验并不有效。

四、随机效应

个体效应还可能以随机效应（RE）的形式存在。随机效应估计的命令如下：

```
. xtreg y x1 x2 x3, re r theta
```

其中：“re”为默认选项（可省略）；“r”表示使用聚类稳健标准误，如使用选择项“vce（cluster id）”也能达到相同效果；“theta”表示显示用于进行广义离差变换的 θ 值。

进行随机效应（RE）的估计（将结果记为“RE_robust”），输入如下命令：

```
. xtreg lwage exp exp2 wks ed,re r theta
. estimates store RE_robust
```

执行上述命令，结果如图 10-8 所示。

```
Random-effects GLS regression                   Number of obs     =      4,165
Group variable: id                              Number of groups  =        595

R-sq:                                           Obs per group:
     within  = 0.6340                                         min =          7
     between = 0.1716                                         avg =        7.0
     overall = 0.1830                                         max =          7

                                                Wald chi2(4)      =    1598.50
corr(u_i, X)   = 0 (assumed)                    Prob > chi2       =     0.0000
theta          = .82280511

                                  (Std. Err. adjusted for 595 clusters in id)
------------------------------------------------------------------------------
             |               Robust
       lwage |      Coef.   Std. Err.      z    P>|z|     [95% Conf. Interval]
-------------+----------------------------------------------------------------
         exp |   .0888609   .0039992    22.22   0.000     .0810227    .0966992
        exp2 |  -.0007726   .0000896    -8.62   0.000    -.0009481    -.000597
         wks |   .0009658   .0009259     1.04   0.297     -.000849    .0027806
          ed |   .1117099   .0083954    13.31   0.000     .0952552    .1281647
       _cons |   3.829366   .1333931    28.71   0.000     3.567921    4.090812
-------------+----------------------------------------------------------------
     sigma_u |  .31951859
     sigma_e |  .15220316
         rho |  .81505521   (fraction of variance due to u_i)
```

图 10-8 随机效应（RE）的估计

图 10-8 中最后三行显示：$\sigma_\mu = 0.319\ 5, \sigma_\varepsilon = 0.152\ 2, \rho = \dfrac{\sigma_\mu^2}{\sigma_\mu^2 + \sigma_\varepsilon^2} = 0.815\ 0$。究竟使用混合回归，还是使用个体随机效应模型？

布鲁施（Breusch）和培根检验（Pagan）提供了检验个体随机效应的 LM 检验，原假设为 $H_0: \sigma_\mu^2 = 0$，备择假设为 $H_1: \sigma_\mu^2 \neq 0$。

如拒绝 $H_0:\sigma_{\mu}^2=0$，则模型中应有反映个体特性的随机扰动项 μ_i，而不应使用混合回归。

该 LM 检验的命令如下：

```
. xttest0
```

该命令在执行“xtreg，re”之后才能执行。执行后的结果如图 10-9 所示。

```
Breusch and Pagan Lagrangian multiplier test for random effects

        lwage[id,t] = Xb + u[id] + e[id,t]

        Estimated results:
                         |       Var     sd = sqrt(Var)
                ---------+-----------------------------
                   lwage |   .2129935       .4615122
                       e |   .0231658       .1522032
                       u |   .1020921       .3195186

        Test:   Var(u) = 0
                             chibar2(01) =   5192.13
                          Prob > chibar2 =    0.0000
```

图 10-9　LM 检验结果

LM 检验拒绝“不存在个体随机效应”的原假设（$P=0.000\ 0$），认为应选择“随机效应”模型。

下面使用普通标准误的随机效应估计（将结果记为“RE”），命令如下：

```
. xtreg lwage exp exp2 wks ed,re
. estimates store RE
```

执行上述命令，结果如图 10-10 所示。

```
Random-effects GLS regression                   Number of obs     =      4,165
Group variable: id                              Number of groups  =        595

R-sq:                                           Obs per group:
     within  = 0.6340                                         min =          7
     between = 0.1716                                         avg =        7.0
     overall = 0.1830                                         max =          7

                                                Wald chi2(4)      =    3012.45
corr(u_i, X)   = 0 (assumed)                    Prob > chi2       =     0.0000

------------------------------------------------------------------------------
       lwage |      Coef.   Std. Err.      z    P>|z|     [95% Conf. Interval]
-------------+----------------------------------------------------------------
         exp |   .0888609   .0028178    31.54   0.000     .0833382    .0943837
        exp2 |  -.0007726   .0000623   -12.41   0.000    -.0008946   -.0006505
         wks |   .0009658   .0007433     1.30   0.194     -.000491    .0024226
          ed |   .1117099   .0060572    18.44   0.000     .0998381    .1235818
       _cons |   3.829366   .0936336    40.90   0.000     3.645848    4.012885
-------------+----------------------------------------------------------------
     sigma_u |  .31951859
     sigma_e |  .15220316
         rho |  .81505521   (fraction of variance due to u_i)
------------------------------------------------------------------------------
```

图 10-10　使用普通标准误的随机效应估计

五、固定效应还是随机效应：豪斯曼检验

处理面板数据时，究竟使用固定效应还是随机效应是基本问题。为此，需进行豪斯曼检验。

豪斯曼检验的命令如下：

```
. xtreg y x1 x2 x3, fe（固定效应估计）
. estimates store FE（存储结果）
. xtreg y x1 x2 x3, re（随机效应估计）
. estimates store RE（存储结果）
. hausman FE RE, constant sigmamore（豪斯曼检验）
```

其中："constant"表示在比较系数估计值时包括常数项（默认不含常数项）；"sigmamore"表示统一使用更有效率的那个估计量（即随机效应估计量）的方差估计。

豪斯曼检验的结果如图 10-11 所示。

```
. hausman FE RE,constant sigmamore

                 ---- Coefficients ----
             |      (b)          (B)            (b-B)     sqrt(diag(V_b-V_B))
             |      FE           RE          Difference          S.E.
-------------+----------------------------------------------------------------
         exp |   .1137879     .0888609        .0249269        .0012778
        exp2 |  -.0004244    -.0007726        .0003482        .0000285
         wks |   .0008359     .0009658       -.0001299        .0001108
       _cons |   4.596396     3.829366        .7670299            .
------------------------------------------------------------------------------
                          b = consistent under Ho and Ha; obtained from xtreg
           B = inconsistent under Ha, efficient under Ho; obtained from xtreg

    Test:  Ho:  difference in coefficients not systematic

                  chi2(4) = (b-B)'[(V_b-V_B)^(-1)](b-B)
                          =     1374.55
                Prob>chi2 =      0.0000
                (V_b-V_B is not positive definite)
```

图 10-11　豪斯曼检验的结果

图 10-11 检验结果拒绝 μ_i 与解释变量不相关的原假设，所以应使用固定效应模型，而非随机效应模型。

最后，可将以上各主要方法的回归系数及标准误列表进行对比，命令如下：

```
. esttab OLS FE RE, b se mtitle
```

执行上述命令，结果如图 10-12 所示。

	(1) OLS	(2) FE	(3) RE
exp	0.0447***	0.114***	0.0889***
	(0.00544)	(0.00247)	(0.00282)
exp2	-0.000716***	-0.000424***	-0.000773***
	(0.000128)	(0.0000546)	(0.0000623)
wks	0.00583**	0.000836	0.000966
	(0.00193)	(0.000600)	(0.000743)
ed	0.0760***	0	0.112***
	(0.00521)	(.)	(0.00606)
_cons	4.908***	4.596***	3.829***
	(0.140)	(0.0389)	(0.0936)
N	4165	4165	4165

Standard errors in parentheses
* p<0.05, ** p<0.01, *** p<0.001

图 10-12　各主要方法的回归系数及标准误

思考题与练习题

一、思考题

1. 分别解释什么是面板数据、固定效应、随机效应、可行广义最小二乘估计?
2. 个体固定效应面板数据模型与个体随机效应面板数据模型有什么区别?
3. 对于个体固定效应模型如何估计回归系数?
4. 对于个体随机效应模型如何估计回归系数?
5. 豪斯曼（Hausman）检验是如何检验面板数据的?

二、练习题

为研究中国经济总量变动受到的影响，搜集中国各省域 GDP 以及外来投资（*winv*）、内部投资（*ninv*）、政府消费（*gcsum*）、居民消费（*pcsum*）、出口（*expt*）、进口（*impt*）、就业人数（*labor*）、教育投入（*edu*）等指标数据，时间跨度为 2008—2016 年，构建如下形式的面板数据回归模型：

$$GDP_{it} = \beta_0 + \beta_1 winv_{it} + \beta_2 ninv_{it} + \beta_3 gcsum_{it} + \beta_4 pcsum_{it} + \beta_5 expt_{it} + \beta_6 impt_{it} + \beta_7 labor_{it} + \beta_8 edu_{it} + \mu_{it}$$

1）请搜集上述数据并估计该面板数据模型；

2）检验该模型的估计效果；

3）利用该模型分析中国经济发展状况。

参考文献

[1] 庞皓. 计量经济学 [M]. 3 版. 北京: 科学出版社, 2014.

[2] 陈强. 计量经济学及 Stata 软件应用 [M]. 北京: 高等教育出版社, 2015.

[3] 威廉 · H. 格林. 计量经济学分析 [M]. 6 版. 张成思, 改编. 北京: 中国人民大学出版社, 2020.

[4] 高铁梅. 计量经济学分析方法与建模: EViews 应用及实例 [M]. 3 版. 北京: 清华大学出版社, 2016.

[5] 李子奈, 潘文卿. 计量经济学 [M]. 4 版. 北京: 高等教育出版社, 2015.

[6] 达摩达尔 · N. 古扎拉蒂. 计量经济学基础 [M]. 林少宫, 译. 北京: 中国人民大学出版社, 2000.

[7] 王维国. 计量经济学 [M]. 大连: 东北财经大学出版社, 2002.

[8] 杰弗里 · M. 伍德里奇. 计量经济学导论: 现代观点 [M]. 4 版. 北京: 清华大学出版社, 2009.

[9] 迈克尔 · P. 莫瑞. 现代计量经济学: 上册 [M]. 北京: 机械工业出版社, 2009.

[10] 迈克尔 · P. 莫瑞. 现代计量经济学: 下册 [M]. 北京: 机械工业出版社, 2009.